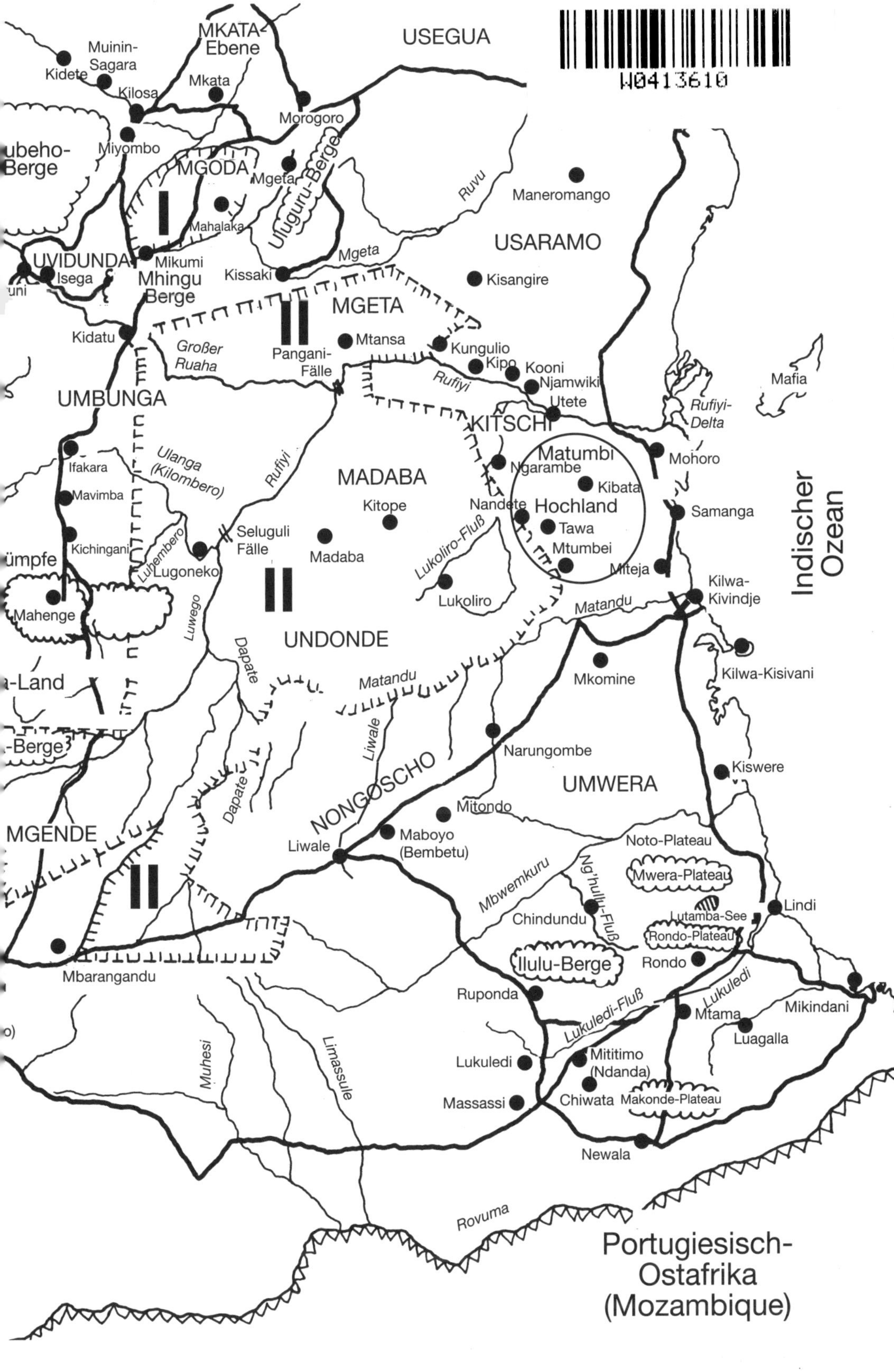
MKATA-Ebene
USEGUA
Muinin-Sagara
Kidete
Kilosa
Mkata
Morogoro
Miyombo
Berge
MGODA
Mgeta
Uluguru-Berge
Ruvu
Maneromango
Mahalaka
USARAMO
UVIDUNDA
Mikumi
Isega
Mhingu Berge
Kissaki
Mgeta
Kisangire
MGETA
Kidatu
Großer Ruaha
Pangani-Fälle
Mtansa
Kungulio
Kipo
Kooni
Njamwiki
Mafia
Rufiyi
UMBUNGA
Utete
Rufiyi-Delta
KITSCHI
Matumbi
Mohoro
Ulanga (Kilombero)
Ifakara
Rufiyi
MADABA
Ngarambe
Kibata
Mavimba
Kitope
Nandete
Hochland
Samanga
Tawa
Indischer Ozean
Kichingani
Luhembero
Seluguli Fälle
Madaba
Lukoliro-Fluß
Mtumbei
Lugoneko
Miteja
Kilwa-Kivindje
Mahenge
Lukoliro
Matandu
Luwego
UNDONDE
Dapate
Kilwa-Kisivani
Mkomine
-Land
Matandu
Liwale
-Berge
Narungombe
NONGOSCHO
Kiswere
UMWERA
Dapate
Mitondo
MGENDE
Maboyo (Bembetu)
Noto-Plateau
Liwale
Mwera-Plateau
Ng'hulli-Fluß
Mbwemkuru
Lindi
Chindundu
Lutamba-See
Rondo-Plateau
Rondo
Ilulu-Berge
Mbarangandu
Ruponda
Lukuledi
Mikindani
Lukuledi-Fluß
Mtama
Luagalla
Muhesi
Limassule
Lukuledi
Mititimo (Ndanda)
Chiwata
Makonde-Plateau
Massassi
Newala
Rovuma
Portugiesisch-Ostafrika (Mozambique)

Walter Nuhn · Flammen über Deutschost

Walter Nuhn

Flammen über Deutschost

Der Maji-Maji-Aufstand in Deutsch-Ostafrika 1905–1906, die erste gemeinsame Erhebung schwarzafrikanischer Völker gegen weiße Kolonialherrschaft

Ein Beitrag zur deutschen Kolonialgeschichte

Bernard & Graefe Verlag

Die Abbildung auf dem Schutzumschlag zeigt »Gefangene Wangoni-Häuptlinge vor ihrer Hinrichtung in Songea«.

Satz, Lithos: FIBO-Druck und Verlags-GmbH, München
Druck und Bindung: Wiener Verlag, Himberg
Herstellung und Layout: Walter Amann, München
Printed in Austria

ISBN 3-7637-5969-7

Tansania: Geschichte: ... 1884 erwarb der Deutsche Carl Peters im Inneren Land für seine Kolonialgesellschaft, die am 27. Februar 1885 einen Schutzbrief des Reiches erhielt. 1890 übernahm nach einem Aufstand der Küsten-Bevölkerung das Deutsche Reich direkt die Regierung von

Deutsch-Ostafrika; im Helgoland-Sansibar-Vertrag grenzten am 1. Juli 1890 Deutsche und Briten ihre Einflußzonen ab, dabei wurden die Inseln Sansibar und Pemba brit. Protektorat.

Einige Völker (z.B. die Hehe unter MKWAWA, der 1898 fiel) leisteten den Deutschen bewaffneten Widerstand, andere (Chaga, Sakuma) nahmen ihre Herrschaft hin. 1905–07 erfaßte der von mehreren Völkern getragene, religiös und antikolonialistisch motivierte **Maji-Maji-Aufstand** weite Teile der Kolonie. Erst nach blutigen Kämpfen und einem langwierigen Buschkrieg wurde er aufgrund der waffentechnischen Überlegenheit der Kolonialtruppen niedergeschlagen. Im Ersten Weltkrieg verteidigte sich die dt. Schutztruppe unter P. von LETTOW-VORBECK bis zum Waffenstillstand 1918.*

* Brockhaus-Enzyklopädie. Bd. 21, Verlag F. A. Brockhaus Mannheim, Mannheim 1993.

Inhalt

Vorbemerkungen

Als vor gut einhundert Jahren die europäischen Mächte sich anschickten, Afrika unter sich aufzuteilen, stand man vor einem Dilemma: Ein Großteil des schwarzen Kontinents war trotz intensiver Forschungsarbeiten geographisch und ethnographisch immer noch terra incognita, unbekanntes Land. Die einzigen Anhaltspunkte, derer man sich bei den Grenzziehungen bedienen konnte, waren Küsten, Flüsse und Binnenseen, obwohl auch deren Konturen zumeist nur schemenhaft bekannt waren. Welche Volksgruppen und Stämme in den von den einzelnen Mächten beanspruchten Gebieten lebten, wie ihre rassische Zuordnung war, welche ethnischen, sprachlichen und wirtschaftlichen Bande unter ihnen bestanden, wie groß ihre Siedlungsräume waren, darüber herrschten unter den Staatsmännern und Diplomaten, die diese Aufteilung vorzunehmen hatten, nur höchst verschwommene Vorstellungen.

Doch man wußte sich zu helfen. Außer dem Koordinatennetz der Erde wurden Lineal und Zirkel die wichtigsten Hilfsmittel bei der Festlegung der Grenzen der neuen kolonialen Herrschaftsbereiche. Bot sich kein Fluß oder Binnensee als natürliche Grenze an, so wurde kurzerhand mit dem Lineal eine schnurgerade, längs einem Längen- oder Breitengrad verlaufende Linie als Grenze gezogen – ohne Rücksicht darauf, ob hierdurch Stammesgebiete oder Wirtschaftsräume durchschnitten wurden. So entstanden – gewissermaßen aus der Retorte – territoriale Gebilde auf der Landkarte Afrikas, in denen Völker der verschiedensten Rassen, Sprachen, Sitten und Religionen nebeneinander lebten.

Bot Schwarzafrika schon in der präkolonialen Zeit ein Bild des ethnischen und sprachlichen Chaos infolge der in seiner Geschichte ständig vor sich gegangenen Wanderungen, Verschiebungen, Aufsplitterungen und Überlagerungen seiner Völker und Stämme, so wurde dieser Wirrwarr von Rassen und Sprachen durch die koloniale Aufteilung des Kontinents noch totaler: Über Jahrhunderte gewachsene völkische und wirtschaftliche Bande wurden durch die willkürlichen Grenzziehungen zerschnitten, ja ganze Völker auseinandergerissen, die so an Kraft und innerer Bindung verloren, wie zum Beispiel die Ovambo in Angola/Namibia, die Haussa und Fulbe in Kamerun/Nigeria, die Massai in Tansania/Kenia oder die Wangoni und Wayao in Tansania/Mozambique.

Doch die Aufteilung Afrikas in koloniale Herrschaftsbereiche sollte in der Folge auch dieser für die Afrikaner negativen Auswirkung entgegenlaufende Entwicklungen auslösen und neue, andersartige Bindungen zwischen ihnen schaffen: Mit der Durchdringung und Pazifizierung der Kolonialgebiete durch die europäischen Kolonialmächte kam zunächst der »Kulturschock«, die Konfrontation rückständiger, zum Teil archaischer, ja manchmal sogar steinzeitlicher Kulturen mit der hochentwickelten Kultur und Zivilisation des weißen Kolonialherrn.

Polarisierungen und Spannungen zwischen Schwarz und Weiß waren die unausbleibliche Folge. Sie entluden sich nur allzu häufig in Unruhen und Aufständen der Kolonisierten, die die Kolonisatoren dank ihrer überlegenen technischen Hilfsmittel mit Härte, oft sogar brutaler Gewalt unterdrückten. Drastisch führten sie so den Kolonisierten vor Augen, wer nun der Herr im Lande war.

Der Afrikaner wurde sich seiner Ohnmacht und Rückständigkeit schmerzhaft bewußt und fügte sich der Macht des Stärkeren. Er mußte sich eingestehen, daß der Weiße ihm in vielen Dingen weit voraus war, und fing an, Hochachtung vor dessen hochentwickelten Kultur und technischen und zivilisatorischen Errungenschaften zu empfinden.

Mit Staunen lernte er die Effizienz europäischer Methoden der Landwirtschaft und der Warenvermarktung, den Segen eines fortschrittlichen Medizin- und Veterinärwesens, die Vorzüge einer modernen Verwaltung und eines modernen Rechtswesens kennen. Er sah, wie durch den Bau von Straßen, Eisenbahnen und Häfen Verkehr und Handel selbst zwischen weit voneinander entfernt lebenden Volksstämmen ins Ungeahnte anstiegen, wie Handels- und Verkehrszentren, ja ganze Städte entstanden.

Und langsam wurde ihm, dem Afrikaner, klar, welche Vorteile die Errungenschaften des weißen Mannes auch für ihn bringen könnten. Er fing an, zu versuchen, sich den europäischen Lebensformen anzupassen, sie seiner Denkweise gemäß zu kopieren. Damit setzte der sogenannte »Akkulturationsprozeß« ein: Der Kolonisierte entsagte seiner heidnischen Götterwelt und wandte sich den christlichen Religionen zu, er akzeptierte die Sprache des Kolonialherrn als stammesübergreifendes Verständigungsmittel[1] und schickte seine Kinder zu den von diesem eingerichteten Missions- oder Regierungsschulen, damit sie mit der Kultur und der Zivilisation der Europäer vertraut wurden. So wurde der Weg zur Herausbildung des Typs des »lesekundigen Negers«, des Vorläufers des afrikanischen Intellektuellen, beschritten, der sich aus den engen Denkkategorien des Stammesuntertanen zu lösen und sich seiner eigenen Persönlichkeit, seinen eigenen Werten bewußt zu werden begann.

Hier zeigten sich die ersten Ansätze eines emanzipatorischen Prozesses, der Abkehr vom tribalen Untertanengeist! Der Afrikaner schickte sich an, aus der Stammesisolation herauszutreten und sich seinen Rassegenossen in den anderen Stämmen zuzuwenden. Damit wurden von den Kolonialmächten ungewollt Bindeglieder geschaffen, die die zwischen den Völkerschaften der Kolonien bestehenden Schranken überbrückten und die alten hierarchischen, sozialen und kulturellen Stammensstrukturen und damit die Stammesunterschiede in den Hintergrund drängten und die Sprachbarrieren zu überwinden halfen. Die vorkoloniale Gesellschaftsordnung wurde aufgebrochen!

Dieser Prozeß gewann noch dadurch an Dynamik, daß immer mehr Afrikaner in die entstandenen großen Handels- und Verkehrszentren strömten, die so zu Schmelztiegeln der Völkerschaften des Landes wurden.

[1] Im ostafrikanischen Raum gab es bereits in präkolonialer Zeit eine stammesübergreifende Handels- und Verkehrssprache, das Kisuaheli.

Das Gefühl der Zusammengehörigkeit aller Stämme in der Kolonie entstand, das Bewußtsein einer ihnen allen gemeinsamen Bevormundung durch die Kolonialherrschaft regte sich, der Keim zur Solidargemeinschaft der Kolonisierten wurde gelegt.

Damit war der erste Schritt auf dem langen und dornenreichen Weg hin zu einer afrikanischen Gesamtgesellschaft gewiesen. Der Bruch mit der afrikanischen Vergangenheit kündigte sich an, erste Ansätze eines stammesübergreifenden nationalen Denkens regten sich, ein gemeinsames Feindbild entstand: die Kolonialmacht!

Jahrzehnte sind seitdem ins Land gegangen, die beiden Weltkriege haben das alte geopolitische Machtgefüge zum Einsturz gebracht und gewaltige politische, wirtschaftliche und soziale Umwälzungen im Gefolge gehabt; der Imperialismus der europäischen Mächte und damit die Kolonialära gingen zu Ende.

Mit dem Niedergang der weißen Kolonialherrschaft setzte die Entkolonialisierung ein. Schritt für Schritt, zum Teil in blutigen Kämpfen, errangen die Afrikaner ihre Unabhängigkeit. Aus den Kolonien sind selbständige afrikanische Staaten entstanden.

Doch die Freiheit, die die Afrikaner erlangt haben, ist nur eine scheinbare: Der Nimbus und die Herrschaft des weißen Mannes sind zwar dahin, doch geblieben ist die wirtschaftliche und finanzielle und damit auch politische Abhängigkeit von ihm; sie ist angesichts der eigenen wirtschaftlichen Rückständigkeit der Garant für den angestrebten Durchbruch zur westlichen Moderne und daher unverzichtbar. Geblieben ist auch das kulturelle, sprachliche und zivilisatorische Erbe des weißen Mannes. Auch dieses ist unverzichtbar, waren doch Denkweise, Sprache, Religion, Administration, die technischen und wissenschaftlichen Errungenschaften des Kolonialherrn die Wegbereiter für die afrikanische Staatenbildung.

Das Bewußtsein, sich dieser »kolonialen Zwangsjacke« – der eigenen Existenz wegen – nicht entledigen und auf keine endogen-nationale Bindeglieder aus der vorkolonialen Zeit zum Nachweis des eigenen »raison d'être« verweisen zu können, überhaupt in einem durch fremde Hand geschaffenen, nicht natürlich gewachsenen Gemeinwesen zu leben, ist zum Trauma der um ihre nationale Eigenständigkeit, um das nationale Selbstverständnis ringenden jungen afrikanischen Nationen geworden.

Die Suche nach einem Ausweg aus diesem Dilemma wurde daher zu einem Hauptanliegen dieser Nationen. Es galt, im jeweiligen Volke ein Gefühl nationaler Verbundenheit und nationaler Identität zu wecken, um letztlich nationale Energien zu mobilisieren und so die Voraussetzungen für eine Überwindung der Rückständigkeit aus eigener Kraft zu schaffen.

Verschiedene Wege wurden beschritten, um dieses Ziel zu erreichen. So bemühten sich einige der schwarzafrikanischen Staaten, den Vorwurf der Geschichts- und Kulturlosigkeit der Afrikaner, ihrer Unfähigkeit zur Staatenbildung zu entkräften, indem sie auf das Vorhandensein alter Kulturen und Staatsformen auf ihrem Boden verwiesen, zum Beispiel Simbabwe, Benin und Kamerun. Andere wieder suchten nationale Bindeglieder in ihrer jüngeren Geschichte, nämlich in ihrem Kampf um die Abschüttelung der kolonialen Fremdherrschaft. Zu diesen Ländern gehört Tansania, das frühere Deutsch-Ostafrika, wo sich die in diesem Buch geschilderten kriegerischen Ereignisse zutrugen.

In diesem früheren deutschen Schutzgebiet wird ein epochales Geschehen in der Vergangenheit der Volksstämme des Landes quasi als die Geburtsstunde nationalen Denkens in der Nation wachgehalten: Die geschlossene Erhebung fast aller Stämme der südlichen Landesteile gegen die deutsche Fremdherrschaft, der sogenannte Maji-Maji-Aufstand, in den Jahren 1905/1906. Kein Geringerer als Julius Nyerere, der erste Staatspräsident Tansanias, selbst war es, der die Weltöffentlichkeit auf dieses bedeutsame Ereignis in der Geschichte seines Landes aufmerksam machte: Am 20. Dezember 1956 führte er auf der 579. Sitzung des Vierten UN-Ausschusses in New York unter anderem folgendes hierzu aus[2]:

»... Wie Sie alle wissen, war unser Land einst eine deutsche Kolonie ... Fünfzehn Jahre lang, von 1885 bis 1900, kämpfte mein Volk mit Pfeil und Bogen, mit Speeren und Keulen, mit Messern und rostigen Musketen, verzweifelt, um die Deutschen aus dem Lande herauszuhalten. Doch seine Chancen standen schlecht. Im Jahre 1905, in dem berühmten Maji-Maji-Aufstand, versuchte mein Volk erneut, und nun zum letzten Mal, die Deutschen aus dem Lande zu treiben. Und wieder standen seine Chancen schlecht. Die Deutschen mit der ihnen eigenen Härte zerschlugen die Erhebung und metzelten dabei 120 000 Menschen nieder ...[3]«

Tatsächlich ist die Erinnerung an diesen Aufstand, der die erste stammesübergreifende Widerstandsbewegung der Schwarzafrikaner gegen weiße Fremdherrschaft überhaupt darstellt, noch sehr lebendig in Tansania, vor allem in den südlichen Landesteilen, obwohl über neunzig Jahre seitdem verstrichen sind. Der Fremdling, der sich durch das desolate Straßennetz und das dürftige Verkehrs- und Beherbergungswesen nicht davon abschrecken läßt, die beschwerliche Safari in diese am wenigsten entwickelte Region Tansanias auf sich zu nehmen, wird dies allenthalben feststellen können: In Songea, tief im Landesinneren, damals einer der Brennpunkte des Aufstandsgeschehens, und in Mtwara, nahe Mikindani an der Küste gelegen, gibt es Hotels, die den Namen »Maji-Maji« führen. Auch Geschäfte, Fußballstadien, Kasernen und sogar eine bekannte regionale Fußballmannschaft wurden hier nach diesem Aufstand benannt. In den Schulen wird den Kindern der verschiedenen Volksstämme die Zeit dieser großen Erhebung nahegebracht, als ihre Vorväter sich zum Kampf gegen weiße Vorherrschaft zusammenschlossen und so den ersten Schritt auf dem Wege zur »Ujumo« und »Uhuru«, der nationalen Einheit und Unabhängigkeit des Landes, taten, die dann schließlich im Jahre 1961 Wirklichkeit wurden.

Was aber wissen wir Deutsche noch über diesen uns direkt angehenden Aufstand? Die Antwort lautet: So gut wie nichts! Er ist im Geschichtsbewußtsein unseres Volkes – damit stehen wir ja ohnehin heutzutage auf dem Kriegsfuß – nicht vorhanden! Wahrscheinlich war diese Erhebung auch im Deutschen Reich unter Wilhelm II. kaum an die Ohren der Öffentlichkeit gedrungen, obwohl sie vielleicht noch mehr Menschenopfer gefordert hatte als der etwa zeitgleich – von 1904 bis 1907 – in Deutsch-Südwestafrika, dem heutigen Namibia, stattgefundene große

2 Siehe Julius Nyerere: »Freedom and Unity«, S. 40f.

3 Die Angaben dürften unzutreffend sein: Ein Großteil der Aufstandsopfer starb infolge von Hunger oder Krankheiten. Siehe hierzu S. 196.

Herero- und Hottentottenaufstand[4]. Während nämlich über den ostafrikanischen Aufstand nur spärliche Veröffentlichungen erschienen, wurden den Aufständen in Südwestafrika zahlreiche, allerdings größtenteils unkritische, die Kolonialherrschaft glorifizierende Publikationen in Deutschland gewidmet. Die Gründe hierzu liegen auf der Hand: Im Maji-Maji-Aufstand waren nur wenige weiße Opfer zu beklagen, seine Bekämpfung erfolgte fast ausschließlich mit Askari, einer von weißen Offizieren und Unteroffizieren geführten schwarzen Söldnertruppe, während an den Kolonialkriegen in Südwestafrika Tausende weißer deutscher Soldaten teilgenommen und die Aufstände dort das Leben von mehr als einhundert weißen Siedlern (Südwestafrika war die einzige deutsche Siedlungskolonie!) und nahezu 2000 weißen Soldaten gefordert hatten. Nur in wenigen Nachschlagewerken und großen Lexika[5] findet sich ein Hinweis auf den in dieser Arbeit geschilderten Aufstand, den größten, den Schwarzafrika jemals in seiner Kolonialgeschichte erlebt hatte, und das trotz seiner Hekatomben von Opfern und trotz seiner heute noch in Tansania lebendigen historischen Bedeutung.

Gewiß, es mag einleuchtende Gründe geben, weswegen die Historiographen im Deutschen Kaiserreich davor zurückschreckten, sich mit einem solch unerquicklichen Thema wie dem dieses Aufstands zu befassen – man hätte ja in den Ruf des Bemäkelers einer »nationalen Ehrensache«, wie sie die deutsche Kolonialpolitik darstellte, geraten können. Befremdend aber muß es anmuten, daß auch die heutige deutsche Geschichtsforschung, die sich ja überhaupt mit der Behandlung der deutschen kolonialen Vergangenheit schwertut, sich des Maji-Maji-Aufstands bisher kaum angenommen hat, obwohl in zeitgenössischen Arbeiten und in Primärquellen[6] wiederholt auf die außergewöhnliche Bedeutung dieses Aufstands hingewiesen wurde. Nur in einigen wenigen kleineren Arbeiten wird in der heutigen deutschen Geschichtsschreibung auf diese Ereignisse eingegangen[7]. Eine umfassende objektive Monographie über dieses Thema gibt es meines Wissens bis heute noch nicht.

In der modernen englischsprachigen Geschichtsschreibung dagegen ist der Maji-Maji-Aufstand Gegenstand einer ganzen Reihe von Arbeiten geworden, wie ja überhaupt die deutsche Kolonialgeschichte in der angloamerikanischen Historiographie sehr eingehend behandelt worden ist, insbesondere in der Zeit nach dem Zweiten Weltkrieg, als umfangreiches deutsches Archivmaterial als Kriegsbeute in die USA und nach Großbritannien gelangt war und hier ausgewertet werden konnte. Einen hervorragenden Platz in der Darstellung des Geschichte des Maji-Maji-Aufstands nehmen die Arbeiten des englischen Geschichtsprofessors John Iliffe ein, der lange Zeit als Historiker an den Universitäten Cambridge und Daressalam gewirkt hatte. Er unterzog sich der Mühe, neben der Auswertung des einschlägigen deutschen Archivmaterials aus den Beständen des damaligen Reichsmarineamtes

4 Nuhn: »Sturm über Südwest«.

5 So in der Brockhaus-Enzyklopädie, Ausgabe 1993, siehe S. 7 und in dem von Heinrich Schnee herausgegebenen speziellen Deutschen Koloniallexikon.

6 U.a. in dem Werk »Deutsch-Ostafrika im Aufstand« vom damaligen Gouverneur der Kolonie, Adolf Graf v. Götzen.

7 So in dem Artikel »Afrikanischer Kampf gegen koloniale Herrschaft« von Detlef Bald und in der monographischen Studie »Der Maji-Maji-Krieg gegen die deutsche Kolonialherrschaft« von Karl-Martin Seeberg.

und des Reichskolonialamtes[8] in einer von Studenten des Historical Department der Universität Daressalam in den sechziger Jahren in den verschiedenen Landesteilen durchgeführten Befragung afrikanischer Überlebender des Aufstands die Geschehnisse im Zusammenhang mit der Erhebung aus der Sicht der Afrikaner aufzuhellen. Die Protokolle dieser Befragungsaktion faßte Iliffe gemeinsam mit dem afrikanischen Historiker Gwassa in einer großen Arbeit zusammen[9]. Auch tansanische Historiker haben sich in einer Reihe von Veröffentlichungen, ebenfalls gestützt auf Aussagen afrikanischer Überlebender des Aufstands, dieses Themas angenommen, z. B. Mapunda und Mpangara.

Hier bietet sich also für den mit der Darstellung kolonialer Aufstände befaßten Schriftsteller die wohl seltene Gelegenheit, die Ereignisse sowohl aus der Sicht der Aufständischen wie auch aus der der Aufstandsbekämpfer zu schildern. In der vorliegenden Arbeit, der zweiten einer Serie kolonialgeschichtlicher Arbeiten des Verfassers[10], soll nun versucht werden, mit Hilfe des aufgeführten Informationsmaterials und unter Einblendung einer ganzen Reihe von Augenzeugenberichten eine ausgewogene sachlich-kritische Darstellung dieser afrikanischen Volkserhebung mit Herausstellung der kriegsgeschichtlichen Aspekte zu bringen. Zweck der Arbeit ist es, am Beispiel dieses frühen kriegerischen Konfliktes zwischen Schwarz und Weiß einen Beitrag zur Aufhellung der deutschen kolonialen Vergangenheit zu leisten, einer Vergangenheit, die, gemessen an Maßstäben der Zeit, nur eine Episode in der deutschen Geschichte bildet, im Gesamtrahmen der imperialen Entfaltung des Reiches und in den Auswirkungen auf die Beziehungen zwischen den europäischen Mächten damals aber eine sehr wesentliche Rolle spielte.

Bevor wir uns jetzt den Ereignissen im damaligen Deutsch-Ostafrika zuwenden, die schließlich zur Auslösung der Maji-Maji-Erhebung führten, soll einleitend dem mit dem kolonialen Vergangenheit Deutschlands nicht vertrauten Leser ein gedrängter Abriß der Kolonialpolitik des Wilhelminischen Reiches gegeben werden.

8 Erstere befinden sich heute im Bundesarchiv-Militärarchiv, Freiburg/Breisgau, letztere im Bundesarchiv – Abteilungen Potsdam.

9 Maji Maji Research Project. Collected Papers. University College, Daressalem 1968.

10 Die erste mit dem Titel »Sturm über Südwest«, die den Hereroaufstand von 1904 in Südwestafrika behandelt, ist 1989 erschienen (4. Auflage Januar 1997), die dritte unter dem Titel »Kamerun unter dem Kaiseradler«, die die Geschichte der Erwerbung und Erschließung Kameruns beschreibt, ist in Vorbereitung.

Einleitung

Der »koloniale Spätankömmling« Deutschland – Das »koloniale Erwachen« – Die »Samoa-Vorlage« – Das Kolonialreich entsteht – Der »koloniale Überschwang« weicht der »kolonialen Ernüchterung« – Bismarcks anachronistische Idee der Handelskolonien – Die Kolonien und der Reichstag – Der koloniale Verwaltungsapparat – Die kolonialen Machtmittel – Der Dienst in den Schutztruppen – Die Rechtsstellung der Kolonien und ihrer Bewohner – Phaseneinteilung der deutschen Kolonialzeit

Das Deutsche Reich gehörte nicht zu den klassischen europäischen Kolonialmächten. Es war ein »kolonialer Spätankömmling«, der erst in der Mitte der achtziger Jahre des vorigen Jahrhunderts in eine aktive Kolonialpolitik eintrat, zu einem Zeitpunkt also, als der größte Teil der für weiße Kolonisierung und Besiedelung geeigneten überseeischen Regionen der Erde bereits von den anderen europäischen Mächten in Besitz genommen worden war. Im wesentlichen harrten nur noch Gebiete des Schwarzen Kontinents der Aufteilung, als Deutschland auf der kolonialen Arena in Erscheinung trat.

Die Ursachen für das Versäumnis Deutschlands, sich rechtzeitig um »einen Platz an der Sonne« zu bemühen, obwohl Gelegenheit hierzu genug bestanden hatte, lagen vor allen Dingen in seiner geographischen Lage und in seiner Geschichte: Alle traditionellen Kolonialmächte waren Ozeananrainer und aufgrund ihrer maritimen Ausrichtung seit Jahrhunderten für überseeische Expansion prädestiniert. Deutschland dagegen, im Herzen Europas gelegen, ringsum eingekeilt von anderen Völkern, deren vielfältigen Einflüssen es ausgesetzt war, hatte eine dem Meer abgewandte, mehr kontinentale Lage, so daß im Volke der Gedanke an maritime oder gar transozeanische Ambitionen kaum aufkommen konnte.

Die traditionellen Kolonialmächte waren einheitliche und zentral gelenkte Staatswesen, Deutschland dagegen bis zum deutsch-französischen Krieg 1870/71 in sich zerrissen, ein Konglomerat von Einzelstaaten mit divergierenden, auf Eigennutz bedachten Interessenlagen, unterschiedlichen Traditionen und Verwaltungs- und Rechtssystemen, obendrein noch religiös zweigeteilt in ein katholisches und ein protestantisches Lager. Seine Geschichte war introvertiert, gekennzeichnet durch Partikularismus und innere Querelen der Einzelstaaten.

Über Jahrhunderte war Deutschland ein Spielball fremder Mächte gewesen, die auf seinem Boden ihre Kriege austrugen, da sich ihnen hier keine zentrale Macht entgegenstellte. Bis weit in das 19. Jahrhundert hinein bot Deutschland ein Bild politischer und wirtschaftlicher Macht- und Kraftlosigkeit. Viele Deutsche, entmutigt von diesen Zuständen, kehrten ihrem Land den Rücken und wanderten in die Kolonien anderer Länder, vor allem Englands, aus, wo sie sich mit der dortigen Bevölkerung weitgehend assimilierten und so dem Deutschtum verlorengingen.

Die politische und auch wirtschaftliche Wende kam 1871 mit der Wiederherstellung der deutschen Einheit und damit des Deutschen Reiches, nachdem der Krieg gegen die Franzosen siegreich beendet worden war. Handel und Industrie, aber auch die Militärmacht nahmen nun einen gewaltigen Aufschwung. Deutschland wurde zur größten militärischen und wirtschaftlichen Macht in Europa.

Mit der Zunahme des Wohlstands und des Kapitals wuchs auch der Unternehmungsgeist der Kaufleute: Überseeische Niederlassungen und Plantagen deutscher Handelshäuser und Reedereien entstanden an den zum Teil noch herrenlosen Küsten West- und Ostafrikas und in der Südsee. Auch die deutschen Kirchen wurden in diesen Gebieten tätig und entfalteten eine rege missionarische Tätigkeit.

Da die deutschen Kaufleute zur Sicherung ihrer Absatzmärkte in Schwarzafrika und in der Südsee auf den Schutz anderer Mächte, vor allem Englands, angewiesen waren, diese aber in Anbetracht der wachsenden Expansion des deutschen Überseehandels eine protektionistische Wirtschaftspolitik zum Vorteil ihrer Bürger und zum Nachteil der deutschen zu betreiben begannen, mehrten sich im Reich die Stimmen aus den Reihen des Großhandels, der Reeder, der Finanzaristokratie und auch der Kirchen, die nicht nur für ein direktes Eingreifen des Deutschen Reiches in Übersee zum Schutz des deutschen Handels und anderer deutscher Interessen plädierten, sondern auch einer aktiven Kolonialpolitik des Reiches das Wort redeten.

Der Gedanke eines Reichsschutzes für den deutschen Überseehandel in Afrika und in der pazifischen Inselwelt wurde Anfang der achtziger Jahre auch von anderen Kreisen der Bevölkerung, insbesondere dem Adel und dem Bürgertum, aufgegriffen. Eine allgemeine Kolonialagitation setzte ein. Kolonialgesellschaften wurden ins Leben gerufen, die den Gedanken kolonialer Erwerbungen im Volke verbreiten sollten. Ihre Hauptargumente waren, daß für den deutschen Bevölkerungsüberschuß überseeischer Lebensraum geschaffen werden müßte, um den Auswandererstrom dorthin umzuleiten und so »dem völkischen Substanzverlust Einhalt zu gebieten«, und daß durch Kolonialgründungen für die deutsche Industrie eigene Rohstoffquellen erschlossen und für den deutschen Handel Absatzmärkte geschaffen werden könnten.

Der damalige Reichskanzler Fürst Otto von Bismarck stand diesen kolonialen Bestrebungen von Anfang an skeptisch gegenüber und lehnte das Verlangen der Handelshäuser, der kirchlichen Missionen und anderer Kolonialpropagandisten nach einer Territoralherrschaft des Reiches in Übersee regelmäßig ab. Mehrfach gab er zu verstehen, daß Kolonien für Deutschland ein Luxus seien, den es sich nicht leisten könnte, und daß »zu Kolonien ein Mutterland gehört, in dem das Nationalgefühl stärker ist als der Parteiengeist«. Er wußte um die hohen Kosten, die ein koloniales Engagement des Reiches zur Folge haben würde, und fürchtete die Schwierigkeiten, die ihm von Seiten des in Parteienhader zerstrittenen Reichstages gerade wegen der finanziellen Auswirkungen eines kolonialen Engagements des Reiches bereitet werden würde.

Eine scheinbar zweitrangige Angelegenheit sollte dann aber doch den Stein ins Rollen bringen und Bismarck letztlich zu einer Abkehr von seiner kolonialen Antipathie bewegen: Im Jahre 1880 war das deutsche Handelshaus Godeffroy, das auf Samoa ausgedehnte Plantagen und Minerallagerstätten besaß, in finanzielle Bedrängnis geraten, wodurch sich die Gefahr eines Übergangs dieser Besitztümer in englische Hand ergab. Die Firma bat das Reich um eine Zinsgarantie in Höhe von 300.000 Reichsmark, einem für das Reich relativ moderaten Betrag, um ihren Zahlungsverpflichtungen nachkommen zu können. Zum großen Ärger des Kanzlers wurde diese sogenannte »Samoa-Vorlage«, vom Reichstag mit Stimmenmehrheit abgelehnt, obwohl sie von der Regierung als »eine Frage des Ruhmes und der Ehre Deutschlands« hochgespielt worden war.

Dieser Vorfall rief einen Sturm der Entrüstung in der deutschen Öffentlichkeit hervor, und aus privaten Quellen flossen nun dem Handelshaus Godeffroy reichlich Geldmittel zu, so daß es rasch aus seiner finanziellen Malaise heraus war und damit »die Ehre Deutschlands gewahrt blieb«. Die koloniale Idee aber erfaßte jetzt immer breitere Schichten im Volke und reifte zur Tat:

Am 27. April 1884 schlägt in der öden, sturmumtosten Bucht von Angra Pequena, dem heutigen Lüderitzbucht, in Südwestafrika die Geburtsstunde des deutschen Kolonialreiches, als Bismarck über den deutschen Generalkonsul in Kapstadt der britischen Regierung erklären läßt, daß die Besitzungen des Bremer Kaufmanns Lüderitz von Angra Pequena bis zur Mündung des Oranje-Flusses unter dem Schutz des Deutschen Reiches stünden.

Dieser Erklärung folgte im Oktober des gleichen Jahres die Flaggenhissung in Angra Pequena durch deutsche Kriegsschiffe, nachdem im Juli 1884 bereits an der Küste von Togo und Kamerun, wo sich bedeutende deutsche Handelsniederlassungen befanden, die Reichsflagge gehißt worden war. In den Monaten darauf wurden deutsche Flaggenhissungen auch in der Südsee vorgenommen, während im Februar 1885 den Landerwerbungen des Dr. Carl Peters in Ostafrika, auf die im dritten Kapitel näher eingegangen wird, der Kaiserliche Schutzbrief erteilt wurde. (Siehe hierzu Karte 1.)

In den Folgejahren wurden zahlreiche Forschungs- und Militärexpeditionen ins Landesinnere der Neuerwerbungen entsandt, die den deutschen Herrschaftsanspruch auch dort durch Verträge mit den örtlichen Herrschern und durch weitere Flaggenhissungen dokumentieren sollten. Die Grenzziehungen geschahen später in bilateralen Verhandlungen mit den anderen Kolonialmächten.

Um die Jahrhundertwende stand das deutsche Kolonialreich in seinen Konturen im wesentlichen fest. Es war in seiner Zusammensetzung recht heterogen und erstreckte sich im zentralen Pazifik über eine riesige Inselwelt, in Afrika über vier zusammenhanglose und weit voneinander entfernt liegende Gebiete. Zahlreiche Rassen und Völker wohnten in ihm, Steinzeitjäger in der Kalahari, gelbhäutige Nama, Hirtenvölker wie die Herero und die Massai, semitische Haussa- und Fulbestämme, Pygmäen in den tropischen Urwäldern, eine Vielfalt von Sudan- und Bantuvölkern, Araber und Inder, islamische Stämme, Mikronesier und zum Teil noch den Kannibalismus frönende Melanesier und viele andere. Dieses überseeische Reich war mit über 2 1/2 Millionen Quadratkilometern mehr als viermal so groß wie das Mutterland, besaß jedoch nur etwa ein Fünftel so viel Einwohner.

Mit dem Bekanntwerden der kolonialen Erwerbungen Deutschlands erfaßte, wie der Reichstagsabgeordnete Noske schrieb, »ein kolonialpolitischer Taumel breite Volksmassen«. Eine von keiner Sachkenntnis getrübte Presse gaukelte dem biederen Bürger ein romantisches Bild phantastischer Möglichkeiten in den neuen Überseeischen Territorien vor: Millionen Deutsche könnten hier angesiedelt werden! Die nationalliberalen Zeitungen wurden nicht müde, immer wieder auf den Segen

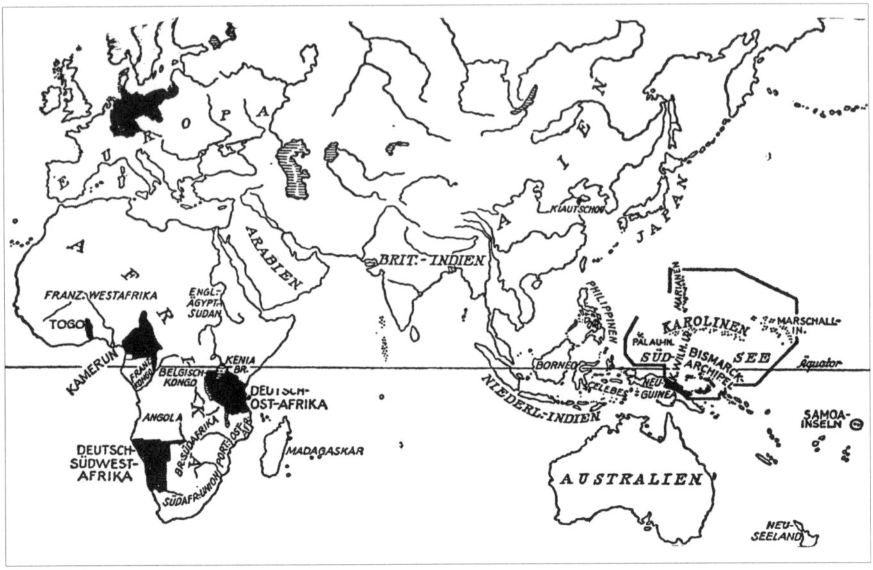

Karte 1: Das deutsche Kolonialreich

hinzuweisen, den die Kolonialpolitik des Reiches gerade für den Arbeiter bringen würde. Begeistert glaubten nun viele, hier böte sich endlich ein Ausweg aus dem Elend der deutschen Gegenwart.

Doch der Traum von einem El Dorado in Afrika sollte bald wie eine Seifenblase zerplatzen: Der Kolonialschwärmerei folgte bereits nach wenigen Jahren die große Ernüchterung! Es wurde still um die Idee einer Massenauswanderung Deutscher in die Kolonien: Die klimatischen und gesundheitlichen Gegebenheiten in den überseeischen Gebieten waren viel zu ungünstig, als daß eine weiße Besiedelung in großem Stil hier in Frage käme. Sarkastisch warf der sozialdemokratische Abgeordnete Liebknecht den Mitgliedern der bürgerlichen Fraktionen im Reichstag vor, sie hätten »vor die Augen des Volkes eine Art Fata Morgana auf dem Sande und auf den Sümpfen Afrikas gezaubert«.

Es waren nur wenige auswanderungswillige Deutsche, die sich dazu verleiten ließen, allen Warnungen zum Trotz in den deutschen Schutzgebieten unter diesen kärglichen Bedingungen, wie diese sie boten, zu siedeln. Der Strom deutscher Auswanderer in die klassischen Emigrationsländer, vor allem die USA, aber hielt unvermindert an!

Wie gering der Drang in die deutschen Kolonien war und welche minimalen Möglichkeiten diese für eine weiße Dauerbesiedelung boten, zeigt uns die Bevölkerungsstatistik der Kolonien: Auf einer Fläche von insgesamt etwa 2 $^1/_2$ Millionen km^2 lebten 1914 nur etwas mehr als 24.000 Weiße bei einer Gesamtbevölkerung von zirka 12 Millionen! Demgegenüber betrug die Zahl der deutschen Auswanderer in den siebziger und achtziger Jahren des vorigen Jahrhunderts im Jahresdurchschnitt etwa 100.000, im Jahre1881 allein 220.000!

Als 1884 die Bitte um Schutzherrschaft des Reiches an Bismarck herangetragen wurde, hatte dieser anfänglich keinesfalls die Absicht, die Kolonien oder Schutzgebiete, wie sie amtlich bezeichnet wurden, in die Hoheit des Reiches zu übernehmen. Am Beispiel der anderen Kolonialmächte, vor allem Frankreichs und Englands, war ihm bekannt, wie teuer Aufbau und Unterhalt eines kolonialen Verwaltungs- und Militärapparates und die Erschließung der Kolonien werden könnten. Er ahnte auch, welche Schwierigkeiten ihm hier durch den Reichstag, dessen wichtigste Kompetenz im Budgetrecht, in der Kontrolle des Staatshaushaltes, lag, bereitet werden könnten.

Er entschied sich deswegen weitgehend für ein Kolonialreich »mit beschränkter Haftung des Reiches«, das heißt die Ausübung der Landeshoheit, der Verwaltung und der Polizeigewalt, die Pazifizierung sowie die wirtschaftliche und verkehrsmäßige Durchdringung der Kolonien wurden in Deutsch-Südwestafrika, Deutsch-Ostafrika und in den Südseebesitzungen privaten Handelsgesellschaften nach dem britischen Muster der »Chartered Companies« übertragen, während das Reich lediglich den Reichsschutz für die Kolonien garantierte. (Nur die beiden Kolonien Togo und Kamerun kamen sofort unter Reichsverwaltung.) Das Kolonialreich sollte mithin zum größten Teil mit Privatkapital finanziert werden, so daß die Reichsregierung der unangenehmen Aufgabe entbunden wäre, den Reichstag um Bewilligung von Steuermitteln für die genannten Kolonien angehen zu müssen, was obendrein die Macht und die Einflußnahme der Volksvertretung noch weiter stärken würde.

Der Reichskanzler hatte jedoch die Rechnung ohne den Wirt, sprich: ohne die zu diesem Zweck ins Leben gerufenen Kolonialgesellschaften, gemacht: Diese waren nämlich schon sehr bald nicht mehr in der Lage, die ihnen vom Reich aufgebürdete Aufgabe wahrzunehmen. Das deutsche Großkapital, auf das die Gesellschaften angewiesen waren, zögerte, sich in dieses risikoreiche Finanzabenteuer zu stürzen. Was fehlte, waren patriotische, risikofreudige, wagemutige, weitblickende und dabei auch noch kapitalkräftige »entrepreneurs« vom Schlage eines Robert Clive in Indien oder eines Cecil Rhodes in Südafrika, die zumindest mit einem Teil der Einnahmen aus den wirtschaftlichen Gewinnen der von ihnen erworbenen Gebiete die enormen Kosten der Erschließung und Verwaltung dieser Gebiete tragen konnten. So waren die deutschen Kolonialgesellschaften bald finanziell am Ende und mußten das Reich bitten, selbst die Herrschaft in den überseeischen Besitzungen auszuüben.

Die Reichsregierung sah sich in der Klemme: Ein Rückzug aus dem kolonialen Engagement war ausgeschlossen, das Prestige des Reiches stand auf dem Spiel! So wurde nun Bismarck – nolens volens – in eine Situation gedrängt, die er von Anfang an hatte vermeiden wollen: eine direkte Konfrontation mit dem Reichstag in der Frage der Kolonialpolitik. Nun konnte die Volksvertretung durch ihre Zuständigkeit für die Finanzkontrolle direkt Einfluß auf alle Aspekte der Kolonialherrschaft des Reiches nehmen.

Es kam, wie es kommen mußte: Eifersüchtig, ja knauserig wachte der Reichstag, dessen Mitglieder zu einem erheblichen Teil kolonialfeindlich eingestellt waren, fortan darüber, wie die für koloniale Zwecke bewilligten Haushaltsmittel ausgegeben wurden und ob sie effizient angelegt waren. Sämtliche Ausgaben und

Einnahmen der Kolonien, sämtliche für koloniale Investitionen getätigten Anleihen durchliefen die Kontrollmechanismen des Reichstages, wurden Gegenstand öffentlicher Debatten des Hohen Hauses. Wollte die Kolonialverwaltung nicht nach den Vorstellungen des Reichstages vorgehen, so drohte dieser kurzerhand mit der Verweigerung der Geldmittel, um die Verwaltung den eigenen Wünschen gefügig zu machen.

Wie ein roter Faden zieht sich die finanzpolitische Gängelung der Kolonialadministration durch die ersten zwei Dekaden der kurzen deutschen Kolonialgeschichte. Diese Gängelung hatte in vielen Bereichen der Schutzgebiete arge Auswirkungen. Ein eklatantes Beispiel ist der koloniale Verwaltungsapparat: Um jeden einzelnen Dienstposten mußten die Gouverneure, die Leiter der Schutzgebietsverwaltungen, mit Reichstag und Reichsregierung ringen, jedes dem Lande förderliche Projekt, sei es der Bau einer Straße, einer Eisenbahn oder eines Hafens, zog sich wegen des langwierigen bürokratischen Bewilligungsprozesses über viele Jahre hin.

Die Folge war, daß die Kolonien – mit Ausnahme der kleinen Schutzgebiete Togo und Samoa – nie in die wirtschaftliche Gewinnzone gelangen konnten, das heißt bis zuletzt auf Zuwendungen aus der Reichskasse angewiesen waren. Groteskerweise war es aber gerade der Reichstag, der nicht müde wurde, immer wieder die rasche Erschließung der Kolonien zu fordern. Sein Grundtenor war, die Kolonien müßten so rasch wie möglich Dividenden bringen, falls dies nicht möglich sei, wäre es besser, man verzichte auf Kolonien.

In der restriktiven Haushaltspolitik des Reichstages auf dem Gebiet kolonialer Investitionen liegen auch die Ursachen dafür, daß die deutschen Kolonien in den ersten zwei Jahrzehnten der deutschen Kolonialära im Vergleich zu den entsprechenden britischen Kolonialgebieten, zum Beispiel Deutsch-Ostafrika im Vergleich zu Britisch-Ostafrika (Kenia), relativ rückständig geblieben waren; denn die britischen Gouverneure übten das Kontrollrecht über Einnahmen und Ausgaben in ihrem Zuständigkeitsbereich unter Aufsicht des britischen Schatzministeriums und Kolonialministeriums selbst aus, während das Parlament, das unter Ausschluß der Öffentlichkeit tagte, nur in ganz allgemeiner Form über koloniale Finanzfragen debattierte.

Ein separater kolonialer Beamtenapparat mit eigener Laufbahnordnung, so wie ihn die Franzosen und Engländer besaßen, ist in Deutschland erst 1910 eingerichtet worden. Die Regel war, daß grundsätzlich jeder Beamte, gleich welchen Berufsstandes, gleich welcher Behörde und gleich, ob er beim Reich, bei einem seiner Gliedstaaten oder einer kommunalen Behörde angestellt war, sich bei mindestens dreijähriger Verpflichtungsdauer für den Kolonialdienst melden konnte, vorausgesetzt, er war tropentauglich. Folge dieser kurzen Verpflichtungszeit und des Fehlens einer Kolonialbeamtenlaufbahn war eine ständige Personalrotation und ein Mangel an Beamten mit langjähriger Kolonialerfahrung. Ehe er sich so recht in seine neue und so völlig andersartige Arbeitswelt eingearbeitet hatte, wurde der Beamte wieder zu seiner Heimatbehörde zurückversetzt, ein System, das sich für die Entwicklung und Stabilität der Schutzgebiete als Hemmschuh erweisen sollte.

Die Gesamtverwaltung der Schutzgebiete lag – bis 1907 – in den Händen des Auswärtigen Amtes, in dem 1890 eine gesonderte Kolonialabteilung, geleitet von einem Kolonialdirektor (bis 1894: Kolonialdirigent), eingerichtet worden war. Erst 1907 wurde ein eigenständiges Kolonialamt ins Leben gerufen. Für die Leitung der Verwaltung in den einzelnen Schutzgebieten waren Gouverneure bestellt, die vom Kaiser direkt ernannt worden waren.

Bei der Ausübung der Verwaltungshoheit in seinem Zuständigkeitsbereich war der Gouverneur an die Reichsgesetze, die Erlasse des Kaisers und die Weisungen der Kolonialabteilung gebunden. Doch trotz dieser gesetzlichen Einschränkungen besaß der Gouverneur ein beträchtliches Maß an Ermessensfreiheit. Seine administrativen Entscheidungen erließ er auf dem Verordnungswege.

Ihm zur Seite stand eine bis in die ersten Jahre des neuen Jahrhunderts – als Folge der genannten finanziellen Restriktionen – personell sehr dürftig ausgestattete Beamtenschaft. Der Gouverneur übte die polizeiliche und – obwohl zumeist Zivilist – auch militärische Vollzugsgewalt in der Kolonie aus, letzteres ein von manchem preußischen Militär als Affront betrachtetes Kuriosum. Administrativ waren die Schutzgebiete in Zivilbezirke und – soweit noch nicht völlig erschlossen und befriedet – Militärbezirke aufgeteilt.

Als militärische Machtinstrumente standen den Gouverneuren der größeren Kolonien, das heißt Kamerun, Deutsch-Ostafrika und Deutsch-Südwestafrika, sogenannte Schutztruppen zur Verfügung, deren Kommandeure ihnen direkt unterstellt waren. In den kleineren Kolonien gab es dagegen lediglich aus Eingeborenen unter weißer Führung bestehende Polizeitruppen.

Laut Schutztruppenordnung der Reichsregierung vom 25. Juli 1898 dienten die Schutztruppen »zur Aufrechterhaltung der öffentlichen Ordnung und Sicherheit in den afrikanischen Schutzgebieten, insbesondere zur Bekämpfung des Sklavenhandels«. Mit anderen Worten: Sie waren für die Bekämpfung von Eingeborenenunruhen konzipiert. Für die Landesverteidigung, das heißt für die Verteidigung der Kolonie im Falle eines Krieges zwischen den europäischen Mächten, waren sie nicht vorgesehen und vom Ausrüstungs- und Personalbestand, von ihrer Gliederung und von der Art ihrer Ausbildung her auch gar nicht befähigt. Die Reichsregierung sah aber hier keinen Grund zur besonderen Sorge: Sie war fest davon überzeugt, daß im Falle eines kriegerischen Konfliktes in Europa die Kolonialgebiete nicht in solche Auseinandersetzung einbezogen würden. Sie verließ sich in dieser Beziehung leichtgläubig auf die Kongoakte vom 26. Februar 1885, obwohl in der Kongo-Konferenz die europäischen Mächte lediglich einen Kompromiß vereinbart hatten, der nur die Möglichkeit einer Neutralisierung von Kolonien im konventionellen Kongobecken bei Übereinstimmung der kriegführenden Parteien einräumte[1].

Für die *Schutztruppen,* die in Kamerun und Deutsch-Ostafrika aus schwarzen Söldnern unter der Führung weißer Offiziere und Unteroffiziere, in Deutsch-Südwestafrika dagegen ausschließlich aus weißen Freiwilligen bestanden, gab es als zentrale Dachorganisation das in der Kolonialabteilung des Auswärtigen Amtes untergebrachte »Oberkommando der Schutztruppen«. Die Schutztruppen umfaßten

[1] Königh, Georg: »Die Berliner Kongo-Konferenz, 1884-1885«. Essen 1938, S. 145.

1914 etwa 7000 Mann und waren damit im Vergleich zu den in den Nachbarkolonien der anderen europäischen Mächte unterhaltenen Truppen, gemessen an der territorialen Größe und der Einwohnerzahl, wesentlich schwächer.

Der Dienst in der Schutztruppe war hart, entbehrungsreich und gefährlich; er verlangte neben absoluter Gesundheit ein hohes Maß an Ausdauer, Eigeninitiative, praktischem Denken, Menschenkenntnis, Anpassungsvermögen und moralischer Festigkeit. Es mußten daher hohe Leistungsanforderungen an die Bewerber gestellt werden: Nur Persönlichkeiten mit hervorragenden charakterlichen und militärischen Beurteilungen, die vielseitig verwendbar und gewohnt waren, selbständig Entscheidungen zu treffen, kamen in Frage.

Doch hatte dieser Dienst für den ehrgeizigen, nach Bewährung drängenden jungen Offizier und Unteroffizier auch seine attraktiven Seiten: Neben den im Vergleich zum Dienst in der Heimat besseren Karrierechancen, der besseren Besoldung und dem hohen Sozialprestige, das die Truppe im Mutterland genoß, bot er hervorragende Möglichkeiten, das eigene Können unter echten kriegerischen Bedingungen unter Beweis zu stellen, besonders in der Kleinkriegführung, einer in der preußigen Armee bisher unbekannten, den »konventionellen« Regeln der Kriegskunst zuwiderlaufenden Art der Kriegführung.

Hier eröffnete sich dem Bewerber für den Schutztruppendienst die einmalige Gelegenheit, dem Frust der öden Kasernenroutine zu entrinnen und die eigene Persönlichkeit ungehindert entfalten zu können – frei von den Hemmschuhen der heimatlichen Militärhierarchie und Militärbürokratie: In einem Land wie Ostafrika war der Offizier, nicht selten sogar der Feldwebel oder Sergeant, eingesetzt als Stationschef, oft völlig auf sich allein gestellt in einer exotischen Umwelt, umgeben von völlig fremdartigen Menschen; hier wurde von ihm erwartet, daß er nicht nur als Soldat und Verwaltungsleiter, sondern auch als Richter beim örtlichen Schauri, als Handwerker oder Ingenieur, ja sogar als medizinischer Ratgeber seinen Mann stand.

Die Eingeborenen der Schutzgebiete galten nicht als Reichsangehörige, sondern als Untertanen. Demzufolge unterlagen sie in der Gerichtsbarkeit auch nicht der deutschen Rechtssprechung, sondern einer besonderen Eingeborenenrechtssprechung, die härtere Strafen, als in Deutschland üblich, vorsah, zum Beispiel körperliche Züchtigung mit der Gerte oder dem Kiboko (Nilpferdpeitsche), Kettenhaft und Zwangsarbeit.

Staatsrechtlich war die Stellung der Schutzgebiete sehr unklar und eigenartig. Streng genommen, trugen sie ihre Bezeichnung zu Unrecht, da nach ihrem Übergang in den Besitz des Reiches dieses nicht nur die Schutzhoheit, sondern nun auch die Summe aller Staatsgewalten mit allen Pflichten und Rechten ausübte. Dies geschah kraft der Schutzgebietsgesetze vom 16. April 1896 und vom 10. September 1900 formell durch den Kaiser, de facto jedoch durch den Reichskanzler, die Kolonialabteilung und die Gouverneure. Ihre korrekte Bezeichnung hätte daher eigentlich »Kronkolonien« lauten müssen. Ihre Rechtsstellung, vor allem ihre völkerrechtliche Einordnung, blieben bis zuletzt ungeklärt. In der Reichsverfassung fanden die Schutzgebiete mit keinem Wort Erwähnung.

Die Erschließung und Pazifizierung der deutschen überseeischen Territorien, insbesondere der drei großen Kolonien Kamerun, Deutsch-Ostafrika und Deutsch-

Südwestafrika, bildete ein mit einem ungeheuren Maß an menschlichen Anstrengungen und finanziellen Aufwendungen verbundenes, gigantisches Unternehmen, das wegen des chronischen Geldmangels infolge der restriktiven Investitionspraktiken des Reiches und der privaten Kapitalgeber den größten Teil der so kurzen deutschen Kolonialära in Anspruch nahm. Erst in den letzten 7–8 Jahren der deutschen Kolonialherrschaft dynamisierte sich die wirtschaftliche Entwicklung der Schutzgebiete, die dann jäh mit dem Ausbruch des Ersten Weltkriegs im August 1914 abbrach.

Die deutsche Kolonialgeschichte läßt sich zweckmäßigerweise in drei Phasen unterteilen: Die erste von 1884 bis etwa 1890 reichende »Annexionsphase«, die durch eine »Kolonialeuphorie« breiter Schichten des deutschen Volkes und durch eine realitätsfremde Kolonialpolitik des Reiches geprägt war. Daran anschließend die bis etwa 1906/07 dauernde »Ernüchterungsphase«, die mit dem Fehlschlag des Bismarckschen Konzeptes der Handelskolonien, der Einsicht in die fast völlige Besiedlungsunfähigkeit der Kolonien für deutsche Auswanderer und einem weitgehenden Rückzug des Privatkapitals aus den kolonialen Projekten einsetzte. Diese Phase war gekennzeichnet durch die Bemühungen der Gouvernementsverwaltungen, die jede Erschließung und Entwicklung der Schutzgebiete hemmende finanzielle Abhängigkeit von Reichsregierung und besonders vom Reichstag durch Schaffung eigener Einnahmequellen zu mildern, zum Beispiel durch Besteuerung und Arbeitsverpflichtung der Eingeborenen, Enteignung von Land, Zwang zum Anbau bestimmter exportgünstiger Monokulturen wie Baumwolle, Sisal, Kaffee usw. Da diese Maßnahmen wie auch die nun einsetzende systematische Erschließung der Kolonien nicht ohne Gewaltanwendung vor sich gehen konnte und das Klima zwischen Schwarz und Weiß ohnehin durch die Grundeinstellung des weißen »Herrenmenschen« von der Superiorität der weißen und der Inferiorität der schwarzen Rasse vergiftet war, kam es in dieser Phase zu zahlreichen Eingeborenenunruhen. Die fanden ihren Höhepunkt in den großen Herero- und Namaaufständen in Deutsch-Südwestafrika in den Jahren 1904 bis 1907 und dem in dieser Arbeit geschilderten Maji-Maji-Aufstand in Deutsch-Ostafrika in den Jahren 1905 bis 1906. Diese Erhebungen, die die Wirtschaft der beiden größten deutschen Schutzgebiete an den Rand des Ruins gebracht hatten, markieren den Übergang zur dritten Phase, der im wesentlichen friedlich verlaufenen Reform- und Aufbauphase, die infolge des Ausbruchs des Ersten Weltkriegs nur noch wenig Früchte tragen sollte.

Nach diesen nicht direkt das Thema betreffenden, aber für das Verständnis der Gesamtzusammenhänge wichtigen einleitenden Ausführungen soll nunmehr zum eigentlichen Thema übergewechselt und zunächst der Leser mit der Geographie und Ethnographie Deutsch-Ostafrikas, des Schauplatzes der hier behandelten Ereignisse sowie mit der präkolonialen Geschichte des Landes und der Vorgeschichte des Aufstands bekanntgemacht werden.

1. Deutsch-Ostafrika: Natur und Menschen

Geographie – Ethnographie – Religion

Von allen Besitzungen des deutschen Kolonialreiches galt Deutsch-Ostafrika – mit mehr als 995.000 km^2 fast doppelt so groß wie das Deutsche Reich – als die »Perle unter den deutschen Kolonien«. Populäre Reiseerzählungen aus der Zeit um die Jahrhundertwende überboten sich in schwärmerisch-romantischen Betrachtungen über die Schönheiten dieses Landes und verglichen es mit Indien, der größten und wertvollsten britischen Besitzung in Übersee. Da war von fruchtbaren, malerischen Landstrichen und prächtigen immergrünen Urwäldern die Rede, wo üppige Früchte gediehen und Paradiesvögel mit schillerndem Gefieder das Auge erfreuten.

Doch diese »paradiesischen« Darstellungen hielten der Wirklichkeit nicht stand: Tatsächlich war Deutsch-Ostafrika, das heute die Staaten Tansania, Ruanda und Burundi umfaßt, ein überwiegend trockenes Land, das seit eh und je von Dürren heimgesucht wurde. Wegen der Unregelmäßigkeit der Regenfälle gibt es nur wenig Flüsse hier, die dauernd Wasser führen, und nur etwa die Hälfte des Landes weist ein natürliches Grundwasserreservoir auf. Regnet es aber doch, so geschieht dies zumeist sintflutartig, so daß riesige Überschwemmungen auftreten.

Daß unter solchen Gegebenheiten die Bodenverhältnisse vielerorts nicht günstig sind, ist verständlich: Verkarstung des Bodens infolge Auslaugung und Erosion auf der einen Seite, Sumpfbildung auf der anderen Seite sorgen dafür, daß viele Landstriche nur aus Trockensavanne oder Sumpfgebieten bestehen und daher für eine landwirtschaftliche Nutzung nicht in Frage kommen. Nur die gebirgigen Regionen im Nordosten und Nordwesten des Landes sowie die Küstenzone sind infolge ergiebigerer und vor allem regelmäßiger Niederschläge klimatisch begünstigt und fruchtbar. Sie sind mit üppigen Regenwäldern bedeckt, die heute zum Teil kahlgerodet sind.

Im Norden, Westen und Südwesten bildeten die großen zentralafrikanischen Seen eine natürliche Grenze zu den Nachbarkolonien. Es waren dies im Norden der Victoria-See, dem sich im äußersten Nordwesten der 1640 m tiefe, in dem gewaltigen Zentralafrikanischen Graben liegende Kiwu-See anschloß. Dieser war nach Süden hin über den Ruzizi-Fluß mit dem 650 km langen und 1750 m tiefen, ebenfalls in den zentralafrikanischen Graben eingebetteten Tanganyika-See verbunden, der die Abgrenzung des Landes zum Kongo-Becken hin bildete. Südöstlich davon schloß sich über eine breite Landbrücke der zwischen steilen Gebirgsrändern liegende Nyassa-See, der heutige Malawi-See, an, der das Land nach Südwesten hin begrenzte. (Siehe hierzu Karte 2.)

Auch die gewaltigen Gebirgsmassive im Nordosten, das Usambara-Gebirge, das Pare-Gebirge, das mit 5895 m Höhe die höchste Erhebung des Kontinents bildende grandiose Kilimandjaro-Massiv und das Meru-Massiv sowie die mächtigen Bergzüge im Nordwesten, in Ruanda, stellten natürliche Begrenzungen des früheren Deutsch-Ostafrika dar.

Den östlichen Abschluß des Landes bildete die Küsten, die vom Indischen Ozean bespült wird. Sie ist stark gegliedert und reich an sehr seichten Buchten. Mit ihrem immergrünen, palmengekrönten Ufersaum und ihrem kristallklaren blauen Wasser boten sie dem Seefahrer ein verlockendes, malerisches Bild, das jedoch über die Gefährlichkeit ihrer Ansteuerung hinwegtäuschte, die sich durch die zahlreichen, häufig überfluteten, vorgelagerten Korallenriffe und Sandbänke ergab. Dies ist auch der Grund dafür, daß vor der Schaffung künstlicher Hafenbauten in der kolonialen Zeit der gesamte Küstenverkehr nur mit flachen Fahrzeugen, den sogenannten Dhaus, bewältigt werden konnte. Größere Fahrzeuge mußten mehrere Meilen vor der Küste Anker werfen. – Drei größere Inseln liegen vor der Küste. Es sind dies, von Norden nach Süden: Pemba, Sansibar und Mafia. Von diesen sollte Sansibar im Laufe der Geschichte Ostafrikas eine Schlüsselrolle erlangen.

Eine Unterbrechung im Buchtenreichtum der Küste stellen die Flußmündungen dar, die wegen der häufigen Überschwemmungen stark versumpft und mit Mangrovenwäldern überzogen sind. Der größte dieser Flüsse ist der über zahlreiche Mündungsarme sich ins Meer ergießende Rufiyi, der uns im Laufe der hier beschriebenen Kriegsereignisse noch oft begegnen wird. Dieser mit seinen vielen Nebenflüssen weit in das Landesinnere reichende Strom ist der einzige über große Strecken schiffbare Wasserlauf in Ostafrika. Die anderen nennenswerten Flüsse – es sind dies, in Nord/Süd-Richtung aufgezählt, der Pangani, der Wami, der Matandu, der Mbwemkuru, der Lukuledi und der die Grenze nach Süden hin bildende Rovuma – sind wegen ihres unregelmäßigen Wasserstandes sowie ihrer Sandbänke, Stromschnellen und Wasserfälle für die Schiffahrt – außer mit Einbäumen und dergleichen – nicht geeignet. Die relative Unzugänglichkeit der Küste und die mangelhafte Schiffbarkeit der Flüsse waren auch die Hauptursachen dafür, daß das Landesinnere erst spät, um 1850, der Außenwelt bekannt wurde.

Tritt man die Reise ins Landesinnere an, so durchschreitet man zunächst über eine weite Strecke relativ ebenes Steppengebiet. Erst ganz allmählich steigt das Land an. Ist man dann jedoch 200–400 km landeinwärts gelangt, so ändert sich das allgemeine geographische Erscheinungsbild abrupt: Man steht plötzlich vor einem mitten in der Ebene emporragenden steilen Anstieg: den mächtigen Ausläufern des Ostafrikanischen Hochlandes. Dieses vielfach zerklüftete, geologisch zerrissene Plateau von gewaltiger Ausdehnung, das sich bis 1200–1500 m Höhe über dem Meeresspiegel erhebt, bedeckt fast das gesamte ostafrikanische Hinterland. Die Ränder dieses Tafelgebirges bilden zum Teil imposante Erhebungen von 2000 m und mehr, zu denen die schon erwähnten Gebirgszüge im Nordwesten, in Ruanda, wo der Nil entspringt, sowie im Osten das Nguru-Gebirge, die Usagara-Berge und das Rubeho-Gebirge gehören. Südlich davon schließen sich das dichtbewaldete Udzungwa-Gebirge, die Kipengere-Höhenzüge und das sich an den Nyassa-See anlehnende, bis 3500 m Höhe erreichende Livingstone-Gebirge an. Diese Gebirge ziehen sich wie eine gewaltige Kette in südlicher Richtung hin und bilden den Übergang zum südlichen Hochland, dem Hauptschauplatz der Ereignisse des Maji-Maji-Aufstands.

Dieser Teil von Deutsch-Ostafrika besteht im wesentlichen aus Galeriewäldern, die von riesigen Sumpfgebieten, besonders zwischen den zahlreichen Nebenarmen des Rufiyi, unterbrochen sind, sowie aus halbariden, leicht gewellten Baum- und

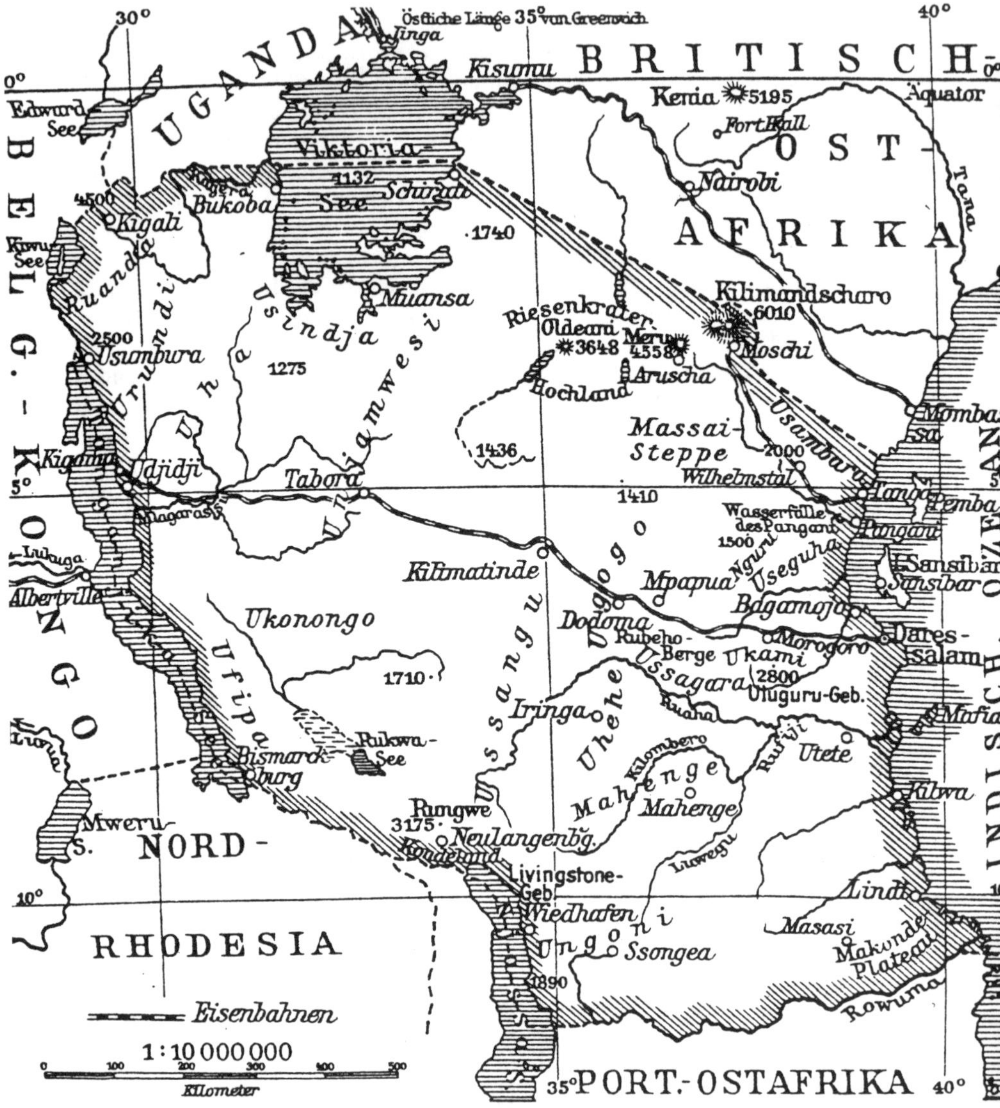

Stand 1914

Karte 2: Deutsch-Ostafrika

Strauchsavannen. Weiter zur südlichen Küstenebene hin erheben sich mehrere mächtige Hochplateaus: das Nida-, das Mwera- und das ausgedehnte Makonde-Plateau.

Isolierte Gebirgsmassive bilden die im Nordosten des Landes gelegenen und schon genannten Bergzüge: der Meru, der Kilimandjaro, die Pare-Berge und die

Usambara-Berge, ferner im zentralen, küstennahen Bereich die Uluguru-Berge und die Matumbi-Berge, die beide, wie wir sehen werden, Schauplätze der Kriegswirren im Maji-Maji-Aufstand waren. (Siehe hierzu Karte 2 und Vorsatzkarte).

Das Hinterland der ostafrikanischen Küste blieb für die Außenwelt über viele Jahrhunderte ein weißer Fleck auf der Landkarte. Dies ist nicht erstaunlich, wenn man die schon geschilderten Widrigkeiten der Natur – die schlechte Zugänglichkeit der Küste und den Mangel an schiffbaren Flüssen – bedenkt und sich vor Augen führt, daß in Schwarzafrika die Schrift und damit eine schriftliche Überlieferung fehlten. Erst ab Mitte des vorigen Jahrhunderts mit dem im nächsten Kapitel abzuhandelnden Aufschwung Sansibars sowie dem Beginn der Tätigkeit christlicher Missionare und der von der Londoner Royal Geographic Society zur Suche nach den Nilquellen ins Land geschickten Forschungsexpeditionen gelangte zunehmend Kunde über Land und Leute aus den Weiten des ostafrikanischen Raumes nach Europa.

Nur das Küstengebiet, die *mrima,* und die vorgelagerten großen Inseln waren schon sehr früh bekannt geworden, da sich bereits um das Jahr 1000 Araber, die auf dem Seewege von der Arabischen Halbinsel dorthin gelangt waren, hier niedergelassen hatten. Doch ebenso wie die etwa 500 Jahre später dort gelandeten Portugiesen interessierten sie sich nicht für das Landesinnere, sondern beschränkten sich auf die Küstenregion, die ihnen Reichtum genug für den Handel bot. Ihr Blick blieb seewärts gerichtet. Die einzige Kunde aus dem Landesinneren stammte von den wenigen arabischen Sklaven- und Elfenbeinhändlern, die bis in das Kongobecken vordrangen.

So blieben die Volksstämme im Hinterland Ostafrikas im Gegensatz zu den an der Küste lebenden Eingeborenen bis weit in das 19. Jahrhundert hinein in absoluter kultureller und zivilisatorischer Abgeschiedenheit. Die Folge war ein beträchtliches Kulturgefälle zwischen den Bewohnern der Küste und denen des Binnenlandes: Die zumeist ursprünglich der Rasse der Bantuneger zugehörenden Küstenleute hatten sich über die Jahrhunderte weitgehend der arabischen Herrenschicht angepaßt und zum Teil mit dieser assimiliert. Aus diesem Prozeß ist eine arabisch-negroide Mischrasse entstanden, die Suaheli, (auch Wasuaheli genannt) zu denen sich auch die *mrima*-Leute rechnen, das heißt die afrikanischen Küstenbewohner, die kein arabisches Blut in den Adern haben.

Wie die Araber bekannten sich auch die Suaheli zum streng monotheistischen Islam und bildeten im Gegensatz zu den Hinterlandbewohnern eine religiös, kulturell und sozial homogene Schicht, da sie keine Sippen- oder Stammesbindung mehr besaßen und relativ unabhängig in Dorf- oder Stadtgemeinschaften lebten. Sie sprachen Kisuaheli, eine aus negroiden und arabischen Elementen geformte Sprache, die später als allgemeines Verständigungsmittel, als lingua franca, in Ostafrika Eingang fand und seit der deutschen bzw. britischen Kolonialzeit Amts- und Schriftsprache im ostafrikanischen Raum ist. Die Küstenbewohner fühlten sich den »Waschensi«, den Hinterlandbewohnern, kulturell und zivilisatorisch enorm überlegen und galten als die fortschrittlichste und geistig beweglichste schwarze Bevölkerungsgruppe des Landes.

In der Tat standen die Bewohner des ostafrikanischen Hinterlandes auf einer Kulturstufe, die zu den niedrigsten des Schwarzen Kontinents gerechnet werden konnte. Dies hatte sicherlich maßgeblich seinen Grund in der isolierten Lebensweise dieser Menschen, die durch die Schwierigkeiten des Kontaktes untereinander – Fehden zwischen Stämmen waren häufig – und durch die schlechten Verkehrsmöglichkeiten – Straßen gab es überhaupt nicht, Lasttiere fehlten, das Tragen auch größerer Lasten geschah von Alters her ausnahmslos auf den Köpfen der Menschen – und durch naturgegebene Hindernisse – wasserlose Gebiete, Fehlen schiffbarer Flüsse usw. – keinerlei Impulse oder Denkanstöße von außen her bekommen konnten.

Der Handel erfolgte ausschließlich auf naturalwirtschaftlicher Grundlage und war auf die umliegenden Ortschaften, oft auch nur auf das eigene Dorf, beschränkt. Ihren Lebensunterhalt bestritten die Menschen überwiegend durch Ackerbau, der auf einer primitiven Basis betrieben wurde und zumeist nur auf die Sicherung des Eigenbedarfs ausgerichtet war. Bodendüngung war nahezu unbekannt, stattdessen geschah Brandrodung der Felder. Das selbstverständlichste Gerät, zum Beispiel der Pflug oder das Rad, waren weithin unbekannt. Das Bearbeiten des Bodens und das Ziehen der Furchen geschah ausschließlich mit der Hacke.

Wegen der häufigen Dürren, die selbst die fruchtbareren Gegenden heimsuchten, mußten die Wohngebiete ständig gewechselt werden. Das Leben in der völligen Abhängigkeit von den Launen der Natur war hart und entbehrungsreich. Massensterben von Mensch und Tier durch Verhungern oder Verdursten sowie durch Krankheiten, vor allem epidemischen wie Pocken, Pest, Lepra und Malaria, war nicht selten. Die Lebensspanne des Menschen war daher kurz und wurde in durchgemachten Hungerzeiten gemessen. Das »tägliche Brot« der Bewohner des Landesinneren war – neben Reis und Bananen, die nur in den fruchtbareren Regionen gediehen – vor allem Hirse (Mtama) und das Dürren gegenüber sehr widerstandsfähige Sorghum, auch Mohrenhirse oder Durra genannt, aus dem auch die Pombe, das beliebte Eingeborenenbier, hergestellt wurde.

Trotz ihres ständigen Kampfes um das Überleben führten die Menschen des ostafrikanischen Hinterlandes ein Leben der Beschaulichkeit, der genügsamen Selbstzufriedenheit und der Friedfertigkeit, solange sie nicht in ihrer dörflichen Abgeschiedenheit von kriegerischen Nachbarvölkern oder Invasoren gestört wurden. Ihre Kenntnisse vom Lande erstreckte sich nur auf wenige Meilen im Umkreis ihres Dorfes oder Stammesgebiets. Darüber hinaus wußten allenfalls umherziehende Jäger oder die wenigen Händler im Lande Bescheid. Viele Dörfer lagen nicht weit voneinander entfernt, dennoch kannten sich die Bewohner kaum. Oftmals traf der Reisende auf jedem Tagesmarsch auf andere Sitten, andere Sprachen, andere Arten von Menschen. An einer Beseitigung ihrer Rückständigkeit, einer Hebung ihrer Daseinsform, zum Beispiel durch Akzeptieren technischer und kultureller Erneuerungen, waren die Hinterlandbewohner weitgehend desinteressiert.

Grundlage der sozialen Einheit war das Dorf oder der Stamm, die sich durch die gemeinsame Sprache und die Heirat zwischen den Sippschaften ergaben. An der Spitze stand der zumeist autokratisch regierende Häuptling, dem jedoch ein Ältestenrat zur Seite stand. Nur wenige Volksgruppen lebten in größeren, ganze Landschaften umfassenden politischen Einheiten, das heißt Sultanaten oder Monarchien. Derartige höhere Gesellschaftsordnungen fanden sich insbesondere in gebirgigen und außergewöhnlich fruchtbaren Landstrichen, zum Beispiel im

Bereich des Kilimandjaro, und im äußersten Nordwesten des Landes, im Ruanda-Gebirge. Hier lag auch die Bevölkerungsdichte wesentlich höher, nämlich etwa 50–60 Personen pro Quadratkilometer am Ausgang des 19. Jahrhunderts, während sie sonst nur einige wenige Menschen betrug.

Das von allen Himmelsrichtungen her zugängliche Ostafrikanische Hochland war seit jeher ein Einwandererraum gewesen, in den Stämme der verschiedensten Rassen und Sprachen im Laufe der Jahrhunderte eingedrungen waren, so daß sich dort allmählich ein vielfältiges Kongolomerat von Völkern und Sprachen herausgebildet hatte. Die größte Bevölkerungsgruppe stellten die Bantu dar, die in mehr als hundert Stämmen verschiedenster Wesensmerkmale und Sprachen, bunt durcheinandergewürfelt und zumeist in kleinen Ortschaften lebend, verstreut im Lande wohnten. Ursprünglich in Westafrika ansässig, sind sie in christlicher Zeit wahrscheinlich von Süden und Westen her in den ostafrikanischen Raum eingewandert. Sie vermischten sich dann mit bereits im Lande lebenden Volksstämmen unterschiedlicher ethnischer und sprachlicher Herkunft, die sie im Laufe der Zeit vollständig absorbierten.

Nachfolgend soll kurz auf die wichtigsten Völkerschaften des Landesinneren Deutsch-Ostafrikas eingegangen werden, von denen einige in die Kriegswirren des Maji-Maji-Aufstands hineingezogen wurden.

Von Norden, vom Sudan her, wanderten mit Beginn des 16. Jahrhunderts nilohamitische Hirtenvölker, die großwüchsigen Wahinda, Wahuma und Watussi, auch Tutsi genannt, in das Gebiet zwischen dem Victoria-See und dem Kiwu-See, das heutige Ruanda-Urundi, ein, unterwarfen die dort lebenden Ackerbau treibenden Hutu und errichteten die sogenannten Hima-Staaten, theokratisch regierte und fest organisierte Großstaaten mit stark ausgeprägten Expansionstendenzen.

Ein anderes ebenfalls sehr hochwüchsiges und kriegerisches Volk waren die nomadisierenden und Viehzucht treibenden Massai, die um 1800 von Kenia aus in das spätere Deutsch-Ostafrika eingewandert waren und sich im Raum zwischen dem Victoria-See und dem Kilimandjaro- und Meru-Massiv angesiedelt hatten, nachdem sie die im Bereich dieser Massive ansässigen Wadschagga in die höheren Gebirgsregionen abgedrängt hatten. Die Massai wurden die Beherrscher des gesamten nordöstlichen Teils des Landes und verbreiteten auf der Suche nach Weideplätzen Furcht und Schrecken unter den alteingesessenen Bewohnern.

Das Gegenstück zu den Massai im Norden bildeten im Süden des Landes die der Zulurasse zuzurechnenden Wangoni. Ursprünglich im östlichen Südafrika ansässig, waren sie von Süden, vom Sambesi, her in der späten ersten Hälfte des vorigen Jahrhunderts zusammen mit den Wayao und den ebenfalls zur Zulurasse gehörenden Mafiti, auch Wambunga genannt, in Ostafrika eingebrochen. Die Wangoni galten als äußerst kriegerisch, diszipliniert und politisch wie auch militärisch gut durchorganisiert. Taktisch hervorragend geschult und in Regimenter gegliedert, waren sie gefürchtete Gegner von barbarischer Kampfesweise, die mordend und sengend durchs Land zogen und eine verschüchterte Bevölkerung hinter sich zurückließen. Während sich die Mafiti im Bereich des unteren Großen Ruaha, eines westlichen Nebenflusses des Rufiyi, und die Wayao im Südosten des Landes ansiedelten, setzten sich die Wangoni im äußersten Südwesten fest, nachdem sie die dort ansässigen Wandendeuli unterworfen hatten.

Wegen des ausgeprägten Expansionsdrangs der Wangoni kam es in den Jahren zwischen 1850 und 1880 zu Konflikten zwischen diesen und den Nachbarvölkern, den Wabena, Wasangu, Wamakonde und Wahehe. Diese übernahmen im Laufe dieser Auseinandersetzungen die Kriegstaktik und militärische Organisation der Wangoni und entwickelten ebenso wie diese höhere und straffe politische und gesellschaftliche Strukturen. Dank diesem Anpassungsvermögen gelang es den Wahehe schließlich, den Wangoni die Vorherrschaft im südwestlichen Teil des späteren Deutsch-Ostafrika zu entreißen. Anfang der neunziger Jahre des vorigen Jahrhunderts, als die Deutschen dort eintrafen, bildeten die Wahehe die Hegemonialmacht in dieser Region.

Zum Schluß der Aufzählung der wichtigsten Volksstämme des Landes sind noch die im geographischen Zentrum der späteren Kolonie lebenden, zur Banturasse zählenden Wanyamwesi zu nennen. Sie waren ein fleißiger, aufgeschlossener und besonders anpassungsfähiger Menschenschlag, der, mit einem ausgeprägten Erwerbssinn ausgestattet, als einziger einen über den unmittelbaren Bereich hinausgehenden Handel betrieb und schon frühzeitig Kontakte mit der Küstenbevölkerung aufnahm. Die Wanyamwesi stellten die Masse der Träger für den in der zweiten Hälfte des 19. Jahrhunderts gewaltig anschwillenden Karawanenverkehr zur und von der Küste und bildeten später eine der Hauptstützen der deutschen Kolonialherrschaft. (Siehe hierzu Karte 3.)

Da der Maji-Maji-Aufstand seine religiöse Wurzel im sogenannten Maji-Maji-Kult hat, sei hier auch noch auf die religiösen Praktiken der Volksstämme im ehemaligen Deutsch-Ostafrika eingegangen. Mit Ausnahme der Küste, wo die Menschen aufgeklärter waren, da – uns bereits bekannt – der Islam dort schon vor Jahrhunderten Fuß gefaßt hatte, waren die religiösen Bräuche der Bewohner des Hinterlandes überwiegend heidnisch-animistisch. Diese Bräuche wiesen eine Vielfalt von Ausprägungen auf, so daß eine systematische Beschreibung nicht möglich ist. Wir wollen uns daher mit einer groben Kategorisierung anhand gemeinsamer Merkmale bescheiden.

Die religiöse Gedankenwelt der Menschen war ausschließlich diesseits bezogen und im Grunde pessimistisch, da bar jeder Heilserwartung nach dem Tode. Sie war beherrscht von der totalen Abhängigkeit von der Natur und den Naturgewalten, denen der Mensch fast machtlos ausgesetzt war. Ohne irgend welche Vorstellungen von naturwissenschaftlichen Zusammenhängen war es dem Menschen hier versagt, natürliche Erklärungen für das ihm widerfahrende Unheil zu finden, so daß er glaubte, es könnten nur übersinnliche Kräfte hier am Werk gewesen sein. Diese Kräfte zeigten sich in der Gedankenwelt des Ostafrikaners in verschiedenen Erscheinungsformen, auf die wir im folgenden kurz eingehen wollen.

Allen religiösen Vorstellungen gemeinsam war der Glaube an eine einzige übermächtige Gottheit, genannt *mungu* oder *mulungu,* die sich nach der Schaffung der Welt dem irdischen Geschehen weitgehend entzogen hatte. Unglücksfälle, Mißernten, Naturkatastrophen und persönliche Schicksalsschläge wurden daher nur selten dieser deistischen Gottheit zugeschrieben, sondern zumeist erdbezogenen übersinnlichen Kräften. Diese galt es zu beschwichtigen oder zu bekämpfen. Nur

Karte 3: Verteilung der Volksstämme in Deutsch-Ostafrika

wenn alle diese Bemühungen fehlgeschlagen waren, wandte man sich *mungu* zu. Es waren somit diese übersinnlichen Kräfte, die die Objekte der kultischen Handlungen des ostafrikanischen Hinterlandbewohners bildeten.

Zum einen waren dies die Ahnen. Den Ahnenkult oder Manismus finden wir besonders stark ausgeprägt in den sippschaftsorientierten und hierarchisch gegliederten Gesellschaftsordnungen. Hier herrschte der Glaube vor, daß die Ahnen nach ihrem Tode als Geist weiterleben und dann auf das Geschehen in der

Nachkommenschaft durch Herbeiführen von Glück oder Unglück Einfluß nehmen. So war es wichtig, daß man die ruhelosen Ahnengeister durch Ehrenerweisungen und allerlei Opfergaben, die man ihnen an bestimmten Plätzen, z. B. im Ahnenhaus oder an ihren Gräbern darbot, gutstimmte und so ihre negativen Einflüsse zu bannen suchte.

Eine andere Unglücksfälle, Naturkatastrophen usw. auslösende Kraft – hier kommen wir zu der zweiten Erscheinungsform – sah man im Wirken von schwarzen Magiern, den sogenannten *wachawi,* Hexen und Dämonen, die allgemein als die Verkörperung des Bösen galten. Sie waren allgegenwärtig und traten in den verschiedensten Tarnungen, in Menschen- oder Tiergestalt, in Erscheinung. Das ganze Streben und Trachten des Menschen richtete sich daher darauf, diese Unheilbringer ausfindig und unschädlich zu machen, zum Beispiel durch Verbrennen, oder, wo dies nicht möglich war, sie zumindest durch Opfergaben oder Tragen bzw. Applizieren von Medizin, der sogenannten *dawa,* zu besänftigen.

Als dritte religiöse Erscheinungsform finden wir den Glauben, daß man Gesundheit und Fruchtbarkeit, gute Ernten, Regenfälle, Frieden und Sicherheit und Sieg über den Feind auch durch Anwendung verschiedenster Arten von *dawa* sicherstellen könnte. Oft waren dies Früchte, Kräuter oder andere Pflanzen oder auch Flüssigkeit, das Wasser aus Zauberquellen usw., die zum Teil jedermann, in mehrschichtigen Gesellschaftsformen häufig jedoch nur bestimmten Personenkreisen zugänglich waren, zum Beispiel den Medizinmännern (*waganga,* Einzahl: *mganga*), der Aristokratie oder den Geheimbünden, wie sie damals zahlreich bestanden und zum Teil auch heute noch im Hinterland des Schwarzen Kontinents anzutreffen sind.

Um Naturkatastrophen wie Hungersnöte, Heuschreckenplagen und dergleichen abzuwenden, aber auch Krankheiten zu heilen, nahm man die Dienste der vorstehend genannten *waganga* in Anspruch, unter denen die Regenmacher eine besonders wichtige Rolle einnahmen. Diese Medizinmänner, auch als Zauberer bezeichnet, – sie gehörten stets einer erblichen Kaste an – fungierten gleichzeitig als Mittler zwischen den Menschen und den übersinnlichen Kräften und nahmen einflußreiche Positionen innerhalb des Stammes ein. Bei wichtigen Fragen, zum Beispiel ob Krieg oder Frieden, mußte sich sogar der Herrscher des Stammes ihren Entscheidungen beugen.

In den Gesellschaften, in denen nicht der lokalbezogene Ahnenkult und Hexenglaube, sondern die Bindung zur Natur, zur Umwelt im Vordergrund stand, beispielsweise bei den staatenlosen Völkern in den Uluguru- und Matumbi-Bergen oder an der Ostküste des Nyassa-Sees, finden wir als weitere kultische Erscheinungsform die Verehrung von Naturgeistern. In diesen mehr oder weniger regional bezogenen Kulturen galt die Natur als von Geistern beseelt, die in Seen, Felsen, Höhlen, Hainen und dergleichen hausten. Als Kultstätten für die Naturgeister dienten eine Reihe von Schreinen, die sich zumeist in Höhlen in der Nähe von Gewässern unweit der Stelle, wo der betreffende Geist hauste, befanden. Das Kultamt war den *waganga* übertragen, die an den Schreinen Opferhandlungen vornahmen, um die Geister, deren häufigste symbolische Verkörperung Tiere waren, durch Beschwichtigung und Beschwörung gnädig zu stimmen, damit sie für Regen und Fruchtbarkeit, Sieg über den Gegner usw. sorgten.

Alljährlich machten sich die Menschen, gleich welcher ethnischer oder sprachlicher Zugehörigkeit, auf den Weg zu diesen Schreinen, um dort Medizin für Regen und Fruchtbarkeit usw. zu erhalten. Als Opfergabe brachten sie den Naturgeistern häufig schwarzhäutige Haustiere, insbesondere Rinder, Ziegen oder Schafe, dar, wobei die schwarze Haut dunkle Regenwolken symbolisieren sollte. Die Naturgottheit teilte sich den Gläubigen dadurch mit, daß sie einen Menschen, oft war es ein *mganga,* als ihr Orakelmedium in einen Trance-Zustand versetzte. Zu diesen Gottheiten zählte Bokero, der in Kibesa am Rufiyi verehrt wurde, und Kolelo, dessen Schreine sich in den Uluguru- und Nguli-Bergen befanden. Diese intertribalen Bokero- und Kolelo-Kulte bereiteten den religiösen Boden für die spätere Herausbildung einer afrikanischen Solidargemeinschaft gegen die koloniale Fremdherrschaft und waren deswegen von eminenter Bedeutung für die Auslösung des Maji-Maji-Aufstands.

Nach diesem Exkurs in den religiösen Bereich wenden wir uns nun den geschichtlichen Vorgängen im ostafrikanischen Raum vor Beginn der Kolonialzeit zu.

2. Ostafrika an der Schwelle zum kolonialen Zeitalter

Die kulturellen und zivilisatorischen Leistungen der Araber – Die Portugiesenzeit – Der Elfenbein- und Sklavenhandel der Araber mit den Binnenlandvölkern – Die Sultansdynastie in Sansibar – Die Sultane von Sansibar geraten unter englischen Einfluß – Missionen und Handelshäuser, die Wegbereiter europäischer Kolonialeroberung, treten im ostafrikanischen Raum in Erscheinung

Mit dem ausgehenden 18. Jahrhundert zeichnete sich für das ostafrikanische Hinterland eine Wende in seinem Verhältnis zur Außenwelt ab, die es allmählich aus seiner Isolation und Abgeschiedenheit herausrückte. Die treibenden Kräfte in diesem Prozeß waren die Araber und – in ihrem Gefolge – die Leute der *mrima,* die Suaheli.

Die Araber hatten, wie erwähnt, schon um die Jahrtausendwende an der Küste des späteren Deutsch-Ostafrika Fuß gefaßt und der gesamten Küstenregion ihr Gepräge gegeben. Ihre zivilisatorischen und kulturellen Leistungen für den ostafrikanischen Raum bestanden vornehmlich darin, daß sie Landwirtschaft im Küstengebiet durch plantagenmäßigen Anbau exportfähiger Produkte, insbesondere der Gewürznelke und daneben der Ölpalme, förderten, einen florierenden Handwerkerstand dort entwickelten, den Anstoß zu einem umfangreichen Fernhandel mit der Arabischen Halbinsel, Persien und Vorderindien gaben, eine eigenständige arabo-negroide Mischrasse, die schon genannte Suaheli-Rasse entstehen ließen und mit dem von dieser gesprochenen Kisuaheli eine Umgangs- und Schriftsprache für Ostafrika schufen, wodurch man entscheidend zur Verringerung des babylonischen Sprachengewirrs dort beigetragen hat.

Entlang der Küste gründeten sie eine Reihe von Stadtstaaten, deren bedeutendster ursprünglich das an der Südküste auf einer Insel gelegene Kilwa-Kisivani war, das jedoch später, im 19. Jahrhundert, seine Hegemonialrolle an Sansibar abtreten mußte. Die Kontakte mit dem Binnenland waren anfänglich gering und beschränkten sich auf einen bescheidenen Handel mit Kaurimuscheln, Elfenbein und Flußpferdzähnen. Bis Ende des 18. Jahrhunderts existierte nur eine einzige Handelsroute ins Hinterland, die von Kilwa über Liwale und Songea zum Nyassa-See verlief.

Der Araberherrschaft an der Küste widerfuhr zu Beginn des 16. Jahrhunderts eine mehr als zweihundertjährige Unterbrechung, als Portugal sein Handelsimperium am Indischen Ozean mit den Hauptstützpunkten auf dem indischen Subkontinent und an der Küste des späteren Mozambique aufzubauen begann. Im 18. Jahrhundert setzte dann der Machtverfall Portugals ein, dem der Aufstieg Englands und Hollands einherging.

Diese Schwächung Portugals ausnutzend, eroberten die Araber ihre Position an der ostafrikanischen Küste zurück. Die einzige Hinterlassenschaft der Portugiesen in Ostafrika war – von einigen Burgruinen abgesehen – die kommerzielle

Anbindung des ostafrikanischen Raumes an Vorderindien, als deren Folge indische Kaufleute in großer Zahl sich an der Küste des späteren Deutsch-Ostafrika niederließen, die dann im Laufe der folgende Jahrhunderte eine steigende Rolle im ostafrikanischen Binnen- und Fernhandel, vor allem in Finanzgeschäften, ausüben sollten.

Mit der Zunahme des Handelsverkehrs mit Vorderindien wuchs auch der Verkehr mit dem ostafrikanischen Hinterland, denn die importierten indischen Erzeugnisse, insbesondere Textilien, weckten die Begehrlichkeit der dortigen Stämme. Als Tauschware gelangte nun vor allem Elfenbein zur Küste. Der Bedarf an Elfenbein, besonders in Europa, stieg mit dem ausgehenden 18. Jahrhundert gewaltig an, weitere Handelsrouten mußten angelegt werden: Zuerst, um die Wende zum 19. Jahrhundert, eine, die von Sansibar über See nach Bagamoyo und von dort über Tabora nach Udjidji am Tanganyika-See verlief, und bald danach eine weitere, die von Tanga und Pangani aus über Taveta am Kilimandjaro in die Massai-Steppe führte. An den Karawanenrouten richteten die arabischen und suahelischen Händler Etappenstationen und Stützpunkte ein, so in Tabora und Udjidji, schlossen Handelsverträge mit den örtlichen Herrschern und verbreiteten gleichzeitig ihren islamischen Glauben und das Kisuaheli.

In den ersten Jahrzehnten des 19. Jahrhunderts nahm die Jagd nach Elfenbein im Gebiet des späteren Deutsch-Ostafrika allmählich ab, da die Bestände an Elefanten infolge der unerbittlichen Nachstellungen arg dezimiert worden waren. Dies hatte zur Folge, daß die Elfenbeinjäger ihr Tätigkeitsfeld immer tiefer ins Innere Afrikas, in das spätere Belgisch-Kongo, das heutige Zaire, verlegen mußten. Die Karawanenwege zur Küste wurden nun immer länger, und entsprechend schwoll der Bedarf an Trägern an – bis zu 100.000 Träger, vor allem Wanyamwesi, waren schließlich allein auf der Route Bagamoyo – Tabora – Udjidji alljährlich unterwegs!

Der Preis für Elfenbein erreichte schwindelnde Höhen. Die Häuptlinge und Sultane im Landesinnern aber sahen sich durch die Dezimierung der Elefantenbestände um eine einträgliche Einnahmequelle gebracht und sannen nach Auswegen: Ein anderes Exportprodukt, das »Schwarze Elfenbein« der eingeborene Sklave, wurde nun zur Hauptexportware!

Sklaven hatte es schon immer im ostafrikanischen Raum gegeben. So war es beispielsweise unter den Stämmen im Binnenland üblich, Kriegsgefangene, Angehörige von Mördern, Hexen usw. als Sklaven zu halten oder zu verkaufen, doch ein regelrechter Sklavenhandel im großen Stil und eine systematische Sklavenjagd, wie sie jetzt – gegen Ende der ersten Hälfte des vorigen Jahrhunderts – einsetzten, waren beispiellos in Ostafrika.

Hauptziele der Sklavenjagd waren die zahlreichen schwachen, da staatenlosen Dorfgemeinschaften in der Mitte und im Süden des inneren Ostafrika, während die zentral regierten, wehrhaften Völker wie die Wahehe, Wabena, Wangoni, Waruanda, Wanyamwesi und andere hiervon fast unberührt blieben, ja sogar selbst Initiatoren der Sklavenjagd wurden.

Die menschlichen Tragödien, die sich nun in den Weiten Ostafrikas abspielten, waren unbeschreiblich: Dörfer wurden auf der Jagd nach Sklaven überfallen und verwüstet, Familien auseinandergerissen, die Familienmitglieder, soweit nicht als Sklaven geeignet, niedergemetzelt, ganze Landstriche auf diese Weise entvölkert.

Tausende und Abertausende von Sklaven kamen auf den langen Märschen zur Küste durch Hunger, Krankheiten und Entbehrungen ums Leben. Wissmann, ein bekannter Afrikaforscher, später Reichskommissar und Gouverneur von Deutsch-Ostafrika, schätzte, daß für jeden Sklaven, der die Küste erreichte, vier bis fünf Menschen ihr Leben lassen mußten.

Die Hauptumschlagplätze für den Sklavenhandel waren Bagamoyo nördlich von Daressalam sowie Kilwa im Süden. Hier wurden die Sklaven zumeist nach Sansibar verschifft, wo sie auf den dortigen großen Sklavenmärkten verkauft wurden, um dann entweder auf den riesigen Nelkenplantagen der Insel eingesetzt oder zur Arabischen Halbinsel oder nach Vorderindien zum Weiterverkauf verschifft zu werden. Der Sklavenhandel lag fast ausschließlich in den Händen der Araber, wobei der größte Nutznießer der Sultan von Sansibar, Imam Seyyid Said, war, der für jeden verkauften Sklaven eine Abgabe von zwei Maria-Theresien-Talern erhielt.

Seyyid Said entstammte der Dynastie der Imame von Maskat, der Hauptstadt des Oman auf der Arabischen Halbinsel. Diese Dynastie hatte den Hauptanteil an der Befreiung der ostafrikanischen Küste von der Portugiesenherrschaft im 18. Jahrhundert und, mit Hauptsitz in Sansibar, in den ersten Jahrzehnten des 19. Jahrhunderts die politische und wirtschaftliche Vorherrschaft unter den arabischen Feudalstaaten im ostafrikanischen Küstenraum errungen.

Zu dieser Zeit hatten die Engländer im Bemühen, die Zugangswege zu ihrem Kolonialreich in Indien zu sichern, Fuß auf der Arabischen Halbinsel gefaßt und den Imam von Maskat durch Abschluß verschiedener Verträge unter ihren Einfluß gebracht. Als nun Seyyid Said, bestärkt durch die Schutzmacht England, im Jahre 1840 seinen Hauptsitz von Maskat nach Sansibar verlegte, bot sich für England die günstige Gelegenheit, auch den ostafrikanischen Raum unter seine Kontrolle zu bringen. Da es aber stark damit in Anspruch genommen war, seine an anderen Orten der Erde erworbenen umfangreichen Kolonialgebiete, vor allem Vorderindien, zu sichern und zu festigen, beschränkte es sich vorerst auf eine indirekte Einflußnahme auf den ostafrikanischen Raum ohne eigene Machtpräsenz, wachte jedoch mißtrauisch darüber, daß der dortige von ihm sanktionierte status quo aufrechterhalten blieb.

Unter Imam Seyyid Said, der von dem Ehrgeiz besessen war, ein riesiges arabisches Handelsimperium in Ostafrika zu errichten, nahm der Handel, insbesondere der Sklaven- und Elfenbeinhandel, einen ungeahnten Aufschwung. Immer tiefer drangen die Sklaven- und Elefantenjäger in das Innere Schwarzafrikas ein; sogar jenseits der großen Binnenmeere im Kongobecken und später in Rhodesien wurde Jagd auf das »weiße und schwarze Elfenbein« betrieben.

Die eigentliche politische Macht des Sultans von Sansibar beschränkte sich indes auf eine lockere Oberhoheit über die Küstenorte wie Mogadischu, Mombasa, Tanga, Pangani, Bagamoyo und Kilwa, an einer Annexion der Festlandgebiete war er nicht interessiert. Um die Sicherheit des Handels und die Aufrechterhaltung der Ordnung an der Küste und im Umkreis der arabischen Handelsstützpunkte im Landesinneren zu gewährleisten, setzte der Sultan dort einige hundert Beamte ein: Walis (Provinzgouverneure), Kadis (Richter) und Akiden (Bezirksstatthalter). Da die wichtigste ökonomische Basis Sansibars der Sklavenhandel und die Slavenhaltung waren, galten die Sultansbeamten bei der Eingeborenenbevölkerung als die Hauptrepräsentanten dieses Sklavenhalterstaates, gegen die sich, nicht zuletzt wegen ihrer Korruptheit, ihrer Gewalttätigkeit und ihrer Zusammenarbeit mit den Sklavenjägern, bald der allgemeine Haß auf das Araberregime richtete, ein Haß, der auch in der kolonialen Ära noch andauern sollte.

Mit dem Tode Seyyid Saids im Jahre 1856 setzte der Machtverfall Sansibars ein. Sein Reich Maskat-Sansibar zerfiel in zwei selbständige Sultanate, die in der Folge immer stärker unter englischen Druck gerieten. Die Thronnachfolger Seyyid Saids, Seyyid Majid und dessen Bruder Said Bargasch, der 1870 die Thronfolge nach dem Tode Said Majids antrat, waren beide schwache Persönlichkeiten und verloren zusehend an Autorität bei ihren arabischen Vasallenstaaten auf dem Festland und der Sklavenjäger-Lobby am eigenen Hofe, weil England auf einer Einschränkung des unmenschlichen Sklavenhandels bestand und schließlich, als alle Vorstellungen nicht gefruchtet hatten, 1876 mit der Blockade der ostafrikanischen Küste durch seine Flotte drohte.

In die Zwickmühle genommen, versuchte Said Bargasch die anderen europäischen Mächte, darunter auch das neugeschaffene Deutsche Reich, für eine Intervention zu seinen Gunsten zu gewinnen, jedoch ohne Erfolg: Diese, auf ihren Ruf als humanitäre Mächte bedacht, sicherten der britischen Regierung wohlwollende Neutralität zu. Der Sultan von Sansibar mußte sich daraufhin der Macht Englands und seiner Kriegsschiffe beugen und ohne Vorbehalt einem Abbau des Sklavenhandels zustimmen. Er wurde nun zu einer Marionette in den Händen der Engländer. Diese verschafften sich eine direkte Kontrolle am Hofe des Sultans, indem sie an die Spitze der sansibaritischen Truppen einen englischen Marineoffizier stellten und eine Flottenstation in Sansibar einrichteten. Über seinen Generalkonsul in Sansibar regierte England de facto über die Insel und die arabischen Vasallenstaaten des Sultanats an der Küste. Die Voraussetzungen für eine britische Kolonialeroberung auf dem ostafrikanischen Festland waren nun gegeben.

Schon waren die Wegbereiter britischer Kolonialherrschaft im ostafrikanischen Raum in Erscheinung getreten: Um das Jahr 1865 gründeten anglikanische Missionare ihre erste Station im ostafrikanischen Hinterland, der in den siebziger Jahren weitere Stationen folgten; britische Entdeckungsreisende wie Burton, Speke und vor allem der schottische Missionar David Livingstone, führten zahlreiche Forschungsexpeditionen durch und durchzogen kreuz und quer das spätere Deutsch-Ostafrika. Sie bereiteten systematisch den Boden für eine offizielle Inbesitznahme des Landes durch England, denn sie verfolgten keineswegs nur uneigennützige Ziele: Im Hintergrund ihrer missionarischen bzw. wissenschaftlichen Tätigkeiten standen handfeste politische und merkantile Absichten, die den Interessen ihres Heimatlandes dienen sollten.

Doch nicht nur England entfaltete in Ostafrika lebhafte Aktivitäten: Mit der Eröffnung des Suezkanals im Jahre 1869 verkürzten sich die Handels- und Verkehrswege zu dieser bisher abgelegenen Region der Erde erheblich, und damit wuchs auch das Interesse anderer europäischer Nationen am ostafrikanischen Raum: Französische, österreichische, belgische und auch deutsche Forschungsexpeditionen wetteiferten mit den Engländern um die Erforschung Ostafrikas. Französische Missionare machten ihren britischen Glaubensbrüdern Konkurrenz und gründeten ebenfalls Stationen im Innern des Landes. Neben britischen eröffneten belgische, französische und – Anfang der siebziger Jahre – auch deutsche Handelshäuser Niederlassungen in Sansibar. Schon kam es zu Demarchen der belgischen und der französischen Regierung beim Hofe des Sultans von Sansibar wegen Überlassung von Hoheits- und Stützpunktrechten an der Küste, die jedoch unter dem Druck der britischen Regierung vom Sultan abschlägig beschieden wurden.

Aufmerksame Beobachter der europäischen Kolonialpolitik konnten erkennen, daß sich mit den zunehmenden Aktivitäten der europäischen Mächte im ostafrikanischen Raum das Ende der präkolonialen Zeit hier ankündigte. Der »scramble for Africa«, der Wettlauf um die letzten noch herrenlosen Teile Schwarzafrikas, erfaßte nun auch diesen Bereich des Kontinents.

Die englische Regierung aber zögerte, Ostafrika offiziell zur britischen Kolonie zu erklären. Sie scheute die Übernahme der Verantwortung dort, vor allem aber die der Administration eines solchen Kolonialgebietes, dessen wirtschaftliche Rentabilität sie von vornherein anzweifelte. Außerdem sah die englische Regierung in dem völlig unter ihrem Einfluß stehenden Sultan von Sansibar, der das gesamte Zugangsgebiet zum ostafrikanischen Hinterland, nämlich die Küste, zu seinem Herrschaftsgebiet rechnete, einen Garanten für die Aufrechterhaltung des status quo hier, da – wie die erfolglosen Demarchen Frankreichs und Belgiens gezeigt hatten – jeder Versuch der Inbesitznahme von Teilen Ostafrikas auf den Widerstand Sansibars stoßen würde. An Sultan Said Bargasch, so glaubte England, würde für diejenigen, die koloniale Ambitionen in Ostafrika verfolgten, kein Weg vorbeiführen!

Doch die Rechnung Englands sollte wider alles Erwarten nicht aufgehen: Für einen Kolonialkonquistatoren oder Kolonialpionier, wie man sie früher nannte, gab es noch einen völlig anderen, unauffälligeren Weg als den offiziellen über den Hof des Sultans von Sansibar, um im ostafrikanischen Hinterland, wo der Einfluß des Sultans ohnehin am Bröckeln war, – gewissermaßen privatissime – Landbesitzrechte zugunsten einer europäischen Nation zu erwerben und so den Grundstein für eine Kolonialgründung hier zu legen. Dieser kühne Konquistator sollte nicht lange auf sich warten lassen! Zur allgemeinen Überraschung aber sollte dies ein Angehöriger einer europäischen Nation sein, die bisher kolonialpolitisch im ostafrikanischen Raum überhaupt noch nicht aufgetreten war: der Deutsche Dr. Carl Peters!

3. Die Errichtung der deutschen Kolonialherrschaft

Dr. Carl Peters Erwerbungsexpedition – Erteilung des Kaiserlichen Schutzbriefes für Deutsch-Ostafrika – Dr. Peters' Bemühungen um Ausdehnung des ostafrikanischen Schutzgebietes – Die Kontroversen zwischen dem Deutschen Reich und dem Sultan von Sansibar – Machtdemonstration der Kaiserlichen Marine vor Sansibar – Die »Küstenvertrag« – Der Araberaufstand – Das Reich greift ein: Reichskommissar Wissmann wirft den Aufstand mit seiner Truppe nieder – Der Helgoland-Sansibar-Vertrag – Das militärische Eindringen in das Hinterland – Der Krieg gegen die Wahehe – Gouverneur v. Liebert läutet die wirtschaftliche Erschließung der Kolonie ein

Es war der 10. November 1884. An der ostafrikanischen Küste bei Sadani hatte der Tag mit einem herrlichen Sonnenaufgang begonnen. Ein kristallblauer Himmel spannte sich über dem Meer und dem immergrünen palmenumsäumten Küstenstreifen. Die See war nahzu spiegelglatt, nur eine leichte Brise wehte landeinwärts.

Die Sonne hatte ihren Zenit schon fast erreicht, da näherte sich mit leichtgeschwelltem Segel eine kleine Dhau, einer jener typischen arabischen Kleinsegler, der Küste. Sie bog in die malerische, sehr flache Bucht von Sadani ein, strebte dann jedoch, obwohl der kleine Hafen gleichen Namens dicht daneben war, direkt dem Strande zu, die gerade herrschende Ebbe und den trockengefallenen Wattstreifen mißachtend.

Mit einem dumpfen Aufprall lief das Boot etwa 300 Schritt vom Ufer entfernt auf. Sofort setzte ein emsiges Treiben an Bord ein. Neben einer größeren Anzahl von Schwarzen konnte man vier Weiße erkennen. Diese schienen es besonders eilig zu haben: Statt abzuwarten, bis das Fahrzeug gänzlich trockenfiel, um dann bequem ans Ufer gelangen zu können, ließen sie sich, voll Ungeduld, auf den Rücken schwarzer Träger an Land tragen. Diese vier Weißen waren Dr. Carl Peters, ein deutscher Historiker, und seine drei deutschen Gefährten, der Jurist Dr. Jühlke, Graf Pfeil und der Landwirt Otto. Sie waren im Auftrage der im April 1884 von Dr. Peters und Graf Behr-Bendelin gegründeten Gesellschaft für Deutsche Kolonisation unter Wahrung strengsten Stillschweigens aufgebrochen, um in Ostafrika für Deutschland Kolonialerwerbungen zu betreiben.

Zu Dr. Peters' Enttäuschung war dennoch Kunde von der tollkühnen Absicht der Kolonialabenteurer an die Ohren der Presse und der Deutschen Reichsregierung gelangt. Letztere hatte obendrein noch über ihren Generalkonsul in Sansibar Dr. Peters von seinen – wie es hieß – »abenteuerlichen, an hellen Wahnsinn grenzenden« Plänen abzubringen versucht und ihm jeden Reichsschutz verweigert. Deshalb traten die vier Kolonialeroberer nur begleitet von sechsundreißig Trägern und sechs Dienern und vollkommen unzureichend ausgerüstet, bereits am übernächsten Tage, dem 12. November, den Marsch in das Landesinnere an, um möglichst rasch aus dem Einflußbereich des sicherlich schon mißtrauisch gewordenen Sultans von

Sansibar herauszugelangen und etwaigen Gegenmaßnahmen von seiner Seite zuvorzukommen.

Wochen gingen ins Land, ohne daß Kunde von den vier deutschen Abenteurern an die Küste gelangt war. Da tauchten in der Dämmerung des 17. Dezember 1884 zwei völlig erschöpfte, abgerissene Weiße bei den französischen Missionaren in Bagamoyo auf. Ihr Schuhwerk war zerrissen, die Füße wundgelaufen, die Körper von Dornen und Insekten zerstochen. Schweres Fieber durchschüttelte ihre von Hunger, Durst und Strapazen ausgemergelten Körper. Es waren Dr. Carl Peters und Dr. Jühlke. Graf Pfeil war in Muinin Sagara, der Hauptstadt der Landschaft Usagara, als Peters' Repräsentant zurückgeblieben, während Landwirt Otto den Anstrengungen der Expedition erlegen war. Krampfhaft umklammerten Dr. Peters' Hände eine Tasche. Sie enthielt Landerwerbsverträge, die die Expedition mit zwölf Häuptlingen im Hinterland abgeschlossen hatte: Ein Gebiet von insgesamt 140.000 km^2 – mehr als ein Drittel der Fläche der heutigen Bundesrepublik Deutschland – mit den Landschaften Ukami, Usegua, Nguru und Usagara war für Deutschland erworben. Der Grundstein für Deutsch-Ostafrika war gelegt! Aus dieser »aus dem Nichts geschaffenen Privatunternehmung« sollte die größte und wertvollste deutsche Kolonie entstehen! (Siehe hierzu Karte 4.)

Einen günstigeren Zeitpunkt als diesen hätte Dr. Peters für seine Kolonialgründung nicht wählen können: Durch die nun schon Jahrzehnte andauernden Überfälle räuberischer Nachbarvölker, vor allem aber durch die Sklavenjagden der Araber, waren die Volksstämme im Innern Ostafrikas geschwächter und zerrissener denn je; Angst, Not und Elend hatten immer mehr um sich gegriffen. Da war mancher Häuptling nur zu sehr geneigt, unter die Schutzherrschaft einer europäischen Macht zu treten; und in dieser Absicht wurde er nun noch bestärkt: Hatte doch der von Sansibar ausgeübte Druck nachgelassen, da das Ansehen des Sultans bei seinen Vasallen und Sklavenhändlern an der Küste und im Hinterland durch die ihm von England auferlegten Beschränkungen im Sklavenhandel einen Tiefpunkt erreicht hatte.

Mit den Verträgen in der Tasche begab sich Dr. Peters bald darauf nach Deutschland zurück und begehrte im Auftrage der Gesellschaft für Deutsche Kolonisation bei der Reichsregierung in Berlin den Reichsschutz für seine Erwerbungen. Hier hatte sich inzwischen mit der Gründung der ersten deutschen Schutzgebiete in Südwestafrika, Togo und Kamerun eine Gesinnungswandel zugunsten einer kolonialen Expansion des Reiches vollzogen, und nun wurden die Petersschen Erwerbungen ohne weitere Schwierigkeiten am 28. Februar 1885 durch einen Kaiserlichen Schutzbrief vom Reich anerkannt. Gleichzeitig wurde die Ausübung der vollziehenden Gewalt in der neuen Kolonie entspechend Bismarcks Vorstellungen von einem »Kolonialbesitz mit beschränkter Haftung des Reiches« der Gesellschaft für Deutsche Kolonisation übertragen. Diese nahm nun die Bezeichnung »Deutsch-Ostafrikanische Gesellschaft« (DOAG) an.

Dr. Peters, bestärkt durch Reichskanzler Bismarck, machte sich nun ungesäumt daran, die deutschen Besitzungen in Ostafrika zu festigen und zu erweitern. Trotz des Protestes des Sultans Bargasch schickte Dr. Peters nach allen Richtungen Expeditionen in die ostafrikanischen Landesteile, wo dann zahlreiche weitere Schutz- und Landerwerbsverträge mit den dortigen Herrschern abgeschlossen wur-

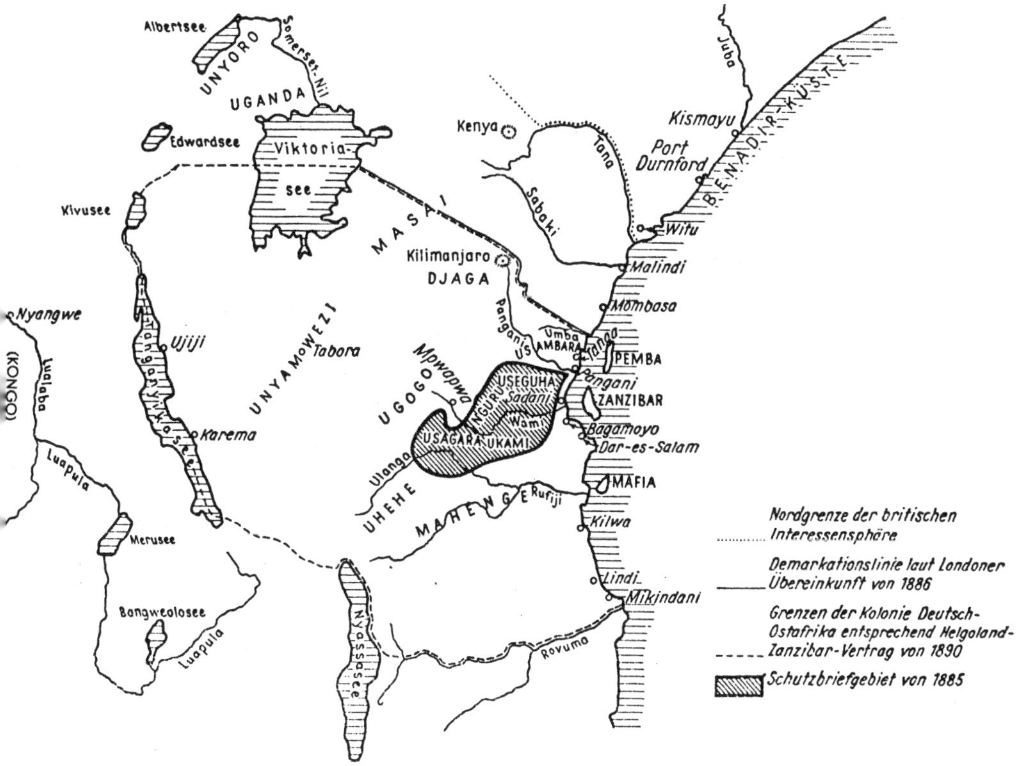

Karte 4: Das Schutzbriefgebiet des Dr. Carl Peters

den. Schon zeichnete sich auf der Landkarte ein riesiges deutsches ostafrikanisches Kolonialreich ab, das sich nach Nordosten bis hin zum Kap Guardafui am Horn von Afrika, nach Nordwesten bis weit nach Uganda hinein, nach Westen bis zum Tanganyika-See und nach Süden bis nach Mozambique erstreckte, ja sogar die Komoren-Inseln und Teile von Madagaskar mit einschloß! (Siehe hierzu Karte 5.)

Doch dieses Kolonialreich, noch mehr oder weniger auf dem Papier, hatte einen herben Schönheitsfehler: Man hatte zwar ein riesiges Gebiet für Deutschland erworben, nicht jedoch einen Zugang dorthin, denn die gesamte Küstenregion wurde vom Sultan von Sansibar als seine Domäne betrachtet, dort unterhielt er auch Statthalter und in einigen Orten sogar Militärgarnisonen. Der Sultan ahnte, daß die Deutschen, nachdem sie nun im Hinterland Fuß gefaßt hatten, alles daransetzen würden, auch Ansprüche auf die ostafrikanische Küste zu erheben, und sandte am 27. Mai 1885 ein geharnischten Protestschreiben an Reichskanzler Fürst Bismarck wegen der deutschen Besitzergreifungen und richtete auch entsprechende Beschwerden an die Regierungen der anderen europäischen Kolonialmächte und der USA. Gleichzeitig schickte er Truppen in die von Peters erworbenen Gebiete und ließ dort die Flagge Sansibars hissen.

Bismarck reagierte prompt und bestritt in einer Note an den Sultan jeden Besitzanspruch Sansibars auf die von Peters erworbenen Gebiete mit Ausnahme eines schmalen Küstenstreifens und forderte diesen ultimativ auf, seine Truppen aus dem deutschen Schutzgebiet abzuziehen. Seiner Forderung verlieh Bismarck martialischen Nachdruck, indem er einen Flottenverband unter Kommodore Paschen bei Sansibar zusammenzog. Unter den Rohren der drohend auf den Sultanspalast gerichteten Schiffsgeschütze gab Sultan Bargasch nach und erkannte die Oberhoheit Deutschlands über die Gebiete im Landesinneren an. Seine Truppen zog er zurück, die Flagge Sansibars ließ er einholen.

Mit dem Nachgeben des Sultans war eine erste Voraussetzung für die Gewinnung des für die neue deutsche Kolonie lebenswichtigen Küstenstreifens geschaffen worden. Der nächste Schritt wurde getan, als Deutschland und England in einem vom Sultan zugestimmten Vertrag, dem sogenannten »Küstenvertrag«, das Hoheitsgebiet Sansibars auf dem Festland auf eine zehn Meilen breite Küstenzone beschränkten und der Deutschen Ostafrikanischen Gesellschaft (DOAG) die Zollerhebung und die Zollverwaltung in den Küstenorten im Namen und unter der Flagge des Sultans zugestanden wurde.

Dies war für die deutsche Seite natürlich keine dauerhafte Regelung, da ja der Sultan von Sansibar de iure weiterhin die Hoheitsrechte an der Küste ausübte. Für die DOAG aber bot sich hier in Anbetracht ihrer sehr schmalen finanziellen Basis ein beachtlicher Vorteil, erhielt sie doch durch das im Vertragswerk abgesicherte Recht auf Zollerhebung endlich eine ersprießliche Einnahmequelle. Aber die Rechnung der Gesellschaft ging nicht auf: Gegen die Übertragung dieses Rechts lehnte sich die arabisch-suahelische Oberschicht der Küste auf, da sie ihre Privilegien und ihre Machtstellung durch die Gesellschaft gefährdet sah und um ihre Haupteinnahmequelle, den Sklaven- und Elfenbeinhandel sowie den Küsten- und Karawanenverkehr, bangte. Unterstützung fanden die Araber und Suaheli bei den Häuptlingen der küstennahen Stämme, die befürchteten, sie würden ihrer Einnahmen aus den Wegeabgaben, dem sog. *hongo,* die sie den vorbeiziehenden Handels- und Sklavenkarawanen abverlangten, unter dem Einfluß der deutschen Zollhoheit verlustig gehen.

Im Sommer 1888 kam es daraufhin zum bewaffneten Konflikt, dem sogenannten Araberaufstand, gegen die neuen Herren. Hierbei erwies sich die DOAG, die mangels finanzieller Mittel über keinen militärischen Machtapparat verfügte, als hoffnungslos unterlegen. Fast alle Stationen der Gesellschaft fielen in die Hände der Aufrührer. Schließlich blieb der DOAG nichts anderes übrig, als das Reich um militärische Intervention und Übernahme der Hoheitsrechte in der Kolonie zu bitten. Damit war auch in Ostafrika der Traum Bismarcks von einem Kolonialreich ohne finanzielles Engagement des Reiches wie eine Seifenblase zerplatzt!

Die Reichsregierung, die sich um das Prestige Deutschlands in Ostafrika sorgte, beschloß die Aufstellung eines militärischen Expeditionskorps von 1000 Mann zur Niederwerfung des Aufstands. Unter Hinweis auf die Greuel des arabischen Sklavenhandels gelang es der Regierung, den Reichstag zur Bewilligung der hierfür erforderlichen zwei Millionen Reichsmark zu bewegen. Mit der Führung dieses Korps wurde der bereits erwähnte Afrikaforscher Hauptmann Hermann v. Wissmann betraut. Dieser aus sudanesischen Söldnern aus Ägypten und Zululeuten

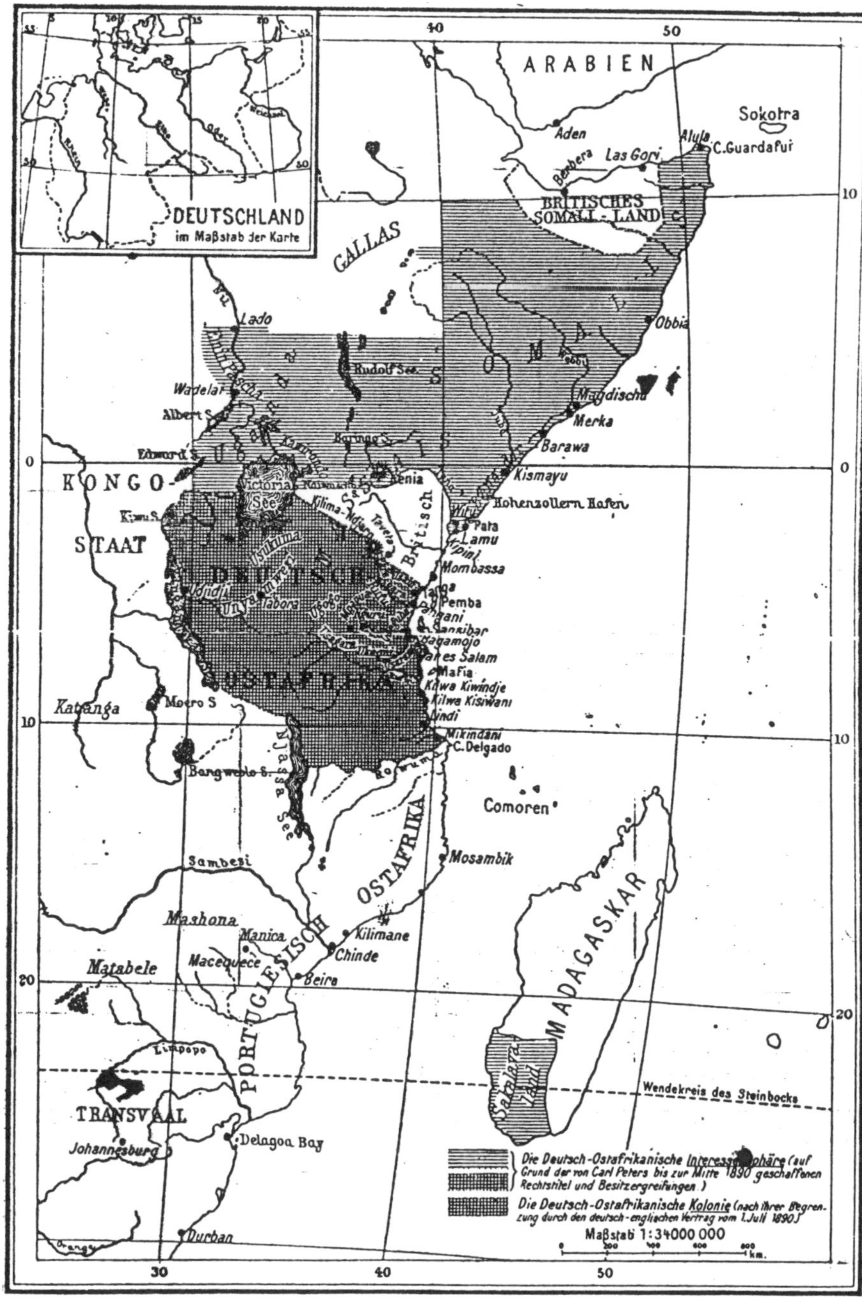

Karte 5: Erwerbs- und Interessengebiete der Deutsch-Ostafrikanischen Gesellschaft

aus Mozambique bestehenden und von deutschen Offizieren und Unteroffizieren geführten Truppe gelang es, mit Unterstützung der Reichsmarine die Rebellion in einem einjährigen Kampf im wesentlichen niederzuschlagen. Einer der beiden Führer der Aufstandsbewegung, der Halbaraber Buschiri, wurde gefangengenommen und am 15. Dezember 1889 in Pangani hingerichtet, der andere, der Usegua-Sultan Bwana Heri aus Sadani, unterwarf sich bald danach der deutschen Macht. Damit waren sämtliche Küstenorte im Norden der Kolonie einschließlich Daressalam, der späteren Hauptstadt der Kolonie, fest in der Hand der Truppe.

Nun ging Wissmann systematisch daran, das Schutzgebiet militärisch zu erobern. Die Truppe, inzwischen auf fast 1600 Mann aufgestockt, wandte sich zunächst den Küstenorten im Süden, Lindi, Mikindani und Kilwa-Kivindje, zu, die rasch erobert wurden, und marschierte dann landeinwärts, besetzte Mpapua, ca. 400 km westlich von Daressalam gelegen, wo die erste militärische Inlandstation gegründet wurde. 1891 zog dann die Truppe nach Norden zur Kilimandjaro-Region, der fruchtbarsten Gegend des Schutzgebietes, die sie nach Besiegung des dortigen Wadschagga-Gebirgsvolkes für Deutschland eroberte.

Derweil bemühte sich Bismarck, in Verhandlungen mit England die beiderseitigen Einflußsphären und Besitzverhältnisse im ostafrikanischen Raum völkerrechtlich festzulegen und vor allem die Frage der weiteren politischen Zukunft der für den Handel in Ostafrika so wichtigen Insel Sansibar zu klären und den für Deutsch-Ostafrika lebenswichtigen Küstenstreifen als deutsches Hoheitsgebiet anerkannt zu bekommen. Die Verhandlungen waren noch im Flusse, da wurde Bismarck vom Kaiser entlassen.

An seine Stelle als Reichskanzler trat der als Kolonialgegner bekannte General Leo von Caprivi. So kamen die Verhandlungen mit England zu einem wesentlichen ungünstigeren Abschluß, als Fürst Bismarck sich erhofft hatte. Am 1. Juli 1890 wurde der Helgoland-Sansibar-Vertrag geschlossen, in dem Deutschland auf seine Interessen in Sansibar zugunsten Englands verzichtete und einen Großteil der Gebiete, die durch die Petersschen Expeditionen erworben worden waren, abtrat, und zwar Uganda sowie große Teile des heutigen Kenia an England und das Somaliland an Italien. Als Gegenleistung erhielt Deutschland unter anderem die Insel Helgoland und den genannten ostafrikanischen Küstenstreifen, letzteren gegen Zahlung von vier Millionen Reichsmark an den Sultan von Sansibar.

Der Vertrag rief große Empörung in den deutschnationalen Kreisen hervor; Carl Peters sprach entrüstet vom Tausch einer Badewanne gegen drei Königreiche. Der Kritik an diesen Vertragsergebnissen schloß sich auch der gerade in Deutschland weilende Reichskommissar Wissmann an, was ihm v. Caprivi offenbar sehr verübelte: Im Mai 1891 wurde Wissmann durch den früheren ersten Gouverneur von Kamerun, Freiherrn von Soden, abgelöst. Dieser, zum Gouverneur des inzwischen in Reichsbesitz übergegangenen Deutsch-Ostafrika ernannt, setzte die von Wissmann begonnene Pazifizierung des Landesinneren fort.

Die militärische Durchdringung des Hinterlandes erwies sich als schwieriger und zeitraubender als ursprünglich angenommen und kam nur Schritt um Schritt voran. Die Verhaltensweise der Eingeborenen gegenüber den Kolonialinvasoren war recht unterschiedlich: Von einigen Stämmen, insbesondere den schwächeren und staatenlosen Gemeinschaften, wurden die Deutschen zum Teil recht freundlich, ja sogar erleichtert empfangen, erhofften diese sich doch durch die weiße Kolonialherrschaft ein Ende der Bedrohung durch Einfälle kriegerischer Nachbarvölker. Andere Stämme dagegen, insbesondere solche mit einer festgefügten Gesellschaftsordnung und einer zentralen Führung, leisteten dem Vordringen der Deutschen heftigen Widerstand.

Als größte Widersacher der Kolonialmacht erwiesen sich hierbei die Wahehe unter der Führung ihres Oberhäuptlings Mkwawa. Um sie der deutschen Herrschaft zu unterwerfen, wurde deswegen im Sommer 1891 eine Strafexpedition unter Führung des Kommandeurs der Schutztruppe, Hauptmann v. Zelewski, in das Waheheland entsandt. Sie umfaßte etwa 360 Askari, geführt von 14 weißen Offizieren und Unteroffizieren, sowie ein Geschütz und zwei Maschinengewehre, eine Streitmacht, die, so glaubte man, völlig ausreichen würde, um ein zwar zahlenmäßig um ein Vielfaches überlegenes, aber nur mit primitiven Wurf- und Schlagwaffen und einigen Vorderladern ausgerüstetes afrikanisches Heer zu schlagen. So überzeugt war Zelewski von der Unbesiegbarkeit seiner Truppe, daß er es bei Annäherung an Iringa, die Hauptstadt Uhehes, unterließ, die Gewehre durchladen und die Maschinenwaffen und das Geschütz zusammensetzen zu lassen.

Das Verhängnis nahm seinen Lauf: Mkwawa, ein kluger Kleinkriegtaktiker, hatte Späher und Spione ausgesandt, die ihm laufend über den Vormarsch der Deutschen berichteten, und sein Heer von viertausend Kriegern konzentrisch gegen diese angesetzt. Hervorragend im tiefen Busch hinter einem langgestreckten Hügel bei Lugalo/Rubero etwa 12 km östlich Iringa verborgen, erwarten die Krieger hier das Herannahen der deutschen Kolonne.

Ahnungslos und unbekümmert rückte die Kolonne, an der Spitze Zelewski, auf einem Esel reitend, am Morgen des 17. August in den vor dem Bergrücken entlangführenden Buschpfad ein. Kurz darauf gab einer der Offiziere einen Jagdschuß auf einen aufgebaumten Adler ab. Diesen Schuß hielten die Wahehe-Krieger für das vereinbarte Angriffssignal: »Gleich einer eisernen Wolke«, ihren gellenden Kriegsruf »Hä, hä« (daher hatten die Wahehe ihren Namen!) ausstoßend, stürmten sie zu Tausenden auf die weit auseinandergezogene, in Kolonne zu Einem vorrückende Expedition ein. Ihr blieb keine Chance: Die Askari konnten nur ein oder zwei Schüsse abgeben, dann fielen sie entseelt zu Boden, von Speerwürfen oder Vorderladerkugeln getroffen. Als einer der ersten Weißen fiel Zelewski: Er hatte noch Zeit, die Kammer seines Revolvers in die wogende Phalanx der Wahehe-Krieger zu entleeren, dann sank er, vom Speer eines sechzehnjährigen Wahehejungen durchbohrt, tot von seinem Esel. Innerhalb von zehn Minuten war der größte Teil der Truppe gefallen. Nur der Nachhut, unter Leutnant Tettenborn[1], die dank des vorzeitigen Angriffs der Wahehe noch nicht in den Buschpfad einmarschiert war, gelang die Flucht. Die Bilanz dieser schlimmsten Niederlage der Schutztruppe vor dem Ersten Weltkrieg war furchtbar: 10 Europäer und 290 Askari waren tot, beide Maschinengewehre und das Geschütz von den Wahehe erbeutet.

[1] Siehe hierzu RKA 279, S. 91ff.: Bericht Tettenborns vom 30. August 1891 an Soden, enthalten im Dokumententeil unter Nr. 1.

Erst wesentlich später, im Oktober 1894, nachdem Freiherr von Soden durch den Obersten Freiherr v. Schele auf dem Gouverneursposten abgelöst worden war, wurden die Wahehe schließlich von der inzwischen wesentlich verstärkten und besser ausgerüsteten Schutztruppe bei Lipuli Kalenga (Kuirenga), Mkwawas Burg am Ufer des Ruaha-Flusses nahe Iringa, entscheidend geschlagen. Mkwawa selbst gelang die Flucht. Er führte noch einen jahrelangen Kleinkrieg gegen die Deutschen, bis er sich schließlich, von seinen Häschern gestellt, am 19. Juli 1898 selbst tötete, um nicht in Gefangenschaft zu geraten.

Mkwawas Reich wurde von den Deutschen zerschlagen, seine Söhne in die Verbannung nach Daressalam gebracht und in Iringa ein deutscher Militärstützpunkt errichtet. Damit war die Wahehe-Aristokratie ihrer Köpfe beraubt worden. Die Kolonialverwaltung ging nun systematisch dazu über, sämtliche noch vorhandenen hierarchischen Institutionen in dem Volk abzuschaffen; mögliche, die Nachfolgeschaft Mkwawas anstrebenden Aristokraten wurden entmachtet oder gar hingerichtet, die Feudalherren und traditionellen Häuptlings-Dynastien, die Mtas, wurden abgesetzt, an ihre Stelle traten Jumben, die dem Kolonialregime ergeben waren. Damit wurde allen eventuellen nationalen und zentralistischen Bestrebungen unter den Wahehe ein Riegel vorgeschoben. Jeder Versuch zur Zusammenarbeit zwischen den verschiedenen Jumben wurde von der Kolonialverwaltung unterbunden und nach dem bewährten Prinzip des Teilens und Herrschens einer gegen den anderen ausgespielt.

Ihrer zentralen Führungsspitze beraubt, wurden die Wahehe ein kriegsmüdes Volk, das sich die gesamte deutsche Zeit hindurch nicht mehr gegen die Kolonialmacht zu erheben wagte, selbst im Maji-Maji-Aufstand nicht.

1895 kehrte Wissmann, nunmehr im Range eines Majors, wieder nach Ostafrika zurück, um hier Oberst v. Schele als Gouverneur abzulösen. Unter Wissmanns Verwaltung wurde nun vor allem die deutsche Herrschaft an der Westgrenze der Kolonie längs den Großen Seen etabliert und die in diesen Gebieten immer noch betriebenen Sklavenjagden und damit die Unsicherheit der Eingeborenen dort beseitigt. Die kriegerischen Massai im Nordosten des Landes und die immer wieder andere Stämme heimsuchenden räuberischen Wangoni und Mafiti im Süden wurden in ihre Schranken verwiesen.

1896 trat Oberst v. Liebert die Nachfolge Wissmanns als Gouverneur an, der aus hier nicht näher zu erläuternden Gründen den Kolonialdienst hatte quittieren müssen. Zu diesem Zeitpunkt waren die kriegerischen Aktionen im Schutzgebiet im wesentlichen abgeschlossen. Mit v. Liebert setzte nun die zweite Dekade der deutschen Kolonialherrschaft ein, die von dem Bemühen gekennzeichnet war, die Kolonie so rasch wie möglich wirtschaftlich und verkehrsmäßig zu erschließen und sie so für das Deutsche Reich und die deutsche Volkswirtschaft nutzbar zu machen, um der Reichsregierung und insbesondere dem Reichstag gegenüber den Beweis der Rentabilität Deutsch-Ostafrikas zu erbringen.

4. Der Beginn der administrativen und wirtschaftlichen Durchdringung

Lieberts Programm zur Stärkung der Wirtschaftskraft der Kolonie – Der Aufbau der Kolonialverwaltung – Die finanzielle Gängelung der Kolonialverwaltung durch den Reichstag – Die Einführung der Hüttensteuer und des zwangsweisen Anbaus von Exportkulturen – Aufbau des Verkehrswesens – Der Kampf um die Bewilligung der Geldmittel für den Bahnbau – Der Zwang zur Mehrarbeit für den Afrikaner

Mit dem erfolgreichen Abschluß der jahrelangen Kämpfe gegen die rebellischen Wahehe hatten auch die anderen wehrhaften Volksstämme unter dem Eindruck der deutschen Waffenerfolge den Anspruch der Kolonialmacht auf die Landesherrschaft anerkannt. Damit war es innerhalb von weniger als einem Jahrzehnt gelungen, Ruhe und Ordnung, das Grundprinzip jeder Kolonialherrschaft, fast überall im Lande durchzusetzen und den schwer auf der Bevölkerung lastenden Sklavenjagden und den Raubkriegen streitbarer Volksstämme ein Ende zu bereiten und so die deutsche Autorität in einer Gesellschaftsordnung durchzusetzen, wo Kriege, Raubzüge und Sklavenhaltung naturgegeben waren.

Befriedigt konnte Oberst v. Liebert 1897 in einem Bericht an die Reichsregierung melden, daß nunmehr die Sicherheit im Lande durch ein Netz von Bomas, wie die Militärstationen genannt wurden, gewährleistet und damit alle Voraussetzungen für den wirtschaftlichen Aufbau des Schutzgebietes gegeben seien. Garant hierfür sei das militärische Machtinstrument, die Schutztruppe. Sie war durch Kaiserlichen Erlaß vom 27. März 1891 aus der bisherigen Truppe des damaligen Reichskommissars v. Wissmann hervorgegangen. Inzwischen erheblich verstärkt, umfaßte sie 1900 etwa 1700 Mann einschließlich des weißen Führungspersonals, aufgegliedert in zwölf über das ganze Land verteilte, mit je zwei Maschinengewehren ausgerüstete Askari-Feldkompanien.

Mit diesem Machtmittel und einer etwa 700 Mann starken Polizeitruppe in der Hand, konnte Gouverneur v. Liebert nun darangehen, sein Programm für eine Stärkung der Wirtschaftskraft der Kolonie in die Wege zu leiten. Da das Hauptwirtschaftspotential Deutsch-Ostafrikas neben den natürlichen Ressourcen die Arbeitskraft der farbigen Bevölkerung war, ließ sich dieses Programm nicht ohne schwerwiegende Eingriffe in die Lebensweise, den Tagesablauf und die Sozialstruktur des Afrikaners realisieren. Eine grundlegende Abkehr von der bisherigen moderaten Eingeborenenpolitik schien Liebert daher geboten.

Von mehreren Feldzügen gegen »unbotmäßige« Völkerschaften abgesehen, war die Eingeborenenpolitik der Gouverneure bis jetzt eher von Kompromissen mit den einheimischen Herrschern als von Machtentfaltung der Kolonialregierung geprägt gewesen. Dies hatte seinen Grund in der Schwäche der Schutztruppe, die trotz der erfolgten Personalvermehrung in dem riesigen Land nicht überall präsent sein konnte. Die Kolonialregierung war daher genötigt gewesen, sich mit den örtlichen

Herrschern nach Möglichkeit zu arrangieren. Dies hatte keine besonderen Schwierigkeiten geboten, denn die Forderungen der Kolonialherren hielten sich zu der Zeit noch in Grenzen und wurden durch attraktive Gegenleistungen aufgewogen: Anerkennung der deutschen Oberherrschaft, Gestellung von Arbeitskräften und Hilfskriegern von Seiten der Kolonisierten, Garantie der bestehenden Machtverhältnisse zwischen den Stämmen und militärische Unterstützung im Falle drohender Einfälle kriegerischer Nachbarstämme von Seiten der Kolonisatoren.

Soweit machbar, war also zumeist dem Einsatz diplomatischer Mittel unter weitgehender Beibehaltung der alten afrikanischen Machtstrukturen, der Ausspielung der einheimischen Herrscher gegeneinander und der Suche nach Kollaborateuren unter ihnen, die dann im Auftrage der Kolonialregierung eine Art Statthalterfunktion, manchmal auch gegenüber eigenen Thronprätendenten, ausübten, bis jetzt notgedrungen der Vorzug vor der gewaltsamen Machtentfaltung gegeben worden.

Diese Eingeborenenpolitik des »laissez-faire«, der indirekten Machtausübung durch die Kolonialmacht, sollte nun, mit der beginnenden administrativen und wirtschaftlichen Durchdringung und damit der eigentlichen Inbesitznahme der Kolonie, auf eine völlig andere Grundlage gestellt werden: Die schwarze Bevölkerung sollte jetzt zur tragenden Säule der Wirtschaft des Schutzgebietes werden. Doch um sie effizient und produktiv im Dienste der Kolonialwirtschaft und damit letztlich der deutschen Volkswirtschaft einzusetzen, mußte sie allmählich aus ihrer vorkolonialen Daseinsform und Arbeitswelt herausgeführt und »auf einen höheren Kulturstand gebracht werden«[1]. Mit anderen Worten: Der Afrikaner sollte zu wirtschaftlichen und rationellen Arbeitsmethoden erzogen werden.

Unabdingbar zur Durchsetzung dieser Politik war neben einem ausreichenden militärischen und politischen Machtinstrument ein leistungsfähiger kolonialer Verwaltungsapparat mit einer qualifizierten Beamtenschaft, der kraft eigener Autorität imstande wäre, die im ganzen Land bestehenden zahlreichen einheimischen Gewalten zu ersetzen.

Doch schon hier stieß v. Liebert auf erhebliche Schwierigkeiten: Die Kolonialverwaltung mußte nämlich praktisch aus dem Nichts geschaffen werden, da man an gewachsene eigene Vorbilder nicht anknüpfen konnte. Der Not gehorchend, wurde daher das preußische Verwaltungssystem eingeführt, mit dem man natürlich nicht im Entferntesten den Bedingungen in einem exotischen Land mit der so völlig anders gearteten Denkweise seiner zahllosen und rassisch so heterogenen Völkerschaften gerecht werden konnte.

Ein weiteres Manko war das Fehlen geschulter und kolonialerfahrener Beamter, da, wie schon einleitend angeführt, damals noch keine Richtlinien für die Heranbildung qualifizierten Verwaltungspersonals für die Kolonien bestanden, ganz zu schweigen von einer eigenständigen Kolonialbeamtenlaufbahn. Selbst quantitativ konnten die Mindestforderungen nicht erfüllt werden: Gemessen an der Größe des Landes und seiner Bevölkerung, war die Zahl der vom Reichstag bewilligten Beamtendienstposten viel zu gering.

[1] »Amtlicher Jahresbericht für Deutsch-Ostafrika«, Regierungsveröffentlichung, Berlin, 1902/03, S. 8.

Wegen dieser Mängel mußte beim Aufbau der Verwaltung von Deutsch-Ostafrika in der mittleren Beamtenebene zu einem erheblichen Teil auf berufsfremdes Personal, zumeist ausgeschiedene Offiziere der Schutztruppe, zurückgegriffen werden. Aus dem gleichen Grunde übernahm man in der unteren Verwaltungsebene – ohne vorausgehende entsprechende Schulung – die noch vorhandenen arabischen Beamten des Sultans von Sansibar. Es waren dies in der Regel bestechliche, der neuen Herrschaft willfährige, meist ortsfremde Elemente, die als frühere Statthalter des Sklavenhalterstaates Sansibar immer noch bei der Eingeborenenbevölkerung verhaßt waren und nur allzu gern in die eigene Tasche wirtschafteten, statt auf das Wohl der Bevölkerung bedacht zu sein. Gerade diese Regelung trug zu einer Untertanenferne der deutschen Verwaltung bei.

Das Schutzgebiet war um die Jahrhundertwende administrativ in elf Zivilbezirke mit jeweils einem Bezirksamt und elf Militärbezirke mit jeweils einer Militärstation sowie in drei Residenturen unterteilt. In der Anfangsphase der deutschen Kolonialherrschaft in Ostafrika hatte es nur Militärbezirke gegeben, die später dann schrittweise mit der Beruhigung des Landes und der Intensivierung des wirtschaftlichen Lebens in zivile Bezirke umgewandelt wurden. Die Zivilbezirke und die Militärbezirke, jeweils geleitet von einem Bezirksamtmann bzw. einem Militärbezirkschef, waren untergliedert in Akidate und Sultanate. Erstere, an deren Spitze ein Akide, ein früherer sansibaritischer Beamter, stand, waren in Regionen, in denen es keine staatsähnlichen Eingeborenengemeinschaften gab, eingerichtet worden, während letztere in den Gegenden geschaffen wurden, wo schon Staatswesen unter Führung eines Sultans bestanden, der dann Statthalter der Deutschen wurde. Die untersten, das heißt lokalen Verwaltungsorgane in den Akidaten und Sultanaten bildeten die Jumben, die durchweg Afrikaner waren und zumeist auch zur Ortsgemeinschaft gehörten.

Eine Ausnahme in diesem Verwaltungssystem stellten die schon genannten Residenturen dar, die in den bevölkerungsreichsten, feudale Staatswesen mit fester Zentralgewalt aufweisenden Gebieten eingerichtet worden waren. Als Vertreter der Kolonialmacht und gleichzeitig als Ratgeber des einheimischen Herrschers fungierten hier im Umgang mit den dortigen Eingeborenen besonders qualifizierte und mit deren Mentalität, Sitten und Gebräuchen vertraute Offiziere oder Beamte, die sogenannten Residenten. Es waren drei Residenturen gegründet worden: In Bukoba, in Ruanda und in Urundi. Die Einwohnerzahl dieser drei im äußersten Nordwesten der Kolonie gelegenen Landesteile machte ca. 55 % der Gesamtbevölkerung Deutsch-Ostafrikas aus!

Der Bezirksamtmann oder Militärbezirkschef im Landesinneren verwaltete sein Amt fast vollkommen autonom und eigenverantwortlich – eine Kontrollinstanz, etwa Provinzregierung, zwischen ihm und dem Gouverneur gab es nicht. Mancherorts nahm er einen Großteil der Funktionen des regierenden einheimischen Herrschers wahr, sofern dieser nicht ohnehin bereits von der Kolonialmacht ohne Benennung eines Nachfolgers abgesetzt worden war, wie dies beispielsweise in Uhehe mit Sultan Mkwawa geschehen war.

Ebenso wie vordem der Eingeborenenherrscher übte der Bezirksleiter gleichzeitig die Exekutive und die Legislative aus. Seine Entscheidungen hatte er nicht nur nach den unter »gebildeten Völkern geltenden Rechtsgrundsätzen« und dem

»gesunden Menschenverstand«, sondern auch unter Berücksichtigung der »landesüblichen Gewohnheiten und Überlieferungen« zu treffen[2]. Die Ausübung der Gerichtsbarkeit erfolgte an den wöchentlich stattfindenden Gerichtstagen, den sogenannten Schauris, bei denen angesehene Afrikaner als Beisitzer fungierten.

Die weitgehenden Vollmachten, mit denen der Bezirksleiter im Inneren des Landes ausgestattet war, hatten ihren Grund in den unzulänglichen Nachrichten- und Verkehrswegen zur Verwaltungszentrale, der Gouvernementsregierung, an der Küste in der Hauptstadt Daressalam. Es konnten Monate ins Land gehen, bis eine Weisung des Gouvernements eine entlegene Verwaltungs- oder Militärstation erreichte. Telegraphenleitungen gab es um 1900 nur an der Küste bis Mikindani im Süden und Tanga im Norden. An Eisenbahnverbindungen existierte zu der Zeit nur eine einzige, und zwar im äußersten Nordosten von Tanga aus in Richtung Usambara, wo ein deutsches Siedlungsgebiet im Aufbau war.

Nur alle paar Jahre einmal konnte der Bezirksamtmann oder Militärbezirkschef im Hinterland mit dem Besuch eines Vertreters der Kolonialregierung rechnen. Das ist nicht erstaunlich, wenn man sich vergegenwärtigt, wie abenteuerlich, mühselig und langwierig eine Safari in abgelegene Landesteile Ostafrikas war – und zum Teil auch heute noch ist, wenn auch mit dem Geländewagen weniger zeitaufwendig: Die einzige Möglichkeit der Fortbewegung war »auf Schusters Rappen« oder auf dem Maultier. Das gesamte Gepäck mußte von Trägern befördert werden. Und es war eine Riesenmenge, die die Träger schleppen mußten: Nicht nur die Verpflegung für eine große Menge Menschen, sondern auch Zelte, Decken, Mobiliar, Kochausrüstung, Kleidung, Tauschartikel und dergleichen, denn Hotels, Rasthäuser und Gastwirtschaften gab es damals noch nicht im Hinterland und sind auch heute noch eine Seltenheit. Straßen – auch heute oft noch eher Pisten zu nennen, die in der Regenzeit unpassierbar sind – fehlten gänzlich. So mußten sich die Reisenden mit einem riesigen Troß von Trägern im Gänsemarsch über Hunderte von Kilometern auf schmalen Fußpfaden der Eingeborenen einen Weg quer durch Busch, Steppe und Gebirge bei sengender Hitze oder im strömenden Regen bahnen. Zwei Monate brauchte eine solche Karawane in der Regel, um von der Küste zur Westgrenze der Kolonie zu gelangen!

Ein arabischer Hilfsbeamter, der Wali von Daressalam, Soliman ben Nasr, hatte einmal Gouverneur v. Liebert gegenüber geäußert: »Ihr Deutschen regiert dieses Land nur mit einem Auge, mit dem anderen schaut ihr immer nach Berlin.« Selten, so meint v. Liebert, habe er eine treffendere Bemerkung zur Charakterisierung der Geisteshaltung der deutschen Kolonialbeamten gehört: Sämtlichen zum Wohle der Kolonie beabsichtigten Maßnahmen wurde die Überlegung zugrundegelegt, wie die Ministerialbürokratie in der Berliner Wilhelmstraße und vor allem »der philisterhaft engherzige« Reichstag darüber denken und befinden würde. So mußten ständig Mittel und Wege ersonnen werden, wie man, sofern überhaupt möglich, diese Instanzen umgehen könnte, um zum Ziel zu gelangen.

Lieberts Hauptbestreben war daher, dieser bedrückenden und lähmenden finanziellen und politischen Bevormundung durch den Reichstag entgegenzuwirken.

2 DKol GBl, VI, S. 33.

Hierzu bedurfte es vornehmlich der Erschließung eigener Einnahmequellen, um so nicht nur die immer weiter eskalierenden administrativen Kosten des Schutzgebietes decken zu können, sondern auch das Kapital für eigene Investitionen in die Hand zu bekommen.

Der Gouverneur schlug zu diesem Zweck verschiedene Wege ein. Die wichtigste, kurzfristig verfügbare Einnahmen versprechende Methode schien ihm die Einführung einer Hüttensteuer für die farbige Bevölkerung zu sein. Erster Schritt in dieser Richtung sollte die Ablösung der im Lande vorherrschenden Naturalwirtschaft durch eine Geldwirtschaft mit der Rupie als Währungseinheit sein. Die Bezahlung der Steuer sollte in bar, als Übergangsregelung auch in natura (Ölfrüchte, Getreide oder Baumwolle) erfolgen. Da die wirtschaftliche Leistungsfähigkeit des Abgabepflichtigen gering war, würde dieser, so hoffte v. Liebert, gezwungen sein, Mehrarbeit auf seinem eigenen Feld zu leisten und einen Teil seiner Ernteerträge zu verkaufen oder in Lohnarbeit zu gehen, um das Geld für die Bezahlung der Steuern aufbringen zu können. Damit würde beiden Seiten gedient: Der Afrikaner würde zum Konsumdenken angeregt und könnte so schließlich auch seinen Lebensstandard erhöhen; die Kolonialverwaltung hätte den Vorteil steigender Steuereinnahmen und des Gewinns von Arbeitskräften, die so dringend für den Straßen- und Wegebau, für den Bahnbau, für kommunale Vorhaben und für die Europäerplantagen in Usambara und anderswo benötigt wurden. Daneben wurde als Kommunalsteuer eine Art Getränkesteuer, die sogenannte Pombesteuer, vorgesehen.

Eine weitere die Einnahmeseite der Kolonie verbessernde Maßnahme versprach sich der Gouverneur von dem Anbau bestimmter Kulturen, die gute Absatzchancen im Mutterland hatten. Dies waren in erster Linie Baumwolle und Sisal, daneben auch Kautschuk und Ölfrüchte. Diese Maßnahme geschah in zwei Formen. Die erste bestand darin, daß den afrikanischen Bauern Saatgut für diese Kulturen ausgeteilt und ihnen vorgeschrieben wurde, einen Teil ihrer Felder mit diesen Exportprodukten zu bestellen. Die andere Form sah die Einrichtung sogenannter Kommunalschamben, vergleichbar kommunalen Domänen, vor, auf denen die ländliche Bevölkerung zwangsweise in einem bestimmten Turnus – zusätzlich zur Arbeit auf ihren eigenen Feldern – in Gemeinschaftsarbeit Land urbar und mit Exportkulturen bepflanzen mußte.

Die wichtigste längerfristige Aufgabe sah der Gouverneur darin, das Land durch Schaffung moderner Verkehrsverbindungen zu entwickeln und vor allem das noch verkehrsmäßig völlig unerschlossene Hinterland mit der Küste zu verbinden und damit an den Welthandel anzubinden und auf dessen Bedürfnisse umzugestalten. Gleichzeitig sollten hierdurch entlegene Gebiete schneller erreichbar und so enger an das koloniale Kontrollnetz angeschlossen werden.

Zu diesem Zweck veranlaßte v. Liebert in den Bezirken den Bau von Hauptverbindungsstraßen und die Erweiterung und Verbesserung des kommunalen Wegenetzes, wozu die Bezirksämter beziehungsweise Militärstationen Arbeitskräfte aus den umliegenden Dörfern abzustellen hatten. Gleichzeitig liefen Umsiedlungsaktionen an, die das Ziel hatten, große Teile der Bevölkerung der dünn besiedelten Gebiete in der Nähe der Hauptstraßen zu konzentrieren. Zweck dieser

Aktionen war, die langen Fußwege zu den Arbeitsplätzen auf den Schamben und Plantagen fortfallen zu lassen und Land an den Straßen urbar zu machen. Auf diese Weise konnte man die Transportwege der landwirtschaftlichen Produkte verkürzen. Endziel war die Schaffung von Handels- und Verkehrszentren im Hinterland und damit die Urbanisierung eines Teils der Bevölkerung.

Im Rahmen der Erschließung kam wegen des Mangels an schiffbaren Wasserwegen dem Bau von Eisenbahnen eine eminente Bedeutung zu. Liebert erkannte, daß die Eisenbahn das einzige technische Verkehrsmittel war, das die rasche wirtschaftliche Nutzbarmachung des Landesinneren gewährleisten könnte. Nur die Bahn bot die Möglichkeit zur Überbrückung der riesigen Entfernungen in Ostafrika: Durch den Bau von Eisenbahnen könnte man endlich auf den mühsamen, kostspieligen und zeitraubenden Gütertransport auf den Schädeln Tausender afrikanischer Träger verzichten, könnten doch mit einem einzigen Eisenbahnwaggon 300 Träger ersetzt werden! Dann brauchte man für den Transport von Gütern vom Tanganyika-See zur Küste statt zwei Monate nur noch zwei Tage!

Wie gewaltig und wie rasch die Wirtschaft des Landes durch den Bahnbau angekurbelt werden könnte, bewies das Beispiel der britischen Ugandabahn, deren Bau bereits 1901 bis zum Victoria-See vorangekommen war: Nicht nur der Handel zwischen Uganda und der Küste nahm nun erheblich zu, sondern auch die Wirtschaft in den deutschen Anrainerbezirken am Victoria-See wurde stimuliert, wie die beträchtliche Zunahme des Steueraufkommens in Bukoba und Muansa bewies.

Indes, das Interesse des Reichstages, an den sich die Kolonialverwaltung wegen der hierfür benötigten Investitionen wenden mußte, war gering; ständiger Tenor war, daß die Kolonie nichts einbrächte und es daher nicht wert sei, daß kostbare Steuermittel für ihre Erschließung aufgewendet würden. Nur tropfenweise wurden die Gelder für den Bahnbau bewilligt. So schritt der Bahnbau im Schneckentempo voran. Anfang des Jahrhunderts waren erst einige Dutzend Kilometer Bahnstrecke vorhanden, nämlich ein Teil der Usambarabahn, die ohnehin mit Privatmitteln erbaut wurde. Für die wesentlich wichtigere Inlandverbindung, die Zentralbahn zwischen Daressalam und dem Tanganyika-See, die das Verkehrsrückgrat der Kolonie bilden sollte, erfolgte erst 1905 die Bewilligung der Teilstrecke Daressalam – Morogoro durch das Parlament!

Gerade am Beispiel des zermürbenden Ringens um die Bereitstellung der Steuermittel für den Bahnbau, den Schlüssel für die wirtschaftliche Durchdringung des Schutzgebietes, erkannte die Gouvernementsverwaltung, in welchen Teufelskreis sie geraten war: Als Vorbedingung für Subventionen verlangte der Reichstag den Nachweis der Wirtschaftskraft und Rentabilität Deutsch-Ostafrikas, Voraussetzung für die Erzielung eben dieser Wirtschaftskraft und Rentabilität der Kolonie aber waren umfangreiche Investitionen, also Kapital, vor allem auf dem Verkehrssektor. Da jedoch das Reich erst bei Erfolgsnachweis zur Bereitstellung von Kapital bereit war, blieb der Kolonialverwaltung gar keine andere Wahl, als den von Gouverneur v. Liebert vorgezeichneten Weg zur Erschließung eigener Finanzquellen einzuschlagen. Hierzu bot sich vorerst nur die Besteuerung der Afrikaner und der zwangsweise Anbau von Exportkulturen.

Um nun die Ergiebigkeit dieser Einnahmequellen zu gewährleisten, mußte der Eingeborene zu einer Steigerung seiner wirtschaftlichen Leistungsfähigkeit, mit anderen Worten: zur Mehrarbeit »erzogen«, das heißt gezwungen, werden. Hier zeichnete sich für diesen eine enorme Lebensumstellung ab: Der Begriff der Arbeit war dem Afrikaner zwar nicht schlechthin fremd, mußte er doch seinen Acker für den eigenen Lebensunterhalt bearbeiten, seine Hütte bauen, sein Vieh füttern und beaufsichtigen. Doch diese Tätigkeiten waren ihm von Natur aus vorgegeben, er ging ihnen für seine Familie und in der ihm vertrauten Umwelt nach. Rationelles Arbeiten nach der Uhrzeit – ohnehin ein völlig neuer Begriff für ihn! – weit weg von der Familie und dem dörflichen Umfeld, in einem monotonen Rhythmus über eine festgelegte Zeitdauer des Tages hinweg, war ihm unbekannt und daher zuwider. Ihm wurde zugemutet, über die Sicherstellung seines bescheidenen Eigenbedarfs hinaus Arbeit zu leisten, und das für einen Zweck, dessen Nutzen ihm unverständlich sein mußte. In weniger als einer einzigen Generation sollte er völlig umdenken und damit einen Prozeß durchmachen, wofür die Europäer tausend Jahre Zeit gehabt hatten!

5. Die Herausforderung des Volkszorns

Die Hüttensteuer tritt in Kraft – Mißbräuche bei der Steuereintreibung durch die arabischen und afrikanischen Hilfsvollzugsorgane der Kolonialverwaltung – Die Lohnzwangsarbeit als Ersatz für die Steuerzahlung – Die Prügelstrafe – Der Zwangsanbau von Exportprodukten – Die Einengung der Autorität der Stammesfürsten durch die Kolonialmacht – Das »Boma-Massaker« in Songea – Die Autoritätseinbuße der Sammesaristokratie durch das Wirken der christlichen Missionare

Am 1. April 1898 wurde die Verordnung über die Erhebung der Hüttensteuer in Deutsch-Ostafrika in Kraft gesetzt[1], obwohl viele Stimmen, auch aus den Kreisen der Beamtenschaft der Kolonie, sich gegen diese Maßnahme ausgesprochen hatten, da Unruhen und Aufstände unter der afrikanischen Bevölkerung befürchtet wurden. Liebert aber war schon sehr bald nach Einführung dieser Abgabenpflicht überzeugt davon, daß sie sich als »ein vortreffliches Erziehungsmittel zur Arbeit« vollauf bewähre und von der Bevölkerung angenommen würde. »Die geringe Höhe des Steuersatzes und die milde, vorsichtige Form der Erhebung lasse es nicht zu Widerspruch kommen[2].«

Die Steuererträge, zuerst gering, steigerten sich von Jahr zu Jahr. Da der Gouverneur bei der Erhebung der Hüttensteuer sehr vorsichtig taktierte und sie auf die befriedeten Bezirke, vor allem auf die Küstenbezirke, beschränkte, wo die Kolonialmacht überall präsent und die Bevölkerung derartige Abgaben von der arabischen Herrschaft her gewohnt war, schien Liebert mit seiner Ansicht recht zu behalten.

Dies sollte sich jedoch spätestens dann ändern, als Liebert, inzwischen zum Generalmajor befördert, 1901 durch Adolf Graf von Götzen im Amt abgelöst wurde und dieser auch die noch nicht vollständig pazifizierten und größtenteils von Militärs oder ehemaligen Militärs geleiteten Hinterlandbezirke, in denen die deutsche Präsenz noch sehr schwach war, in die Erhebung der Hüttensteuer einbezog und den Bezirkschefs größere Befugnisse in der Eintreibung der Steuer einräumte.

Nun sollten sich auch die Folgen der restriktiven Personalpolitik und Mittelvergabepolitik des Reichstages empfindlich bemerkbar machen: Mangels weißer Beamter und ausgebildeten schwarz-afrikanischen Hilfspersonals mußte die Verwaltung als Notbehelf die meist volksfremden arabischen oder halbarabischen Hilfsbeamten, die Akiden, oder die einheimischen Herrscher als steuerliche Ausführungsorgane einsetzen. Die Akiden, die die Eingeborenen ohnehin nur als Ausbeutungsobjekte betrachteten, erwiesen sich dabei als willige Vollzugspersonen ihrer neuen Herren und sahen nun die Stunde gekommen, ihre alten Machtgelüste aus ihrer Zeit im Dienste des Sansibar-Regimes wieder zu entfalten. Sie nutzten die ihnen von den Deutschen übertragene Vertrauensstellung schamlos aus und bereicherten sich, wo immer möglich, bei der Eintreibung der Steuer. Da sie mit zehn

[1] DKBl. Jg. 1898, 1. Februar, S. 50 f.
[2] Liebert, S. 160.

Prozent am Steueraufkommen beteiligt waren, war ihr Interesse an der Erzielung eines hohen Steuerertrages sehr groß.

Mit welcher Brutalität die Akiden hierbei vorgingen, zeigt uns der folgende Bericht von Aido K. Kalembo, einem der Interviewer in der Befragungsaktion des Prof. Iliffe: »In Chiwata[3] gab der Akide Nakaamo ein typisches Beispiel. Die deutsche Verwaltung war besonders stark fühlbar unter der Akidenschaft Nakaamos. Er war genau so ungerecht und grausam wie seine deutschen Herren. Er strafte seine Untertanen, die in den meisten Fällen mit ihm mütterlicherseits verwandt waren, schwer und ungerecht ... Seine Rechtsprechung spiegelte Willkür, Rache und Mißbrauch der Macht wider ...« Kalembo fährt fort: »... Die Steuereintreibung geschah durch die örtlichen Herrscher, d. h. die Jumben und die Akiden. Sie war hart und rigoros. Untertanen, die ihre Steuern nicht rechtzeitig bezahlten (3 Rupien vor dem Aufstand), wurden schlimm behandelt. Sie wurden aneinandergekettet oder gefesselt und wie eine Viehherde getrieben. Ihre Körper waren wund, zum Teil von den Schlägen, die sie erhielten, zumeist aber von den Kettenfesseln (*bandakuwa),* die um den Hals, die Fußknöchel und die Handgelenke geschlossen waren.

So gefesselt, wurden die ›Steuerverbrecher‹ in die Gefängnisse geschleppt, wo sie Schwerarbeit als Ausgleich für nicht bezahlte Steuern leisten mußten. Man gab ihnen Hungerverpflegung: Eine kleine Menge gekochte Maiskörner mit nahezu einem Kilo Salz als ›Würze‹. Sie wurden erbarmungslos und rücksichtslos geschlagen, wenn sie bei ihrer schweren Arbeit Anzeichen von Trägheit zeigten[4].«

Als eigentliche Steuererheber fungierten die Dorfjumben im Auftrage des Akiden: »Sie kassierten die Steuern und gingen dabei von Haus zu Haus. Da sie nicht zählen konnten, machten sie Knoten in einen Strick, wobei jeweils ein Knoten für einen Abgabepflichtigen zählte, der seiner Steuerpflicht nachgekommen war. Diesen Strick mit dem Knoten überreichten die Jumben dann zusammen mit den kassierten Steuergeldern dem Akiden[5].«

In den Verwaltungsbezirken, in denen loyale Sultane als Hilfsbeamte und Statthalter der Kolonialmacht eingesetzt waren, fungierten diese mit ihren Jumben als steuerliche Vollzugsorgane. Für den nötigen Nachdruck bei der Eintreibung der Steuer sorgten Askari der Schutz- oder Polizeitruppe. Trafen die Steuergelder nicht rechtzeitig beim Bezirksamt oder auf der Militärstation ein, so wurden die Sultane oder deren Jumben von den deutschen Behörden so lange festgehalten, bis die Steuerschuld ihrer Untertanen beglichen worden war.

In den politisch nicht zuverlässigen Sultanaten und staatenlosen Gemeinschaften wurde anders verfahren: Hier wurde diese Aufgabe direkt von der Verwaltung mit Hilfe von *keranis,* wie die Steuererheber auf Kisuaheli genannt wurden, ausgeführt. Oberleutnant Albinus vom Bezirk Songea berichtet hierüber anläßlich einer Bezirksbereisung: »Auf der gesamten Reise wurden neben allen sonstigen Geschäften die Steuererheber kontrolliert ... An Steuererhebungspersonal stehen zur Verfügung: zwei Schreiber aus Kilwa, drei Missionszöglinge, zwei hier angesessene Wasuaheli, ein im Lande Luwegu wohnhafter Halbaraber, insgesamt acht

3 Ort im Lukuledi-Tal östlich Massassi im Bezirk Lindi.
4 MMRP 7/68/1/1, S. 2 f.
5 Ebenda, S. 3

Zivilpersonen, wozu als Aushilfe noch der schreibkundige Effendi, ein Betschausch (Feldwebel) und ein Ombascha (Gefreiter) der Kompanie Songea treten. Die Löhnung des Personals erfolgt aus den zur Verfügung stehenden 10 v. H. des Steuereinganges. Es waren also alles Ortsfremde, die mit der Steuereintreibung beauftragt waren, deren Wirksamkeit durch die Beteiligung am Steueraufkommen gewährleistet war[6].«

Im Bereich der Bezirksämter, insbesondere an der Küste, wo die Kontrollmöglichkeiten der Kolonialmacht besser waren, ging es bei der Steuereintreibung geordneter zu, obwohl auch hier Amtsmißbräuche durch die farbigen Aufsichtspersonen nicht selten waren. War der Abgabepflichtige nicht in der Lage, die Steuerschuld in bar oder in natura zu bezahlen, so wurde er zur Lohnzwangsarbeit herangezogen. Dies sollte bald die Regel werden, wie einem Schriftstück des Reichskolonialamtes zu entnehmen ist, in dem auch auf die aufkommende Verbitterung unter den Schwarzen verwiesen wird:

» ... Die Neger haben so gut wie keinen lohnenden Absatz für ihre Produkte des Feldes, ihre Rinder und Ziegen haben dieselben bis auf geringen Bestand zur Aufbringung der Steuer hergegeben und nur noch sehr wenige haben etwas Vieh. Wer die Steuer nicht bezahlen kann, muß für die Station fern von den Seinen arbeiten und ist der Willkür der Askaris preisgegeben. Diese sog. Tributararbeit ... haßt der Neger bis aufs tiefste, er muß sich derselben jedoch fügen, sonst wird ihm sein Vieh fortgenommen und seine Hütte mit allem, was darin ist, verbrannt...[7]«

Mit deutscher Gründlichkeit wurde für einen geordneten Ablauf dieser Zwangsmaßnahme gesorgt: Es wurden Arbeitskarten ausgestellt, die die Dorfjumben an den Hütteneingängen der Arbeitspflichtigen zu deponieren hatten. Diese hatten sich dann zum festgelegten Zeitpunkt an einer Sammelstelle einzufinden, von wo nach einem Zählappell der Abmarsch zur oft weit entfernten Arbeitsstelle erfolgte. Fand sich der Zwangsverpflichtete nicht ein, so wurde er mit Prügelstrafe bedacht und zwangsweise zum Arbeitsplatz sistiert. Selbst Jumben mußten bei Nichtbefolgung der ihnen von der deutschen Verwaltung erteilten Anweisungen mit Prügelstrafe rechnen[8].

Vielen Afrikanern, besonders solchen, die bisher kaum mit der Zivilisation in Berührung gekommen waren, ja vielleicht noch nicht einmal einen Europäer zu Gesicht bekommen hatten, blieb es unbegreiflich, weswegen sie Arbeit zur Abgeltung einer Zwangsabgabe leisten sollten, deren Sinn ihnen verborgen blieb. Zitate wie »gebt dem Kaiser, was des Kaisers, und Gott, was Gottes ist« – sie wurden besonders gern von den christlichen Missionaren zur Rechtfertigung der Abgabe benutzt – oder Begründungen, man wolle damit Eisenbahnen, Straßen, Krankenhäuser, Schulen und Häfen bauen, leuchteten den Afrikanern nicht ein: Ihnen – als Naturmenschen ausschließlich der Gegenwart zugewandt – war nur verständlich, was sie mit eigenen Augen sahen, zivilisatorische Zukunftsprojekte entzogen sich ihrer Vorstellungskraft.

6 DKBl, Nr. 16, Jg. 1905, S. 351.

7 RKA 1055, Bl 132 ff: Walter Liebinger aus Kironda an die Direktion der Disconto-Gesellschaft, vom 3. X. 1905; aus: Tetzlaff, S. 211.

8 Siehe hierzu MMRP 1/68/2/4/2, S. 1.

Die so völlig anders geartete Mentalität des Farbigen, seine beschauliche Lebensweise, seine von Europäern zumindest als eigenartig empfundene Einstellung zur Arbeit wirkten wie eine offene Herausforderung auf manchen Weißen, besonders den charakterlich labilen, womöglich geltungsbedürftigen (»zu Hause war ich ein großer Knecht, hier bin ich ein kleiner König[9]«) und von übersteigertem Rassedünkel besessenen. So war der Griff zum Kiboko, der gefürchteten Nilpferdpeitsche, keine Seltenheit unter den weißen Farmern und Plantagenbesitzern in Deutsch-Ostafrika[10].

Diese Praxis nach der Devise »nur die rohe Gewalt macht Eindruck auf den Neger« wurde aber nicht nur auf den Plantagen – dort, wie es hieß, als »väterliches Züchtigungsrecht« – ausgeübt, sondern auch im Justizvollzugswesen des Schutzgebietes. Körperliche Züchtigung (Prügelstrafe) war als Bestrafungsart schon aus der arabischen Zeit her in Ostafrika üblich und wurde auch an den Gerichten in den Nachbarkolonien praktiziert, dort jedoch viel seltener als im deutschen Schutzgebiet[11].

Von den Akidengerichten rechtskräftig zu Gefängnisstrafen verurteilte Delinquenten wurden den Bezirksgefängnissen überstellt, wo sie, an die Kette geschlossen, zu Arbeiten im kommunalen Bereich, im Straßen- und Wegebau sowie zum Bahnbau herangezogen wurden.

Neben der bedrückenden Steuerlast, der unbarmherzigen Behandlung durch die farbigen Unterbeamten und der den Stolz des empfindsamen Afrikaners besonders verletzenden, erniedrigenden Prügelstrafe empfand die bäuerliche Bevölkerung noch den von der Regierung vorgeschriebenen und nur auf die Interessen der deutschen Industrie und auf die rasche Erzielung der Rentabilität des Schutzgebietes ausgerichteten Zwangsanbau von Exportkulturen, insbesondere Baumwolle, auf den eigenen Feldern oder den schon erwähnten Kommunalschamben als eine der schlimmsten Härten und als einen gravierenden Eingriff in ihre private Familienwirtschaft. Abgesehen von den entwürdigenden Rekrutierungsmaßnahmen für die Arbeit auf den Schamben und den dort herrschenden Bedingungen der Kollektivarbeit, die dem seit eh und je an Individualarbeit gewöhnten Schwarzen völlig unbekannt war, den weiten Anmarschwegen und der durch die Schambenarbeit bedingten oft monatelangen Abwesenheit von der heimatlichen Hütte, entzündeten sich die Gemüter der afrikanischen Bauern besonders daran, daß der Ernteerlös erst Monate später, das heißt nach Verkauf der Produkte in Deutschland, eintraf, und die Regierung und deren farbiges Unterpersonal den

9 Aussage eines deutschen Farmers vom Kilimandjaro-Gebiet, entnommen: Untersuchungen von Lindequist: »Ansiedlung in Deutsch-Ostafrika«, München 1912, S. 54, aus: Tetzlaff, S. 200.

10 Anmerkung Verf.: Fälle von Mißhandlungen Eingeborener in der Kolonie waren keine seltenen Delikte, wie Methner, Referent am Gouvernement in Daressalam zu Anfang des Jahrhunderts, berichtet. Nach Methner erfolgte in schwerwiegenden Fällen Verurteilung wegen Roheitsdeliktes und »schwerster Gefährdung der Achtung vor der Herrenrasse« mit abschließender Abschiebung ins Reich. Siehe hierzu Methner: »Unter drei Gouverneuren«, S. 25 ff.

11 Anmerkung Verf.: Dies geht aus einer US-amerikanischen Studie hervor. Danach wurden im Jahre 1912 an deutsch-ostafrikanischen Gerichten 8057 Prügelstrafen verhängt, das heißt 48 % von insgesamt 18.868 Verurteilungen; von britisch-ostafrikanischen Gerichten dagegen wurde bei 9113 rechtskräftig verurteilten Personen nur 370 mal auf Prügelstrafe erkannt, was 4,2 % aller verhängten Strafen entspricht. Siehe hierzu Duignan, S. 184.

Löwenanteil kassierten, so daß nur ein kümmerlicher Rest für die bäuerliche Bevölkerung selbst verblieb.

Weitere als lebenseinengend empfundene Lasten waren die Verordnungen der Kolonialregierung zum Schutze des Wildbestandes, so das Verbot des Abschusses von Elefanten[12] und das der traditionellen Netzjagd. Auch der Zwang zur unentgeltlichen Wegeinstandhaltung – mit den damit verbundenen langen Anmarschwegen – schürten die Erbitterung der Bevölkerung.

Am folgenreichsten sollten sich die Eingriffe der Kolonialmacht in die gesellschaftlichen, politischen und religiösen Traditionen und Sitten der Eingeborenenbevölkerung auswirken.

Dies sei am Beispiel des kriegerischen Stammes der Wangoni, einer der tragenden Kräfte des späteren Maji-Maji-Aufstands, erläutert: Die Praxis, Kriege und Raubzüge gegen andere Völkerschaften zu führen, bildete die Grundlage des wirtschaftlichen Lebens der Wangoni. Um den Frieden im Lande herzustellen und Nachbarstämmen der Wangoni ein Leben in Sicherheit zu gewährleisten, verboten die Deutschen diesem Volksstamm die Weiterführung dieser Praxis unter Androhung der Todesstrafe für seine Führer. Damit war auch Schluß mit dem Einbringen von Gefangenen, insbesondere Frauen. Dies wiederum hatte arge Probleme für viele junge Krieger zur Folge, da sie nun keine Mädchen zum Heiraten bekommen konnten. Die Würdenträger der Wangoni wurden gezwungen, ihre als Sklaven gehaltenen Kriegsgefangenen freizulassen. Grundsätzlich verboten wurde den Wangoni auch die Praktizierung des *»mwafi«,* einer zur Ausrottung von Hexen und Zauberern angewandten Medizin. Bei Strafe verboten wurde von der Kolonialmacht ferner die weitere Ausübung der Sitte, Leute zum Tode zu verurteilen, die sich mit den Frauen anderer Männer eingelassenen hatten, insbesondere mit denen der Würdenträger.

Und die Deutschen machten ihre Strafandrohung wahr: So wurde der Nkosi (König) Schabruma von den deutschen Behörden mit der Zahlung einer Buße in natura (eines Elefantenstoßzahns) dafür bestraft, daß er einen Mann zum Tode verurteilt hatte, der sich mit den Frauen des Nkosi abgegeben hatte[13].

Überhaupt setzten sich die Deutschen über den besonderen politischen und auch religiösen Status, den die Stammesaristokratie gegenüber ihren Untertanen einnahm, ohne Rücksicht auf politische und soziale Auswirkungen hinweg und mißachteten so das ungeschriebene Gesetz, daß jeder Angehörige der Gesellschaft und auch jeder Fremde den Stammesführern Respekt zu zollen hatte. Dabei galt die öffentliche Verurteilung eines Angehörigen der Führungskaste als ein ungeheuerliches Sakrileg. Bestand tatsächlich Anlaß, an seiner Amtsführung oder an seinem Verhalten Kritik üben zu müssen, so geschah dies hinter verschlossener Tür und durch Andeutungen. Selbst Amtsenthebungen durften nur unauffällig und unter Ausschluß der Öffentlichkeit erfolgen.

[12] Anmerkung Verf.: Daß hier eine der Ursachen des Maji-Maji-Aufstandes zu finden ist, bezeugt die Tatsache, daß auffällig viele Elefantenjäger als Führer in der Aufstandsbewegung in Erscheinung traten.

[13] MMRP 6/68/4/3/4, S. 2.

Für die Kolonialmacht aber galt der Grundsatz: Erfüllte ein Eingeborener nicht die Anweisungen der Behörden oder mißachtete er die Gesetze der Kolonialregierung, so erfolgte seine Bestrafung ohne Rücksicht auf seinen gesellschaftlichen, politischen oder religiösen Status. Ein Häuptling oder Sultan konnte ebenso verurteilt, an die Kette gelegt, ins Gefängnis geworfen oder öffentlich gepeitscht werden wie jeder Gemeine.

Ein Beispiel dafür, wie die deutsche Kolonialmacht mit den Häuptlingen raublustiger und unbotmäßiger Völkerschaften verfuhr, bietet das sogenannte »Boma-Massaker«, das sich in Ungoni im Süden des Schutzgebietes zutrug: Anfang Juli 1897 entsandte Gouverneur von Liebert die 8. Schutztruppenkompanie unter Premierleutnant Engelhardt von Lindi aus nach Ungoni mit dem Auftrag, in der Nähe des Ortes Songea einen Posten zu dem Zweck zu gründen, die Raubzüge der Wangoni zu unterbinden, damit endlich Friede und Ruhe in den südlichen Landesteilen einkehre.

Dort eingetroffen, gab sich Engelhardt zunächst sehr freundlich gegenüber den Wangoni-Führern und teilte diesen mit, seine Mission hier sei nur vorübergehender Art. Die Wangoni überließen den Deutschen daraufhin einen Platz zum Aufschlagen eines Lagers. Diese begannen jedoch sofort mit dem Bau einer hölzernen Boma und luden dann – es war der 12. Juli – die Wangoni-Häuptlinge, einen Nkosi und vier seiner Manduna (Häuptlinge), zusammen mit ihren fünf Kriegshäuptlingen zu einem Schauri in der inzwischen fertiggestellten Boma ein.

Um ihnen vor Augen zu führen, daß es keinen Sinn habe, gegen die Deutschen zu kämpfen, ließ Engelhardt ihnen vorher die Wirkung eines Maximgeschützes durch Schüsse auf drei aufgestellte nach Überzeugung der Wangoni »kugelsichere« lederüberzogene Schilde, sogenannte *»vikopa«*, demonstrieren. Alle Schilde wurden von den Geschossen durchbohrt und damit für einen Kampf wertlos.

Die nun folgenden Ereignisse werden von dem damals fast dreißigjährigen Augenzeugen Mzee Lukonjilunonga Moyo wie folgt dargestellt: »... Nach dem *›vikopa‹*-Experiment luden die Deutschen die Ngoni-Führer ganz freundlich in ihre neue Boma ein. Man bat sie in der Reihenfolge ihres Ranges in die Boma. Mlamila (der Nkosi) trat als erster ein, Songea folgte, danach Ngendela, Kapungu und Fusi. Dies waren die fünf wichtigen Führer. Ein weiterer wichtiger Führer, Mpambalyoto, war nicht erschienen. Die fünf Führer wurden von ihren angesehenen Kriegshäuptlingen begleitet ...

Kaum hatte die Gruppe der Ngoni-Führer die eingezäunte Boma betreten, als den deutschen Askari befohlen wurde, die Führer in Ketten zu legen. Sie waren die ersten, die mit hölzernen Ketten gefesselt wurden. Als nun die fünf Kriegshäuptlinge den Ernst der Lage erfaßten, das heißt als sie sahen, daß die fünf Ngoni-Führer bereits in Ketten waren, versuchten sie, durch einen Sprung aus der hölzernen Boma heraus zu entfliehen. Daraufhin wurde befohlen, diejenigen, die fliehen wollten, niederzuschießen. So wurden die fünf Kriegshäuptlinge, Chakoma, Chapwanya, Mtiwula, Mahengu und Uawula auf der Stelle niedergemacht.

Die fünf Ngoni-Führer blieben etwa drei bis sechs Monate innerhalb der Boma angekettet. Nach Ablauf der sechs Monate wurden sie freigelassen und hierbei von den Deutschen eindringlich vor Versuchen gewarnt, jemals Krieg gegen die Europäer zu führen. Unmittelbar danach hißten die Deutschen ihre sechs Flaggen:

eine in Songea, die anderen in den Residenzen der anderen Führer: Mlamila, Kapungu, Ngendela, Mgendela und Fusi sowie eine weitere in Ndilima, der Residenz des Nkosi. So setzten die Deutschen ihre Autorität unter den Wangoni durch[14]«.

Nach diesen Vorfällen erhielt Leutnant Engelhardt von den Wangoni den Beinamen »Bwana hundu«, was soviel wie »Herr Blutegel« heißt.

Eine weitere erhebliche Bedrohung der Autorität der traditionellen Führerschicht einschließlich der politischen und religiösen Ratgeber (Zauberer, Propheten) bildete die Tätigkeit der christlichen Missionare. Diese scheuten in ihrem Glaubenseifer nicht davor zurück, religiöse Traditionen zu verletzen und zu verunglimpfen und sogar die Kultstätten zu zerstören. So soll beispielsweise Pater Franziskus Leuthner, der Vorsteher der katholischen Missionsstation Peramiho in Ungoni, die Zerstörung des Muhoka-Schreins des Nkosi Mputa, der eine zentrale Bedeutung im Ahnenkult der Wangoni spielte, veranlaßt haben[15].

Nicht weniger rücksichtslos gingen die in Ufipa tätigen »Weißen Väter« (ein elsässischer Missionsorden) vor, indem sie systematisch die dortigen Kultschreine zerstörten und die heiligen Pythonschlangen erschießen ließen.

Hauptobjekt der Bekehrungsversuche der Missionare war die Stammesjugend. Ihr wurde gepredigt, daß das Heidentum keine wahre Religion sei und daß sie ihren religiösen Stammesführern nicht gehorchen dürfe, da diese nicht die wahre Religion verkündeten. Dies war nach den traditionellen Wertvorstellungen der Afrikaner ein schlimmer Frevel, da die religiösen Führer, Wahrsager und Zauberer (*waganga*), in der Stammesgesellschaft im hohen Ansehen standen und eine wichtige Rolle bei der Entscheidung, die den Stamm in seiner Gesamtheit betrafen, spielten.

Als Folge dieses Wirkens der Missionare spaltete sich die Stammesgesellschaft in zwei Lager: Auf der einen Seite die Anhänger der Sitten und Gebräuche des weißen Mannes – dies waren zumeist junge Leute –, auf der anderen Seite die Anhänger der überkommenen Stammessitten, die zumeist der älteren Generation angehörten. Dieser Zwiespalt zwischen dem Gehorchen der traditionellen Stammesführer oder deren Verdammung und der Gefolgschaft mit dem weißen Mann wurde noch dadurch verschlimmert, daß die weißen Missionare oft eine doppelte Rolle einnahmen – eine religiöse und eine politische. Viele von ihnen verhielten sich nämlich nicht anders als die politischen Administratoren, das heißt die Beamten und Offiziere in den deutschen Bezirksverwaltungen. Mit anderen Worten: Die Missionare wurden zu »Häuptlingen ihrer Christen«.

Mit wachsendem Zorn mußte die Führungsschicht der Stämme feststellen, daß ihr die junge Generation immer mehr den Gehorsam verweigerte und sich den im Stammesgebiet niedergelassenen christlichen Missionaren zuwandete und ihre Kinder in deren Schulen schickte. Hier wurden ihnen ein neuer Glaube, die christliche Nächstenliebe, die Erlösung gepredigt und – die Abkehr vom Ahnenkult, von der »Götzendienerei« der Väter. Der Stammeseinheit drohte Gefahr, ja sogar die Beziehungen zwischen den Stämmen schienen gefährdet, denn die weißen Missionspriester verdammten die Polygamie, die doch eine für den Ausgleich und

14 MMRP 6/68/4/3/14, S. 2; siehe auch MMRP 6/68/4/1, S. 4, und R. Moser: »Aspekte der Kulturgeschichte der Ngoni in der Mkoa wa Ruvuma, Tanzania«.

15 Siehe hierzu MMRP 6/68/4/1, S. 6.

die Allianz zwischen den Stämmen unverzichtbare Einrichtung war. Mit Schrecken erkannten die Herrscher, daß sie nicht mehr Herren im eigenen Lande waren, und sie begannen, die alten vorkolonialen Zustände zurückzuwünschen.

Je ärger die Steuerlast für die Bevölkerung, je größer die Bedrückung durch die arabischen Akiden, je schlimmer der Arbeitszwang und je mehr der obligatorische Anbau von Exportprodukten ausgedehnt wurde, um so stärker drängte sich den Afrikanern der Gedanke an eine gewaltsame Abschüttelung der deutschen Fremdherrschaft auf. Doch in den Gebieten, die die »Macht des deutschen Schwertes« schon zu spüren bekommen hatten, an der Küste, im Kilimandjaro-Gebiet, in Uhehe und Unyamwesi, zögerte man, warnende Stimmen erhoben sich: Zu gut kannte man die Aussichtslosigkeit einer Erhebung gegen die zwar zahlenmäßig unterlegenen, waffentechnisch, taktisch und organisatorisch aber haushoch überlegenen Deutschen mit ihrer Askari-Schutztruppe.

Anders dagegen dachte man in dem von den Kolonialherren für weniger wertvoll angesehenen, dünner besiedelten Süden des Schutzgebietes. Hier war das Netz der Militär- und Polizeiposten viel weitmaschiger als in den anderen Landesteilen, so daß man hier nur geringe Vorstellungen vom Machtpotential der Deutschen besaß.

Um die Jahrhundertwende fanden die ersten konspirativen Gespräche an versteckten und abgelegenen Plätzen im Süden des Landes statt. Träger des – zunächst nur latent vorhanden – Widerstandswillens gegen die Deutschen waren die Jumben, die Dorfschulzen, und – in den autokratisch regierten Gemeinwesen – die Sultane. Sie bildeten die Bindeglieder zwischen der Bevölkerung und der Kolonialverwaltung und kannten daher am besten die Stärken und Schwächen des deutschen Militär- und Verwaltungsapparates. Sie erkannten, daß die einzige Chance der afrikanischen Stämme in einem Aufstand gegen das weiße Kolonialregime in ihrer zahlenmäßigen Überlegenheit, in ihrer Masse, bestünde. Diese zahlenmäßige Überlegenheit, so wurde ihnen klar, ließ sich aber nur dann zur Geltung bringen, wenn die so völlig verschiedenartigen und durch Stammesfehden und Streitigkeiten zerrissenen und isoliert voneinander lebenden Stämme durch ein gemeinsames Band, durch eine Ideologie geeint und mit demagogischem Geschick zum Kampf gegen den gemeinsamen Feind, die koloniale Fremdherrschaft, aufgereizt würden.

Die Volksseele brodelte, die Zeit für eine gewaltsame Abschüttelung des kolonialen Joches schien überreif! Doch noch glühte der Haß auf die deutsche Kolonialmacht und ihre arabischen Helfershelfer unterschwellig, noch regte sich kein offener Widerstand, noch war die magische Angst vor der schon oft demonstrierten Macht der Europäer übergroß. Wann werden sich endlich die Kräfte in den Volksstämmen finden, die die Afrikaner von dieser Angst zu befreien, sie durch eine stammesübergreifende, ja messianische Ideologie zu einigen und zu einem Befreiungskampf gegen die verhaßte deutsche Fremdherrschaft zu führen vermögen?

Da traten etwa ab September 1904 Ereignisse ein, die die bisher nur in den Köpfen der Konspiratoren angestellten Überlegungen in eine konkrete Form bringen und die entscheidenden Impulse zur Dynamisierung der Entwicklung geben sollten.

6. Die religiöse Aufreizung

Die Pilgerzüge nach Ngarambe – Die Reaktion der deutschen Behörden und Bewohner der Kolonie – Der Bokero- und der Kolelo-Kult – Der von der Gouvernementsregierung angeordnete Baumwollanbau und seine Auswirkungen – Das Erscheinen des Propheten Kinjikitile – Seine Heilslehre – Der Beginn der Verschwörung – Die Ausbreitung der Heilslehre – Die Machtmittel des Gouverneurs – Das weiße und das schwarze Personal der Schutz- und der Polizeitruppe

Es war in den letzten Monaten des Jahres 1904, als seltsame Nachrichten aus dem unteren Rufiyi-Gebiet, dem Hinterland des Küstenhauptortes Kilwa, nach Daressalam gelangten. Es hieß, daß sich seit einiger Zeit riesige Pilgerzüge – bis zu 300 Erwachsene wurden je Pilgergruppe beobachtet – nach Ngarambe am Westabhang des Matumbihochlandes bewegten, um dort einen Zauberer und Medizinmann namens Kinjikitile aufzusuchen. Dieser gebe sich als Mittler zwischen den Menschen und einem Naturgeist namens Bokero aus, der ihm in der Gestalt einer im Rufiyi-Fluß nahe den Pangani-Wasserfällen hausenden Schlange, genannt Kolelo, erschienen sei und ihm eine *dawa*, eine magische Medizin, übergeben habe. Diese *dawa*, ein Zaubertrank, genannt *maji* (Kisuaheli-Wort für »Wasser«), befreie alle Menschen, die hiermit besprengt werden, von sämtlichen landwirtschaftlichen Sorgen, sie brächte ihnen Gesundheit und Wohlstand und sorge für Regen. Die Bauern bräuchten dann nicht mehr auf den Regierungsschamben zu arbeiten, da sie ja fortan dank der *dawa* ihre Steuerschuld mit den dann guten Ernteerträgen ohne Schwierigkeit begleichen könnten.

Die *dawa* biete auch Schutz bei den häufigen Stammesfehden, da sie die Krieger unverwundbar mache: Die Gewehrkugeln, Speere und Pfeile der Feinde würden »wie Regentropfen vom fettigen Körper« abprallen. Frauen und Kinder würden durch die Medizin gegen die Entbehrungen der bei den Stammeskriegen häufig notwendigen Flucht gestärkt und könnten so der Gefangennahme entgehen. Was die Zusammensetzung und die Anwendung der Medizin anbeträfe, bestände sie aus Wasser *(maji)* sowie Mais- und Sorghumkörnern. Das *maji* würde den Pilgern über den Kopf gegossen oder zum Trinken gereicht, es würde auch in kleinen Bambusbüchsen dargeboten, die um den Hals wie eine Halskette zu tragen seien. Die Sorghum- und Maiskörner dieses Allheilmittels würden den Frauen überreicht. Sie seien in den Ackerboden zu setzen und würden dann eine gute Ernte garantieren und Wildschweine von der Verwüstung der Felder abhalten. Zur Erhöhung der Treffgenauigkeit ihrer Gewehre sollten die Krieger jeweils ein Sorghumkorn dem Pulver beigeben.

Diese wunderlichen Vorgänge spielten sich keineswegs geheim, sondern »ungeniert vor den Augen der arabischen Akiden und der arabischen und indischen Händler« ab, auch das Taufzeremoniell geschah ohne irgendwelche Geheimnistuerei.

In der Hauptstadt nahm man die Nachrichten gelassen hin, man machte sich zwar seine Gedanken über die ungewöhnlich hohe Zahl der Pilger, doch da die

Kultstätten in den Matumbibergen schon immer von den Stämmen im Umkreis frequentiert worden waren, legten die Gouvernementsbeamten den Vorgängen keine besondere Bedeutung bei und taten den Wasserkult von Ngarambe als eine friedlich-religiöse Angelegenheit ab. Dennoch glaubte der Gouverneur, auf der Hut sein zu müssen: Schon einmal hatten die wilden und staatenlosen Bergstämme der Wamatumbi von sich hören lassen, damals 1898 im sogenannten Kürbiskrieg. Zu der Zeit tauchten die ersten Steuererheber der Regierung, die *kerani*, in Matumbi auf, um die verordnete Hüttensteuer, zunächst noch in natura, einzutreiben. Sie erlebten einen bösen Empfang: Die bisher nie von Vertretern der Staatsgewalt, sei es der arabischen des Sultans von Sansibar, sei es der deutschen, behelligten freiheitsliebenden Bergbauern bombardierten die *kerani* mit einem Hagel von Kürbissen. Diese ergriffen daraufhin eiligst die Flucht und meldeten den Vorfall ihrem Akiden. Dieser entsandte seine Polizeiaskari, die Rädelsführer wurden dingfest gemacht und den deutschen Behörden in Kilwa überstellt, wo sie zum Tode durch den Strang verurteilt wurden. Seitdem herrschte Ruhe in Matumbi. – Gewissermaßen zur eigenen Beruhigung wies deshalb der Gouverneur das Bezirksamt Kilwa an, die Vorgänge im Hinterland unter Beobachtung zu halten und verdächtige Vorkommnisse sofort zu melden.

Nach der Regenzeit, im Frühjahr und Sommer 1905, trafen weitere Meldungen über nicht abreißende Wallfahrten zu dem geheimnisvollen Zauberer am Rufiyi in der Hauptstadt ein, doch hier war man bereits wieder zur Tagesordnung übergegangen. Am 20. August sollte die landwirtschaftliche Ausstellung in Sansibar stattfinden, zu der sich wichtige Persönlichkeiten aus dem Reich angesagt hatten. Da hatte man wahrhaftig andere Sorgen, als sich den Kopf über seltsame abergläubische Negerbräuche zu zerbrechen! Unruhen oder gar ein Aufstand großen Stils in der Kolonie, und das noch in dem nur dünn besiedelten und von der deutschen Herrschaft kaum erfaßten Süden? Einfach lächerlich: Heute kann man mit dem Spazierstock durch Afrika gehen! Überhaupt: Wir kennen doch unsere Schwarzen! Wenn es tatsächlich einmal irgendwo losgehen sollte, ist die alte Uneinigkeit unter den Negern wieder da, brechen die alten Stammesfeindschaften erneut hervor. Und die Wamatumbi in den Bergen zwischen Kilwa und Mohoro? Schon einmal hatten diese immer schon unzufriedenen, aufsässigen Gesellen das Haupt zu heben gewagt. Doch ohne viel Federlesens hat man sie wieder zur Raison gebracht. Laßt sie nur aufmucken! Einige Polizeiaskari, und sie werden wieder kuschen! Nein, es besteht wirklich kein Anlaß zu Angst und Sorge!

Bestand wirklich kein Anlaß zur Sorge für die Europäer im Schutzgebiet? Steckte wirklich nicht mehr hinter dieser Völkerwanderung zu den Schreinen am Rufiyi? Überhaupt: Wer war dieser mysteriöse Zauberer Kinjikitile, welche Absichten hatte er?

Lassen wir einen Augenzeugen berichten[1]: »Eines Tages, so gegen 9 Uhr morgens, wir sonnten uns vor den Hütten, da sahen wir Kinjikitile auf allen Vieren einem Teich zukriechen, die Hände weit nach vorn gestreckt. Wir wollten ihn fest-

[1] Aus: »Records of the Maji Maji Rising«, Part I, S. 9, von G.C.K. Gwassa und John Iliffe.

halten und zurückziehen, doch es gelang uns nicht. Er schrie, wir sollten ihn loslassen, wir täten ihm weh. Dann verschwand er in dem Teich. In diesem schlief er dann. Seine Verwandten aber verbrachten die Nacht am Ufer und warteten auf ihn. Einige tauchten nach ihm, konnten ihn jedoch nicht finden. Sie suchten die ganze Nacht nach ihm, aber vergeblich. Da – es war gegen 9 Uhr am nächsten Morgen – bewegte sich plötzlich das Wasser, und Kinjikitile tauchte unversehrt und mit trockenen Kleidern wieder auf. Als er am Ufer stand, wandte er sich an die Leute des Dorfes, die von allen Seiten herbeigeeilt waren, und prophezeite ihnen folgendes: ›Alle toten Vorfahren werden zurückkommen; sie sind bei Bokero im Rufiyi-Ruhingo, dort kann man sie sehen. Kein Löwe oder Leopard wird Menschen fressen. Wir alle, ob Pogoro, Luguru, Saramo, Matumbi und wie die Stämme auch alle heißen, sind eine Familie. Unheil hat uns heimgesucht, weil wir gegeneinander gekämpft haben. Kolelo läßt durch meinen Mund verkünden, daß *mungu* (Gott) selbst auf Erden erscheinen und ein Reich der Schwarzen errichten wird, sobald wir einig sind. Dann werden ewiger Friede und ewige Glückseligkeit herrschen. Kolelo hat mir auch eine neue Medizin gegeben gegen alle Übel und ganz besonders gegen *uchawi*, die schwarze Magie‹.«

Die Zuhörer waren starr vor Staunen und Ungläubigkeit: Was Kinjikitile ihnen da mitteilte, war etwas Unerhörtes, noch nie Dagewesenes. Schon der erste Satz des Propheten war sensationell: »Alle toten Ahnen werden zurückkommen!« Sie wollten sich ihnen, ihren Nachfahren, mitteilen! Dies geschah äußerst selten und wenn, dann nur im heimischen Ahnen- und Opferhaus. Jetzt aber haben sie sich bei Bokero, der Hauptgottheit, am Rufiyi versammelt, um auf das Erscheinen ihrer Nachfahren zu warten! Hier bahnte sich etwas ungeheuer Wichtiges an! Und was für eine *dawa* kann das sein, die der Schlangengott Kolelo Kinjikitile gegeben hat? Sie muß unglaublich stark sein, wenn sie sogar die *uchawi,* die schwarze Magie, den bösen Blick der *Wachawi*-Zauberer, der Hexenmeister und Hexen, überwinden kann!

Was die Anwesenden am meisten aufhorchen ließ, waren Kinjikitiles Beschwörung der Einheit der schwarzen Völker und seine Verheißung eines Gottesreiches der Schwarzen auf Erden. Die ewigen Stammesfehden, die Sklavenjagden, das Leben in ewiger Unsicherheit und Angst sollte ein Ende haben! Mungu, der sonst so weltentrückte Gott, wollte selbst auf Erden erscheinen und seine schwarzen Erdenkinder aus den Klauen der *uchawi* herausreißen und hinüberführen in ein Reich des Lichtes und der ewigen Glückseligkeit!

Eine ungeheure Erregung erfaßte die Menschen, die sich noch steigerte, als der Prophet sie aufforderte, hier, am Teich der Offenbarung, ein riesiges Geisterhaus zu errichten. Eine gewaltige Betriebsamkeit entfaltete sich, und in kurzer Zeit stand das Geisterhaus. Hier sollten nun die Anhänger der neuen Heilsbewegung Kontakt mit den Geistern ihrer Ahnen aufnehmen.

Als das Geisterhaus fertig war, begann Kinjikitile mit der Verteilung der neuen Wassermedizin, des *maji*. Nachdem er seine Gläubigen mit dem *maji* getauft hatte, forderte er sie auf, die neue Lehre überall, bei allen Stämmen nah und fern, zu verkünden und diese zu Pilgerzügen zum Teich von Ngarambe aufzurufen, wo sie sich taufen und damit aus den Klauen der *uchawi* erlösen lassen sollten. Wer sich mit dieser *dawa* taufen lasse, der würde für immer gefeit sein gegen den bösen Blick der Zauberer, der Magier und der Hexen und damit auch gegen Stammeskriege, Krankheiten, Dürren, Unfruchtbarkeit, dann würde die Wildschweinplage aufhören und die Ernten würden immer gut ausfallen.

Von einem Taumel der Begeisterung erfaßt, trugen Kinjikitiles Anhänger die Nachricht von den wundersamen Ereignissen am Teich zu Ngarambe von Stamm zu Stamm, von Dorf zu Dorf, von Tembe zu Tembe, und überall vernahmen die Menschen die Kunde von der neuen Heilslehre und dem Maji-Zauberwasser mit Ungläubigkeit und Staunen, aber auch mit Erleichterung und Begeisterung: Die Erlösung war nahe, *mungu* hat das Wehklagen seiner schwarzen Kinder erhört und sich ihrer Leiden und ihres Elends erbarmt. Er kommt selbst zu ihnen, um sie aus den finsteren Gewalten hier zu erlösen! Schon hatte er seinen Sendboten, seinen Messias Kinjikitile als seinen Wegbereiter vorausgeschickt!

Der simplen Vorstellungskraft der meisten der Gefolgsleute Kinjikitiles blieb der tiefere Sinn der Worte des Propheten und damit die tieferen Absichten, die er mit seiner Verheißung verbinden wollte, verborgen. Sie sahen nur, daß sie mit dieser neuen *dawa* von allen Sorgen und Nöten des Lebens befreit würden und durch Kinjikitiles Verheißung die Gewißheit bekommen hätten, daß das Gottesreich auf Erden nahegerückt sei. Doch die geistig höher Stehenden und zu höherer Einsicht Fähigen unter ihnen, die Jumben und Häuptlinge, begriffen, was Kinjikitile in Wahrheit bezweckte: Seine Heilserwartungslehre war nicht nur religiös-kultisch zu verstehen, nein, sie war weitreichender, sie hatte, wenn auch verborgen, einen militant-politischen Gehalt: Seine Worte »Kein Löwe oder Leopard wird Menschen fressen« waren eine allegorische Verkleidung: Mit »Löwe« und »Leopard« war der »alles verschlingende«, scheinbar allmächtige weiße Kolonialherr mit seinen arabischen Bütteln gemeint, dessen Macht nur durch die magische Kraft der *maji-dawa* zur Ohnmacht werden könnte. Voraussetzung zur Überwindung der Macht der Weißen aber war, daß die *dawa* und mit ihr die neue Heilslehre zu allen Völkerschaften getragen und so ein Band der Einheit zwischen diesen und damit eine Solidargemeinschaft geschaffen wird. Denn nur durch die geschlossene Front aller Afrikaner, geeint in der Maji-Lehre, ließe sich die deutsche Fremdherrschaft abschütteln!

Aus den Reihen seiner immer größer werdenden Gefolgschaft wählte der Prophet dynamische, verständige Leute, zumeist Stammesführer, Dorfälteste, Jumben und Medizinmänner *(waganga)* aus. Aus ihnen wollte er die Führerschaft seiner Befreiungsbewegung rekrutieren. Er wies sie in die Grundzüge seiner Heilslehre und seiner Pläne ein: Nach außen hin sollte der Eindruck erweckt werden, als ob die Bewegung nur friedlichen, religiösen Zwecken diene, der eigentliche, militante Zweck, der bewaffnete Aufstand gegen die Deutschen, sollte bis zuletzt geheimgehalten werden. Seinen neuen »Jüngern« – er nannte sie *wahonga (Einzahl: hongo)*, d. h. Boten übernatürlicher Wesen – trug er auf, die Sultane, Jumben und Stammesältesten der anderen Völkerschaften aufzusuchen und auch sie für die Heilsbewegung zu gewinnen und in deren wahre Zielsetzung einzuweihen. Sie sollten *askari ya mungu,* d. h. Gotteskrieger, um sich sammeln, sie mit der heiligen *dawa* taufen und auf den Krieg mit der Kolonialmacht vorbereiten. Den Kriegern müsse die Angst vor den Europäern und vor dem Tod im Kampf unter Hinweis auf die Zauberkraft der *dawa* genommen und ihnen erzählt werden, daß sie durch die

Maji-Taufe gegen die Kugeln aus den Gewehren der Weißen und ihrer Askari gefeit gemacht würden.

Bevor Kinjikitile seine *wahonga* zu den anderen Volksstämmen losschickte, verpflichtete er sie, überall im Lande die Einheit aller schwarzen Völker zu beschwören. Immer wieder hämmerte er ihnen ein: »Der Europäer ist wie ein Löwe, wir müssen alle zusammen auf ihn gehen, wenn wir ihn besiegen wollen.« Eindringlich wies er sie auf die Geheimhaltungspflicht hin; die Volksmassen – mit Ausnahme der Krieger – müßten bis zum Zeitpunkt der Erhebung über den kombattant-konspirativen Charakter der Bewegung im unklaren bleiben.

So zogen dann die *wahonga* los, um den Sultanen und Stammesführern in den entfernteren Regionen, in Uvidunda, Uhehe, Ubena, Ungindo, Udzungwa, Ungoni, Upangwa und Umwera, den neuen Glauben zu predigen und sie und ihre Untertanen zur Annahme der *maji-dawa* und zur Teilnahme am Kampf gegen den gemeinsamen Feind zu bewegen. Die *wahonga* gingen dabei nicht zimperlich vor: In den Fällen, wo sich die Stammesführer der revolutionären Bewegung widersetzten, übten sie Druck auf deren Untertanen aus, um diese gegen ihre Herrscher aufzuhetzen und für die Bewegung zu gewinnen und dann selbst die Führung an sich zu reißen.

Im näheren Umkreis des Ursprungs der Bewegung, in Usaramo und Matumbi, setzte Kinjikitile eine Flüsterkampagne *(njwiywila)* in Gang, durch die für eine rasche Verbreitung der Aufstandsabsicht gesorgt wurde. »Maji, Maji, Tod den Deutschen!«, leise und verstohlen, hinter vorgehaltener Hand, ging die magische Botschaft wie ein Lauffeuer von Mund zu Mund durch die Lande. Zu Hunderten ließen sich nun die Männer an den Maji-Kultstätten in Ngarambe und in dem 100 km weiter westlich gelegenen Ort Madaba mit dem heiligen Wasser besprengen, um sich gegen die Kugeln der weißen Machthaber gefeit zu machen.

In Nandete im Matumbiland startete Kinjikitile – er nannte sich jetzt Bokero wie die Gottheit – eine Art militärische Ausbildung seiner Anhänger, *likinda* (eigentlich: »Kriegstanz«) genannt. Hier lernten die zukünftigen *askari ya mungu* das Kämpfen, Anschleichen, Schießen und disziplinierte Gefechtsverhalten wie die Askari der Schutztruppe. Während ihrer Ausbildung wurde ihnen eingeschärft, ihr ganzes Vertrauen in die Wirksamkeit von Kinjikitiles Maji-Medizin zu setzen, die sie vor Verwundung und Tod schützen würde. Im Gefecht sollten sie mit dem Schlachtruf »Maji-Maji« furchtlos auf die gegnerischen Waffen losstürmen, die Kugeln würden an ihrer Haut abprallen. An jedem Kampftag müßten sie sich erneut mit dem Weihwasser besprengen lassen. – Die Krieger trugen eine einheitliche Tracht aus dunkelblauem Stoff *(kaniki)* und einen Stirnkranz aus Stücken des Marks vom Stengel der Hirsefrucht, der sie ebenfalls immun gegen Feindeinwirkung machen würde. Ihre Ausbilder stammten aus verschiedenen Gegenden und Stämmen des Südens, so Mpokosi aus Songea, Matengula aus Liwale und Ngogota vom Rufiyi-Fluß.

Das von den Verschwörern erlassene absolute Geheimhaltungsgebot wurde minutiös eingehalten, obwohl Tausende von Maji-Maji-Anhängern über die wahren Motive der Bewegung Bescheid gewußt haben mußten. Unverbrüchliches Schweigen wurde gewahrt, nicht nur gegenüber allen Weißen, gegenüber den Askari der Schutz- und der Polizeitruppe, die ja zum überwiegenden Teil

Landeskinder waren und daher nicht wenige leibliche Verwandte auf der Rebellenseite hatten, gegenüber den schwarzen und farbigen Regierungsbediensteten, gegenüber den arabischen und indischen Händlern, sondern auch gegenüber den eigenen Frauen und Kindern.

So kam es, daß der Aufstand das Gouvernement militärisch völlig unvorbereitet traf. Zwar hatte man den Ausbruch begrenzter Aufstände unruhiger Völker im Norden und in der Mitte der Kolonie, z. B. der Wadschagga, der Massai oder auch der Wanyamwesi, nie für ganz ausgeschlossen gehalten, nicht aber in dem von der Kolonialverwaltung noch wenig erfaßten Süden. Aus diesem Grunde, nicht zuletzt aber auch unter dem Eindruck der ewigen Ermahnungen des Reichstags zur sparsamen Haushaltsführung hatten Reichsregierung und Kolonialverwaltung die Schutztruppe in ihrer personellen Ausstattung und in ihrer Waffenausrüstung nur so dimensioniert, daß sie gerade eben zur Bekämpfung begrenzter Aufstände ausreichte.

Welche Machtmittel standen nun Gouverneur Götzen im einzelnen zur Verfügung, um den Aufständischen entgegentreten zu können? Es waren insgesamt nicht mehr als 1700 Askari der Schutztruppe und nicht ganz 700 der Polizeitruppe, befehligt von etwa 200 Weißen. Mit diesem Kräfteaufgebot mußte, wie Graf Götzen in seinen Erinnerungen schrieb, »eine Million Quadratkilometer Landes mit beträchtlichen darin investierten europäischen Werten gegen die völlig unberechenbaren Launen von sieben Millionen halbwilden Negern gesichert werden«. »Damit«, so drückte sich der Gouverneur vorsichtig aus, »stellt der Sparsamkeitsdrang des Mutterlandes den Gouverneur von Deutsch-Ostafrika vor eine in gewissen Fällen unlösbare Aufgabe.«

Während die Polizeitruppe auf die einzelnen Zivilbezirke verteilt war und ausschließlich Ordnungs- und Polizeiaufgaben wahrnahm, war die Schutztruppe in erster Linie für die Bekämpfung von Aufständen vorgesehen, war aber in den Militärbezirken auch mit Verwaltungsfunktionen betraut. Sie war in Feldkompanien aufgegliedert, die über das gesamte Schutzgebiet wie folgt verteilt waren:

Moschi	1. Kompanie (200 Mann)
Iringa	2. Kompanie (117 Mann)
Lindi	3. Kompanie (45 Mann)
Kilimatinde	4. Kompanie (193 Mann, davon 80 Mann in Mpapua)
Daressalam	5. Kompanie (355 Mann), gleichzeitig Expeditionskompanie
Bismarckburg (Kasanga)	6. Kompanie (66 Mann)
Bukoba	7. Kompanie (168 Mann)
Udjidji	8. Kompanie (72 Mann)
Usumbura	9. Kompanie (125 Mann)
Tabora	10. Kompanie (126 Mann)
Muansa	11. Kompanie (163 Mann)
Mahenge	12. Kompanie (60 Mann)

Wie aus dieser Kräfteverteilung ersichtlich ist, war der relativ menschenarme Süden, das spätere Aufstandsgebiet, schwächer bedacht als die dichter bevölkerten Regionen des Nordens und der Mitte des Schutzgebietes. Als weiteres militärisches

Machtmittel stand noch der kleine Stationskreuzer S.M.S. »Bussard«, Kommandant Korvettenkapitän Back, zur Verfügung, der bei Aufstandsbeginn gerade im Schwimmdock in Daressalam lag. Erwähnt werden muß auch noch, daß die ohnehin schon personell schwachen Kompanien im eigentlichen Aufstandsgebiet (3. und 12. Kompanie) durch Wahrnehmung von Verwaltungsaufgaben noch weiter geschwächt waren. Die Bewaffnung der Truppe bestand aus dem Jägergewehr M71 (nicht repetierfähig), jede Kompanie war außerdem mit zwei Maschinengewehren ausgerüstet.

Das weiße Personal der Schutztruppe bestand aus Offizieren und Unteroffizieren sowie aus Militärärzten und Zahlmeistern. Es konnte als ein Elitekorps betrachtet werden, da es aufgrund der hohen Zahl der aus der Heimat zum Kolonialdienst drängenden Bewerber sorgfältig ausgesucht werden konnte. Das schwarze Personal der Truppe setzte sich aus altgedienten, zu Beginn der Kolonialzeit in Ägypten angeworbenen Sudanesen, die die meisten Chargierten stellten, sowie – zum überwiegenden Teil – aus Landeskindern zusammen.

Taktische Einheit war die Feldkompanie, die eine selbständig operierende infanteristische Einheit mit einem festen Kontingent eingeborener Träger war. Auf größeren Märschen (Safaris) war die Kompanie mit einem großen Gefolge belastet: den zahlreichen Dienern (boys) – sogar jeder einfache Askari hatte mindestens einen –, den Trägern sowie den Ehefrauen der schwarzen Soldaten, z. T. mit ihren Kindern, die für das leibliche Wohl ihrer Ehemänner zu sorgen hatten.

In allen bisherigen kriegerischen Einsätzen hatte sich die Truppe gut bewährt, diese hatten sich allerdings ausschließlich gegen einzelne aufrührerische Stämme, z. B. die Wahehe, gerichtet. In den folgenden Kapiteln werden wir sehen, ob die Truppe auch einer geschlossenen Erhebung zahlreicher Völkerschaften, einer in den Planspielen und im Kriegsbild der Schutztruppe nie einkalkulierten Eventualität, gewachsen sein wird.

Ende 1904 hatten die *wahonga* die ersten Kontakte mit den Führern der Nachbarstämme der Matumbi hergestellt und viele von diesen für die Befreiungsbewegung gewinnen können. Um die Jahreswende trafen sich die Verschwörer dann zu ersten Geheimgesprächen in der Landschaft Mgende, einer von den deutschen Stationen fern gelegenen und menschenarmen Gegend, um die Aufstandsvorbereitungen abzusprechen. Alles kam jetzt darauf an, in den nächsten Monaten möglichst viele Völkerschaften in der Kolonie für den neuen Glauben zu gewinnen, der ja das einigende Band zwischen diesen in dem beabsichtigten Aufstand bilden sollte. Dies würde wegen der nun einsetzenden Regenzeit und der dadurch verursachten Wegelosigkeit des Geländes für die *wahonga* außerordentlich beschwerlich und zeitraubend sein. Es mußte also möglichst viel Zeit gewonnen werden. Oberstes Gebot mußte daher weiterhin absolute Verschwiegenheit, Disziplin und Geduld sein. Es galt, alles zu vermeiden, was bei den deutschen Behörden Verdacht hinsichtlich der wahren Motive des Maji-Kultes erregen könnte. Der Kreis der Eingeweihten mußte beschränkt bleiben. Die zu den Maji-Kultstätten ziehenden Massen mußten weiterhin den Eindruck haben, die *dawa* sei nicht mehr als ein Allheilmittel gegen jede Art von *uchawi*. Der Umschwung vom friedlich-religiösen zum politisch-militanten Charakter der Glaubensbewegung und damit zum eigentlichen Aufreizen der Massen zum Kampf sollte erst im letzten Augenblick – zu einem vereinbarten Zeitpunkt – erfolgen.

Es ist etwa Juni/Juli 1905, als die Beratungen abgeschlossen sind und mit den organisatorischen Vorbereitungen des Aufstands begonnen werden kann. In einigen Monaten – nach der Ernte – soll dann das Zeichen zur allgemeinen Erhebung der Volksmassen gegen das Kolonialregime gegeben werden. Die Spannung strebt dem Siedepunkt zu, da tritt ein Ereignis ein, das den so wohldurchdachten Plan Kinjikitiles und seiner Aufstandsführer, gemeinsam und gleichzeitig loszuschlagen, durchkreuzen sollte:
Die Matumbibauern haben ihre Ungeduld und ihre Wut gegen die Unterdrückung durch die arabischen Handlanger des Kolonialregimes nicht länger zu zügeln vermocht und trotz Kinjikitiles strenger Stillhalte-Weisung zu den Waffen gegriffen! Ein gleichzeitiges, überraschendes Losschlagen aller Stämme im Süden des Landes ist nun nicht mehr möglich!

7. Der Sturm bricht los: Bauernrevolte im Matumbiland

Der Nandete-Zwischenfall – Buschtrommeln rufen zum Aufstand – Der Sturm auf Kibata – Das Gefecht bei Samanga – Die Verhaftung Kinjikitiles – Das Gouvernement reagiert: Eingreifen der 5. Schutztruppenkompanie – Maji-Maji-Ansturm auf das Truppenlager Mingumbi – Hinrichtung Kinjikitiles – Die Kitschi schließen sich dem Aufstand an – Das Landungskorps S.M.S. »Bussard« wird eingesetzt – Die Wamatumbi gehen zum Kleinkrieg über – Der Aufstand droht den gesamten Süden zu erfassen – Panik in Daressalam – Gouverneur Götzen bittet die Reichsregierung um militärische Hilfe

Nandete im Matumbi-Hochland, 250 km südwestlich von Daressalam, der Hauptstadt Deutsch-Ostafrikas. Man schreibt den 30. Juli 1905. Der Tag ist ungewöhnlich heiß, der Feuerball der Sonne steht glühend am wolkenleeren afrikanischen Himmel. Auf den Baumwollschamben (Baumwollfeldern) der deutschen landwirtschaftlichen Kommune[1] herrscht Hochbetrieb, die Ernte steht vor der Tür. Zu Hunderten sind die männlichen Bewohner Nandetes von den Polizeiaskari zur Barbeitung der Schamben herangezogen worden. Wer sich weigerte, bekam den Kiboko, die gefürchtete Nilpferdpeitsche, zu spüren. Lohn für die Feldarbeit ist nicht zu erwarten: ihn kassiert die Kolonialverwaltung als sog. Hüttensteuer, die jeder Familienvorstand zu zahlen hat. Die schweißtriefenden Männer heben und senken im gleichmäßigen Rhythmus ihre Feldhacken. Das Kommando dazu geben die Askari. Wehe, einer macht schlapp oder hält den Arbeitstakt nicht ein, gleich setzt es Hiebe mit dem Kiboko. Seit Tagen schon dauert diese Fronarbeit für den weißen Mann, die Arbeit zu Hause auf den eigenen Feldern bleibt notgedrungen liegen, die Familie muß sehen, wie sie zurecht kommt. Ohnmächtige Wut ist in den Herzen der Männer.

Die Stunden rinnen dahin, es geht auf Mittag zu, die Hitze wird immer unerträglicher. Da läßt ein Aufschrei die Arbeiter aufschrecken aus ihren dumpfen Gedanken: Einer der Polizeiaskari liegt stöhnend am Boden, niedergeworfen von Machela und Mandai, zweien der Arbeiter. Ihnen ist der Geduldsfaden bei der Schinderei gerissen: Voll Zorn haben sie einem der beiden Askari den Schlagstock entrissen und dreschen nun feste auf diesen ein. Schon liegt auch der zweite Aufpasser wimmernd am Boden. Alle lassen die Hacken sinken, anfeuernde Rufe ertönen. Schließlich lassen Machela und Mandai von den beiden Peinigern ab, stöhnend erheben sich diese und ergreifen sogleich die Flucht. Sie laufen in Richtung Kibata, um ihrem Herrn, dem dortigen Akiden Sefu bin Ameri, Bericht über diesen unerhörten Vorfall zu erstatten.

Ungeheure Erleichterung und Freude erfassen die Leute von Nandete: Endlich haben sich zwei Mutige gefunden und den Bütteln des verhaßten Akiden und damit der arabischen und deutschen Fremdherrschaft einen Denkzettel verpaßt. Sie haben

[1] Eine Art von Domäne.

es bis zum Überdruß satt, wie Sklaven arbeiten zu müssen. Nun macht sich der angestaute Zorn Luft: Von einer wahren Zerstörungswut befallen, beginnen die Nandeter, die Baumwollstauden auf den Kolonialschamben aus dem Boden zu reißen. Noch mehr Leute kommen vom Ort herübergelaufen, um am Zerstörungswerk mitzuwirken. Bald sind alle Baumwollpflanzen auf den Feldern herausgerissen.

Der Jumbe von Nandete ist entsetzt über das Geschehen, vergeblich versucht er, die Dorfbewohner zurückzuhalten: Sie sind wie von Sinnen. Er meldet den Vorfall pflichtgemäß dem Akiden in Kibata. Der aber ist inzwischen schon von den beiden verprügelten Askari alarmiert worden. Wütend befiehlt Sefu bin Ameri allen an den Geschehnissen Beteiligten, bei ihm zu erscheinen und ihre Missetaten einzugestehen. Doch niemand leistet der Aufforderung Folge. Daraufhin entsendet der Akide Beauftragte nach Nandete, die an Ort und Stelle die Vorkommnisse untersuchen und die erforderlichen Verhaftungen vornehmen sollen. Es kommt zu hitzigen Wortwechseln mit den Dorfbewohnern, ein Wort gibt das andere, die ersten Schüsse fallen, die Kriegstrommel wird geschlagen – die offene Konfrontation mit der Kolonialmacht ist da! Der Maji-Maji-Aufstand, die größte nationale Erhebung der afrikanischen Völker im Kampf um die Abschüttelung kolonialer Fremdherrschaft, hat seinen Anfang genommen. Wie ein Flächenbrand sollte sich nun die Erhebung innerhalb weniger Wochen bis in die entferntesten Winkel im Süden des deutschen Schutzgebietes ausbreiten und das Land an den Rand des Ruins bringen.

Matumbiland gleicht einem aufgescheuchten Bienenstock. Landauf, landab erschallt die Kriegstrommel, von Dorf zu Dorf wird das Trommelsignal weitergegeben. Die Jumben, soweit auf die Maji-Bewegung eingeschworen, glauben, dies sei das Zeichen zum planmäßigen Beginn des Aufstands. Sie alarmieren ihre Leute und reizen sie zum Kampf auf. Die Wamatumbi strömen zu den verabredeten Sammelpunkten, die Waffen in der Hand. Von dort marschieren sie zum Treffpunkt auf dem Berg Imbiyila zwischen Nandete und Kibata.

Hier wird nun das Maji-Rituell vollzogen. Alle Krieger werden kahlgeschoren und vom Medizinmann Mpokosi mit dem Maji-Wunderwasser besprengt. So gefeit, rückt die Truppe zum Sturm auf Kibata, den Sitz des Akiden Sefu bin Ameri, vor. Anführer ist Mpokosi, der als Zeichen seiner Würde einen Gnuschwanz trägt. Hinter ihm läuft eine Frau, Bibi Naupunda, die auf dem Kopf die Kalebasse mit dem Weihwasser trägt. Ihr folgt die riesige Schar der Krieger, alle tragen den Stirnkranz aus Hirsestengeln.

Dem Akiden ist inzwischen die bedrohliche Zuspitzung der Lage bewußt geworden. Er zieht sich mit seinen Leuten in die Boma von Kibata zurück, noch rechtzeitig ist es ihm gelungen, eine Warnmeldung und einen Hilferuf an das Bezirksamt in Kilwa zu schicken. Die Aufrührer brechen am nächsten Tag, den 29. Juli, »mit löwenartigem Gebrüll« in Kibata ein. Die Läden der Inder und Araber werden geplündert, einige der Kaufleute ermordet. Gewehrgeknatter hallt durch die Gassen des Ortes, die Krieger dringen bis zur Boma vor, aber der Sturm auf diese mißlingt: Sefu bin Ameri verteidigt sie erbittert mit seinen Polizeiaskari. Er kann sich einige Zeit halten, bricht dann jedoch wegen Munitionsmangels in der Nacht zum 30. Juli aus und flieht nach Kilwa. Als die Rebellen am nächsten Tag die Boma stürmen wollen, finden sie sie menschenleer vor und stecken sie in Brand. Sie verlassen dann Kibata, ein Teil von ihnen wendet sich dem Anwesen des in der Nähe lebenden deutschen Ansiedlers Hopfer zu. Dieser, obwohl mehrfach von Sefu bin Ameri gewarnt und aufgefordert, nach Kilwa zu fliehen, ist leichtsinnigerweise auf seiner Pflanzung verblieben, und, als er schließlich doch noch fliehen will, ist es bereits zu spät: Er wird von den Rebellen in seinem Versteck im Pori gestellt und mit einem Axthieb getötet. Hopfer ist das erste weiße Opfer in diesem Aufstand.

Das Hilfeersuchen Sefu bin Ameris ging am 29. Juli beim Bezirksamt in Kilwa ein. Der stellvertretende Bezirksamtmann, Stabsarzt Dr. Lott, – der Bezirksamtmann von Rode war auf Heimaturlaub – trat sofort in Aktion: Er setzte noch am gleichen Tage seine Polizeitruppe, 38 Askari unter Feldwebel Hoenicke, in Richtung Kibata in Marsch. Vergeblich bemühte sich Dr. Lott, Kontakt mit dem Gouvernement in Daressalam aufzunehmen: Die Telegraphenleitung dorthin war gestört. Dagegen gelang es ihm über Telefon, den Führer der in Linie stationierten 3. Kompanie der Schutztruppe, Leutnant Spiegel, zu erreichen. Diesen bat er um Unterstützung. Spiegel reagierte sogleich: Er schiffte sich mit seiner gesamten Kompanie (56 Mann) auf den zufällig gerade in Lindi liegenden Gouvernements-Dampfer »Rovuma« ein und traf am 3. August in Kilwa ein. Hier übernahm er zunächst die Sicherung der Stadt, ein Weitermarsch nach Norden in das Aufstandsgebiet erschien ihm zu riskant, da die nun ebenfalls aufrührerischen Kitschi mit 2000–3000 Kriegern nur fünf Wegstunden entfernt in Miteja standen und jederzeit mit deren Überfall auf Kilwa zu rechnen war.

In Eilmärschen in Richtung Kibata vorrückend, war Feldwebel Hoenicke unterdes am 1. August mittags in dem von Mangrovenwäldern umschlossenen küstennahen Ort Samanga eingetroffen. Hier erfuhr er, daß ein großer Haufen Aufständischer im Anmarsch auf den Ort sei. Der Feldwebel wollte sofort, auf dem schmalen Buschweg vorrückend, dem Gegner entgegentreten, stieß jedoch bereits 800 m außerhalb von Samanga auf diesen. Vor dem übermächtigen Gegner – es waren nahezu 2000 Wamatumbi – mußte sich die kleine Polizeiabteilung im heftigen Feuer wieder zurückziehen. Sie setzte sich in dem Ort und der angrenzenden Baumwollplantage des Ansiedlers Steinhagen fest. Über zwei Stunden lang wurde nun das zumeist von Indern bewohnte Dorf von den fanatisierten Aufständischen bestürmt. Nur mit Mühe konnte sich Hoenickes schwache Truppe in Samanga halten. Er schickte noch am gleichen Abend (1. August) eine entsprechende Meldung an Dr. Lott in Kilwa.

Hier war es inzwischen gelungen, die Störung in der Telegraphenleitung zu beseitigen, woraufhin der Stabsarzt sofort eine Alarmdepesche an das Gouvernement schickte: »Matumbi-Leute in hellem Aufruhr. Samanga von Aufständischen bedroht«. Fast zeitgleich traf eine andere, vom Bezirksamt in Mohoro stammende Meldung beim Gouvernement ein: »Mohoro-Bezirk zur Zeit ruhig«. Hier war der energische Bezirksamtssekretär Stollowski – der Bezirksamtmann Grass war ebenfalls auf Heimaturlaub, sein Vertreter, Keudel, auf Safari – auf die Nachricht von der Erhebung der Matumbileute sofort zur Tat geschritten: Er hatte die Andeutungen und Erzählungen der Eingeborenen über die Wundermedizin, mit der Kinjikitile und seine Helfer die Bewohner des Matumbi-Hochlands für ihre Zwecke zu gewinnen trachteten, mit Mißtrauen aufgenommen und die weitere Entwicklung aufmerksam verfolgt. Als er die Aufstandsmeldung vernommen hatte, war er überzeugt, daß Kinjikitile das konspirative Haupt der Bewegung sei. Er ließ diesen und zwei andere der Aufwiegelung verdächtigte Zauberer daraufhin sofort festnehmen und in das Bezirksgefängnis von Mohoro einsperren. – Zweifellos trug die rasche Ausschaltung Kinjikitiles, dem der vorzeitige Ausbruch des Aufstands sicherlich überraschend und ungelegen kam, ganz entscheidend dazu bei, daß die Erhebung hier im Matumbiland unorganisiert und unkoordiniert – ohne Absprache zwischen den aufrührerischen Stämmen – verlief, da nun die führenden Köpfe fehlten.

Aufgrund der Alarmmeldung Dr. Lotts aus Kilwa war noch am Abend des 1. August auf Befehl des Gouverneurs ein Detachement der 5. Kompanie unter Hauptmann Merker mit dem Gouvernementsdampfer »Rufiji« von Daressalam aus in Richtung Samanga entsandt worden. Die Truppe traf am folgenden Tage dort ein. In dem Ort hatte sich die Lage inzwischen entspannt: Weitere Angriffe seitens der Aufständischen waren nicht erfolgt; diese hatten sich offenbar aus dem Umkreis des Ortes zurückgezogen.

Am Morgen des 3. August brach ein Teil des Detachements unter Führung des Leutnants Lincke (mit einem weißen Unteroffizier und 30 Askari) von Samanga aus auf, um nach dem Verbleib des vermißten – inzwischen, wie berichtet, jedoch bereits ermorderten – Pflanzers Hopfer zu forschen. Um 14 Uhr wurde die Truppe nahe Mingumbi, als sie hier gerade Lager beziehen wollte, von einem an Zahl weit überlegenen und gut bewaffneten Gegner von mehreren Seiten angegriffen. Der Angriff geschah mit einer für Afrikaner ungewöhnlichen Bravour und Verbissenheit. Bis auf 20 bis 30 Meter kamen die Wamatumbi-Krieger, die mit lautem »Kamata-Wasungu – Hurra« vorstürmten, an die Schützenlinie der Deutschen heran. Diese gerieten in arge Bedrängnis und waren genötigt, sich in einer engen Igelstellung zu verschanzen. – Erstaunt vermerkt der Gouverneur hierzu in seinen Memoiren: »Zum ersten Mal wurde es bei dieser Gelegenheit ersichtlich, daß ein besonderer Geist die Angreifer beseelte.« – Schließlich ließ der Gegner, der starke Verluste bei seinem Sturmangriff erlitten hatte, von Linckes Häuflein ab und zog sich zurück. Lincke verblieb abwartend in Mingumbi, nachdem er von der Ermordung des Pflanzers Hopfer erfahren hatte.

Während dieser Ereignisse war Hauptmann Merker aufgrund einer neuerlichen Nachricht vom Bezirksamt Mohoro über die angebliche Ansammlung von Aufständischen nahe dem Bezirksort vom Gouvernement angewiesen worden, mit seiner Truppe nach Mohoro zu marschieren. Dort traf er am 4. August nachmittags ein. Er hielt die Lage hier jedoch für weniger besorgniserregend, als das Gouvernement sie dargestellt hatte. Merker nutzte den Rest des Tages dazu, den Kriegszustand für den Bezirk auszurufen und ein Kriegsgericht über die drei inhaftierten angeblichen Aufwiegler, darunter Kinjikitile (Bokero), abzuhalten. Sie wurden des Aufruhrs bzw. der Verleitung zum Aufruhr für schuldig befunden und zum Tode durch den Strang verurteilt. Das Urteil wurde sofort vollstreckt. Bereits auf dem Schafott, verkündete Kinjikitile, er fürchte sich nicht vor dem Tode, und dann folgten – fast triumphierend gesprochen – die unheilschweren Worte: »Meine Hinrichtung wird Euch Deutschen auch nichts mehr nützen, denn meine *dawa* hat schon bis nach Kilosa und Mahenge hin ihre Wirkung getan«. Die Worte ließen

Merker aufhören: Sollte das tatsächlich stimmen? Wenn ja, so bahnte sich hier ein groß angelegter Aufstand an, der das gesamte Schutzgebiet erfassen könnte! Hierüber mußte das Gouvernement sofort in Kenntnis gesetzt werden! Noch am gleichen Abend ging ein Eilbote mit der alarmierenden Botschaft nach Daressalam ab.

Kurz darauf erhielt der Hauptmann ein Hilfeersuchen Leutnant Linckes aus Mingumbi. Er brach daraufhin am nächsten Morgen wieder auf. In Eilmärschen vorrückend, erreichte Merker noch am gleichen Tage Mingumbi. Hier vereinigte er sich mit Linckes Truppe und der inzwischen von Kilwa nach Mingumbi marschierten 3. Kompanie unter Leutnant Spiegel.

Kaum hatte Hauptmann Merker dem Bezirk Mohoro den Rücken gekehrt, als auch die hier schon ziemlich unruhigen Bewohner, die Kitschi, losschlugen, angestachelt durch die Hinrichtung Kinjikitiles und durch falsche Gerüchte über angebliche Aufstandserfolge der Wamatumbi. Tausende von Kitschi-Leuten rotteten sich nahe dem Bezirksort Mohoro zusammen. Ein dringender Hilferuf des stellvertretenden Bezirksamtmanns Keudel traf am 5. August beim Gouverneur ein. Nun erkannte dieser, daß der Aufstand trotz der Verhaftung Kinjikitiles inzwischen doch bereits auch die Randgebiete von Matumbi erfaßt hatte. Es blieb ihm daher nichts anderes übrig, als auch den Rest der Expeditionskompanie (5. Kompanie) in Daressalam mobil zu machen. Gleichzeitig wies er den Kommandanten des Stationskreuzers »Bussard«, Korvettenkapitän Back, an, umgehend seeklar zu machen. Er sollte den Rest der 5. Kompanie mit Oberleutnant v. Grawert, Leutnant Lindeiner, Stabsarzt Dr. Skrodski, zwei weißen Unteroffizieren und 122 Askari unter Führung des stellvertretenden Kommandeurs der Schutztruppe, Major Johannes, auf schnellstem Wege nach Kilwa bringen und einen Teil der »Bussard«-Besatzung als Landungskorps zum Schutz der bedrohten Ortschaften abstellen. Back, der die Lage von Anfang an für wesentlich ungünstiger als der Gouverneur eingeschätzt hatte und durch eigene Beobachtungen und Befragung »alter Afrikaner« hierin bestärkt worden war, hatte bereits am 1. August mit seinem Schiff das Trockendock in Daressalam verlassen und Dampf aufgemacht. So konnte die »Bussard« noch am Abend des 5. August in See gehen. Oberleutnant zur See Paasche, Offizier auf der »Bussard«, erinnert sich[2]:

»In den Nachmittagstunden betraten viele schwarze Soldaten mit Patronentaschen und Gewehren das Oberdeck des Kriegsschiffes, das in dem stillen Hafen von Daressalam lag. Auf die Soldaten folgten scheue Träger aus dem Innern, die vielleicht zum ersten Male ein Schiff aus der Nähe sahen. Reittiere wurden übernommen und auf das Vordeck gestellt; alles schon in Dunkelheit.

Abends warf das Schiff von der Boje los und ging durch die enge Ausfahrt in See. Die Fahrrinne war bereits durch Lichter gekennzeichnet. – Um Mitternacht blitzte das Leuchtfeuer von Mafia an Steuerbord auf. Hinter der Insel lag Mohorro, der Rufiyi und das Land, in dem der Aufstand ausgebrochen sein sollte.

Der ›Bussard‹ nahm seinen Kurs südwärts nach der Reede von Kilwa-Kivindje, weil die flache, sanft ins Meer verlaufende Küste mit ihren weiten Sandbänken dem Platz Schutz gegen die Annäherung der Kriegsschiffe bot. Dort wurde die Schutztruppe am folgenden Nachmittage gelandet und eine Abteilung Matrosen zur Sicherung der Stadt ausgeschifft...«

[2] Paasche, S. 74.

Major Johannes brach am Morgen des 7. August von Kilwa zum Aufstandsgebiet auf und vereinigte sich am folgenden Tage in Mingumbi mit den Abteilungen Merker und Spiegel. Der Major glaubte nun, stark genug zu sein, um den Gegner stellen zu können. Angesichts einer solchen deutschen Machtkonzentration änderte dieser jedoch nun seine Verhaltensweise: Während ein Teil der Aufständischen, eingeschüchtert durch dieses Truppenaufgebot, den Kampf aufgab, setzte der andere, größere Teil den Krieg fort, änderte jedoch seine Fechtweise: Hatte er bisher in geschlossenen Massen in Stärken bis zum mehreren tausend Mann operiert und Frontalangriffe im offenen Gelände gewagt, so löste er sich jetzt in kleinere Banden auf und ging zum Kleinkrieg über, einer Taktik, die für das außerordentlich unübersichtliche, nur von einzelnen steilen Pfaden durchzogene und nur mit dem Buschmesser zu durchdringende Wald- und Buschland des Matumbi-Plateaus geradezu wie geschaffen war.

Von nun an griff der Gegner nur noch nachts die Lager der Truppe in Massen an, tagsüber aber legte er im tiefen Busch am Wegesrand stellungsartige Hinterhalte an, in die er die Truppe hineinlockte, um sie dann aus wenigen Schritten Entfernung zu überfallen. Auf diese Weise konnte er auch seine Unterlegenheit in der Bewaffnung, die aus Vorderladern mit schmiedeeisernen Kugelgeschossen, vergifteten Pfeilen, Speeren und Streitäxten bestand, wieder wettmachen und den Gebrauchswert dieser Waffen erhöhen.

Um dieser geänderten Taktik Rechnung zu tragen, mußte Major Johannes notgedrungen seine Truppe aufsplittern, denn nur in kleineren Abteilungen war es möglich, die zahlreichen, überall verstreuten Trupps und Schlupfwinkel der Rebellen aufzuspüren und zu vernichten. Deshalb teilte der Major nach Eintreffen in Kibata seine Truppe in mehrere Detachements auf, die nun überall im Bergland den flüchtigen Gegner hetzten.

Schon bald sollten sich die ersten Erfolge der Anpassung an die neue Taktik der Maji-Maji-Krieger zeigen: Die Zahl der Matumbileute, die den Kampf aufgaben und sich den Deutschen auf Gnade und Ungnade ergaben, nahm ab Mitte August rapide zu. Doch der »harte, fanatisierte Kern« der Aufständischen setzte den Kleinkrieg fort, und noch Monate sollten vergehen, bis in diesem Landesteil der Widerstand endgültig zusammenbrach.

An den Unternehmungen gegen die Kitschi- und Matumbi-Leute nahm auch eine von Olt. z. S. Paasche geführte Landungsabteilung des Kreuzers »Bussard« teil, der inzwischen den größten Teil seiner Besatzung, ausgenommen das technische Personal, zur Wahrnehmung von Sicherungsaufgaben in den bedrohten Küstenorten ausgeschifft hatte. – Paasche war mit seiner Abteilung (22 Matrosen) am Abend des 6. August vor dem südlichsten Mündungsarm des Rufiyi, an der Utagite-Mündung, auf den Zollkreuzer »Kingani« übergesetzt worden. Ihm war von Korvettenkapitän Back schriftlich aufgetragen worden, mit dem Zollkreuzer nach Mohoro zu fahren, um die Sicherung des Ortes zu übernehmen, jedoch sofort zur »Bussard« zurückzukehren, sobald keine Gefahr mehr für Mohoro bestand. Paasche erinnert sich:
»An längere kriegerische Tätigkeit glaubte noch niemand; mir fiel ein, was der Erste Offizier zu mir sagte, als ich mir Wäsche und Proviant für acht Tage einpackte: »Wofür schleppen Sie so viel mit, übermorgen sind Sie ja wieder hier.« – Tatsächlich aber sollten mehr als sechs Monate ins Land gehen, ehe Paasche wieder die Planken seines Schiffes betrat!

Als der Seeoffizier mit seinen Matrosen in Mohoro eingetroffen war und sich im dortigen Bezirksamt einquartiert hatte, konnte er feststellen, daß im Ort eine sehr gedrückte Stimmung herrschte. Von allen Seiten trafen Hiobsbotschaften ein: »Es war immer das gleiche: ›Schickt schnell Askari, die Schenzis kommen; sie werden unsere Hütten abbrennen, das Getreide wegnehmen und uns töten, wenn wir nicht mitmachen oder fliehen‹. Bald danach wurden sie immer bedrohlicher: ›Unsere Hütten sind verbrannt, Menschen erschossen; die Schenzis ziehen weiter, viele schließen sich ihnen an‹.«

Paasche war sich bewußt: Es mußte rasch gehandelt werden! Das Vertrauen auf die deutsche Macht und den Schutz durch die Soldaten durfte bei der Bevölkerung nicht schwinden, wenn Ruhe im Lande geschaffen und erhalten sowie verhindert werden soll, daß die Bewohner in hellen Scharen zum Gegner überlaufen. Doch der Oberleutnant hatte strenge Weisung, sich nur defensiv zu verhalten. Die Lage wurde aber von Tag zu Tag brenzlicher: Näher und näher rückten die Maji-Maji-Krieger an Mohoro heran, brannten, plünderten, mordeten, durchschnitten die Telegraphenleitung. – Ein Knäuel von Menschen erscheint vor dem Bezirksamt; erregte Eingeborene, Männer, Frauen und Kinder, daneben indische und arabische Händler stehen wild gestikulierend vor dem Amtsgebäude und verlangen rasche Hilfe. Es muß etwas geschehen, sonst haben die Europäer bald jedes Vertrauen bei den Schwarzen und Farbigen eingebüßt! Da beschließt Paasche, selbständig zu handeln: Weisungen von der Schiffsführung kann er ohnehin nicht mehr erwarten, da die Nachrichtenverbindungen zur Küste unterbrochen sind.

Mit elf Matrosen und 30 Askari verläßt Paasche zusammen mit dem stellvertretenden Bezirksamtmann Keudel am 9. August Mohoro, um den Aufständischen entgegenzutreten. Schon nach einstündigem Marsch trifft die Truppe auf zerstörte Ortschaften, rauchende Trümmer und »ganze Haufen glimmender Vorräte«, ein Zeichen dafür, mit welcher Brutalität die Maji-Maji-Krieger vorgehen, wenn die Bewohner ihrer Aufforderung, sich der Bewegung anzuschließen, Widerstand leisten. In tagelangen Streifzügen gelingt es Paasche mit seinen Leuten immer wieder, Trupps von Aufständischen zu stellen und zu zersprengen. Über eines dieser Gefechte, das nahe dem Akidendorf Kooni stattfand, schreibt er u.a[3]: »... Es wurde hell, und noch immer war vom Gegner nichts zu sehen... Der Busch wurde niedriger und lichter, und öffnete sich bald zu weiterer Aussicht, als plötzlich die Aufständigen zu sehen waren, in langer, ununterbrochener Linie im Gänsemarsch daherkommend. Der weiße Kopfputz leuchtete auf der dunklen Stirn; die geschulterten, langen Flinten, die Patronentaschen und das blaue Tuch um die Hüften gaben der Masse ein uniformiertes, kriegerisches Aussehen.

In gebückter Haltung kamen wir bis auf etwa sechzig Schritt an die sorglos einhermarschierenden Neger hinan, als die ersten stehen blieben, stutzten und ihre Gewehre von der Schulter nahmen. Sofort blieb ich stehen, entsicherte mein Gewehr und schoß, ohne einen Befehl zu geben.

In den nächsten Minuten herrschte ohrenbetäubender Lärm. Alle meine Leute schossen; aus etwa dreihundert Gewehren wurde das Feuer von drüben erwidert. In

[3] Paasche, S. 112 f.

Gräsern und Büschen vor mir sah ich die plötzliche Bewegung einschlagender Geschosse; – die Askari schrien vor lauter Erregung.

Ich hatte den zweiten Ladestreifen eben in den Kasten meines Gewehres geschoben – also schon sechs Patronen verfeuert – als ich vorlief; die ganze Linie folgte und die Spitze der Gegner zerstreute sich. Wo die ersten Toten lagen, blieben wir stehen und nahmen einen Menschenhaufen unter Feuer, der aus dem Dorf auf der Höhe hervordrängte und sich in das Gras verteilte. Der nächste Anlauf brachte uns, fast atemlos, auf die Anhöhe; in wilder Flucht stürzten die Aufständigen vor uns den Abhang hinab.

Am Fuße der Anhöhe im hohen Gras bewegten sich Bogenschützen; Verwundete und Leute, die ihre Waffen fortgeworfen hatten, liefen dazwischen. Man sah Anführer, die den Versuch zu machen schienen, ihre Leute zum Widerstand zu bewegen.

Es gab kein Halten mehr! –«

Major Johannes' Operationen gegen die Wamatumbi und Kitschi-Leute machten gute Fortschritte: Immer mehr Aufständische streckten die Waffen. Da – es war der 20. August – erhielt der Major ein dringendes Telegramm vom Gouvernement mit der Aufforderung, sofort nach Daressalam zurückzukehren. Noch am gleichen Tage machte er sich auf den Weg zur Hauptstadt. Dort angekommen, mußte der Major erfahren, daß sich die gesamte Lage im Schutzgebiet dramatisch zugespitzt hatte: Was zunächst als »ein zwar organisierter, aber doch lokal begrenzter Aufstand einiger halbwilder Völkerschaften« hingestellt worden war, schien sich jetzt zu einem über den gesamten Süden der Kolonie sich ausbreitenden »nationalen Kampf gegen die Fremdherrschaft« auszuweiten! – Alarmiert wurde der Gouverneur bereits bei Erhalt der Eilnachricht des Hauptmanns Merker, der Zauberer Bokero habe vor seiner Hinrichtung in Mohoro am 4. August geäußert, seine *dawa* habe schon bis Kilosa und Mahenge hin gewirkt: Beide Orte liegen Hunderte von Kilometern vom Ursprungsgebiet des Aufstands, dem Matumbi-Hochland, entfernt, sie bildeten mit ihren befestigten Stationen militärische und administrative Schlüsselpositionen der deutschen Herrschaft tief im Inneren des Landes und lagen mitten in den Siedlungsgebieten kriegerischer und straff geführter Völkerschaften! Die Chefs dieser Stationen mußten sofort gewarnt werden! Dies bereitete keine großen Schwierigkeiten im Falle von Kilosa, da eine direkte Telegraphenverbindung bis zum zuständigen Bezirksamt Morogoro bestand, wesentlich schwieriger dagegen war es, Mahenge in Kenntnis zu setzen, da dorthin keine Telegraphie-Leitung verlief. So mußte ein Eilbote zu Hauptmann von Hassel, dem Stationschef von Mahenge, entsandt werden, der aber brauchte mindestens fünf Tage, um dort hinzugelangen. Kostbare Zeit verstrich! Beide Stationen erhielten die Ermächtigung, über ihren Etat hinaus Askari zu rekrutieren.

Mit Eingang der Warnmeldung Merkers rissen die Alarmmeldungen an das Gouvernement nicht mehr ab: Bedrohung von Akiden im Hinterland von Kilwa, Ermordung von acht regierungstreuen Arabern in der Landschaft Madaba westlich von Matumbi, Auftreten von Maji-Maji-Banden am mittleren Rufiyi, Überfälle auf Handelskarawanen sogar tief im Südwesten der Kolonie, in Ungoni. Damit stand endgültig fest, daß der Aufstand zu einer allgemeinen Erhebung eines Großteils der Bevölkerung im Süden des Schutzgebietes zu eskalieren begann.

Panik erfaßt die weißen Bewohner von Daressalam: Sogar die Wasaramo im unmittelbaren Hinterland der Hauptstadt haben sich erhoben und bedrohen nun die katholische Missionsstation von Maneromango, 60 km südwestlich von Daressalam. Graf Götzens Tagebucheintragung vom 20. August spiegelt die Stimmung der Weißen in der Hauptstadt um diese Zeit wider: »Gerüchte vom stündlich zu erwartenden Anrücken der Rebellen und von ihrem Einverständnis mit der Stadtbevölkerung gehen von Mund zu Mund; Gartenjungen, die auf abgelegenen Parkwegen schleichen, weil sie Kokosnüsse gestohlen haben, werden für gedungene Sendboten gehalten; in jeder alltäglich beobachteten Rauchwolke, die jenseits des Hafens das Abbrennen der Felder verursacht, wird schon ein Akt der näherkommenden Rebellion erblickt.« – Eilig wird eine weiße Bürgerwehr aufgestellt, denn die Hauptstadt wird von allen Truppen entblößt: Der Rest der Garnison und sogar ein Teil der Polizei unter Führung des Bezirksamtmanns Boeder haben die Stadt verlassen, um der Missionsstation Maneromango zu Hilfe zu kommen. Schon wird ein Übergreifen der Kriegsfackel auch auf die nördlichen Küstenstädte, auf Tanga, Bagamoyo, Sadani, befürchtet, weswegen der Kreuzer »Bussard« angewiesen wird, diese Orte anzulaufen, um dort die deutsche Macht zu demonstrieren!

Der Gouverneur befand sich in einer wenig beneidenswerten Lage: Alle ihm zu Gebote stehenden Machtmittel waren restlos zur Bekämpfung der Unruhen in Matumbi in Anspruch genommen. Das Schutzgebiet konnte sich nun mit eigener Kraft nicht mehr helfen. Damit blieb kein anderer Ausweg, als das Reich um Eingreifen zu bitten und damit das Odium der eigenen Ohnmacht und Hilflosigkeit auf sich zu laden. Graf Götzen wußte, was auf dem Spiel stand: Das Image der deutschen Schutzgebiete, ohnehin bereits stark angeschlagen seit den schweren Eingeborenenunruhen in Südwestafrika, würde noch weiteren Schaden erleiden: Wieder einmal müßte ein Gouverneur Berlin um Hilfe bitten und wieder einmal würde gerade den Kräften im Volk und im Reichstag in die Hand gearbeitet, die schon seit eh und je die Nutzlosigkeit und Unwirtschaftlichkeit der Kolonien gepredigt hatten! Doch diese Bedenken mußten nun fallengelassen werden, es ging um den Bestand der Kolonie! So rang sich der Gouverneur am 15. August zur Absendung eines Telegramms an die Reichsregierung durch, in dem er um die Entsendung eines weiteren Kriegsschiffes und weiteren weißen Personals für die Schutztruppe sowie um die Erlaubnis zur Anwerbung von Askari in der italienischen Kolonie Eritrea bat.

8. Der Funke springt über: Aufruhr im Bezirk Lindi

Eintreffen der Aufstandsmeldung in Berlin – S.M.S. »Seeadler« wird nach Ostafrika detachiert, Entsendung von Verstärkungen für die Schutztruppe – Stoßrichtung der Maji-Maji-Bewegung – Das Auftreten Abdallah Mpandas in Ungindo, Sturm auf den Posten Liwale – Der Aufstand greift nach Umwera über – Der Überfall auf die Patrouille Thiede, Patrouille Koch gerät in Bedrängnis – Vorstoß der Kolonne v. Grawert nach Liwale – Ermordung des Bischofs Spiss und seiner Ordensleute – Einschätzung der Aufstandslage in Daressalam – Maji-Maji-Überfall auf die Missionsstationen im Lukuledi-Tal – Der Überfall auf die Fluchtgruppe Pater Lang (Station Nyangao) im Pori – Das Schicksal der Ordensfrau Walpurga – Überfall auf die Missionsstation Lukuledi – Reaktionsweisen der Herrscher autokratisch regierter Stämme gegenüber der Aufstandsbewegung – Vordringen der Aufständischen in Richtung Küste – Die Wayao fallen den Maji-Maji-Rebellen in den Rücken – Akide Mursal widersetzt sich dem Vordringen der Aufstandsbewegung

Die Kolonialverwaltung in Berlin, schon seit ihrem Bestehen skandalumwittert und daher eine bevorzugte Zielscheibe des Reichstags, hatte im Augenblick einen besonders schweren Stand: Die Unterdrückung der im Vorjahr ausgebrochenen Eingeborenenaufstände in Südwestafrika – erst hatten sich die Herero, dann die Hottentotten gegen die deutsche Herrschaft empört – machte die Bereitstellung erheblicher Steuergelder erforderlich. Diese galt es, in harten Rededuellen der Volksvertretung mit ihren starken kolonialfeindlichen Kräften abzutrotzen. Dies wurde zusehend schwerer, seitdem nach und nach die Hintergründe der blutigen Erhebungen und die Begleiterscheinungen ihrer Niederwerfung ans Tageslicht gekommen waren. Einmal argwöhnisch geworden, nahm sich der Reichstag, vor allem sein linker Flügel, dieses konfliktträchtigen Themas mit besonderer Vorliebe an: Es hagelte nur so Vorwürfe und Anklagen an die Adresse der Kolonialabteilung des Auswärtigen Amtes, gegen die sich der Kolonialdirektor, erst der ohnehin nicht gerade redegewandte Dr. Stübel, dann der glücklose Erbprinz von Hohenlohe, nur mit Mühe behaupten konnte. Doch es sollte noch schlimmer kommen!

Ein Unglück kommt selten allein, konnte der Kolonialdirektor ausrufen, als Mitte August 1905, zu allem Überdruß, auch noch eine nicht mehr abreißende Flut von Hiobsbotschaften aus dem größten deutschen Schutzgebiet, Deutsch-Ostafrika, bisher als »Perle der deutschen Kolonien« gepriesen, einsetzte: Der gesamte Süden des Landes drohte in einem Aufstands-Chaos zu versinken, wenn nicht das Reich massiv Hilfe leisten würde! Gottseidank war der Reichstag gerade in den Sommerferien. So fiel die kritische Reaktion der Volksvertretung weniger lautstark aus. Hinzu kam, daß damals in dem ostafrikanischen Schutzgebiet erst wenig weiße Siedler lebten und es daher noch ein geringeres Interesse in der Öffentlichkeit im Mutterland fand als Südwestafrika. Auch waren nicht – wie im Falle Südwestafrikas – umfangreiche, kostenträchtige und daher Aufmerksamkeit erregende Rekrutierungsmaßnahmen in der Heimatarmee zur Verstärkung der ostafrikanischen Schutztruppe erforderlich, da in dieser – im Gegensatz zu der ausschließlich aus Weißen bestehenden südwestafrikanischen Schutztruppe – nur das Führungspersonal weiß war. Zur Erleichterung des Kolonialdirektors bereitete somit der Ruf des Gouverneurs nach militärischer Unterstützung keine außerordentlichen Probleme: Die Reichsregierung verfügte die Entsendung eines zweiten Stationsschiffes, des Kreuzers »Seeadler«, einer Marineinfanterie-Kompanie[1], der in Heimaturlaub befindlichen Offiziere der Schutztruppe sowie zusätzlichen weißen Personals (5 Offiziere und 5 Unteroffiziere) für diese. Major Freiherr von Schleinitz, der gerade in der Heimat weilende dienstälteste Offizier der Schutztruppe, erhielt den Auftrag, 200 farbige Soldaten in Massaua (Eritrea) anzuwerben; dies geschah in der Absicht, aus Sicherheitsgründen landfremdes farbiges Personal für diesen Kampf zur Verfügung zu haben, um so das Problem stammesverwandtschaftlicher Beziehungen zwischen Askari und Aufständischen und damit das Risiko einer Solidarisierung zwischen diesen weitgehend auszuschalten. –

Trotz des vorzeitigen Losschlagens der Wamatumbi-Bauern war der Zeitpunkt des Aufstandsbeginns für die Rebellenführer in mancher Beziehung günstig: Bis zum Einsetzen der Regenzeit würde es noch einige Monate dauern, so daß die Maji-Maji-Emissäre, die *wahonga*, – da die Wege noch begehbar waren – ohne viel Zeitverzug die anderen Völkerschaften erreichen könnten, um dort mit ihrer Aufreizung zum Kampf zu beginnen; die Ernte, gut und reichlich, war zum großen Teil schon eingebracht; die meisten der Verwaltungsvorsteher der Bezirke im Süden waren auf Urlaub in der Heimat, ihre Vertreter z. T. gerade auf dienstlichen Safaris.

Die Hauptstoßkeile der Maji-Maji-Bewegung wiesen nach Süden, also zu den Wohngebieten der Wangindo, Wambunga, Wamwera, Wayao, Wamakua, Wapogoro und Wamakonde, in Richtung auf den Grenzfluß Rovuma, nach Südwesten mit dem Hauptziel Nyassa-See, in deren Nähe die Wahehe, die Wangoni, die Wapangwa, die Wasangu und die Wabena wohnten, und nach Westen in Richtung auf Morogoro, Kilosa und Mpapua, wo die Wavidunda, die Waluguru und die Wasagara lebten, sowie nach Norden in das dichter besiedelte nördliche Küstengebiet und zur Massaisteppe hin. – Der Stoß nach Norden über den Rufiyi hinweg war weniger erfolgreich und erlahmte bald. Das lag zum einen daran, daß die hier lebenden Völker, die Massai, die Wadschagga und die Bewohner der *mrima* (Küste), die deutsche Macht bereits zur Genüge gespürt hatten und sich daher den Agitationen der *wahonga* widersetzten, zum anderen daran, daß die Dichte der deutschen Machtzentren hier größer war und daher rasch Gegenmaßnahmen anlaufen konnten.

Dagegen gewann die Aufstandsbewegung in die anderen Richtungen, vor allem nach Süden und Südwesten, in kürzester Zeit eine gewaltige Eigendynamik. Dies hatte seinen Grund nicht zuletzt darin, daß die Menschen in diesen Gegenden des Landes leicht davon zu überzeugen waren, daß die ihnen von den *wahonga* gebrachte Kriegsmedizin stärker sei als die Kraft der Deutschen, weil sie bisher erst wenig mit der Kolonialmacht in Berührung gekommen waren und sich daher nur

[1] Siehe Telegramm der Reichsregierung vom 19. August 1905 im Bildteil.

geringe Vorstellungen von deren Machtpotential machen konnten. Auftrieb erhielt die Befreiungsbewegung noch durch die sich im Lande lawinenartig ausbreitenden Gerüchte über angebliche Erfolge der Maji-Maji-Rebellen: Aus den Angriffen auf Kibata und Samanga und der Zerstörung der dortigen Araber- und Inderläden wurde in kürzester Zeit der Sturm auf Kilwa und die Eroberung der deutschen Boma dort.

Auf ihrem Wege nach Süden und Südwesten gelangten die Heilsverkünder mit dem heiligen Wasser zunächst nach Ungindo und Undonde, den Siedlungsgebieten der Wangindo und der Wandonde. Diese, ebenso wild und ungebärdig wie die Wamatumbi und Kitschi und ebenfalls ohne fest tradierte Gemeinwesen, teilten die Abneigung der letzteren beiden Stämme gegenüber jeder Art von Obrigkeit und waren bar jeden Untertanengeistes. Eine fest verwurzelte, zentrale Führerschaft fehlte ihnen, und so hatten die *wahonga* hier ein leichtes Spiel, die Massen für sich zu gewinnen und ihren Führungsanspruch in der Bewegung durchzusetzen.

Als Führungskraft schälte sich in den Landschaften Undonde und Ungindo Abdallah Mpanda aus Kingwichiro (nahe Liwale) heraus, der sich bereits im Juli in Ngarambe mit dem heiligen Wasser hatte taufen lassen. Er stammte aus einer einflußreichen Familie, war lange Zeit als Elefantenjäger tätig gewesen und, seitdem die Elefantenjagd durch die strengen Jagdvorschriften der Kolonialregierung erheblich eingeschränkt worden war, ein erbitterter Gegner der deutschen Herrschaft.

Einziger Repräsentant der Kolonialmacht in Ungindo und Undonde war der kleine, eine Nebenstelle des Bezirksamts Kilwa bildende Polizeiposten von Liwale, auf halbem Wege zwischen Kilwa und Songea gelegen. Liwale war mit einem deutschen Postenführer, Feldwebel Faupel, und acht Polizeiaskari besetzt. Im Ort lebte neben dem Feldwebel noch ein weiterer Weißer, der Kaufmann Aimer. Er war Vertreter einer Hamburger Firma. Diese betrieb hier eine Versuchsplantage für Kautschukanbau, für die Wangindo mit Hilfe von Faupels Askari zwangsweise rekrutiert wurden. Der Posten Liwale war deswegen bei diesen beiden Volksstämmen besonders verhaßt. Gegen diesen ließen nun Mpanda und Lijalime, der Jumbe von Liwale, ihre Krieger anrücken.

Faupel hatte am 12. August zwei seiner acht Askari nach Bembetu, dem heutigen Maboyo, etwa fünf Wegstunden östlich Liwale gelegen, geschickt, wo, wie er erfahren hatte, die Bewohner unruhig geworden waren. Die beiden Soldaten kehrten nicht wieder zurück: Sie waren zusammen mit vier als Händler in Bembetu tätigen ehemaligen Askari von den inzwischen von der Maji-Maji-Bewegung erfaßten Dorfbewohnern niedergemacht worden. Seitdem erwartete Feldwebel Faupel stündlich die Ankunft der Aufständischen in Liwale. Er meldete den Vorfall dem Bezirksamt in Songea und forderte von dort Unterstützung an. Den Posten in Verteidigungszustand zu bringen, erwies sich als unmöglich: Er besaß weder freies Schußfeld, noch eine Umwallung, das Stationsgebäude, das lediglich von einem Palisadenzaun umgeben war, hatte ein Strohdach, konnte also leicht in Brand gesetzt werden.

Am 15. August morgens war es soweit: Eine nach Hunderten zählende, von den *wahonga* aufgepeitschte, heulende Menge, größtenteils Bogenschützen und Vorderladerschützen, umringten die Station und gingen sogleich zum Sturmangriff über. Faupel, der sich mit seinen verbliebenen sechs Askari zunächst hinter dem Palisadenzaun verschanzt hatte, setzte sich verzweifelt zur Wehr. Immer wieder wurden die Angreifer mit einem Kugelhagel zurückgewiesen. Zwei Stunden wogte der Kampf um die Palisaden, vier der sechs Askari waren schon gefallen, da mußte sich Faupel schließlich mit seinen beiden überlebenden Askari in das Stationsgebäude zurückziehen. Nun befahl der Jumbe seinen Wandonde- und Wangindo-Kriegern, das Strohdach mit Brandpfeilen anzuzünden. Als dieses lichterloh brannte, wollte Faupel mit den beiden Askari in das etwa 100 m entfernte Haus des Kaufmanns Aimer flüchten, der sich dort verschanzt hielt. Doch von drei Giftpfeilen durchbohrt, brach der Feldwebel tot zusammen. Den beiden schwarzen Soldaten dagegen gelang die Flucht zu Aimer. Hier hielten sie sich bis zur Dunkelheit. Dann flüchteten die drei in Richtung Kilwa. Unterwegs wurde der Kaufmann von Aufständischen abgefangen und ermordet, während den beiden Askari, getarnt als einfache *waschensi*, die Flucht nach Kilwa gelang, wo sie das Geschehene dem dortigen Bezirksamt meldeten.

In Windeseile verbreitete sich die Nachricht von der Eroberung des Postens Liwale bis weit in die östliche Nachbarlandschaft Umwera. Zu Tausenden schlossen sich die Bewohner hier, die Wamwera, der Bewegung an. Herausragende Führungspersönlichkeiten wurden hier der von den Deutschen selbst eingesetzte Jumbe Selimani Mamba aus dem Ort Nkowe und sein Neffe Said Mtoroka. Auch sie waren, wie Abdallah Mpanda, bereits vor Ausbruch des Aufstands in Ngarambe gewesen, wo sie sich von Kinjikitile hatten taufen lassen. Als dessen Abgesandte waren sie dann in ihre Heimat zurückgekehrt, wo sie sofort mit der Verkündung der Heilsbotschaft und der Verteilung des *maji* begonnen hatten.

»Dies ist kein Krieg« hämmerte Selimani Mamba den Wamwera ein, »wir werden nicht sterben, wir werden nur töten«, und überall ließen sich die Wamwera gläubigen Herzens mit dem *maji* taufen, überzeugt davon, »daß die *dawa* von Ngarambe die deutschen Kugeln verflüssigen würde«[2].

In Kingwichiro trat unter Vorsitz Abdallah Mpandas ein Kriegsrat zusammen, um die neue Lage zu beraten. Mpanda sah nun die Hauptaufgabe der Bewegung darin, die Wangoni, deren in so manchen Raubzügen gezeigte militärische Tüchtigkeit tief im Gedächtnis der Wangindo haften geblieben war, für den Aufstand zu gewinnen. Mit dieser Aufgabe wurde Amari Kinjalla, ein Wangindo, betraut (auf diesen *hongo* werden wir später, im 12. Kapitel, noch zu sprechen kommen). Im übrigen beschloß der Kriegsrat, nunmehr nach Osten und Süden hin – über Umwera hinaus – offensiv zu werden, um auch die dortigen Völkerschaften für die Sache zu gewinnen.

Vom Bezirkshauptort Songea aus, der fast 300 km westlich Liwale gelegen ist, war inzwischen Sergeant Thiede, der den gerade auf Dienstreise im Bezirk befindlichen Bezirksamtmann Hauptmann a. D. Richter vertrat, am 20. August mit 12 Askari aufgebrochen, um Feldwebel Faupel zu Hilfe zu eilen. Etwa 100 km vor Liwale stieß die kleine Abteilung auf einen Haufen aufständischer Wangindo und Wapogoro. Es kam zu einem schweren Gefecht, in dessen Verlauf Thiede und der

[2] Iliffe: »A Modern History of Tanganyika«, S. 174.

Tschausch, die dienstälteste farbige Charge, fielen. Den restlichen elf Askari gelang die Flucht zurück nach Songea, wo sie am 29. August wieder eintrafen.

Eine zweite von Kilwa aus entsandte Abteilung unter Führung des Unteroffiziers Koch entging nur knapp dem gleichen Schicksal: Unterwegs – etwa 100 km östlich Liwale – kamen dem kleinen Trupp zwei junge Schwarze völlig verstört und atemlos entgegen: Wie aus ihrem Wortgestammel zu entnehmen war, waren sie die einzigen Überlebenden einer von dem katholischen Bischof Spiss geführten Gruppe von Mönchen und Nonnen, die auf dem Wege von Kilwa nach Peramiho nahe Mitondo, ca. 50 km östlich Liwale, überfallen und niedergemacht worden war (auf das Schicksal dieser Gruppe werden wir gleich noch näher eingehen). Unteroffizier Koch ließ sofort weitermarschieren in Richtung auf den Ort des Massakers, mußte aber bald feststellen, daß die gesamte Gegend dort von siegestrunkenen Aufständischen wimmelte. So blieb ihm nichts anderes übrig, als sich mit seiner schwachen Truppe rasch wieder auf den Rückweg nach Kilwa zu begeben. Dies gelang nur mit Mühe und Not, da die Gruppe immer wieder in Gefechte mit Maji-Maji-Kriegern verwickelt wurde.

Einer dritten, wesentlich stärkeren Kolonne unter Führung des Oberleutnants v. Grawert glückte es schließlich, bis nach Liwale vorzustoßen, allerdings erst drei Wochen nach dem Fall des Postens. Die Kolonne in Stärke von fünf Europäern, 80 Askari und einem Maschinengewehr brach am 20. August von der in Matumbi bei Mtumbei gelegenen Farm des Pflanzers Hopfer auf, der, wie erinnerlich, von den Aufständischen ermordet worden war. Grawerts Auftrag lautete, über Kitope nach Liwale (dessen Eroberung durch die Aufständischen noch nicht bekannt war) vorzugehen, um die Ausdehnung des Aufstands in westlicher und südwestlicher Richtung in Erfahrung zu bringen und, wenn möglich, Kontakt mit der etwa 200 km nordwestlich von Liwale gelegenen Station Mahenge herzustellen. Vier Wochen blieb die Kompanie Grawert ohne jede Verbindung mit der Außenwelt. Der Marsch durch das Dondeland gestaltete sich außerordentlich schwierig, da durch die lang anhaltende Trockenheit Flüsse und Bäche versiegt waren, so daß große Probleme mit der Wasserversorgung eintraten. Auch die Verpflegungsprobleme waren nicht minder groß: Überall verhielt sich die Bevölkerung feindselig, die Dörfer waren verlassen, die Lebensmittelvorräte von den Bewohnern mitgenommen worden. Der starken deutschen Truppe gegenüber mied der Gegner den offenen Kampf, umschwärmte sie aber ständig auf ihrem Marsch, der in dem weiten, unübersichtlichen Elefantengras-Pori meist nur in Einzelkolonne möglich war, und unternahm Feuerüberfälle, sobald sich die Truppe eine Blöße gab. Nur einmal stellte sich der Gegner zum Kampf: Am 26. August am Lukoliro-Fluß (südlicher Nebenarm des Rufiyi), wo etwa 400 Rebellen der Kolonne das Überschreiten des Flußes verwehren wollten. Das gelang ihnen jedoch nur kurze Zeit, dann zogen sie sich im Feuerhagel des Maschinengewehrs unter hohen Verlusten zurück. Trotz ihrer Niederlage setzten die Aufständischen ihre Feuerüberfälle auf die weiter nach Süden vorrückende Abteilung fort, so daß v. Grawert zu der Überzeugung gelangte, daß der Aufstand bereits weit nach Süden hin Raum gewonnen hatte. Da er Mahenge stärker geschützt wußte – hier war die 12. Kompanie unter Hauptmann von Hassel stationiert - beschloß der Oberleutnant, zunächst dem schwach besetzten Posten in Liwale zu Hilfe zu kommen.

Am 9. September trifft Grawerts Kompanie in Liwale ein. Hier bietet sich ihr ein Bild des Grauens: Zwischen den gänzlich zerstörten Häusern und Hütten des kleinen Ortes liegen über hundert schon in Verwesung übergegangene Tote herum, darunter Frauen und Kinder, die von den haßerfüllten Maji-Maji-Kriegern in schrecklicher Weise massakriert worden sind. Vor dem niedergebrannten Stationsgebäude und dem Anwesen des Kaufmanns Aimer liegen noch zahlreiche Leichen gefallener Angreifer. Am folgenden Morgen wird nach längerem Suchen schließlich auch der Leichnam des Feldwebels Faupel gefunden und mit militärischen Ehren bestattet.

Da nirgends im Umkreis Lebensmittel zu finden sind – sämtliche Vorräte sind vom Feind mitgenommen oder durch Gefechtseinwirkung in Flammen aufgegangen – und wegen der überall feindseligen Haltung der Bevölkerung auch keine Wegführer für den Weitermarsch in Richtung Mahenge zu bekommen sind, entschließt sich v. Grawert zum Marsch nach Kilwa. Am 15. September wird wieder aufgebrochen. Infolge des Wasser- und Lebensmittelmangels und der fortlaufenden Störangriffe der Rebellen wird der Marsch zur Küste zu einer Qual.

Am 18. September nähert sich die Truppe der Wasserstelle Mitondo. Hier stößt man auf seltsame, verstreut im Busch liegende Gegenstände: Überreste von Europäerzelten und ein zerrissenes Gebetsbuch. An der Wasserstelle selbst liegen zerbrochene Konservenbüchsen und zerschlagene Kistendeckel, dazwischengestreut einzelne Buchblätter mit Versen, Bibelsprüchen und kirchlichen Hymnen. Böses ahnend, befiehlt v. Grawert, die gesamte Umgebung gründlich abzusuchen. Die schlimmsten Befürchtungen bewahrheiten sich: Etwa 5 km östlich Mitondo findet ein Suchtrupp vier zertrümmerte Schädel und andere menschliche Gebeine. Die nahebei festgestellten eingetrockneten Blutlachen und die vielen herumliegenden Pfeile schließen jeden Zweifel aus, daß sich hier ein furchtbares Blutbad abgespielt haben muß. Kurz darauf ist auch der Name eines der unglücklichen Opfer des Massakers bekannt: Ein Askari findet im Busch eine noch lesbare Visitenkarte: »Bischof Cassian Spiss, Benediktiner-Mission, Daressalam«!

Wir werden gleich auf die Einzelheiten dieser Tragödie in der Wildnis des Pori eingehen, wollen aber vorher noch kurz die Schilderung der Expedition zu Ende führen: Der Oberleutnant ließ die Gebeine an Ort und Stelle unter einem Mingongobaum bestatten, an dessen Stamm er zur Kennzeichnung der Stelle ein Kreuz einschnitzen ließ[3]. Die Kompanie setzte ihren Marsch dann nach Kilwa fort, wo sie ohne weitere Behelligungen einige Tage später eintraf.

Nun zur Todessafari des Bischofs Spiss und seiner Gefährten: Der Bischof, Oberer der katholischen Benediktiner-Mission im südlichen Teil Deutsch-Ostafrikas, war am 3. August 1905 mit zwei Nonnen und zwei Mönchen von Kilwa aus nach Peramiho, einer Missionsstation ca. 20 km westlich von Songea, mit einem großen Gefolge von Wangoniträgern aufgebrochen. Zwar hatte der stellvertretende Bezirksamtmann von Kilwa, Dr. Lott, den Bischof unter Hinweis auf die in Matumbi ausgebrochenen Unruhen vom Antritt der Reise eindringlich abgeraten und jede

[3] Nach Gundolf: »Maji-Maji-Blut für Afrika«, S. 174, ist das Kreuz auch heute noch, nach mehr als 80 Jahren, gut zu erkennen.

Verantwortung hierfür von sich gewiesen, doch Spiss schätzte die Möglichkeit eines Übergreifens der Aufstandsbewegung so weit nach Süden für sehr gering ein. Und selbst wenn dies der Fall sein sollte, so glaubte der Bischof nicht, daß er und seine Gefährten von aufrührerischen Bewohnern behelligt würden, da bei früheren Unruhen im Inneren der Kolonie, z.B. beim großen Waheheaufstand, Missionare nie von Schwarzen angetastet worden waren. Auf Wunsch des Bischofs wurden seiner Karawane aber aus Beständen des Bezirksamtes 12 Karabiner mit 300 Schuß Munition zugeteilt, die unter den Wangoniträgern verteilt wurden.

Lang auseinandergezogen, wand sich die Kolonne des Bischofs in tagelangen Fußmärschen durch den fast wasserlosen Pori – entlang der *Barabara* Kilwa-Liwale oder quer durch den Busch. Zwischenetappe sollte der Posten Liwale sein, wo der Bischof auf der Station eine längere Rast einzulegen gedachte. Nirgends wurde die Kolonne auf ihrem beschwerlichen Weg behelligt. Voll Zuversicht näherte man sich bereits Liwale – es war der 13. August –, als diese jäh in Entsetzen umschlug: Die Ordensleute hatten gerade ihr Nachtlager an der bereits erwähnten Wasserstelle Mitondo bereitet, als Flüchtlinge aus Liwale eintrafen. Das Grauen noch in den Augen, berichteten sie vom Fall des Postens Liwale und von dem furchtbaren Massaker, das die Aufständischen unter den Bewohnern dort angerichtet hatten. – Nun erkannte der Bischof voll Schrecken, in welch entsetzliche Gefahr er sich und die ihm anvertrauten Gefährten durch seinen alle Warnungen mißachtenden Leichtsinn gebracht hatte. Doch er sah noch keinen Grund zum Verzagen: Er hatte ja die 12 Karabiner mit reichlich Munition und seine Lastenträger, die alle dem wehrhaften Stamm der Wangoni angehörten. Das Verhängnis aber nahm seinen Lauf: Aufgeschreckt durch die furchtbare Kunde, machten sich in der darauffolgenden Nacht sämtliche Wangoni unter Mitnahme von 10 der 12 Karabiner auf und davon. Zurückgeblieben waren vom farbigen Gefolge des Bischofs nur die beiden Boys Gabriel und Andreas und ein schwarzer Christ.

Die Gefahr war nun riesengroß. Man beschloß, unter Zurücklassung allen Gepäcks mit Ausnahme des Meßkoffers so rasch wie möglich nach Kilwa zurückzukehren. Früh am nächsten Morgen – es war der 14. August – wurde schon vor der Morgendämmerung aufgebrochen, nachdem der Bischof noch die Heilige Messe zelebriert und seinen Gefährten die Generalabsolution erteilt hatte.

Die kleine Gruppe war etwa 5 km nach Osten vorangekommen, als plötzlich eine Horde wild gestikulierender bewaffneter Wandonde-Krieger, angeführt von dem alten, halbnackten Jumben Abdallah Chimai, sich näherte. Der Bischof trat vor, während seine Gefährten zum Gebet niederknieten. Spiss versuchte, dem Jumben auf Kisuaheli klar zu machen, sie seien keine *watu wa vita* (Krieger), sondern Missionare und nur gekommen, um den Schwarzen Gutes zu tun. Doch ohne ihn ausreden zu lassen, stieß Chimai unter dem ohrenbetäubenden Geheul der Krieger dem Bischof den Speer mit wutverzerrtem Gesicht in den Hals. Spiss sank zu Boden, weitere Speere und Pfeile durchbohrten seinen Körper. Seine weiße Soutane färbte sich rot von seinem Blut. Die Ordensschwestern verhüllten sich mit dem Schleier das Gesicht, als sie ihren Bischof fallen sahen. Dann stürzten sich die wilden Krieger auch auf sie ebenso wie auf die beiden Ordensbrüder. Niemand von diesen dachte daran, sich mit den beiden verbliebenen Karabinern zur Wehr zu setzen. So wurden alle Ordensleute niedergemetzelt. Sechstes Opfer wurde der junge afrikanische Christ. Den beiden Boys dagegen glückte die Flucht. Sie versteckten sich in der Nähe. Erst viele Stunden später wagten sie sich zur Stätte des Grauens zurück. Sie fanden alle Leichen ihrer Kleidung beraubt vor, nur den beiden Schwestern hatte man das Hemd belassen. So rasch ihre Füße sie trugen, eilten die beiden dann, irrsinnig vor Angst und Entsetzen, in Richtung Ost, wo sie, wie schon berichtet, der Patrouille des Unteroffiziers Koch in die Arme liefen.

In der Hauptstadt der Kolonie rief die Nachricht von der Niedermetzelung der Missionskarawane bei Mitondo helles Entsetzen hervor, das um so größer war, als fast zeitgleich auch die Meldung von der Eroberung des Postens Liwale durch die Rebellen eintraf. Man befürchtete nun zu Recht, daß diese beiden Ereignisse, nicht zuletzt durch die bei den Eingeborenen übliche Mund-zu-Mund-Verbreitung enorm aufgebauscht, der Aufstandsbewegung erheblichen Auftrieb geben und diese sich nun wie eine Hydra in alle Himmelsrichtungen ausbreiten würde. Da es auch, wie erinnerlich, in Usaramo und im Hinterland von Bagamoyo und Sadani gärte, hatte sich schon jetzt eine Situation entwickelt, die die Möglichkeiten der schwachen Schutztruppe weit überschritt: Sie sollte nun überall, wo der Aufstandsfunke übergegriffen hatte, einschreiten, mußte aber gleichzeitig darauf bedacht sein, ihre schwachen Kräfte nicht allzu sehr zu verzetteln, da das von Weißen dichter besiedelte nördliche Küstengebiet, insbesondere aber der Nordosten der Kolonie mit den wertvollen Plantagenanbaugebieten in Usambara und am Kilimandjaro, auf keinen Fall militärisch entblößt werden durfte.

Die erste Maßnahme des Gouverneurs war die Anforderung weiterer Verstärkungen aus der Heimat. Die Reaktion der Reichsregierung war prompt: Sie verfügte neben der bereits am 19. August zugesagten Entsendung des Kreuzers »Seeadler« und einer Kompanie Marineinfantrie die Abstellung weiteren weißen Führungspersonals für die aufzustellenden neuen Schutztruppenkompanien sowie die Detachierung des Kreuzers »Thetis« nach Ostafrika.

Am 24. August trifft eine weitere beunruhigende Nachricht beim Gouvernement ein: Der britische Generalkonsul von Sansibar, Mr. Cave, bittet Graf Götzen um eine militärische Eskorte für die Missionare der englischen Missionsstation in dem westlich des Makonde-Hochlands im Südteil des Bezirks Lindi gelegenen Ort Massassi mit der Begründung, die Station sei von Aufständischen gefährdet, die Missionare müßten sofort zur Küste hin in Sicherheit gebracht werden.

Daß die Bitte des Generalkonsuls nicht unberechtigt war, bewies eine kurz vorher eingegangene Meldung über Unruhen am Mbwemkuru-Fluß, wo ein Akidensitz an der Grenze des Bezirks Lindi von Rebellen eingeäschert worden war. Hierhin war bereits eine Patrouille unter Unteroffizier Dornseiff von Lindi aus entsandt worden, die feststellen sollte, wieweit sich inzwischen das Aufstandsgebiet nach Süden hin ausgedehnt hatte. Den Meldungen Dornseiffs zufolge hatten die Aufständischen den Mbwemkuru-Fluß überschritten, ganz Umwera sei bereits von der Bewegung erfaßt, der Akide vom Lutamba-See nahe Lindi vertrieben worden. Höchste Alarmstimmung herrschte nun in der Hauptstadt: Damit nämlich waren nicht nur die englische Mission in Massassi, sondern – in noch größerem Maße, da noch weiter nach Norden gelegen – auch die deutschen katholischen Missionsstationen Nyangao und Lukuledi gefährdet!

Tatsächlich schwebten die beiden katholischen Missionsstationen im Lukuledital in höchster Gefahr: Ihnen näherten sich am 25. August zwei starke Verbände von Maji-Maji-Kriegern verschiedener Stämme, der eine von dem Jumben Mburu aus Rupota geführt und auf dem Marsch zur Missionsstation Lukuledi, der andere von Said Mtoroka, dem Neffen Selimani Mambas, geführt und angesetzt gegen die Missionsstation Nyangao. Beiden Stationen gingen Warnmeldungen des Bezirksamts in Lindi zu, das wegen Verlegung der dort stationierten 3. Schutztruppenkompanie in das Aufstandsgebiet Matumbi (worüber bereits im vorigen Kapitel berichtet worden ist) den katholischen Missionaren keine Hilfe schicken konnte.

Auf der Missionsstation Nyangao, die etwa 70 km westlich Lindi liegt, traf die erste Warnmeldung des Bezirksamts Lindi am 25. August ein. Dieser folgte am nächsten Tage eine zweite, nachdrücklichere mit der Aufforderung an die Missionare, nach Massassi zu fliehen, wo sich gerade der Bezirksamtmann Everbeck mit 36 Askari aufhielte. Am übernächsten Tage – es war ein Sonntag – blieb morgens die Kirche leer, und am Nachmittag traf die Meldung ein, die Aufständischen hätten sich mordend und plündernd der Mission genähert und befänden sich jetzt in Mahiwa, wo sie gerade für den bevorstehenden Kampf die Maji-Taufe erhielten.

Auf diese Schreckensmeldung hin beschlossen die Missionare, nach Massassi zu fliehen. Der Stationsobere, Pater Leo Lang, konsumierte noch rasch die Hostien, um sie vor Entehrung zu schützen, dann entfloh er mit Bruder Cyprian Hölzl und den vier Missionsschwestern in den Busch. Am Abend versteckten sie sich in einer Hütte, wo sie die Nacht verbrachten. Aus ihrem Versteck heraus mußten sie am nächsten Morgen mit ansehen, wie ihre Station von den Aufständischen ausgeplündert wurde und in Flammen aufging.

Kurze Zeit später wurden die Ordensleute im Pori aufgespürt. Mit wildem Geheul näherten sich die Maji-Maji-Krieger bis auf 15–20 m dem Versteck der Weißen. Die beiden Missionare beschlossen, ihr Leben und das der Schwestern so teuer wie möglich zu verkaufen. Sie erwiderten das Feuer und die Pfeilschüsse der Angreifer aus ihren Gewehren. Da erhielt Pater Lang einen Schuß in den linken Oberarm und wurde kampfunfähig. Bruder Cyprian aber schoß weiter, doch auch er hatte eine Schußverletzung am Arm erlitten und wurde durch den Blutverlust zusehends schwächer. Das Ende schien nahe. Immer dichter kamen die Krieger heran. Da ließ Pater Leo Lang die Schwestern niederknien und erteilte allen die Generalabsolution, während Bruder Cyprian weiterschoß. Und nun geschah etwas Erstaunliches: Pater Leo beendete gerade seine Generalabsolution und machte dabei mehrfach das Zeichen des Kreuzes. Im gleichen Augenblick streckte Bruder Cyprian einen der Angreifer nieder und kurz darauf einen zweiten. Da prallten die Rebellen mit einem Aufschrei zurück, erstarrten einen Augenblick in ihrer Bewegung – und ergriffen dann die Flucht!

In der Missionschronik von St. Ottilien, der Erzabtei der Benediktiner in Oberbayern, steht hierzu geschrieben: »Ob die ehrwürdige Gestalt des Priestermönchs, der segnend vor den Feinden stand, einen solchen Eindruck auf sie gemacht hat, oder ob es die Kraft des Segens selbst war, die sie verscheuchte? Sei dem, wie es wolle, dieser Augenblick war für die Missionare der Moment der

Rettung«. – Eine völlig andere Version für das merkwürdige Verhalten der Krieger finden wir in den Maji-Maji-Records 7/68/1/l und 7/68/2/1, S. 9: Danach sei einer der von Bruder Cyprian erschossenen Rebellen ein *hongo* und Medizinmann namens Ntindimbu gewesen, während der andere von Cyprian niedergestreckte Krieger der Vater Ntimdimbus gewesen sei. Als die beiden fielen, seien die angreifenden Krieger wie vom Donner gerührt stehengeblieben: Die angeblich gegen die Kugeln der Weißen unverwundbar machende *maji-dawa,* durch die ihnen jede Angst vor den Waffen der Europäer genommen war, hatte trotz der Beteuerungen der *wahonga* selbst diesen gegenüber versagt! Ihr erster Gedanke sei nun die Flucht vor den todspeienden Gewehren der Ordensleute gewesen. Doch halt! Hatten die *wahonga* ihnen nicht auch damit gedroht, ihnen würde ein Schwanz zwischen den Gesäßbacken herauswachsen und sie würden dann für immer in Affen verwandelt werden und ihre Frauen würden sie dann verlassen, wenn sie es wagten, die Flucht vor dem Feind zu ergreifen? Trotz ihrer abergläubischen Angst vor den Drohungen der *wahonga* hätten sich dann aber doch einige der Krieger ein Herz gefaßt und die Flucht vor der real sichtbaren Gefahr durch die todbringenden Feuerwaffen der Weißen vorgezogen – und siehe da: Ihnen wuchs kein Schwanz und sie wurden nicht in Affen verwandelt! Da hätten auch die noch Zaudernden erkannt, daß ihnen die *wahonga* lauter Märchen aufgetischt und ihre abergläubische Furcht schamlos ausgenutzt hätten. Nun habe es kein Halten mehr gegeben: Alles sei zur Missionsstation zurückgeflohen!

Von Nyangao aus führte Said Mtoroka, schweigend und in sich gekehrt auf einem auf der Missionsstation erbeuteten Esel reitend, die gestohlene Kirchenglocke vor sich haltend, dann seine Leute zum Mwera-Plateau zurück. Düster waren seine Gedanken: Die *dawa* hatte ihre Wirkung verfehlt, der Glaube an ihre Zauberkraft war dahin! Die Aufstandsbewegung hatte ihre erste Niederlage erlitten.

Nach ihrer wundersamen Rettung setzten die Ordensleute die Flucht durch den Pori fort. Stundenlang ging es nun durch mannshohes Elefantengras, die glühende Sonne am Himmel. Eine der Schwestern, Walpurga Diepolder, konnte das Fluchttempo nicht mehr mithalten, sie blieb immer weiter zurück und verlor die anderen schließlich aus den Augen: In dem Gefecht war sie durch einen Schuß in die Hüfte schwer verwundet worden, hatte dies aber ihren Gefährten verschwiegen, um deren Flucht nicht zu verzögern. Zu spät fiel diesen schließlich auf, daß Schwester Walpurga fehlte. Ein Zurück gab es nicht mehr, sonst wären alle in tödliche Gefahr geraten. Also weiter! Die Flucht wurde nun am Lukuledi entlang fortgesetzt. Die Flüchtlinge hatten ihre Schuhe ausgezogen, um keine verräterischen Spuren zu hinterlassen. Vom anderen Ufer des Flusses her erscholl Geschrei herüber, der Gegner war den Ordensleuten also dicht auf den Fersen! Aus Furcht, entdeckt zu werden, verbrachten die Flüchtlinge die Nacht und auch den folgendenTag hungernd und dürstend in einem hohlen Baumstamm nahe dem Lukuledi. Erst am übernächsten Tag, als keine Stimmen mehr vom jenseitigen Ufer her vernehmbar waren, wurde in Richtung Küste weitermarschiert. Nach einer Weile überquerten die Flüchtlinge den Fluß, und hier stießen sie zu ihrem Glück auf freundlich gesinnte Wayao, die ihnen Nahrungsmittel und Wasser boten. Völlig erschöpft, mit wunden Füßen und blutbefleckter Kleidung trafen die Ordensleute schließlich in Lindi ein, wo sich sofort der Bordarzt des Kreuzers »Bussard« ihrer annahm.

Wie war nun das Schicksal der zurückgebliebenen Schwester Walpurga? – Als ihr Fehlen von den Missionaren bemerkt worden war, schickte Pater Leo einen der schwarzen Begleiter der Fluchtgruppe zurück in Richtung Nyangao mit dem Auftrag, die Schwester zu suchen. Dieser, zusammen mit einem anderen treu gebliebenen schwarzen Christen, fand schließlich Schwester Walpurga: Sie lag, stark geschwächt durch den Blutverlust, tief im Busch nahe dem Gefechtsort. Mit leiser Stimme sagte sie: »Ich lebe noch ein wenig, sterbe aber vor Durst und Hitze«. Die beiden Schwarzen brachten ihr Wasser und *ugali* (Mehlbrei), mußten sich dann jedoch wieder zurückziehen, als Maji-Maji-Krieger auftauchten, die ihre Gefallenen, darunter die beiden von Bruder Cyprian erschossenen *wahonga*, bestatten wollten. Ihre Wut auf die Ordensleute war groß. Die beiden schwarzen Christen, die sich in der Nähe versteckt hielten, hörten die Stimmen der Krieger und auch das Röcheln der sterbenden Schwester. Bald danach vernahmen sie wuchtige, dumpfe Schläge wie mit einem schweren Gegenstand. Gleich darauf erstarb das Röcheln der Schwester. Dann hörten sie noch die Stimme eines der Krieger: »Die Schwester mußte ich zweimal töten.« Die beiden warteten, bis sich die Stimmen verloren hatten, und verließen dann angsterfüllt die grausige Stätte, ohne nach dem Leichnam der Schwester zu sehen. Wochen später kamen Askari der Schutztruppe an diese Stelle, um die Leiche der Ordensfrau zu bergen, doch alles, was sie noch fanden, waren ein blutiger Strumpf der Schwester und ihre abgezogene Kopfhaut[4].

Die Missionsstation Lukuledi, auf halbem Wege zwischen Massassi und Nachingwea gelegen, erlitt das gleiche Schicksal wie Nyangao. Auf sie zu marschierten die Rebellenscharen des Jumben Mburu, größtenteils Wandonde- und Wamatumbi-Krieger. Unterwegs bekamen sie Zulauf aus den Dörfern, so daß es schließlich ein gewaltiger Haufen fanatischer Aufständischer war, der sich auf die Station Lukuledi zuwälzte. In Mititimo, dem jetzigen Ndanda, trat eine Stockung ein, als sich der dortige Jumbe weigerte, die *dawa* anzunehmen. Er mußte mit Gewalt hierzu bewegt werden. Zornig über die Verzögerung ihrer Aktion, plünderten die Aufständischen die Schule, die Kapelle und verschiedene Hütten des Dorfes und zündeten sie an. Den durch das Bezirksamt Lindi bereits vorgewarnten Missionaren in Lukuledi glückte dadurch die rechtzeitige Flucht; an eine Verteidigung der Station war nicht zu denken, da die Ordensleute insgesamt nur über drei Gewehre verfügten und sämtliche Gebäude der Mission mit Stroh bedeckt, also leicht entzündbar waren. Bruder Meinard Berger mußte wegen eines offenen Beins zurückgelassen werden. Er versteckte sich bei Annäherung der Rebellen mit Hilfe treu gebliebener Schwarzer der Mission im Busch und mußte aus seinem Versteck mit ansehen, wie die Missionsgebäude von den Maji-Maji-Leuten ausgeplündert und angezündet wurden. Die Aufständischen suchten danach den gesamten Umkreis der Mission nach den entkommenen Ordensleuten ab, konn-

[4] Zur Flucht der Ordensleute der Station Nyangao siehe auch RKA 723, Bl. 48 ff: Bericht des Superiors P. Leo Lang vom 9. September 1905 (enthalten im Dokumententeil unter Nr. 2).

ten Bruder Meinard jedoch nicht finden, da die schwarzen Christen des Ortes trotz Drohungen den Aufenthaltsort des Ordensmannes nicht verrieten.

Die beiden anderen Mönche, denen die Flucht geglückt war, – es waren der Superior Pater Thomas Spreiter und Pater Paulinus Hauser – schlugen zunächt den Weg nach Massassi ein, wo sie am gleichen Tage (27. August) spät abends auf der englischen Missionsstation eintrafen. Die dortigen Missionare und Schwestern, insgesamt acht, schlossen sich der Flucht der beiden deutschen Ordensleute an. Die Flüchtlinge schlugen die Richtung nach Chiwata ein. Bald jedoch mußten sie die Richtung ändern, als sie von treu gebliebenen Schwarzen hörten, daß Chiwata erst einige Stunden vorher von Maji-Maji-Leuten heimgesucht und ausgeplündert worden war. Sie setzten nun die Flucht quer durch die Wildnis des Makonde-Hochlands fort und erreichten nach vielen Mühsalen und völlig erschöpft vier Tage später den Küstenort Mikindani.

Mit ihrem Vordringen in das südliche Küstengebiet erfaßte die Maji-Maji-Bewegung Landstriche, deren Bewohner in ihrer sozialen und politischen Struktur völlig andersartig als die von Matumbi, dem Ursprungsland des Aufstands, waren. Die Heils- und Befreiungsbewegung hatte als eine Aktion wilder und unruhiger Bergbewohner und Bauern begonnen, die jede organisierte Lebensführung, jede Disziplinierung oder Unterordnung in einer hierarchischen oder staatlichen Organisation gleich welcher Art ablehnten und nur die Erfüllung ihrer individuellen Daseinsbedürfnisse im Auge hatten. Dies änderte sich grundlegend, als die Rebellion im südlichen Hochland, dem Noto-, dem Mwera- und dem Makonde-Plateau, Fuß faßte. Hier gab es Stämme, die mit der Kriegskunst und Kriegführung durchaus vertraut waren und für die das Eingebundensein in einer gesellschaftlichen oder staatlichen Ordnung etwas Selbstverständliches war. Hier mußten die Maji-Maji-Emissäre bei der Verkündung ihrer Heilsbotschaft den Weg über den Herrscher oder den Häuptling als die zentrale Ansprechinstanz des Volkes nehmen. Dieser aber hatte in seiner Entscheidungsfindung über Annahme oder Ablehnung der *maji-dawa* die Ansichten der eigenen Verwandtschaft und des Ältestenrates einzuholen und Rücksicht auf politische Umstände und örtliche Glaubensformen, auf historisch entwickelte Bande zu Nachbarvölkern, auf Thronrivalen und – nicht zuletzt – auf fünfzehn Jahre Erfahrung mit der deutschen Herrschaft zu nehmen. Hier mußte sich nun zeigen, ob die Propheten Kinjikitiles mit ihrem Evangelium vom Gottesreich der Schwarzen auf Erden, mit ihrer die Macht des weißen Mannes angeblich überwindenden *dawa* die Überzeugungskraft und charismatische Ausstrahlung besaßen, um diese religiösen und politischen Gegenkräfte zu überwinden. Und daß ihre Bemühungen dabei keineswegs immer von Erfolg begleitet waren, sollte sich nun hier im Süden des Bezirks Lindi zeigen. Hier unten sollte die Bewegung ihre ersten herben Enttäuschungen und Rückschläge erleben, wie es die Ereignisse nach der Plünderung und Niederbrennung der Missionen im Lukuleditai zeigten!

Trotz der enttäuschenden Wirkung der *maji-dawa* in dem Gefecht mit den Missionaren von Nyangao beschloß Selimani Mamba, eine neue Offensive in Richtung Küste zu starten, um das dortige deutsche Machtzentrum, Lindi, zu erobern. Hierzu brauchte er Kräftezuwachs, d. h. mehr Krieger, und größere

Autorität. Diese wollte er sich notfalls durch Verbreitung von Furcht und Schrecken verschaffen. Ein erstes Exempel hierzu statuierte er in dem 10 km östlich Nyangao gelegenen Ort Mtama, als sich die Bewohner dort weigerten, das Zauberwasser anzunehmen und sich am Aufstand zu beteiligen. Der Ort wurde verwüstet, viele Bewohner niedergemacht und ein großer Teil der Frauen und Kinder als Sklaven abgeführt. Angst und Entsetzen erfaßte die Bevölkerung im Umkreis. Die Menschen verließen fluchtartig ihre Dörfer und versteckten sich im Busch. Der Jumbe von Mtama, Mohamed Hassan, richtete einen Hilferuf an das Bezirksamt in Lindi. Da dort aber nach dem bereits berichteten Abmarsch der 3. Kompanie der Schutztruppe (Leutnant Spiegel) nur noch 75 Polizeiaskari zur Verfügung standen, konnte dem Hilfeersuchen zunächst nicht stattgegeben werden.

Inzwischen rückten Selimani Mambas Scharen weiter nach Osten vor, immer am Lukuledi-Fluß entlang, doch der Zulauf an Kriegern hörte auf, überall stießen die Aufständischen auf verlassene und verödete Dörfer. Da er unbedingt mehr Anhängerschaft brauchte, gab Selimani Mamba die Absicht auf, auf dem direkten Weg, dem Lukuledi entlang, nach Lindi vorzustoßen. Er ließ seine Truppen kehrt machen und über Nyangao nach Westen zurückmarschieren. Dann schlug er die Richtung nach Norden in sein Heimatgebiet, das Mwera-Plateau, ein, um auf diesem Wege über den Ort Rondo zum Küstengebiet von Lindi vorzustoßen. Begeistert schlossen sich hier die Jumben der Bewegung an und gewaltig war der Zustrom der Krieger. Nachdem nun Selimani Mamba eine genügende Streitmacht bei Rondo angesammelt hatte, wollte er zum Angriff auf Lindi antreten. Da tauchte in seinem Rücken eine unerwartete Bedrohung auf: Die Wayao, seit jeher ein kriegerischer und raublustiger Stamm mit einer zentralen Führerschaft, hatten ihre Wohngebiete im Süden westlich des Makonde-Hochlands verlassen. Sie wollten die günstige Gelegenheit nutzen, in das jetzt von Kriegern entblößte westliche Umwera einzudringen und dort wieder wie früher auf Jagd nach Frauen und Kindern zu gehen, während deren Männer und Väter gegen Lindi zogen.

Selimani Mamba blieb nun keine andere Wahl, als vorerst den Vormarsch auf Lindi einzustellen und sich dieser überraschenden Bedrohung in seinem Rücken zuzuwenden. Schon hatten die Wayao, angeführt von dem Akiden Nakaamo, einen großen Teil des Umwera-Hinterlandes zwischen dem Lukuledi-Fluß und Rondo erobert und zahllose Wamwera-Frauen geraubt. Es kam nun zu mehreren Zusammenstößen zwischen den Maji-Maji-Kriegern und den Wayao, schließlich gelang es den ersteren, die Frauenräuber wieder aus Umwera herauszudrängen.

Auch das Maji-Maji-Heer des Jumben Mburu von Rupota, das nach Eroberung und Plünderung der Missionsstation Lukuledi weiter nach Süden in Richtung auf Massassi vorgestoßen war, erlitt einen schweren Rückschlag: Es stieß in Massassi auf den entschiedenen Widerstand der Ortsbewohner, die größtenteils ebenfalls den Stämmen der mit den aufrührerischen Stämmen nicht rassisch und sprachlich verwandten Wayao und Wamakua angehörten und unter denen sich zahlreiche Zöglinge der dortigen englischen Mission befanden. Da die *wahonga* mit ihrer Wasserdawa nicht bis hierher gelangt waren, glaubten die Bewohner Massassis, die Wamwera, ihre Erbfeinde, wollten sie überfallen, und griffen zu den Waffen. Die Seele des Widerstands war der Akide Mursal, ein früherer Askari der Schutztruppe: Er hatte geschworen, er wollte sich erschießen, falls es tatsächlich stimmen sollte, daß aus seinen Gewehren Wasser statt Kugeln käme. Er streckte eigenhändig mehrere Rebellenführer nieder. Die Aufständischen zogen sich daraufhin mit blutigen Köpfen zurück, 27 Gefallene und zahlreiche Kalebassen mit *maji-dawa* auf dem Schlachtfeld zurücklassend.

Der Wayao-Dolchstoß in den Rücken des Maji-Maji-Heeres brachte die Wende im Bezirk Lindi: Das Gesetz des Handelns ging nun hier auf die Kolonialmacht über. Sie gewann Zeit für die Vorbereitung von Gegenmaßnahmen, vor allem für die Heranführung von Truppen in den Süden der Kolonie. Wir wollen hier nun die Berichterstattung auf dem südöstlichen Kriegsschauplatz unterbrechen, um die chronologische Reihenfolge der Ereignisse einzuhalten, und uns nun in den folgenden zwei Kapiteln der Entwicklung der Dinge in den Landstrichen zuwenden, auf die die anderen Stoßrichtungen der Erhebung abzielten. Auf den Fortgang der Ereignisse im Bezirk Lindi kommen wir dann im 14. Kapitel wieder zu sprechen.

9. Rebelleninvasion in Kilosa

Abebben der Aufstandsbewegung im Norden – Die Wasagara erheben sich – Das Wirken des Propheten Chitalika in Uvidunda – Maji-Maji-Angriff auf Kilosa – Die Maji-Maji-Invasoren werden durch Hauptmann Foncks Truppe geschlagen – Verfolgung der Chitalika-Rebellen

In der Hauptstadt der Kolonie und in ihrem Umkreis hatte sich die Lage gegen Ende August 1905 etwas entspannt: Hauptmann August Fonck war am 19. August auf Befehl des Gouverneurs mit allen noch in Daressalam befindlichen Mannschaften der Schutztruppe nach Usaramo aufgebrochen und hatte die aufrührerischen Wasaramo unter ihrem Jumben Kibasila in ihrem Hauptstützpunkt Kisangire aufgespürt und empfindlich geschlagen. Diesen »waren daraufhin alle aufständischen Gelüste vergangen«[1]. Damit waren die Befürchtungen der weißen Bevölkerung der Hauptstadt, die schwarzen Einwohner der Stadt würden sich der Aufstandsbewegung anschließen, zerstreut worden.

Auch in Matumbi war es durch das energische Auftreten des Oberleutnants zur See Paasche mit seiner Matrosenabteilung ruhiger geworden: Durch seine Erfolge gegen die Wamatumbi-Rebellen war eine weitere Ausdehnung des Aufstandsgebietes nach Norden hin – über den Rufiyi hinweg – vereitelt worden. Auch an der Küste, im Hinterland von Sadani und Bagamoyo, war die Ruhe durch das Erscheinen des Kreuzers »Bussard« wiederhergestellt und einer der Unruhestifter dort, der Jumbe Parsimonsongea, verhaftet worden. – Entlastung versprach man sich auch durch die von der Reichsregierung zugesagten beiden Kriegsschiffe, den Kreuzer »Thetis«, der von Tsingtau aus im Anmarsch war, und den Kreuzer »Seeadler«, der, von der Insel Yap im Pazifik kommend, mit Höchstfahrt auf dem Wege nach Daressalam war. »Thetis« sollte am 19., »Seeadler« am 29. September in der Kolonie eintreffen.

Dagegen verliefen die Ereignisse im tiefen Hinterland der Kolonie äußerst besorgniserregend: Hier gestaltete sich die Lage sogar von Tag zu Tag dramatischer, denn immer mehr Landstriche wurden von der Aufstandsbewegung erfaßt: Nach den Alarmmeldungen aus den Bezirken Lindi und Kilwa traf am 1. September eine weitere beängstigende Meldung beim Gouverneur ein: Vom Bezirksamt Morogoro (Bezirksamtmann Lambrecht) wurde gemeldet, daß laut Bericht des Feldwebels Colberg, des Leiters der Bezirksnebenstelle Kilosa, die Bergvölker im östlichen Usagara rebellierten, Karawanen plünderten und Händler ausraubten und ermordeten. Der Aufruhr ginge von der Landschaft Uvidunda aus.

Aufgrund dieser Alarmmeldung aus Kilosa erging vom Gouverneur Anweisung an Hauptmann A. Fonck, der nach Befriedung der Landschaft Usaramo dort nicht mehr unbedingt benötigt wurde, sofort mit seiner Truppe (1 Offizier, 1 Sanitätsoffizier, 1 Unteroffizier und 55 Askari mit 1 MG) eiligst in Richtung Usagara zu

[1] Götzen, S. 89 f.

marschieren; gleichzeitig wurde die Militärstation Mpapua (ca. 80 km nordwestlich von Kilosa) angewiesen, 1 Unteroffizier und 20 Askari nach Kilosa zu detachieren, um den schwachen Posten dort (Feldwebel Colberg mit 15 Polizeiaskari) zu verstärken. Oberleutnant Schulz, auf dem Weg zur Küste zwecks Antritts eines Heimaturlaubs zufällig am 1. September in Kilosa eingetroffen, übernahm dort vorübergehend den Befehl.

Hauptinitiator der Maji-Maji-Bewegung im Bezirk Morogoro war der ehemalige Jumbe Chitalika, ein Nyamwesi aus Kidodi, der früher in deutschen Diensten gestanden hatte, jedoch wegen Veruntreuung von Regierungsvieh zu mehrjähriger Kettenhaft verurteilt worden war und seitdem als erbitterter Gegner der Kolonialverwaltung galt. Anfang August 1905 erschienen zwei *wahonga* vom Stamm der Wambunga in Uvidunda am Nordufer des Großen Ruaha, um hier den Aufstand zu organisieren. Es gelang ihnen sofort, Chitalika für ihre Sache zu gewinnen. Dieser, zusammen mit den *wahonga*, sorgte nun für die Verbreitung der Heilslehre und des Zauberwassers in den Landschaften Mgoda und Uvidunda in der Ruaha-Ebene und für die Aufwiegelung der dortigen Bevölkerung gegen die deutsche Herrschaft. Hauptmittel ihrer Agitation gegen das Kolonialregime war hierbei die Einschüchterung der Leute mit dem Argument, die *vitumbekere* (Europäer) würden sich bald in großer Zahl in der Ruaha-Ebene niederlassen, dann würden auch die Menschen hier durch schwere Steuerlasten, Arbeitszwang und Prügelstrafe bedrückt werden, doch wenn sie das Zauberwasser annehmen, könnten sie diesem Los entgehen, denn dann könnten die Waffen der *vitumbekere* nichts gegen sie ausrichten: »Wenn aus einem europäischen Gewehr auf sie geschossen würde, käme nur Wasser aus dem Lauf.« Besondere Attraktivität gewann die Heilslehre noch dadurch, daß gleichzeitig die *dawa* auch als Mittel gegen das damals weitverbreitete und die Gemüter der Eingeborenen schwer belastende Übel des Hexenglaubens und der Hexenverfolgung, eine der »Geißeln Schwarzafrikas«, gepriesen und hierbei drohend darauf hingewiesen wurde, daß derjenige, der das Zauberwasser ablehne, verhext würde.

Dennoch stießen Chitalika und seine Jünger nicht überall auf willige Ohren. Dann gingen sie zu Drohungen oder gar zu Gewaltakten über: Als sich beispielsweise in dem Dorf Chimuli nahe Vigugu (an der Nordostgrenze des heutigen Mikumi-Nationalparks gelegen) die Bewohner weigerten, die Heilsbotschaft anzunehmen, wurde das gesamte Dorf von den *wahonga* niedergebrannt. So verbreitete die Befreiungsbewegung neben der Heilserwartung auch Terror. Es waren also nicht nur immer der Glaube an die Wahrhaftigkeit der neuen Lehre und die Überzeugungskraft ihrer Verkünder, sondern oft auch Angst und Schrecken, die die Bewohner Uvidundas und Mgodas scharenweise in die Wildnis bei Mahalaka nahe der heutigen Wildlife Lodge im Mikumi-Nationalpark trieb, um sich hier von Chitalikas Jüngern Gesicht, Brust und Beine mit dem Zauberwasser besprengen zu lassen oder von diesem zu trinken. – Es war eine seltsame Aufmachung, in der die zukünftigen Maji-Maji-Krieger dann zu ihren Angehörigen zurückkehrten: »Ihre Gesichter waren verborgen hinter einem um die Stirn getragenen Maishalmkranz, und überall hörte man sie ›Hongo, Chitalika‹ rufen und wie die Löwen brüllen«[2].

[2] MMRP 1/68/2/4/6, S. 2.

Am schwersten hatten es die *wahonga,* die neue Lehre in den Ortschaften durchzusetzen, wo etablierte Führerschaften bestanden, sofern diese sich nicht von vornherein der Bewegung freiwillig anschlossen. Hauptbeweggründe für die Ablehnung der Lehre durch örtliche Potentaten waren neben der Angst vor Autoritätseinbußen bei ihren eigenen Leuten die Furcht vor der Allmacht der Europäer. Einigen dieser tradierten Stammesführer und Dorfältesten glückte es, sich erfolgreich gegen eine Unterhöhlung ihrer Position durch die *wahonga* zu behaupten und ihre Untertanen von der Annahme der *dawa* abzuhalten, andere dagegen unterlagen und wurden abgesetzt oder verbannt.

Auf den größten Widerstand stießen Chitalika und seine Jünger im Hochland von Uvidunda, dem sie sich nach der weitgehend erfolgreichen Bekehrung der Tieflandbewohner am Ruaha zuwandten, denn hier, im Gegensatz zu den Völkerschaften in der Ebene, gab es eine zentrale Führungsinstanz in der Person des Sultans Ngwira: Als dessen Jumben und Dorfältesten zu ihm kamen und ihm erzählten, daß ein großer Zauberdoktor, ein *hongo*, gekommen sei, um sie vom Joch der Europäer zu befreien, wurde Ngwira wütend und lehnte die Annahme der Heilslehre dieses Zauberers strikt ab: Er sei in Kilosa, Morogoro und an der Küste gewesen, er kenne Tanga, Daressalam und Tabora, und überall habe er die Stärke der Europäer feststellen können. Er forderte seine Untertanen auf, den Einflüsterungen des *hongo*, kein Gehör zu schenken, sondern diesen sofort fortzujagen, sonst käme Unheil über das Land. Doch die Jumben und Dorfältesten hörten nicht auf die Worte Ngwiras, dessen zentrale Machtposition erst vor einigen Jahrzehnten zur besseren Abwehr der fortwährenden Einfälle des räuberischen Nachbarvolks der Wambunga geschaffen worden war. Es kam zu einem Machtkampf zwischen dem Herrscher und seinen Untertanen. Diesen gelang es, Ngwiras Verwandtschaft für sich zu gewinnen, Ngwira wurde abgesetzt. Nun machte sich Chitalika selbst zum Herrscher der Uvidunda-Hochlandbewohner.

Nachdem der Prophet in Uvidunda und Mgoda eine große Gefolgschaft gesammelt hatte, beschloß er, zum Schlag gegen die deutsche Kolonialmacht auszuholen. Es gab drei Zentren der deutschen Macht in Chitalikas Einflußgebiet: Das eine befand sich in Morogoro, dem Hauptort des gleichnamigen Bezirks, das zweite in Kissaki, am Nordrand des heutigen Selous-Nationalparks gelegen, und das dritte in Kilosa, ca. 80 km westlich von Morogoro. Die beiden letztgenannten Orte waren Bezirksnebenstellen von Morogoro.

Hauptangriffsziel Chitalikas war Kilosa, der Hauptort des östlichen Wasagara-Stammes, der hier eine zentrale Instanz in der Gestalt des sogenannten *kutukutu* besaß, die sich infolge der zahlreichen Einfälle der benachbarten Wambunga allmählich aus der dezentralen Clan-Gesellschaft herausgebildet hatte, deren Autorität – außer in Kriegzeiten – allerdings nicht überall im Stamm akzeptiert wurde.

Die Wasagara hatten die deutsche Kolonialherrschaft schon von Anfang an zu spüren bekommen, hatte doch bereits Carl Peters 1884 in Usagara, u.a. in Muinin Sagara, seine Landerwerbsverträge mit den Eingeborenenhäuptlingen abgeschlossen und die ersten Kolonialstationen hier errichtet. Kilosa wurde dann bald administratives Zentrum der deutschen Macht in Usagara und den angrenzenden Landschaften Uluguru und Uvidunda und trat diese Rolle erst kurz vor dem

Aufstand an Morogoro, den für Europäer gesundheitlich günstiger gelegenen Hauptort von Uluguru, ab, der dann Sitz der Bezirksverwaltung wurde. Durch die deutsche Herrschaft, vor allem den zwangsweisen Anbau von Baumwolle und die Einführung der Geldwährung und der Besteuerung, vollzog sich ein tiefgreifender Wandel in der Lebensweise der östlichen Wasagara. Die Folge war ein abgründiger Haß gegen die deutsche Herrschaft. Hier war also ein günstiger Nährboden für die Maji-Maji-Heilslehre gegeben.

Kilosa mit seinem Nachbarort Kondoa krönte eine für die Eingeborenen fast uneinnehmbare, gewaltige Boma mit Bastionen und Zinnen, in der die Bezirksnebenstelle untergebracht war. Am Fuße des Hügels, auf dem die Boma stand, verlief die *barabara,* die sich in Richtung Küste zunächst durch die mehrere Kilometer langen Ortsteile Kilosas, erst Kichingani, dann Kondoa mit ihren Tausenden von Einwohnern, hindurchschlängelte, um sich dann schließlich im Osten in den unendlichen Weiten der Mkata-Ebene zu verlieren.

Anfang September 1905 sammelte nun Chitalika seine Heerscharen, zum größeren Teil Wasagara- und Wambunga-Krieger, aber auch viele Uvidunda- und Mgoda-Leute und sogar Wangoni aus dem Südwesten der Kolonie, in dem kleinen Ort Miyombo, etwa 20 km südlich von Kilosa, an der heutigen Straße Kilosa – Mikumi gelegen, um von hier aus gegen die Bezirksnebenstelle Kilosa vorzugehen. Einen Teil seiner Truppen hatte er vorher abgezweigt und auf die andere Nebenstelle des Bezirks Morogoro, Kissaki, angesetzt. Dieser Stoß endete jedoch in einem Fiasko: Die etwa 400 Mann starke Rebellentruppe wurde von der Besatzung des kleinen Polizeipostens unter Führung des zufällig gerade hier weilenden Bezirksamtmanns Lambrecht am 4. September mit blutigen Köpfen geschlagen.

Am gleichen Tag trat Chitalikas Hauptmacht – mehr als 3000 Rebellen – den Marsch nach Kilosa an. An der Spitze gingen die *wahonga* (Chitalika selbst war in Miyombo zurückgeblieben), unablässig ihre *msinga* (Wedel) in die mitgeführten Zauberwasserkalebassen tauchend und das Wasser nach allen Seiten verspritzend. Ihnen folgte das Heer der Krieger, die ein ohrenbetäubendes Gerassel veranstalteten, indem sie durch Hin- und Herschwenken der Köpfe die harten, mit Hirse gefüllten Maisstengel, welche an ihren Stirnkränzen befestigt waren, gegeneinanderschlugen.

Kurz vor Kilosa geboten die *wahonga* Ruhe. In aller Stille näherten sich nun die Kriegermassen – es war gegen Abend am 4. September – dem südlichen Ortsteil Kilosas, Mazanze (benannt nach dem Clan der »Mazanze«), wo der *Kutukutu* Mhalo die Herrschaft ausübte. Zwei Würdenträger vom Stamme der Wambunga wurden als Sendboten Chitalikas zum *kutukutu* vorausgeschickt um diesem die Heilsbotschaft und die Absicht der *wahonga* zu verkünden, Kilosa aus der Hand der Deutschen zu befreien und die Bewohner Kilosas zur Teilnahme am Aufstand zu gewinnen. Die Krieger warteten indessen auf einem Hügel kurz vor Mazanze. Nach einigen Stunden kehrten die Boten mit der Mitteilung zurück, der *kutukutu* sei bereit, der Bewegung beizutreten, die Krieger mögen im Laufe der Nacht ohne Waffen und so unauffällig wie möglich in Kilosa einsickern, die Kalebassen mit der Medizin sollten mitgenommen, die Waffen jedoch auf dem Hügel zurückgelassen werden.

Nach dem Plan des *kutukutu* wurde nun vorgegangen: Geräuschlos und in kleinen Gruppen drangen die Krieger nach Einbruch der Dunkelheit in den Ort ein und sammelten sich vor dem Palast des *kutukutu*. Dieser empfing die *wahonga* und trank ihr Zauberwasser. Inzwischen verteilten sich die Krieger in Mazanze, sie weckten die Ortsbewohner auf und forderten sie zur Teilnahme am Aufstand und zur Maji-Maji-Bekehrung auf. Die meisten Einwohner Mazanzes schlossen sich bereitwillig an, nachdem sie gehört hatten, daß auch ihr Clan-Führer Mhalo das *»maji ya hongohongo«* genommen habe. Wer sich jedoch widersetzte, wurde unter Drohungen gefügig gemacht und zur Teilnahme gezwungen. Dies alles vollzog sich fast lautlos, nur einige Leute, die von der drogenhaltigen Medizin getrunken hatten, begannen, unruhig zu werden, sprangen herum und brüllten wie Löwen. Sie mußten gewaltsam zum Schweigen gebracht werden.

Nachdem nahezu alle Bewohner von Mazanze auf die Heilslehre eingeschworen worden waren, wurden die Waffen, d. h. Kurzspeere, Keulen, Sicheln, Stöcke usw., von dem Waffenlager am Hügel geholt, und gegen 5 Uhr morgens (5. September) – noch bei Dunkelheit – setzte sich eine gewaltige Menschenmenge leise in Richtung auf den Ortsteil Mkwatani (benannt nach dem Clan »Mkwatani«) in Bewegung. Der mitten durch Kilosa fließende, ziemlich reißende Fluß Mkondoa mußte durchquert werden, was große Schwierigkeiten bereitete, da keine Brücke und keine Boote vorhanden waren. In Mkwatani angekommen, wurde sofort mit der Agitation unter den Ortsbewohnern begonnen. Von diesen stimmten viele zu und ließen sich taufen.

Eine Verzögerung trat ein, als die Aufständischen in den Ortsteil Mbuyuni eindringen wollten, weil der dortige Jumbe und Clan-Vorstand Farahani, der gleichzeitig Koch bei den Deutschen in der Boma war, erst nach langem Zaudern und unter Drohungen der *wahonga* diesen die Erlaubnis zum Betreten Mbuyunis erteilte. Schon graute der Morgen. Eile war geboten, denn noch mußten die Bewohner des Ortsteils Kichingani, der unmittelbar vor der Boma lag, zur Teilnahme bewegt werden! Während die *wahonga* noch mit Farahani verhandelten, um ihn für ihre Sache zu gewinnen, verteilten sich ihre Anhänger, waffenlos und sich harmlos gebend, in Mbuyuni und begannen unauffällig mit der Aufreizung der Ortsteilbewohner.

Trotz aller Bemühungen der Maji-Maji-Anführer weigerte sich Farahani beharrlich, die *dawa* zu trinken, er hatte viele Jahre für die Deutschen gearbeitet und kannte ihre Macht nur zu genau, er wußte, daß die Aufstandsbewegung scheitern mußte und in einem furchtbaren Blutbad enden würde. Bedrängt von den *wahonga* und seinen eigenen Leuten, die Speerspitzen schon drohend auf sich gerichtet, rief er verzweifelt: »Ich kann das *maji* nicht annehmen! Ich weiß, die Deutschen bedrücken mein Volk, ich bin aber bei ihnen beschäftigt. Ich kann mich nicht gegen meinen Herrn erheben! Man kann die Deutschen nicht schlagen. Nein, bitte, laßt mich!« Da riß einem der die *wahonga* begleitenden Bewohner von Mkwatani der Geduldsfaden: Er stieß Farahani seinen Speer tief in den Bauch. Farahani stürzte tot zu Boden. Ein Tumult brach aus: Die Verwandten und Anhänger Farahanis erfaßte gewaltiger Zorn, und sie stürzten sich auf die fremden Eindringlinge. Doch blitzschnell wandelten sich diese in Krieger: Sie holten ihre Waffen hervor und setzten ihren Kriegsschmuck auf, d.h. den Stirnkranz mit den Maisstengeln. Rasch wurden die Anhänger Farahanis überwältigt, ihre Häuser in Brand gesteckt und ihre

Schamben zerstört. Bald war ganz Mbuyuni in der Hand der Rebellen. Ein Teil von ihnen drang sogar in Kichingani ein. Einige ganz Kühne wagten sich fast bis zur Boma vor, raubten vor den Augen der Besatzung der Boma das Regierungsvieh, trieben es fort und tanzten sogar noch eine Ngoma vor den Deutschen in der Boma, um sie zu verhöhnen. Doch diese mit ihren paar Dutzend Askari hielten sich wohlweislich zurück, denn sie waren den Aufständischen gegenüber viel zu schwach und besaßen obendrein nur wenig Munition.

Oberleutnant Schulz, der jetzt das Kommando in der Boma hatte, forderte über die seltsamerweise von den Rebellen noch nicht durchschnittene Telefonleitung Hilfe von Mpapua an, wo 80 Mann der 4. Feldkompanie der Schutztruppe aus Kilimatinde in Garnison lagen und außerdem Hauptmann A. Fonck (»Fonga Hansen«) gerade mit seiner Truppe eingetroffen war. Fonck ließ sofort ausrücken.

Nach dem gescheiterten Versuch, Farahani und seine Anhänger für ihre Sache zu gewinnen, machte sich im Lager der Aufrührer eine gewisse Planlosigkeit bemerkbar. Nach fast vollständiger Einäscherung Mbuyunis zogen sie sich wieder nach Mkwatani zurück und ließen im übrigen den Tag ungenutzt verstreichen. Der Angriff auf die Boma wurde auf den folgenden Tag verschoben. So verloren die Aufständischen kostbare Zeit, währenddessen das Unheil in Gestalt des Hauptmanns Fonck herannahte, der mit seiner Truppe in Eilmärschen auf Kilosa zumarschierte.

Auch am nächsten Morgen – man schrieb den 6. September 1905 – rührten die Rebellen sich immer noch nicht. Sie ahnten das Unheil nicht, das sich jetzt über ihnen zusammenbraute! Es war gegen 15 Uhr, als Hauptmann Fonck mit seiner Abteilung bei der Boma eintraf. Ohne dort zu verweilen, ging er sofort gegen die Aufrührer in Mkwatani vor. Er traf die von der Maji-Droge trunkenen Krieger beim Tanzen und Singen an. »Homa, mdachi, homa (»stecht die Deutschen nieder«), »Maji aaah! Homa, mdachi, homa!« tönte es Fonck entgegen, dazwischen immer wieder in Kisagara (Sprache der Wasagara) der Kehrreim: »Deutsche? Schneidet ihnen den Bauch auf!«

Als die Krieger sahen, wie die deutsche Truppe auf sie zukam, rückten sie gegen diese vor, hoben ihre Speere, Sicheln und Stöcke und »brüllten dabei wie die Löwen und bewegten sich wie ein Schwarm Heuschrecken«.

Fonck zögerte, sollte er jetzt das Feuer auf diese sich wie unsinnig gebärdenden, von der Rauschwirkung der *dawa* benommenen Schwarzen eröffnen und ein Blutbad heraufbeschwören? Er wollte noch einen letzten Versuch unternehmen, dies zu verhindern: Um ihnen zu demonstrieren, daß aus den Gewehren seiner Soldaten keineswegs Wasser herauskäme, ließ er mit seinem Maschinengewehr Schüsse auf einen Telefonmast abgeben, die diesen durchschlugen. Doch die Krieger, ohne hierauf zu achten, drängten wie wahnsinnig weiter in Richtung auf die Gefechtslinie der Askari. Sie waren dieser schon bis auf etwa 50 m nahegekommen, da erteilte Fonck seiner Truppe Feuererlaubnis. Die Wirkung des Maschinengewehrs und der Schnellfeuergewehre in dem dichten Wall der schwarzen Leiber war verheerend. Nach Zeugenaussagen[3] sollen die Krieger zu Hunderten »wie die Fliegen« gefallen sein. Die noch nicht von den Kugeln der Askari

3 MMRP 2/68/1/1, S. 6 und 2/68/1/4/4, S. 2.

Niedergestreckten, im Angesicht ihrer toten Kameraden die Wirkungslosigkeit des Zauberwassers erkennend, ergriffen die Flucht, die meisten in Richtung Miyombo, verfolgt von Foncks Askari.

Nach Einbruch der Dunkelheit wurde die Verfolgung eingestellt, die Truppe kehrte zur Boma zurück. Am gleichen Abend noch verkündete Hauptmann Fonck das Kriegsrecht über Kilosa und Umgebung und gab bekannt, daß jeder, der in Verdacht gerate, Anhänger der *wahonga* zu sein, verhaftet werde und mit der Todesstrafe rechnen müßte. Panik erfaßte die zurückgebliebenen Bewohner des Ortes, zumeist Frauen und Kinder, sie entsagten der Heilslehre und vernichteten die Maji-Kalebassen und die Stirnkränze mit den Maisstengeln. Die Männer dagegen, soweit sie nicht bereits nach Miyombo zu geflüchtet waren, versteckten sich in den Wäldern und Bergen im Umkreis Kilosas.

Am folgenden Tag (7. September) nahm Hauptmann Fonck die Verfolgung der in Richtung Miyombo geflüchteten Rebellen wieder auf. Viele von diesen wurden gestellt und zumeist im Kampf getötet. Andere wurden gefangengenommen und in den nächsten Tagen öffentlich in der Nähe der Boma gehängt[4]. Anderen Rebellen, überwiegend Uvidunda-Leuten, gelang die Flucht nach Kidodi, dem Wohnort Chitalikas, oder in den Pori bei Mkata, von wo aus sie den Deutschen dann einen noch über zwei Monate andauernden Guerillakrieg lieferten und – unter Führung Chitalikas – sogar noch einmal zu einer Offensive übergingen. Auf diese Ereignisse werden wir dann im 14. Kapitel zu sprechen kommen.

In Kilosa brachen sich die nach Norden hin sich fortpflanzenden Aufstandswellen. Selbst die Nachbarorte Kilosas, Ilonga im Nordosten und Mkadagi im Nordwesten, wurden nicht mehr erfaßt. Auch der bedeutende und volkreiche Stamm der Wakagura nördlich Kilosa unter seinem autoritär regierenden Sultan Saidi Chimola, das Bindeglied zu den noch weiter nach Norden hin lebenden mächtigen Völkerschaften der Wadschagga und der kriegerischen Massai, blieb vom Aufstand völlig unberührt. Neben dem Fehlschlag der Bewegung in Kilosa war dies nicht zuletzt auf die Bemühungen der schon in vorkolonialer Zeit hier ansässigen Missionare der englischen Missionsstation Mamboya, wo sich auch die Residenz Chimolas befand, zurückzuführen, denn diese hatten die Wakagura nachdrücklich vor der Teilnahme an der Erhebung gewarnt.

So wurde Kilosa – neben Mahenge, das wir im Folgekapitel behandeln werden – zum Wendepunkt der Aufstandsbewegung. Von nun an sollte die Initiative immer mehr den Händen der Rebellenführer entgleiten und auf die Kolonialmacht übergehen.

[4] MMRP 2/68/1/1, S. 7, 2/68/1/4/3, S. 3 und 2/68/1/4/4 (enthalten im Dokumententeil unter Nr. 3), S. 2.

10. Zauberwasser gegen Bomawälle – Der Sturm auf Mahenge

Die ersten Nachrichten über Mahenge erreichen das Gouvernement – Maji-Maji-Emissäre bei Sultan Kindunda in Ifakara – Der Überfall auf den deutschen Posten in Ifakara – Hauptmann v. Hassel erhält eine Warnmeldung vom Gouvernement in Daressalam – Erste Aufstandsanzeichen: Arbeitsniederlegungen der Wegebauarbeiter, Pombe-Orgien – Hauptmann v. Hassel rückt zum Luhembero/Luwegu vor – Verteidigungsvorbereitungen auf der Mahenge-Boma – Hassels Expedition in Richtung Ifakara, Gefecht beim Dorf Kiva Muhindi – Verteidigungstaktische Maßnahmen Hassels – Der Anmarsch der Aufständischen – Die Südkolonne der Aufständischen greift an – Der Angriff der zweiten Kolonne – Gegenstoß der Kiwanga-Krieger – Das Wambunga-Heer, die dritte Kolonne, greift an – Gegenstoß der Krieger Sultan Mloleres – Entsetzung Mahenges durch Hauptmann Nigmanns Kompanie

Mit wachsender Sorge und Ungeduld wartete das Gouvernement in der Hauptstadt auf Nachrichten von den Außenposten in Mahenge, Iringa und Songea. Zu diesen Stationen bestand keine Fernmeldeverbindung, und Kontaktversuche mittels Eingeborenenboten waren bisher alle fehlgeschlagen, da diese entweder von den Aufständischen abgefangen und ermordet worden waren oder unverrichteter Dinge wieder nach Daressalam hatten zurückkehren müssen. Das größte dieser drei Sorgenkinder des Gouverneurs war das mitten im Gebiet der äußerst kriegerischen Wapogoro und in der Nachbarschaft der ebenso kriegerischen Wambunga-Mafiti und Wangindo gelegene Mahenge, da die Station dort nur mit einer schwachen Kompanie, der 12., unter Hauptmann Theodor von Hassel mit 60 Mann besetzt war und Mahenge nach den Äußerungen Kinjikitiles am Galgen eines der Hauptziele der Aufstandsbewegung zu sein schien.

Einen ersten Hinweis, daß Mahenge tatsächlich äußerst gefährdet war, erhielt Graf Götzen am 4. September, als ihm von Morogoro gemeldet wurde, daß soeben Flüchtlinge aus Ifakara (am Ulanga-Kilombero, ca. 60 km nördlich von Mahenge gelegen, dort befand sich ein Außenposten der 12. Kompanie zur Bewachung des dortigen Fährplatzes) in Morogoro eingetroffen seien und daß diese von schweren Kämpfen zwischen deutschen Askari und Wambunga-Kriegern berichtet hätten, wobei angeblich eine Anzahl Askari gefallen sei. Götzens erster Gedanke war, daß der Posten bei Ifakara von den Rebellen überrannt sein könnte, so daß Mahenge nun direkt bedroht sei.

Endlich, am 14. September, lüftete sich der Schleier der Ungewißheit, der bisher die Station Mahenge bedeckt hatte, etwas: Einem Boten v. Hassels war es trotz aller Nachstellungen durch die Aufständischen gelungen, sich quer durch das Aufstandsgebiet bis zur Hauptstadt durchzuschlagen und eine Eilmeldung des Hauptmanns zu überbringen: »Mahenge bittet um größtmögliche schnelle Unterstützung«. – Auch von Iringa, dem Garnisonsort der starken 2. Kompanie der Schutztruppe unter Hauptmann Nigmann, gingen am gleichen Tage Nachrichten beim Gouvernement ein, wonach dort zwar die Lage ruhig sei, zu Mahenge aber noch kein Kontakt bestände und der Ort von den Aufständischen bestürmt worden sei[1]. Obwohl der Gouverneur aus diesen Meldungen noch kein klares Bild gewinnen konnte, mußte er doch mit dem Schlimmsten rechnen, möglicherweise sogar mit dem Fall von Mahenge, zumal da nicht nachprüfbare Gerüchte über eine erfolgte Eroberung Mahenges durch die Aufständischen bereits unter den Eingeborenen an der Küste kursierten.

Was war Wahres an diesen Gerüchten und Meldungen? War die Station Mahenge tatsächlich angegriffen oder gar erobert worden? Wir wollen nun in diesem Kapitel auf die Ereignisse in und um Mahenge eingehen, die eine entscheidende Bedeutung für den Ausgang des Aufstands erlangen sollten.

Es war etwa um den 10. August 1905, als seltsamer Besuch im Palast des Sultans der Wambunga, Kindunda, in Ifakara eintraf: In Begleitung der Jumben Mhalandi und Mavimba aus dem heutigen Ort Mavimba, ca. 20 km südlich von Ifakara, machten zwei Wangindo, einer von ihnen mit dem Namen Namkina, dem Sultan und seiner Tante Mkihu ihre Aufwartung. Sie gaben vor, von einem Wangindo-Häuptling und Medizinmann namens Ng'avwha, der auf einem Berg nahe einem riesigen, heilige Wassermedizin enthaltenden Teich mit dem Namen »Bumi« hause, nach Ifakara entsandt worden zu sein. Sie hätten von dem Medizinmann Kalebassen mit dem heiligen Wasser erhalten und seien beauftragt worden, diese hierher zu ihm, Kindunda, zu bringen und sie ihm zu überreichen. Er, Kindunda, solle seine Untertanen veranlassen, sich mit diesem *maji* Brust, Rücken, Kopf und Füße zu besprengen. Dann wären sie gefeit gegen die todbringenden Gewehrkugeln der Europäer. Er solle seinen Untertanen ferner befehlen, Mais- und Hirsestengel zu einem Kranz und einem Gürtel zusammenzubinden und diese auf dem Kopf bzw. um den Bauch zu tragen. Dann sollten sie gegen die deutsche Station Mahenge ziehen und diese erobern. Auf die gleiche Weise gingen ihre schwarzen Brüder in den anderen Landesteilen gegen die deutschen Machtzentren vor. In einem gemeinsamen Aufstand aller Stämme gegen die Kolonialherrschaft wollten die Afrikaner ihre Freiheit und Unabhängigkeit wiedererlangen.

Kindunda und seine Tante, die selbst aus Ungindo stammte, nahmen diese Nachricht sehr wohlwollend auf: Der Bokero-Wasserkult spielte zwar keine besondere Rolle in der religiösen Vorstellungswelt der Wambunga – sie hatten ihre eigenen Stammeskulte –, wohl aber als Kriegsmedizin, wurde doch kürzlich erst eine *maji-dawa* zur Unterdrückung einer gegen das Herrscherhaus gerichteten Unabhängigkeitsbewegung in Umbunga von Kindundas Kriegshäuptlingen – wie es hieß, mit Erfolg – eingesetzt. Der Sultan berief den Ältestenrat ein und trug die Angelegenheit vor. Die Reaktion der Versammlung war negativ: Die Mehrheit der Stammesältesten sprach sich gegen die Annahme der Wangindo-Dawa und gegen die Aufstandsabsichten aus, da sie die Macht der Deutschen noch aus den neunziger Jahren her in unangenehmer Erinnerung hatten[2]. Doch sie konnten sich gegen die jüngere Generation, darunter Kindunda, die den Krieg gegen die deutsche

[1] Auf die Ereignisse in Iringa und Uhehe und die Vorstöße Hauptmann Nigmanns wird im 11. Kapitel eingegangen.

[2] Die Wambunga-Mafiti nahmen seinerzeit an dem schon erwähnten Aufstand der Küstenbewohner, dem sogenannten Araberaufstand, teil und wurden dabei von der Schutztruppe schwer geschlagen.

Kolonialmacht wollte, nicht durchsetzen. Der Aufstand wurde beschlossen. Die Krieger rüsteten sich zum Kampf. Begeistert wurde der Maji-Kult angenommen, die Taufe vollzogen und die Insignien, d. h. der Stirnkranz und der Gürtel aus Mais- und Hirsestengeln, angelegt. Jeder, der die *dawa* nahm, erhielt hier den Titel »*hongo*«, man begrüßte sich mit »Saidi«, ein Losungswort in Frage- und Antwortform wurde einstudiert: »*hongo*« oder der Europäer, wer ist stärker?, »*hongo*« war die Antwort. Wer dieses Lösungswort nicht kannte oder die Maji-Insignien nicht trug, wurde gespeert.

Als Kindunda eine zahlreiche Anhängerschaft für den Aufstand gegen die Deutschen gewonnen hatte, überfiel er den Außenposten der 12. Kompanie in Ifakara, der von dem sudanesischen Betschausch Mtoto Mbaya und 12 Askari besetzt war, und tötete die gesamte Stationsbesatzung. Die deutsche Flagge wurde vom Flaggenmast der Station heruntergerissen und durch den Kopf des Betschausch ersetzt. Dann brachen die Aufständischen zum Marsch nach Süden in Richtung auf die Militärstation Mahenge auf, um diese zu erobern. Sie überquerten die Kilombero-Ebene (Ulanga-Ebene) und begannen – nicht ahnend, daß ihr Anmarsch bereits durch den Jumben Kalimoto verraten worden war[3], den Abstieg zu der sich mitten im Pori schroff bis auf etwa 1500 m erhebenden stark bewaldeten Gebirgsinsel des Chikweta-Massivs, an dessen nordöstlichen Rand sich in klimatisch und strategisch günstiger Lage die aus schneeweißen Marmorsteinen errichtete Boma von Mahenge auf einem Hügel oberhalb des gleichnamigen Wapogoro-Dorfes erhob. Hauptmann Theodor von Hassel hatte erst vor einigen Monaten seinen Dienst auf dieser malerisch gelegenen Station angetreten, die von fünf Weißen (1 Offizier, 1 Feldwebel, 1 Unteroffizier, 1 Sanitäts-Sergeant, 1 Zahlmeister-Aspirant) und 60 Askari besetzt war. Sehr bald hatte er sich an seine neue, schöne Umgebung gewöhnt. Der Dienstbetrieb verlief ruhig und in gleichmäßigen Bahnen, dennoch aber abwechslungsreich, da er oft von Bezirksbereisungen unterbrochen wurde. Der Hauptmann fühlte sich »glücklich und zufrieden« in seinem Tätigkeitsbereich.

Doch dieses Idyll sollte nicht von langer Dauer sein, »denn«, so schreibt v. Hassel in seinen Erinnerungen, »wie der Blitz aus heiterem Himmel weckt uns plötzlich Anfang August 1905 eine Depesche des Gouverneurs aus unserem Dornröschenschlaf«. Die Depesche lautete: »Aufstand in den Matumbibergen ausgebrochen. Major Johannes mit zwei Compagnien dort. Größter Zauberer »Pokero« bereits gefangen, sagt aus, daß seine *dawa* bereits bis Kilossa – Mahenge reiche. Gefahr für Mahenge liegt nicht vor, doch stellt unauffällig sogleich 50 Rekruten ein. gez. Graf Goetzen«.

Niemand auf der Station maß der Depesche besondere Bedeutung bei – mit Ausnahme des Stationschefs: Trotz des beruhigenden Hinweises in der Depesche war sich nämlich v. Hassel durch die Anweisung des Gouverneurs, 50 Rekruten einzustellen, darüber im klaren, daß der Gouverneur sich doch wohl ernsthafte Sorgen um die Sicherheit Mahenges machte, sonst hätte er nicht eine solche Anweisung erteilt. So beschloß der Hauptmann, sofort die nötigen Schritte zu veranlassen, d. h.

[3] Siehe Fußnote 7 im Kapitel.

die zusätzlichen Askari einzustellen und die Boma in einen verteidigungsbereiten Zustand zu bringen.

Zunächst aber sah es so aus, als ob v. Hassels Sorgen unbegründet seien: Wenige Tage nach Eingang der Depesche – etwa um den 10. August – tauchte ganz überraschend ein Weißer auf der einsamen Station auf: der Tiermaler Professor Wilhelm Kuhnert. Merkwürdig, er kam mit seiner kleinen Trägerkarawane direkt aus der Aufstandsrichtung, d. h. vom Rufiyi her, hatte dort aber nichts von Unruhen unter den Eingeborenen gespürt. – Als Kuhnert abends in dem kleinen Kasino der Boma den weißen Unteroffizieren der Kompanie von seiner ohne irgend welche Mißhelligkeiten begleiteten Safari erzählte, waren alle einer Meinung: »Alles nur leeres Gerede des Zauberers, ohne jeden realen Hintergrund.« Daß sich eine Eingeborenenerhebung über eine solche Entfernung unter völlig verschiedenartigen Völkerschaften in einer derartigen Windeseile ausbreiten könnte, daran glaubte niemand.

Tatsächlich aber mußte Kuhnerts Karawane unwahrscheinliches Glück gehabt haben, daß sie den Aufständischen nicht in die Hände gefallen war, denn wenige Tage nach ihrer Ankunft in Mahenge wurde die drohende Erhebung der Eingeborenen im Bezirk zur Gewißheit: Am 15. August ließ sich eine Wangindo-Frau bei v. Hassel zum Schauri melden: Sie sei gekommen, um den Weißen mitzuteilen, daß die Leute in der Luhembero-Ebene Wasser (*maji*) getrunken hätten und aufständisch werden, daß sie die Arbeit verweigerten, Kriegsngoma tanzten und Kriegspombe tränken. Der Sultan Kwira predige dort offen den Aufstand. Alle Pfeile seien frisch vergiftet, es solle in den nächsten Tagen losgehen, jedoch sei der Befehl des Zauberers noch nicht da.

Wie zur Bestätigung der Angaben der Wangindo-Frau stürzte einige Stunden später der Unteroffizier Friebe, der mit 16 Askari zur Beaufsichtigung von Wegebauarbeiten in der Ebene abkommandiert worden war, aufgeregt und abgehetzt in das Dienstzimmer des Stationschefs und meldete: »Herr Hauptmann wollen entschuldigen, daß ich hier so plötzlich erscheine, aber ich fühle mich verpflichtet, Meldung zu erstatten. Bis gestern haben die Leute durchaus willig am Wegebau gearbeitet. Heute ist der Teufel dort unten los. Keiner ist zur Arbeit gekommen. Die Leute toben in ihren Dörfern und trinken Pombe. Ich fürchte, das hat etwas zu bedeuten.«

Hassel entgegnete: »Ich freue mich, daß Sie da sind, ja, es ist etwas los unten, ich fürchte, der Aufstand an der Küste hat übergegriffen. Wir müssen sofort herunter, um die 16 Askari zu retten, die mir auf das Äußerste gefährdet erscheinen«.

Am nächsten Morgen (16. August) bricht v. Hassel mit Unteroffizier Friebe, Sanitätssergeant Knispel, 26 Askari und 1 MG in Richtung Südost zur Luhembero/Luwegu-Ebene auf, um Friebes Askari zu suchen. Für die Dauer seiner Abwesenheit beauftragte der Hauptmann den Unterzahlmeister Voigt mit der Befehlsführung auf der Boma. Unterwegs, beim Abstieg in die Ebene, schließt sich der loyal gebliebene Jumbe Ndeale mit einer Schar Hilfskrieger (Rugaruga) der Kolonne an. An den folgenden Tagen kommt es zu ersten Zusammenstößen mit Aufständischen, vor allem an den Flußübergängen, die aber jedesmal – mit Hilfe des MG – siegreich überstanden werden. Unaufhaltsam geht es weiter voran dem

Luwegu-Fluß entgegen. Überall weicht der Gegner nach kurzen Gefechten. Schließlich finden sich auch Friebes Askari wieder ein.

Damit ist der eigentliche Zweck des Unternehmens erreicht, v. Hassel will dennoch weiter vorrücken, um den Wangindo ein für allemal die Lust am Aufstand zu nehmen. Da trifft am 23. August eine völlig ausgepumpte Patrouille aus Mahenge bei v. Hassel ein. Sie überbringt dem Hauptmann einen Eilbrief von Voigt. Nichts Gutes ahnend, öffnet dieser den Brief und liest:

»1. Wabunga-Mafiti aufständisch.
2. Wabunga haben Karawane der Deutsch-Ost-Afrikanischen Gesellschaft, die Wachs und Gummi nach der Küste bringen sollte, bei Ihwa Muhindi überfallen, total ausgeraubt und viele Träger erschlagen. Von den drei Begleitaskaris und den Elefantenjägern, die zum Schutz der Karawane mitgegeben waren, fehlt jede Nachricht!
3. Der Posten in Ifakara soll gefallen, die Askaris ermordet sein. gez. Voigt.«

Auf diese Alarmnachrichten hin bricht v. Hassel das Unternehmen sofort ab und begibt sich in Eilmärschen auf den Rückweg zur Station. An den Aufstiegen zum Chikweta-Massiv läßt er die Rugaruga Ndeales mit dem Auftrag zurück, ihm alle Feindbewegungen zu melden und dem Feind, wenn er nach einem etwaigen Sturm auf die Boma Mahenge sich geschlagen zurückzöge, einen Hinterhalt zu bereiten.

Am 24. August trifft Hassels Truppe wieder auf der Station ein. Hier hat inzwischen unter Leitung des Feldwebels Münzner ein lebhaftes militärisches Treiben eingesetzt: 60 ehemalige Askari sind wieder eingekleidet und außerdem 30 Rekruten eingestellt worden, die nun ausgebildet werden müssen. Der Sultan Gambira vom gleichnamigen Ort nahe Mahenge ist wegen Verdachts der Aufstandsbegünstigung arrestiert worden. Dagegen sind Treuebekundungen von zwei Sultanen eingegangen: Sultan Mtemi Kiwanga aus Uleia (zu deutsch »Europa«, in der oberen Kilombero-Ebene gelegen) hat sein Kommen zusammen mit einer Truppe von mehr als 1000 Hilfskriegern angekündigt, während Sultan Mlolere aus Kwiro nahe Mahenge, der Schwiegervater von Gambira, ebenfalls Hilfskrieger zur Verfügung stellen will. Beide haben beim Erscheinen der *wahonga* in ihrem Gebiet die Annahme der *dawa* für sich und ihre Untertanen strikt abgelehnt und einige der *wahonga* zum »Testen« der Wirksamkeit des Zauberwassers von ihren Leuten töten lassen. Kiwanga soll einem *hongo* sogar eigenhändig die Kehle durchschnitten haben.

Ein Verbündeter Kiwangas, der Wangoni-Häuptling Mpepo, der auch die Maji-Maji-Bewegung verurteilt und zahlreiche *wahonga* hat töten oder gefangennehmen lassen, kündigt dem Stationschef von Mahenge ebenfalls seine Unterstützung an und teilt ihm mit, daß sein Neffe Schabruma aus Songea sich mit seinem gesamten Wangonivolk gegen die Deutschen erhoben habe[4], er selbst aber bliebe der deutschen Sache treu und wolle mit seinen Kriegern alle von Songea nach Norden führenden Wege sperren und der Station Hilfskrieger senden. Da auch die Jumben und Sultane der südlich Mahenge auf dem Chikweta-Massiv lebenden Wapogoro-Bergstämme v. Hassel ihre Ergebenheit bekunden, ist die Bedrohung der Station

[4] Auf die Aufstandsereignisse in Ungoni wird im 12. Kapitel eingegangen.

von Süden her weitgehend ausgeschaltet. Mit dieser Rückensicherung und der Gewähr, daß seine durch die Einstellung der Veteranen-Askari und der Rekruten verstärkte Kompanie durch ein gewaltiges Aufgebot an Rugaruga unterstützt würde, kann v. Hassel der weiteren Entwicklung der Dinge nun mit mehr Gelassenheit entgegensehen.

Er beschließt, Kindunda und seinen Wambunga-Mafiti eine Probe seiner Macht zu zeigen und gegen Ifakara vorzugehen und so allen Angriffsabsichten dieses Stammes auf seine Boma zuvorzukommen. Vorher aber veranlaßt er noch die Patres der nahegelegenen Benediktiner-Mission Kwiro, die Missionsstation zu räumen und sich in den Schutz der Boma zu begeben. Am gleichen Tag, den 24. August, bricht der Hauptmann gegen 16 Uhr mit seiner Truppe von 50 Askari unter der Leitung von Feldwebel Münzner und Unteroffizier Friebe in Richtung Norden auf. Ein Maschinengewehr wird mitgeführt. Als Kriegsfreiwilliger hat sich auch der Kunstmaler Kuhnert mit seinen drei Elefantenjägern der Truppe angeschlossen. Wie schon beim ersten Unternehmen, beteiligen sich auch eine Anzahl Jumben mit ihren Hilfskriegern an der Expedition, um so ihre prodeutsche Haltung unter Beweis zu stellen.

Die Truppe bewegt sich in Marschkolonne auf der breiten Straße nach Norden vor, an der Spitze Feldwebel Münzner mit zehn Askari und den 30 Rekruten, dahinter die Hauptabteilung mit Hauptmann v. Hassel, die Träger zwischen die Soldaten eingeschoben, da immer mit Feuerüberfällen gerechnet werden muß.

Es ist gegen 10 Uhr morgens (25. August). Die Expedition nähert sich dem Dorfe Kiva Muhindi, die Straße hat aufgehört, auf einem schmalen Weg geht es nun durch unübersichtliches, von Bambuswäldern bedecktes Gelände hügelauf und hügelab voran. Der Haupttrupp hat die von Münzner geführte Vorhut soeben aus den Augen verloren, da bricht plötzlich das Unheil über die Abteilung herein: Ein wildes Geschrei und Gewehrgeknatter ertönt von vorn. Hauptmann v. Hassel befiehlt Laufschritt und geht mit dem Haupttrupp bis zur nächsten Wegebiegung vor. Hier bekommt er die Spitze wieder zu Gesicht. Er sieht, wie Münzner sich verzweifelt gegen Feinde von links im Handgemenge wehrt.

Hassel befiehlt Friebe, mit seinem MG an Münzner vorbei den Weg abzustreichen. – Das MG feuert, die Aufständischen stutzen, diesen Moment nutzt Münzner und löst sich aus dem wirren Haufen der Kämpfenden. Rasch läuft er die Straße zurück und gewinnt wieder Anschluß an den Haupttrupp. Der Feind aber drängt nach, und schon ist auch der Haupttrupp auf allen Seiten von Maji-Maji-Kriegern umgeben, die mit einem wilden Geschrei immer näher kommen. Der Hauptmann berichtet über diesen kritischen Augenblick[5]:

»Eine wilde Hölle speit ihre schwarzen Gestalten auf allen Seiten auf uns aus. Sind das überhaupt noch Menschen, nein Teufel sind es. Mit unerhörter Tapferkeit stürzen sich immer wieder neue Kolonnen auf uns, das M.-Gewehr rast und faucht und wirft die Angriffe im Verein mit dem Askari-Feuer nieder, schon wehren wir uns verzweifelt eine Stunde, die Gewehre sind kaum noch zu halten vor Hitze, Patronenmangel. – Eiligst werden mit der Axt die Kisten eingeschlagen, Munition verteilt.

[5] Tgb. v. Hassel, S. 18 f.

Da stellt der Feind seine verzweifelten Versuche ein und verschwindet im Grunde.

Plötzlich ein neues Kampfbild: Aus dem Dorf Muhindi stürzt eine neue Kolonne, geführt von einem Weibe, gegen meine Front. Fünf Schritte voraus läuft das Weib, die Sultanin Mkio, den Speer in der Faust, an dem Speer flattert die schwarz-weiß-rote Jumbenfahne.

So stürmt todesmutig diese Kolonne bis auf 50 m an meine Front heran. Da befehle ich Schnellfeuer!

In einigen Minuten liegt die gesamte Kolonne am Boden, nur die Sultanin gelangt allein unverwundet bis an die Mündung. Das Weib lassen wir entkommen.

Nun geht es gegen Kiva Muhindi im Sturm. Hier hält der Feind noch stand, aber ein letztes Hauen, Schießen und Stechen setzt uns in den Dorfbesitz.«

Hauptmann v. Hassel stellte dann Wachen auf und ließ das Schlachtfeld absuchen. Von Münzners Spitze fehlte der größte Teil: zwei alte Askari und zehn Rekruten lagen tot am Boden, zehn Askari waren verwundet, teilweise schwer, Münzners beide Boys waren tot. Im Dorf meldeten sich bei v. Hassel die drei versprengten Askari der von den Aufständischen überfallenen Karawane der D.O.A.G[6]. Alle drei waren verwundet. Die Kompanie begrub ihre Toten, die Verwundeten wurden verbunden und nach Mahenge zurückgeschickt. Über 200 Vorderlader, viel Pulver, zahllose Speere und Äxte aller Art wurden von der Truppe erbeutet.

Der Sieg, wenn auch mit erheblichen eigenen Verlusten erkauft, war groß: Über 300 gegnerische Gefallene wurden auf dem Gefechtsfeld gezählt. Dennoch war v. Hassel alles andere als zufrieden: Zum einen hatten ihn die Todesverachtung und der Fanatismus, mit denen die Rebellen ihre Angriffe bis in die Gewehrmündungen der Askari hinein vorgetragen hatten, überrascht und bedenklich gestimmt, zum anderen waren im Laufe des Tages Meldungen von der Erhebung der gesamten Bewohner der Ulanga-Ebene eingetroffen, woraus der Hauptmann den Schluß zog, daß ihm in Kiva Muhindi nur die Vorhut des Gegners gegenüber gestanden hatte. Hassel kamen starke Bedenken. Sollte er mit seiner nun noch weiter geschwächten Truppe den Vormarsch zum Ulanga dennoch fortsetzen? Würde sie standhalten können, wenn ihr die Masse der Wambunga-Mafiti gegenüberstände, und bestand nicht die Gefahr, daß der Gegner nun hinter seinem Rücken die jetzt nur schwach gesicherte Station angreifen könnte? Hassel entschloß sich zur Rückkehr.

Am Abend des Gefechtstages bezieht die Truppe Lager in Kalimoto[7]. Gegen 2.30 Uhr in der Nacht (26. August) läßt von Hassel die Soldaten leise wecken. Um 4.00 Uhr wird der Rückmarsch zur Boma angetreten. Mitten in der Nacht des folgenden Tages (27. August) – gegen 1.00 Uhr – wird Mahenge bei strömendem Regen wieder erreicht, nachdem unterwegs noch einmal ein Angriff von Wambunga-Kriegern hat abgewehrt werden müssen.

[6] Deutsch-Ostafrikanische Gesellschaft.

[7] Ein Ort, benannt nach dem Häuptling Kalimoto, der die maji-maji-dawa ebenfalls abgelehnt hatte, am 28. August zur Station Mahenge geflohen war und dort die Angriffsabsichten der Wambunga den Deutschen verriet.

In Mahenge sind inzwischen die von Sultan Mlolere zugesagten Verstärkungen an Hilfskriegern eingetroffen. Am 28. August stellt sich auch Kiwanga mit 1000 Rugaruga auf der Boma ein. Die Dorfbewohner von Mahenge werden auf Weisung des Stationschefs in die Boma umquartiert. Eine drangvolle Enge entsteht in dieser. Hassel, der seine Wohnung den Missionaren und dem Sultan Kiwanga überlassen und Quartier im Turm der Feste bezogen hat, erinnert sich[8]:
»... Welch Gewimmel von Menschen war innerhalb der schützenden Mauern: In den Korridoren, auf allen Treppen lagen Menschen, kein Platz war unausgenutzt. 10 Europäer, 250 Askaris mit Weibern und Kindern, 1000 Kiwanga-Krieger, 1000 Bewohner des Dorfes und viele andere Flüchtlinge waren hier versammelt. In den gänzlich leeren Magazinen lagen Weiber und Kinder, auf dem Hofe die Männer.«

Der Hauptmann tat alles, um die Boma sturmsicher zu machon: Er ließ Kiwangas Leute freies Schußfeld im Umkreis der Feste schlagen und zwischen den Häusern Dornbuschverhaue und Bretterwände errichten. Für die beiden Maschinengewehre wurden zur Ligangaseite (Südseite) hin Hochstände angelegt und die dortige Mtama-Schambe niedergelegt: »Hier«, so schreibt v. Hassel, »wollte ich den Gegner hinhaben. Hier sollte er in aller Sorglosigkeit aufmarschieren.« Um die Zielgenauigkeit für die Gewehre und die Maschinengewehre zu erhöhen, wurden im Vorgelände der Boma Entfernungen durch bunte Fähnchen abgesteckt. Die Strohdächer der Stationsgebäude wurden abgedeckt.

In der Nacht vom 28. zum 29. August traf ein Bote vom Jumben Ndeale, der weiterhin mit seinen Kriegern die Wacht an den Abhängen des Chikweta-Massivs hielt, mit der Mitteilung ein, daß ein Riesenheer Aufständischer direkt unterhalb des Südostendes des Massivs stände, etwa fünf Stunden Fußmarsch von Mahenge entfernt, und daß der Angriff auf die Boma mit Sicherheit noch am 29. August stattfinden würde[9].

Der Morgen des 29. August bricht heran. In der Boma steht jeder auf seinem Posten. Still liegt die Feste »in ihrer schneeweißen Marmorpracht da«, von den rötlichen Strahlen der aufgehenden Sonne beschienen, regungslos ist das gesamte Vorgelände, im Dorf zu Fuße des Bomahügels ist keine Bewegung wahrnehmbar. Weit und breit ist kein Mensch zu erblicken, so sehr sich die spähenden Augen der Verteidiger auch anstrengen. Da – gegen 9 Uhr – erscheint plötzlich in großer Eile ein Mann mit einer weißen Flagge: Es ist ein Bote Ndeales, er meldet, die Feinde seien aufgebrochen und hätten sich in zwei Kolonnen geteilt, die eine marschiere über Liganga von Süden her auf die Station zu, während die zweite Kolonne, weit nach Osten ausholend, über die Gambira-Missionsschule dem Mahenge-Dorf zustrebe. Jede Kolonne sei etwa 8000 Mann stark. Fast zur gleichen Zeit meldeten die nördlich der Boma auf dem Chikapula-Berg ausspähenden Elefantenjäger, daß ein sehr starkes Wambunga-Mafiti-Heer direkt unterhalb des Berges beim gleichnamigen Dorf eingetroffen sei.

8 Tgb. v. Hassel, S. 23.

9 Dieses Heer bestand in der Mehrzahl aus Wangindo, daneben waren noch kleinere Volksgruppen vertreten.

Es waren mithin wohl gut 20.000 bis 25.000 Mann, die zum Angriff auf die deutsche Boma ansetzten – »geeint durch das Band des *maji*, als wären sie ein Clan«[10] und getragen von dem unerschütterlichen Glauben, daß ihnen durch die Kraft der *dawa* die deutschen Kugeln nichts anhaben könnten.

»Immer klarer wurde es«, so schreibt v. Hassel in seinen Erinnerungen, »die Rebellen ... von Kidatu am Großen Ruaha bis zur Songea-Grenze im Süden, die Rebellen von Kissaki, Mohoro, Madaba, Kilwa, die von den dort operierenden Truppen nach dem Innern abgedrängt wurden, hatten sich unter dem Oberbefehl eines Einzigen hier vor Mahenge eingefunden, um die Felsenfestung zu nehmen, den Weg nach dem Innern Afrikas freizubekommen!«

Die große Befürchtung des Hauptmanns in diesem kritischen Augenblick war, daß die drei Kolonnen zur gleichen Zeit zum Sturm auf Mahenge ansetzen würden. Wehe Mahenge, wenn die Aufstandsführer diese Fähigkeit zum Zusammenfassen ihrer Streitkräfte und zum koordinierten Vorgehen besitzen sollten!

Der Stationschef hatte sich inzwischen, mit dem Fernglas bewaffnet, auf den Turm der Feste begeben, von wo aus er genau die gegnerischen Bewegungen verfolgen konnte. Etwa gegen 10 Uhr beobachtete er die Annäherung der von der Ligangaseite, d. h. von der Südseite her vorrückenden Feindkolonne: Bis auf 900 m wälzten sich die Kriegermassen auf der 10 m breiten Straße über eine hohe Bergkuppe hinweg heran und machten dann einen Bogen nach rechts zu der großen von Kiwangas Leuten freigeschlagenen Fläche, wo sich die Mtama-Schambe befunden hatte. Die Vorhut der Kolonne machte 600 m vor der Boma auf dieser Fläche halt. Die nachfolgenden Gruppen formierten sich rechts und links von der Spitzengruppe und hielten ebenfalls. Vor der Front agierten die an ihren weiten weißen Kansus gut erkennbaren Führer, unter ihnen Sultan Mkwira, um Ordnung in die Gruppen zu bringen.

Die gegnerische Aufstellung hatte mittlerweile eine Breite von 200 m eingenommen, aber immer neue Massen von Kriegern drängten über die Kuppe hinweg heran, die Frontlinie und die Tiefengliederung dehnten sich immer weiter aus. Die Krieger setzten sich und warteten weitere Befehle ab. Zwei Stunden zog sich schon der Aufzug der Massen hin, lautlose Stille herrschte, kein Schuß fiel von der Boma, doch angestrengt wurde von dort mit den Ferngläsern die Entwicklung beim Gegner beobachtet. Fieberhaft wurde auch nach Osten, nach Gambira hin, ausgespäht, wo die zweite gegnerische Kolonne jeden Augenblick in Sicht kommen mußte.

Es ging auf Mittag zu, und immer noch nahm der Zuzug von Kriegern an der Südfront kein Ende. »Ahnungslos«, so schreibt v. Hassel, »gingen sie auf der vorbereiteten, mit Entfernungsfähnchen versehenen Fläche in die Falle, absolut unvertraut mit der Wirkungsweise von Maschinengewehren und bauten sich wie eine riesige Zielscheibe auf.« Als gegen 12 Uhr die Spitze der zweiten, der östlichen Kolonne in 3000 m Entfernung in Sicht kam, gab v. Hassel Feuererlaubnis für die beiden Maschinengewehre auf die erste, die südliche Kolonne, die weiterhin in Wartestellung war, da der Zustrom an Kriegern noch nicht abgeschlossen war. Den MG-Führern, Unteroffizier Friebe und Unterzahlmeister Voigt, gab er Anweisung, zunächst nur auf die hinteren Reihen zu schießen.

[10] MMRP 8/68/1/4/15.

Mit entsetzlicher Wirkung hämmerten die beiden Maschinengewehre in die hinteren Menschenmauern hinein. Reihenweise sanken die Glieder in sich zusammen, Angriffs- und Todesgeschrei verbanden sich zu einem einzigen markerschütternden Gebrüll. Während hinten ihre Kameraden niedergemetzelt wurden, begannen die vorderen Reihen vorzurücken, überzeugt, daß die Krieger hinter ihnen nachfolgten, da sie ja alle gegen die Kugeln aus der feuerspeienden Boma durch die *dawa* gefeit sein mußten. Doch dann senkten sich die Läufe der beiden Maschinengewehre und erfaßten die vorderen Glieder. Auch hier stürzten nun die Krieger scharenweise zu Boden. Die Reihen lichteten sich, und doch hielten sie wohl noch eine Viertelstunde stand und rückten weiter vor.

Da befahl v. Hassel auch den Gewehrschützen, das Feuer zu eröffnen. Der Hauptmann schreibt: »Die Festung spie Feuer, Flammen und Rauch, wild gellte das Geschrei der Angreifer durch das Gewehrfeuer hindurch. Bis 150 m kam der geschlossene Sturm heran.« Dann aber brachen die Reihen auseinander, suchten Deckung hinter einzelnen Felsen oder im tiefen Gras. Etwa 100 Leute aber drangen dennoch, immer wieder Deckung im tiefen Gras suchend, weiter vor und gelangten bis nahe an die Stationsmauer heran. Dort aber brachen sich ihre Angriffswellen im rasenden Abwehrfeuer der Verteidiger.

Inzwischen versuchte die zweite Kolonne, die nach Zerstörung der Missionsschule in Gambira von dort aufgebrochen war, von Nordosten her in das Dorf Mahenge einzudringen. Unteroffizier Friebe warf das Maschinengewehr nach links herum und nahm die Feindkolonne unter Strichfeuer. Dennoch glückte es den meisten Kriegern, im Laufschritt in den Schutz der Lehmhütten des Ortes zu gelangen. Rasch wurde nun Voigts Maschinengewehr zum Nordrand des Stationshügels geschafft, außerdem wurden 120 Askari der Kompanie im Eilschritt dorthin dirigiert, nur wenige Posten verblieben als Wache auf der Südseite beim ersten Schlachtfeld. Bald danach machte auch Friebes Maschinengewehr Stellungswechsel zur Nordseite des Stationshügels und wurde auf dem Dach des Stationslazaretts postiert. Das Gelände im nördlichen Vorfeld des Bomaberges bot dem Feind wesentlich günstigere Deckungsmöglichkeiten als auf der Südseite, doch diese wurden von ihm in dem nun folgenden Kampf nicht genügend ausgenutzt. Der Schutz der Lehmhütten erwies sich als trügerisch, denn die Wände der Hütten wurden, nachdem beide Maschinengewehre ihr Wirkungsfeuer nach Norden hin eröffnet hatten, regelrecht von den Kugeln durchlöchert, auch auf der Dorfstraße wurden große gegnerische Trupps mehrfach vom MG-Feuer erfaßt. Daraufhin sammelten sich die Aufständischen in einer Bodensenke hinter der etwa 150 m vor der deutschen Gefechtslinie entfernten Markthalle, um hier ihre Angriffswellen zu formieren.

Bald darauf stürmten die Krieger, eine dichte Front fettglänzender schwarzer Leiber, auf der zur Boma führenden Straße die Stationshöhe hinauf, wo die Truppe, ohne Deckung vollkommen frei stehend, sie mit einem vernichtenden Feuer empfing. Dennoch wurde der Angriff todesmutig vorgetragen. Eine Angriffswelle nach der anderen brandete gegen die deutsche Gefechtslinie an, doch alle brachen buchstäblich direkt vor den Mündungen der Gewehre zusammen. In Haufen lagen die gefallenen Maji-Maji-Krieger auf der Anhöhe vor der Station, darunter auch einige *wahonga*, »die langen Hirsestengel noch in der Hand, mit denen sie die Deutschen schlagen wollten«[11]. Die Überlebenden machten Kehrt und flohen in den Schutz der Markthalle von Mahenge zurück. Die Gelegenheit nützend, machte Sultan Kiwanga mit seinen Rugaruga einen Gegenstoß in Richtung auf die Markthalle, doch der Feind war noch stark genug und parierte den Stoß. Mit schweren Verlusten mußten Kiwangas Krieger weichen, dicht gefolgt von den Maji-Maji-Kriegern. Und wieder setzte ein wilder Nahkampf ein, als die Verfolger die deutsche Gefechtslinie zum zweiten Mal erreichten. Doch auch dieser Angriff zerschellte. Da zog sich der Gegner endgültig zurück, die zurückflutenden Angriffswellen lösten sich auf, in breiter Front flüchtete der Gegner in Richtung Nord und Ost, immer wieder vor dem Verfolgungsfeuer der Maschinengewehre Deckung in Felsklippen und im hohen Gras suchend. Grabesstille kehrte nun auch auf dieser blutigen Wallstatt ein.

Hauptmann v. Hassel resümiert das bisherige Geschehen und gibt ein Bild der Stimmung, die die Verteidiger nun beseelte, wieder[12]:
»Mit unerhörter Tapferkeit hatte der Feind immer wieder angegriffen, nicht achtend der ungeheuren Verluste, die Truppe hatte einen schweren Stand, sie wußte, welch grauenvolles Gemetzel kommen würde, wenn sie nicht stand, mehr wie einmal brachten dann die M.G. die Entscheidung. Mit größter Kaltblütigkeit hatten die beiden M.G.-Schützen im dichtesten Gewühl des Kampfes die Gewehre bedient, unterstützt von dem tapferen Kriegsfreiwilligen Wilhelm Kuhnert, der mit seinen Jägern immer an den bedrohten Punkten zu finden war. Hoch anerkennen muß ich das tapfere Verhalten des Feldwebels Münzner und des Sanitätssergeants Knispel, die inmitten ihrer Züge die Anstürme der übermächtigen Feinde zum Zerschellen brachten. An dieser feuerspeienden Hölle auf der Stationshöhe zerbrach die Kraft des Feindes. Das Grammophon der Unteroffiziere spielte immer noch, während des Kampfes tönten immer Bruchstücke zu mir herüber, dies war unsere Regimentsmusik. Jetzt spielte es Siegeslieder.

Nach Beendigung der Kämpfe ließ ich die Wachposten stehen, die Truppe abtreten zum Abkochen. Eine unendlich freudige, jubelnde Stimmung hatte sämtliche Bomaleute erfaßt. Jeder Mann oder Weib wollte mir die Hand geben und einige Worte sagen. Hunderte von Weibern liefen im Hof umher und bekundeten ihre Freude durch schrille Schreie, Jauchzen und Trillern. Innerlich voller Glück entzog ich mich diesen Dankesbeteuerungen auf meine einsame Turmwarte. Hier war ich, als Wächter über mein Land, allein für mich. Still schaute ich ins Land hinaus, vor meiner Seele zogen noch einmal die Kampfbilder der letzten Stunden vorbei. Wie wunderbar glücklich hatte doch alles bislang sich ineinander gefügt. Außer 20 Kiwangaleuten hatte ich keinen Mann verloren, aber der Gegner? ... – Ganze Reihen, ja Berge von Toten konnte ich durch mein Glas auf allen Kampfplätzen erkennen...«

Wo aber blieb das Heer der Wambunga? Befand es sich immer noch in Wartestellung am Chikapula-Berg nördlich von Mahenge? – Am 30. August, morgens 3 Uhr, brachte die Meldung eines der auf dem Chikapula-Berg wachenden Späher des Sultans Mlolere Klarheit: »Die Wambunga bauen unterhalb des Chikapula Hütten, sie kochen ab, Rauch steigt aus allen Hütten auf«.

[11] MMRP 8/68/1/1, Kazimoto: »Assault on Mahenge«.
[12] Tgb. v. Hassel, S. 35 f.

Den 31. August verbrachten die Verteidiger Mahenges damit, die zahllosen gegnerischen Gefallenen in rasch ausgeworfenen langen Gräbern zu bestatten. Plötzlich, mitten in diesen Arbeiten, ertönte ein verabredeter Signalschuß der Mlolere-Krieger auf dem Chikapula-Berg: »Die Wambunga sind im Anmarsch!«

Mit Speeren, Schilden und Keulen bewaffnet, Kränze mit Hirsestengeln auf dem Kopf tragend, wälzten sich die dichten Massen der Wambunga-Krieger auf der breiten Straße Mahenge – Ifakara heran. Schon von weitem hörte man ihren choralartigen Kriegsgesang, der in majestätischen Klängen immer näher kam. Bald begann der Boden unter den wuchtigen Schritten der Krieger zu dröhnen. Sie waren noch etwa 1300 m entfernt und näherten sich dem Dorf Mahenge, als sie von den Verteidigern erblickt wurden. Hauptmann v. Hassel, der sich wieder auf seinen Turm begeben hatte, ließ den Gegner noch näher herankommen. Die Krieger, die Schilde über den Kopf haltend, hatten, unter Voranschreiten ihrer Führer, inzwischen den Dorfrand erreicht und hielten in einer Entfernung von etwa 1000 m von der Station. Lautlose Stille trat ein. Da gab der Stationschef Feuerbefehl für die beiden Maschinengewehre. Im gleichen Augenblick ertönte beim Gegner ein Kommando, und brüllend stürzte die nun eng aufgeschlossene Kriegermasse, auf der Dorfstraße vorrückend, zum Angriff los und stürmte – ungeachtet der in ihre Reihen hämmernden Maschinenwaffen – mit gewaltiger Tiefengliederung die Anhöhe zur Boma empor.

Welle auf Welle brandete frontal gegen die deutschen Stellungen bis an die Gewehrmündungen heran und brach sich hier. Doch trotz des verheerenden Feuers der gesamten Stationsmannschaft glückte es etwa dreißig Kriegern, an Voigts Maschinengewehr vorbei die deutsche Gefechtslinie zu durchbrechen und bis zu dem innerhalb der Boma-Umwallung gelegenen Wohnhaus der weißen Unteroffiziere vorzudringen. Hier angelangt, schleuderten sie mit letzter Kraft ihre mitgeführten Kürbisflaschen voll Zauberwasser gegen die Mauer und wurden dann von den herbeigeeilten Kiwanga-Hilfskriegern abgefangen und niedergemacht. Nur wenige dieser Tapfersten der Tapferen überlebten und gerieten verwundet in Gefangenschaft. Auf Befragen erklärte einer von ihnen dem Stationschef, der Zauberer habe ihnen befohlen, die Flaschen gegen die Stationsmauer zu schleudern, diese würde dann einstürzen und die Besatzung der Boma unter sich begraben. Hassels Kommentar zu diesen unglaublich klingenden Äußerungen des Wambunga-Kriegers: »Daß der Rebell das geglaubt hat, hat er durch die Tat bewiesen.«

Die Überlebenden dieses dritten Ansturms fluteten nun zu der Bodensenke hinter der Markthalle zurück. Hier setzten sie noch zweimal – das letzte Mal am 5. September – zum Stürmen an, doch ihre Kraft war erschöpft, ihr Todesmut dahin, ihr Glaube an die Wunderwirkung der *dawa* erschüttert. So konnten sie ohne große Anstrengung von der Stationsbesatzung zurückgeworfen und zum Rückzug gezwungen werden. – Nun setzten die Wapogoro-Hilfskrieger unter Sultan Mlolere zum Gegenstoß an. Ihre Giftpfeile und Speere räumten furchtbar unter den überlebenden Wambunga auf. Diese flohen nun bis zu ihrem Lager am Chikapula zurück. Ihr Rückzugsweg aber war weit in die Ebene hinein mit Gefallenen und Verwundeten übersät. Wie v. Hassel schrieb, war die Zahl der toten Krieger so groß, daß sie unmöglich alle bestattet werden konnten. So mußten viele hinter Felsen oder seitwärts in den Pori getragen werden, ein willkommener Fraß für die Raubtiere, „die sich regelrecht an den Leichen der Krieger mästeten«.

Nach dem letzten, nur noch schwachen Angriff der Wambunga am 5. September atmete v. Hassel erleichtert auf: Die Munitionsvorräte waren nämlich arg zusammengeschmolzen. Nur noch 450 Schuß waren für die beiden Maschinengewehre und 50 Schuß pro Askari übriggeblieben! Für einen weiteren schweren Ansturm hätte die Munition nicht mehr gereicht, ganz zu schweigen von einem offensiven Vorgehen der Kompanie.

Sehnsüchtig hielten nun die Verteidiger Ausschau nach der 2. Kompanie von der Nachbarstation Iringa in Uhehe. Wo blieb sie nur? Hauptmann Nigmann, der Stationschef dort, mußte doch zweifellos über das Nachrichtensystem der Eingeborenen, die Negertrommeln, von der Notlage Mahenges Kenntnis erhalten haben! Es konnten doch auch nicht alle Boten, die Hauptmann v. Hassel nach Iringa mit der Bitte um Hilfeleistung gesandt hatte, von den Aufständischen abgefangen und ermordet worden sein! Oder sollten sich gar auch die Wahehe trotz ihrer noch frischen Erinnerung an die Schlappen, die ihnen die Kolonialmacht erst vor weniger als zehn Jahren beigebracht hatte, erhoben haben? Vielleicht befand sich Iringa jetzt in einer ähnlichen Lage wie Mahenge? Und wo blieb die Hilfe von der Küste?

Die Verteidiger von Mahenge konnten nicht wissen, daß die Truppenführung in Daressalam zu dem Zeitpunkt, Mitte September 1905, noch gar nicht in der Lage war, ein Hilfskorps nach Mahenge zu entsenden: Alle Kräfte waren restlos in dem riesigen Aufstandsgebiet in Anspruch genommen. An ein offensives Vorgehen oder Entsatzvorstöße zur Befreiung belagerter Stationen im tiefen Hinterland war noch gar nicht zu denken, denn noch immer wartete man auf die vom Reich zugesagten Verstärkungen.

Dennoch sollte der Tag der Befreiung für Mahenge näher sein, als die Verteidiger es zu hoffen wagten. Unter dem 20. September 1905 schreibt von Hassel in seinen Erinnerungen[13]:

»Strahlend erhob sich die Sonne. Wie gewöhnlich stand ich auf meinem Turm als Beobachter und schaute ins weite Land. Mehrfach schon hatte ich sehnsüchtig nach der Iringa-Richtung geschaut.

Da gewahrte ich am Horizont etwas, das meine ganze Aufmerksamkeit fesselte. Bald darauf stellte ich eine Kriegsflagge fest, die konnte doch nur von einer Compagnie getragen werden!

Und tatsächlich: Eine halbe Stunde später zog Hauptmann Nigmann mit drei Europäern und 75 Askari in die Boma Mahenge ein. Damit war Mahenge nach mehr als sechs Wochen totaler Abgeschlossenheit von der Außenwelt und schweren Kämpfen aus seiner bedrohlichen Lage befreit!«

Für die Maji-Maji-Befreiungsbewegung aber war die Bilanz der Schlacht um Mahenge, die »vorgeschobene Bastion der Kolonialmacht und das Tor in das weite Hinterland«, vernichtend. Dank der geschickten und klug durchdachten Verteidigungstaktik v. Hassels und des Unvermögens der Aufstandsführer, sich über engstirniges Stammesdenken hinwegzusetzen und – in Absprache miteinander – gleichzeitig und von allen Seiten ihre Kriegermassen gegen die Feste anzusetzen,

[13] Tgb. v. Hassel, S. 46.

hatte die Bewegung schwere, nicht wiedergutzumachende Einbußen erlitten - nicht nur an Kriegern, sondern vor allem auch an Nimbus bei den noch abseits stehenden Völkerschaften des Westens und des Nordens der Kolonie. Das einigende religiöse Symbol, die *maji-dawa*, hatte hier den wohl schwersten Verlust an Glaubwürdigkeit erlitten. Auch die Autorität der Träger der Aufstandsbewegung, der *wahonga*, wurde arg angeschlagen, und zwar nicht nur ihre religiöse, sondern auch ihre militärische: Ihre bisherige Führungsrolle auch auf dem Gefechtsfeld war ihnen hier, vor Mahenge, erstmalig durch die alteingesessenen, hereditären Stammesführer, die Sultane, streitig gemacht worden. Hier zeichnete sich ein entscheidender Einschnitt in der Aufstandsentwicklung ab: Die von Kinjikitile ausgelösten zentripetalen Kräfte in Gestalt seiner stammesübergreifenden Maji-Maji-Ideologie und seiner »Jünger«, der *wahonga*, machten von nun an Zug um Zug den zentrifugalen Kräften Platz, deren Träger die Sultane mit ihren Stammesinteressen und Stammesegoismen waren. Wie ehedem, begann sich der Krieg in Einzelkriege der Völkerschaften gegen die Kolonialmacht zu verzetteln. Die von Kinjikitile angestrebte Einheitsfront aller Afrikaner gegen die deutsche Fremdherrschaft sollte nicht zustandekommen!

11. Die Wahehe und die Maji-Maji-Bewegung

Die deutsche Eingeborenenpolitik in Uhehe, Geographie und Ethnologie der Landschaft – Eintreffen der Maji-Maji-Emissäre in Uhehe – Das Verhalten der Wahehe gegenüber der Heilserwartungsbewegung – Warnmeldungen treffen in Iringa ein – Dispositionen Hauptmann Nigmanns – Nigmanns Expedition in die Ulanga-Ebene – Nigmanns Kompanie erreicht Mahenge – Gefecht am Chikapula-Berg – Rückkehr der Iringa-Kompanie nach Uhehe, Nigmanns weitere Dispositionen

Von entscheidender Bedeutung für den Ausgang des Maji-Maji-Aufstands war, wie sich der größte und wehrhafteste Stamm im Süden der Kolonie, die Wahehe, gegenüber der Aufstandsbewegung verhalten würden, ob er sich ihr anschließen oder sich neutral verhalten würde. Wie uns bereits bekannt, war das Wahehe-Reich nach dem Tode Mkwawas und der Verbannung seiner Söhne nach Daressalam in zahlreiche Jumbenschaften aufgesplittert und damit völlig dezentralisiert worden.

Trotz dieser Maßnahmen schloß die Kolonialverwaltung die Möglichkeit nicht aus, daß sich dieses freiheitliebende Volk, das jederzeit eine Streitmacht von gut 12.000 Kriegern mit etwa 2000 Gewehren aufbieten konnte, erneut gegen die deutsche Herrschaft empören könnte, und unterhielt deswegen in Iringa, der Hauptstadt von Uhehe, eine starke Militärgarnison: Die 2. Feldkompanie der Schutztruppe unter Hauptmann Nigmann mit fünf Europäern, 117 Askari, einem Maschinengewehr und einem Geschütz. Die Militärstation (Boma) war stark ausgebaut und in kluger Voraussicht schon vor Jahren mit einer 4 m hohen bastionartigen Mauer umgeben worden.

Trotz der starken militärischen Präsenz übte die Kolonialmacht in Uhehe jedoch wohlweislich eine vorsichtige und relativ moderate Herrschaft aus und hielt sich mit Zwangsmaßnahmen, z.B. Besteuerung und Aushebung von Arbeitskräften, zurück, um die Ressentiments dieses Volkes, das bisher noch nie unter der Herrschaft eines anderen Volkes gestanden hatte, in Grenzen zu halten. Diese kluge Eingeborenenpolitik in Uhehe trug Früchte: Die unter Mkwawa an bedingungslose Unterordnung, strenge Zucht und Disziplin gewohnten Wahehe begannen, »deutsche Ordnung und Gründlichkeit« und die militärische Stärke des Kolonialregimes zu bewundern, und arrangierten sich mit ihren neuen Herren, so wie sie es vorher mit ihren eigenen Feudalherren getan hatten. Sie waren sich aufgrund ihrer eigenen bitteren Erfahrungen der deutschen Machtüberlegenheit bewußt und schätzten daher die Erfolgsaussichten eines neuen Waffenganges gegen das Kolonialregime als gering ein.

Uhehe, das die heutigen Distrikte Iringa und Mufindi umfaßt, bildete historisch und ethnisch keine Einheit, da neben den Wahehe auch noch drei andere wichtige ethnische Gruppen, die Wabena, die westlichen Wasagara und die Wadzungwa, das Land bewohnten. Diese an der südwestlichen bzw. östlichen bzw. nordöstlichen Peripherie Uhehes lebenden Völkerschaften, die zu Mkwawas Zeiten zu Helotenvölkern der Wahehe gemacht worden waren, wiesen zwar gewisse kulturelle und sprachliche Gemeinsamkeiten mit den Wahehe auf, rechneten rassisch jedoch nicht zu diesen.

Im Gegensatz zu den Wahehe, die von den die Maji-Maji-Bewegung von Anfang an mitmachenden Wambunga, Wapogoro und anderen östlich Uhehe wohnenden kleineren Völkerschaften durch das mächtige Udzungwa-Gebirge geographisch getrennt waren und daher nur wenige kulturelle, religiöse und wirtschaftliche Kontakte mit diesen unterhielten, hatten die zum Teil östlich dieses Gebirges lebenden Wadzungwa und auch die weiter nördlich lebenden westlichen Wasagara enge Bindungen zu ihren östlichen Nachbarn. So bestanden vor allem mit Umbunga, dem Siedlungsgebiet der Wambunga, Handelsbeziehungen und insbesondere religiöse Kontakte, da der Exorzismus und die Zauberpraktiken, wie sie dort ausgeübt wurden, in hohem Ansehen bei den Wadzungwa und den westlichen Wasagara standen. Da beide Völker bisher kaum die deutsche Herrschaft zu spüren bekommen hatten und ihnen infolgedessen die militärische Macht der Deutschen verborgen geblieben war, waren sie unter den Einwohnern Uhehes am ehesten der Heilsbotschaft der *wahonga,* die von Umbunga und Upogoro aus nach Uhehe eindrangen, zugänglich.

Es war Mitte August 1905, als die ersten Maji-Maji-Emissäre die Kilombero-Ebene überquerten und in das östliche Hochland von Udzungwa einsickerten. Zumeist sprachen sie zunächst bei den örtlichen Jumben vor und forderten diese auf, die *dawa* unter ihren Leuten zu verteilen und diese zum Kampf gegen die Deutschen aufzuwiegeln. Dann eilten sie zum nächsten Ort weiter, um auch dort die Heilsbotschaft zu verkünden. Ihre Vorgehensweise war stets die gleiche: Sie drangen, ihre Dawa-Flasche tragend und bewaffnet mit Speeren und Schilden, mit lauten Rufe: »Honga, honga, na Topelkele[1]« in die Dörfer ein. Ein Zeuge berichtet[2]: »Sie tanzten auf allerlei Art. Einige trugen Glocken, andere Rizinusbohnen um den Hals und auf der Stirn und vieles andere... Einer von ihnen trat auf uns zu und fragte uns: ›Honga oder die Europäer, wer ist gut?‹ Wir schwiegen. Wir waren völlig verwirrt. Da sprachen sie uns noch einmal an: Wenn wir sagen: ›Honga oder die Europäer, wer ist gut?‹ so lautet Eure Antwort: ›Honga ist gut‹. – Dabei nahmen die *wahonga* eine drohende Haltung ein, so daß den Dorfbewohnern gar nichts anderes übrigblieb, als diese Antwort zu geben, wollten sie nicht Gefahr laufen, ihr Leben zu verlieren.«

Eingeschüchtert gehorchten die meisten Jumben in Ost-Udzungwa und schlossen sich mit ihren Untertanen den Wapogoro- und Wambunga-*wahonga* an. Doch einige der Jumben weigerten sich und ergriffen die Flucht. Gegen diese und gegen Zauderer gingen die Propheten Kinjikitiles rücksichtslos vor: Sie plünderten oder zerstörten das Eigentum dieser Jumben oder brachten diese sogar um. Einige dieser Dorfältesten, darunter Pangamasasi Mwamsuva von Muhanga, leisteten dem Vordringen der Heilsverkünder sogar offenen Widerstand. So kam es zu schweren Kämpfen in Udzungwa zwischen den *wahonga* und ihren Anhängern und den der deutschen Sache treu gebliebenen Jumben: Bei Kidenyenge (nahe Muhanga), wo Pangamasasi mit seiner Jumbenschaft geschlagen wurde, bei Tumbikamikila (nahe Ukwega) und

1 Topelkele: Derogativer Spitzname für die Deutschen.
2 MMRP 3/68/2/1.

bei Kivalamo, ebenfalls nahe Muhanga. In den beiden zuletzt genannten Gefechten steckten die *wahonga* schwere Schlappen ein und mußten sich zurückziehen. Von Udzungwa aus brachen die Rebellen anschließend in den Nordostteil Uhehes, in West-Usagara, ein. Auch hier reagierte die Bevölkerung unterschiedlich: Ein Teil der Jumben, manche von ihnen nur unter massivem Druck, schloß sich der Aufstandsbewegung an. Unter diesen befanden sich der Jumbe von Mahenge-Nord (35 km östlich von Iringa an der Straße nach Morogoro gelegen) namens Lohoha und der Jumbe von Ilula (ca. 40 km östlich von Iringa, ebenfalls an der Straße nach Morogoro gelegen) namens Simbani Chang à. Chang à begab sich sogar mit einer großen Anhängerschar persönlich nach Magidawa in Umbunga, um dort das *maji* abzuholen. Auf dem Rückweg wurde er von einer deutschen Streife gefaßt und später wegen Besitzes der *maji-dawa* auf die Insel Kilwa-Kisivani verbannt. Von Ilula drangen die Rebellen in zwei Stoßrichtungen weiter vor: Der eine Stoßkeil bewegte sich direkt auf das deutsche Machtzentrum Iringa zu, der andere rückte nach Norden vor. Letzterer gelangte zum Ort Image, wo sich den Aufständischen der dortige Ortsjumbe Mvinge Mwamkolomi, ein Hehe von Geburt, der gleichzeitig Oberjumbe von West-Usagara war, entgegenstellte. Er hatte schon vorher zwei Warnmeldungen an den Stationschef in Iringa, Hauptmann Nigmann, abgesandt, doch dieser hatte die Meldungen offenbar zunächst nicht ernst genug genommen und Mvinge beschieden, auf die deutschen Askari zu warten, diese würden bald eintreffen. Doch so lange konnte Mvinge nicht warten. Es kam in Mahenge-Nord zu einem schweren Gefecht zwischen den Image-Leuten und den Wasagara aus Mahenge-Nord unter Führung des Jumben Lohoha, die sich alle der Aufstandsbewegung angeschlossen hatten. Die Image-Leute wurden geschlagen. Mvinge selbst fiel.

Kurz nach den ersten von Jumbe Mvinge eingegangenen Warnhinweisen, deren Tragweite Nigmann offenbar zunächst nicht erkannt hatte, gingen weitere beunruhigende Meldungen in Iringa ein. Diese veranlaßten den Hauptmann, sich nun doch ernsthaft Gedanken zu machen: Am 24. August trafen mehrere farbige Händler in Iringa ein, die Nigmann berichteten, sie seien aus Ifakara geflohen, wo Aufständische Brandschatzungen begingen und die dortige Askari-Garnison der 12. Kompanie niedergemetzelt hätten. Bald darauf erhielt der Hauptmann ein durch Boten von der Station Mpapua befördertes Telegramm aus Daressalam, in dem das Umsichgreifen des Aufstands bestätigt wurde. Am 1. September gingen Meldungen von schweren Kämpfen bei Mahenge-Süd (Upogoro) ein, und noch am gleichen Tage trafen Boten des Jumben Pangamasasi aus Muhanga ein, der Nigmann dringend um Hilfe im Kampf gegen die Maji-Maji-Rebellen bat. Ebenfalls am gleichen Tage ging ein Hilfeersuchen des Hauptmanns v. Hassel ein, der von schweren Kämpfen um seine Station Mahenge (-Süd) berichtete, sowie eine höchst alarmierende Meldung, wonach sogar ein leiblicher Bruder Farhangas, eines angesehenen Wahehe-Häuptlings, die *maji-dawa* angenommen habe, was als ein bedenkliches Zeichen für die Haltung des gesamten Wahehe-Volkes gewertet werden konnte.

Nigmann befand sich in einer nicht beneidenswerten Lage: Er befehligte zwar eine der stärksten Truppeneinheiten, die zahlreiche kampferprobte Sudanesen umfaßte, doch seine Station lag inmitten des Wahehe-Volkes, des kriegerischsten und gefährlichsten Stammes im Schutzgebiet, und auch die benachbarten Völker, die Wapogoro und Wambunga im Osten, die Wangoni im Süden und die Wabena im

Südwesten, waren alles andere als friedfertige Völkerschaften. Der Hauptmann sah sich zwei vordringlichen heiklen Aufgaben gegenübergestellt:

1. Er mußte unter allen Umständen die Wahehe, die schon einmal der Truppe eine vernichtende Niederlage beigebracht hatten[3], zum Stillverhalten bewegen, da deren Teilnahme am Aufstand weitere Volksmassen, insbesondere die Wanyamwesi im Zentrum des Schutzgebietes, mit in den Strudel der Erhebung hineinreißen würde. Schon waren die Randgebiete von Uhehe, Udzungwa und West-Usagara von der Kriegsfackel erfaßt! Höchste Eile war geboten!
2. Der in arge Bedrängnis geratenen Nachbarstation Mahenge unter Hauptmann v. Hassel mußte rasche Hilfe gebracht werden, denn deren Fall würde unabsehbare Folgen für die gesamte Kolonie mit sich bringen.

Nigmann ging zunächst daran, seine Kompanie durch Einstellen ehemaliger sudanesischer Askari, die als Händler in Iringa lebten, auf Kriegsstärke zu bringen und die Boma in Verteidigungszustand zu setzen. Am 3. September brach er dann mit drei Europäern, 75 Askari und einem Maschinengewehr zu einer Strafexpedition auf. Der Jumbe Pangamasasi hatte ihm die Richtung gewiesen: Nach Südosten zum östlichen Udzungwa hin, wo sich den letzten Informationen zufolge die dortigen Rebellen am Mgeta sammelten. Um sein erstes Ziel zu erreichen, d.h. die Teilnahme der Wahehe am Aufstand zu verhindern, ging Nigmann nun ein gewagtes Spiel ein: Er wollte die wichtigsten Großen dieses Stammes mit einem Teil ihrer Krieger an sich binden und so unter Kontrolle halten. Auf diese Weise, so meinte er, würden dem Volk die Führer und ein Teil der wehrhaften Männer entzogen und diesen könnte nun bei der erhofften Besiegung der Wasagara- und Wadzungwa-Rebellen die Feuerkraft der deutschen Waffen und die Wirkungslosigkeit der *maji-dawa* drastisch vor Augen geführt werden. Gouverneur Graf Götzen bemerkt hierzu: „Dieser auf dreijähriger Landeserfahrung beruhende Entschluß war außerordentlich kühn, denn er barg große Gefahren für die fechtende Truppe und ihre Führer in sich, aber er sollte sich in der Folge als politisch und militärisch richtig erweisen«. In diesem Sinne erging durch Nigmann Weisung an 150 Wahehe-Großleute, sich mit ihren Kriegern seiner Expedition auf der Straße nach Udzungwa anzuschließen. In Iringa ließ der Hauptmann Stabsarzt Dr. Zupitza, zwei weitere weiße Soldaten und 40 Askari als Stationswache zurück.

Die Truppe marschierte zunächst nach Muhanga, dem Sitz des Jumben Pangamasasi (ca. 70 km südöstlich von Iringa). Dort traf sie zwei Tage später ein – gerade rechtzeitig: Pangamasasi wurde in arger Bedrängnis angetroffen, denn er war, wie schon berichtet, kurz vorher mit seinen Leuten von den Rebellen geschlagen worden, die ihm dicht auf den Fersen geblieben waren, sich nun aber, bei Annäherung der Truppe, rasch wieder nach Osten in Richtung Ifakara zurückgezogen hatten. In der Nacht vom 5. zum 6. September wurde das waldreiche Udzungwa-Gebirge überquert und mit dem beschwerlichen Abstieg in die Ulanga-Ebene mit ihrem gewaltigen Idete-Sumpfgebiet begonnen. In der Ebene angekommen, stieß die Expedition auf ein soeben von den Rebellen verlassenes Lager. Da durch Patrouillen festgestellt worden war, daß die Aufständischen sich geteilt hat-

[3] Anm. Verf.: Gemeint ist die fast vollständige Vernichtung des Expeditionskorps des Hauptmanns v. Zelewski bei Rubero am 17. August 1891; siehe Seite 49.

ten, beschloß Nigmann, in einem breiten Suchstreifen in drei Kolonnen weiter nach Südosten vorzurücken: Einer rechten Kolonne, geführt von Sergeant Zühlsdorff, einer mittleren Kolonne unter dem Sol Mursal Abdel Hadi und einer linken Kolonne unter Oberleutnant v. Krieg. Alle drei Kolonnen hatten mehrfach Fühlung mit dem weiter nach Osten zurückweichenden Gegner (zumeist Wambunga). Nur in einem Falle kam es zu einem heftigen, für die deutsche Seite aber siegreichen Gefecht: Am 7. September überfiel ein starker Wambunga-Trupp frühmorgens v. Krieg mit seiner Kolonne bei Kapalala. Die Rebellen wurden mit schweren Verlusten – 95 gefallene Krieger – abgewiesen, auf deutscher Seite fielen drei Askari und mehrere Rugaruga. Dieser Erfolg übte einen nachhaltigen Eindruck bei den die Kolonne begleitenden Wahehe-Großleuten aus, die mit Spannung darauf gewartet hatten, ob die der Wirkung des Zauberwassers zugesprochene Unverwundbarkeit eintreten würde, und nun mit eigenen Augen sich vom Gegenteil überzeugen konnten.

Kurz nach diesem Gefecht traf die Nachricht ein, daß der Gegner sich bei Ifakara wieder vereinige. Nigmann entschloß sich daher, seine Truppe ebenfalls wieder zusammenzufassen und dem sich sammelnden Gegner Ulanga (Kilombero) abwärts zu folgen.

Im Verlaufe dieser Verfolgungsoperation kam es zu zwei schweren Gefechten, einmal am Ruipa-Fluß, einem nördlichen Nebenarm des Ulanga (Kilombero), wo die Rebellen der Truppe den Flußübergang vergeblich zu verwehren versuchten, das andere Mal mitten in den Idete-Sümpfen, wo die Truppe, bis zur Hüfte in Kolonne zu Einem im Morast watend, unvermittelt aus einem Hinterhalt im hohen Sumpfgras angefallen wurde, jedoch den Angriff mit aufgepflanztem Seitengewehr unter Verlust von drei Mann abweisen konnte. Ohne weitere Behelligungen rückte dann die Kompanie weiter bis nach dem von den Rebellen in Brand gesteckten Ifakara vor. Hier wurde ein befestigtes Lager bezogen. Den Askariposten der 12. Kompanie fand man niedergebrannt vor, auf der Fahnenstange steckte noch der Kopf des ermordeten Postenführers.

In Ifakara erhielt Nigmann weitere Nachrichten durch Eilpatrouillen, die ihm von Iringa durch Dr. Zupitza nachgesandt worden waren. In diesen wurde über die immer noch bedrohliche Lage der Station Mahenge und deren Munitionsmangel berichtet. Schleunige Hilfe war nötig! Doch um nach Mahenge vorzustoßen, mußte der über 200 m breite und reißende Ulanga (Kilombero) überquert werden. Die Fährboote aber waren zerstört, die Herstellung improvisierter Flöße zu zeitraubend, ihre Verwendung zur Bezwingung des Flusses zu riskant, da Personal- und Materialverluste hierbei nicht auszuschließen waren. So wurde beschlossen, den sichereren, wenn auch erheblich längeren Weg, der westlich am Strom entlangführte, einzuschlagen.

Am 12. September wurde aufgebrochen, nachdem es kurz vorher noch auf der Dorfstraße von Ifakara zu einem Feuergefecht mit den Rebellen gekommen war, als diese überraschend einen Überfall auf die deutsche Truppe durchführten, der jedoch abgewehrt werden konnte. In Eilmärschen mit nur fünf bis sechs Ruhestunden pro Tag rückte die Kompanie in einem weiten Bogen nach Osten gegen Mahenge vor. Nach siebeneinhalbtägigem Marsch erreichte Hauptmann Nigmann mit seiner Truppe Mahenge, freudig und erleichtert von Hauptmann v. Hassels Garnison begrüßt.

Nach Auffüllen der Munitionsbestände der Station Mahenge bestand die wichtigste Aufgabe der Truppe hier darin, der Station wieder Bewegungs- und Operationsfreiheit zu verschaffen. Deswegen beschlossen v. Hassel und Nigmann, mit beiden Kompanien einen energischen Vorstoß gegen das Lager der Wambunga-Rebellen am Chikapula-Berg zu unternehmen und auf dieses einen Überraschungsangriff auszuführen. Eine günstige Feuerstellung – 600 m oberhalb des Rebellenlagers – wurde von Hassels Spähern auskundschaftet. Hassel berichtet über diesen Feuerüberfall[4]:

»Am 24. September 2 Uhr früh traten beide Compagnien die 2. und 12. zu einer vereinigt in Stärke von 3 Offizieren, 5 Unteroffizieren, 150 Mann, 3 M.G. zum Abmarsch an.

Kiwanga erhielt Befehl um 4 Uhr früh mit seinen Kriegern bis an den Chikapula vorzurücken. –

Lautlos verschwand alsbald die Truppe im Pori. Zwischen himmelan ragenden Marmorfelsen, auf die der Mond seinen silbernen Schein warf, und über schäumende Bäche ging es in die Stellung, wir fühlten uns bis zum äussersten Rande vor und bauten uns in aller Ruhe auf. Die 3 M.G. auf dem linken Flügel, die Comp. in Compagniefront. Es war noch sehr dunkel. Als der Tag kam, lag noch dichter Nebel im Thal, sodass wir erst gegen 6 1/2 das Lager erkennen konnten.

Ich ließ von den Europäern die Entfernung schätzen, jedem erschien das sehr schwierig in Anbetracht der hohen Lage. Von so hoch herab hatte noch niemand geschätzt. Wir einigten uns auf 1200 m.

Nigmann, der als ältester Offizier führte, ließ die Gewehre zugweise auf 1200 - 1300 - 1400 m einstellen. Dann Feuer eröffnen, zugweise Salven vom rechten Flügel. Die Salven rollten, die 3 M. G. knatterten und bellten, vielfaches Getöse als Echo, donnergleich grollend, hallte in den Felsen wider. Ich ging als Beobachter seitwärts heraus, ja die Geschossgarben sassen gut, das konnte ich am Verhalten der Rebellen erkennen. Ab und zu sah man Leute fallen, jedenfalls war eine große Erregung unter diesen Tausenden, die sich jedenfalls das ganze Schauspiel nicht erklären konnten. So dauerte es wohl einige 20 Minuten, ehe der Feind zu einem Entschluß kam, dann stob alles in wilder Flucht kopflos auseinander. Auf der Ifakara-Strasse sah man vielfach dichte Kolonnen nach Norden flüchten. Die Kiwanga-Krieger und Teile der Compagnie stiessen sofort nach und gaben manchen Rebellen den Rest. Wir bezogen Lager unweit des eroberten Lagers, viele Waffen und etwa 600 Reislasten wurden erbeutet, so viel Lebensmittel hatten wir noch nie erwischt, der Feind hatte gewiss die Absicht, noch lange Zeit hier vor der Station liegen zu bleiben.

Nun waren wir frei vom Feinde, der weitere Kampf im Pori gegen die Wabunga konnte beginnen.

Die von der Verfolgung zurückkehrenden Kiwanga-Krieger wurden mit den Reislasten nach der Station gesandt.

Die Truppe folgte am 25. September ...«

[4] Tgb. v. Hassel, S. 48 ff.

Mit dem Gefecht am Chikapula war für Mahenge die Bedrohung beseitigt und v. Hassel die Möglichkeit gegeben worden, selbst offensiv zu werden. Hauptmann Nigmann beschloß daher, sich nun wieder seinem Bezirk zuzuwenden, aus dem inzwischen über Dr. Zupitza in Iringa ungünstige Nachrichten eingegangen waren: Sowohl im Norden Uhehes, im Grenzland Usagara, wie auch im Südwesten, in Ubena, wurde die Lage bedenklich. Die beiden Wasagara-Stoßkeile hatten sich nach Besiegung der Image-Leute unter Mvinge vereinigt und stießen nun gemeinsam nach Iringa auf der Straße Morogoro – Iringa vor, während in Ubena sich ein Teil der dortigen Bewohner, der Wabena, der Maji-Maji-Bewegung angeschlossen hatten.

Aufgrund dieser Lagemitteilungen teilte Hauptmann Nigmann vor dem Abmarsch von Mahenge seine Kompanie in zwei Kampfgruppen auf: Oberleutnant v. Krieg übernahm die schwächere Gruppe, die zwei Europäer und 14 Askari umfaßte, und erhielt die Weisung, diese nach Eintreffen in Iringa um 30 Askari der dortigen inzwischen durch Reserve-Askari verstärkten Garnison aufzustocken und sich anschließend dem Nordosten des Bezirks zuzuwenden, um den Vorstoß der Wasagara abzuwehren. – Oberleutnant v. Krieg gelang es dann etwa zwei Wochen später, die Wasagara-Leute bei Lyasa nahe Image in einem Überraschungsangriff zum Kampf zu stellen und vernichtend zu schlagen. Die Wasagara flohen nach Norden in die Kipolo-Berge, wo sie sich unter unsäglichen Entbehrungen noch mehrere Monate versteckt hielten, sich dann aber schließlich doch den deutschen Militärbehörden stellten und in ihre verwüstete Heimat zurückkehrten. – Die Masse der 2. Kompanie ging in der zweiten, von Nigmann selbst geführten Kampfgruppe auf. Mit dieser wollte der Hauptmann nach Ubena marschieren, um der dort entstandenen bedrohlichen Lage entgegenzutreten. Auf die Vorgänge und die weitere Entwicklung der Lage in Ubena werden wir im übernächsten Kapitel zu sprechen kommen, uns nun aber erst – um die chronologische Reihenfolge der Aufstandsereignisse einzuhalten – dem äußersten Südwesten der Kolonie, Ungoni, zuwenden, wo inzwischen auch die dort lebenden Eingeborenen, die Wangoni, sich der Erhebung angeschlossen hatten.

12. Die Wangoni erheben sich

Der Prophet Amari Kinjalla kommt nach Ungoni – Nkosi Schabrumas Verhalten gegenüber Kinjalla und seiner Lehre – Verhalten Nkosi Mputas gegenüber der Heilsbotschaft – Eintreffen des Kimulungu am Luhire-Fluß – Vormarsch der Njelu-Krieger in Richtung auf die Missionstationen Peramiho und Kigonsera – Bezirksamtmann Richter erhält die ersten Warnmeldungen, seine Dispositionen – Das Gefecht bei Gumbiro – Das Gefecht bei Kikole – Die Flucht der Ordensleute aus Peramiho und Kigonsera zum Nyassa-See – Ermordung Pater Leuthners – Entsetzung Songeas durch Oberleutnant Klinghardts Truppe – Rückblick: Oberleutnant Klinghardts Expedition nach Ungoni – Sammeln der Wangoni-Krieger in Njamabengo – Der Überfall auf Njamabengo – Bemühungen der Wangoni-Aufstandsführer um Verbündete und Schußwaffen – Verfolgungsoperationen Nigmanns gegen die Wangoni – Sicherung des Nachschubs nach Songea – Die Überfälle der Rebellen auf das Ligangalager und auf die Nachschubkolonne Schulz bei Ruanda

Gleich nach der Eroberung des Postens Liwale brach der von der Aufstandsführung mit der Ausbreitung der Heilsbotschaft unter den Wangoni beauftragte *hongo,* der bereits im 8. Kapitel erwähnte Amari Kinjalla, nach Ungoni auf. Es war eine heikle und viel Geschick erfordernde Aufgabe, die dem Ngindo-Medizinmann aus Liwale bevorstand, denn sein Stamm wurde von der Wangoni-Aristokratie wegen seiner geringeren kriegerischen Eigenschaften und seines niedrigen sozialen Entwicklungsstands verachtet. Doch Kinjalla hatte Pluspunkte: Er kam zu einem Zeitpunkt nach Ungoni, wo die Aufstandsbewegung ihrem Höhepunkt zustrebte und schon mehrere beachtliche Erfolge, so die Eroberung des Postens Liwale und die Niedermetzlung der Karawane des Bischofs Spiss, errungen hatte. Die Kunde hiervon hatte sich in Windeseile bis weit nach Ungoni hinein ausgebreitet. Gerüchteweise verlautete dort auch, daß die Aufstandsbewegung durch die Geister der Ahnen unterstützt werde: Ein *kimulungu* (Geist), der eine *dawa* mit sich führe, sei von irgendwoher gekommen. Diese *dawa* müßte von den Kriegern getrunken werden, dann würden sie alle gegen die Kugeln der Weißen gefeit gemacht. Auch habe dieses *kimulungu* Affen bei sich, die auf die Häuser der Weißen kletterten und diese zum Zusammenfallen brächten. Schon gäbe es an der Küste kaum noch Europäerhäuser, sie seien bereits fast alle von den Affen zerstört worden. Diese Meldungen lieferten für die tief im Ahnenglauben verwurzelten Wangoni überzeugende Argumente für die Legitimation der Heilserwartungsbewegung.

Kinjalla konnte mit noch einem weiteren Pluspunkt aufwarten: Er war mit der Jumbin Mkomanile, einer Induna aus Ungoni-Mschope, dem Herrschaftsbereich des mächtigeren der beiden Wangoni-Nkosi, Schabruma, verheiratet, die obendrein noch Parangu, dem einflußreichen Bruder Schabrumas, unterstellt war.

Kinjalla machte sich zunächst auf den Weg zu Mkomanile. Unterwegs erfuhr er von einem weiteren Erfolg der Aufstandsbewegung: dem Sieg über die zum Entsatz Liwales von Songea aus abgesandte Patrouille des Sergeanten Thiede am 20. August (siehe 8. Kapitel). Auch diese Meldung verbreitete sich blitzschnell in Ungoni und machte starken Eindruck auf die Kriegshäuptlinge der Wangoni. Kurz danach gelangte Kinjalla, seinen Weg über die Straße Liwale – Songea nehmend, nach Likuju, in dessen Umkreis ein zurückgebliebener Teil des früheren Wangoni-Vasallenstammes der Wandendeuli lebte. Hier wurde Kinjalla sehr freundlich aufgenommen. Er begann sogleich mit der Verkündung der Heilslehre. Dabei verhielt er sich anders als die in Ungindo und Umbunga wirkenden *wahonga*: Er gab sich gegenüber dem einfachen Volk wesentlich distanzierter und nahm für seine Person göttliche Autorität in Anspruch, indem er sich als Sohn und Sendbote Gottes selbst ausgab. Sein Auftreten rief einen gewaltigen Eindruck in Likuju hervor. Ein Augenzeuge berichtet[1]: »Er war ein junger Mann und trug als Kleidung nur einen von einem weißen Gürtel gehaltenen weißen Lendenschurz. Ich konnte ihn jedoch nur von weitem sehen, denn Kinjalla mischte sich nicht unter einfaches Volk. Insgeheim sprachen die Ngoni von ihm als Gott oder Sohn Gottes.«

Von Likuju aus reiste Kinjalla weiter in Richtung Songea und gelangte schließlich nach Kitanda, wo Mkomanile residierte. Diese weihte er nun in die Geheimnisse der neuen Lehre ein. Die Jumbin griff diese begeistert auf. In der Zwischenzeit hatte die Nachricht über die *maji-dawa* mit ihrer wundersamen, gegen europäische Waffen gefeit machenden Wirkung auch den Aufenthaltsort des Nkosi Schabruma, Usangire (Alt-Gumbiro), erreicht.

Schabruma war die deutsche Herrschaft über Ungoni schon lange ein Dorn im Auge: Die Deutschen hatten durch ihre Eingriffe in das soziale, religiöse und politische Leben der Wangoni Schabrumas Autorität und die der anderen Wangoni-Herrscher systematisch untergraben und ihnen einen Großteil ihrer Privilegien fortgenommen. Dem Stamm wurde durch das Verbot der Kriegführung gegen Nachbarvölker und damit der Beutenahme und der Sklaven- und Frauenjagd die wirtschaftliche Grundlage entzogen. Schabruma und seine Anhänger sehnten sich zur vorkolonialen Zeit zurück, als die Vormachtstellung der Wangoni im Südwesten der Kolonie noch unangefochten war, und die Nachbarvölker in steter Angst vor den räuberischen Einfällen der Wangoni lebten. Doch die Wangoni-Aristokratie, so sehr sie auch die alten vorkolonialen Zustände wieder herbeisehnte, war sich uneins, ihr saß die Furcht vor den Deutschen tief in der Seele, denn deren Macht hatten sie schon mehrfach zu spüren bekommen. Was fehlte zur Abschüttelung des Kolonialregimes und zur Wiederaufrichtung der alten Wangoni-Herrschaft, war der gemeinsame Wille zum Kampf und die Kraft zur Überwindung der Furcht vor der deutschen Allmacht. Bot hier nicht vielleicht die mysteriöse *dawa* aus dem Osten den Schlüssel zur Lösung? War sie möglicherweise das kraftspendende Medium zur Überwindung aller Ängste? Könnte nicht die durch das Maji-Zaubermittel entfachte Aufstandsbewegung und die durch die Maji-Ideologie geschaffene Solidargemeinschaft der afrikanischen Stämme den Weg zur Abstreifung der kolonialen Fesseln auch für das Wangoni-Volk weisen?

Schabruma zögerte. Er besaß zwar die imponierendste militärische Organisation im Süden des Schutzgebietes, doch auch er fürchtete die Feuerkraft der deutschen Waffen und konnte sich nicht vorstellen, daß sie allein durch die Maji-Magie überwunden werden könnte. So beschloß er, seine Ahnen um Rat zu fragen, und schick-

[1] St. Ottilien, 11/1906, S. 185.

te einen Verwandten, den Kriegszauberer Kapungu, nach Ngarambe, wo angeblich auch die Geister seiner, Schabrumas, Ahnen, darunter der seines Großvaters, herbeigeschwört und Kolelo, der Gott des Wassers, um Rat gefragt werden konnten. Etwa zwei Wochen später kehrte Kapungu zu Schabruma zurück und meldete ihm, daß die Geister der Ahnen, u. a. auch der von Schabrumas Großvater, ihm erschienen seien und den Aufstand gegen die Deutschen befürwortet hätten.

Kurz nach Rückkehr Kapungus machten Kinjalla und seine Frau Mkomanile dem Nkosi Schabruma ihre Aufwartung und forderten ihn auf, die *dawa* zu nehmen und sich an der Verschwörung gegen die Deutschen zu beteiligen. Der gerade anwesende Bruder Schabrumas, der schon genannte Parangu (Mohamakiro), sprach sich sofort für die Annahme der *dawa* aus. Doch der Nkosi zögerte immer noch, sich auf den Kampf mit dem übermächtigen Gegner einzulassen, zumal auch sein Onkel, Mpepo, ihn beschwor, die *dawa* abzulehnen, da sie Betrug sei. Um alle Zweifel aus dem Wege zu räumen, befahl Schabruma nun die Durchführung von »Testversuchen an lebenden Objekten«. Zuerst wurde der Versuch mit einem Hund durchgeführt. Dieser wurde mit der *dawa* besprengt und dann mit einem Gewehr beschossen. Er starb. Doch das Versuchsresultat wurde verworfen, da das Objekt ein Tier gewesen war. Also mußte nun ein Mensch herhalten. Das arme Opfer war ein »Krimineller«, ein Ehebrecher, der angeblich einige Frauen des Nkosi verführt hatte. Auch dieses Experiment schlug fehl, der Unglückliche überlebte nicht. – Daß Schabruma nun dennoch die *dawa* annahm, blieb ein Rätsel. Zur Erklärung dieses Rätsels sind verschiedene Gründe angeführt worden. Eine Version besagt, daß Schabruma und die Stammesältesten nach Befragung der Medizinmänner und der Geister der Ahnen am Mahoka-Schrein zu der Ansicht gelangt seien, das Zaubermittel werde trotz der fehlgeschlagenen Experimente im echten Einsatz, d. h. auf dem Gefechtsfeld gegenüber den deutschen Waffen, wirksam werden. Entscheidend sei auch, so habe Kinjalla betont, daß die mit der Einnahme der *dawa* verbundenen Tabus und Weisungen, so z. B. die absolute geschlechtliche Enthaltsamkeit vor dem Kampf und auf dem Schlachtfeld Blickrichtung stets nach vorn zum Feind hin, streng eingehalten werden müßten. Wer diese Regeln mißachte, bei dem verliere der Zauber seine Wirksamkeit.

Schabruma kehrte bald danach in seine Residenzstadt Gumbiro zurück, wo er dann allen seinen Untertanen befahl, die Medizin zu trinken und sich zum Kampf gegen die Deutschen vorzubereiten. – Befriedigt zogen nun Kinjalla und Mkomanile weiter zu den anderen Wangoni-Großen, um auch diese für die Befreiungsbewegung zu gewinnen.

Der Nkosi von Ungoni-Njelu, dem anderen weiter nach Süden gelegenen Teilreich der Wangoni – er hieß Mputa Gama – verhielt sich anfänglich noch mißtrauischer gegenüber den beiden Maji-Maji-Sendboten als Schabruma. Die politischen Verhältnisse in Njelu waren allerdings auch wesentlich komplizierter als in Mschope, da Mputa viel geringere Autorität im Volke und in der Aristokratie genoß als Schabruma und mehrere Nebenbuhler, darunter der Induna Songea, der Held aus den Wahehe-Kriegen, und sogar einen Thronrivalen, den Sohn des früheren Nkosi, Usangila, hatte. Dieser sprach sich gegen den Krieg mit den Deutschen aus und suchte mit seinen Anhängern Zuflucht in der deutschen Boma in Songea (Bezirksamt). Mputa Gama begab sich auf Einladung Schabrumas – nach einigem

Zögern – selbst nach Gumbiro, wo er sich schließlich zur Teilnahme an der Erhebung überreden ließ. Hiernach kehrte er zu seiner Residenz Maposeni zurück. Hierher entbot er nun alle Manduna zu sich und forderte sie zur Teilnahme am Krieg gegen die Deutschen auf. Doch die Meinungen waren geteilt: Die jüngeren Häuptlinge stimmten für den Krieg, während die älteren zur Vorsicht mahnten. Schließlich entschloß sich die Mehrheit, wenn auch ohne viel Begeisterung, doch zum Kampf. Die Stimmung bei dieser Abstimmung soll teilweise fatalistisch gewesen sein. So soll Songea geäußert haben: »Laßt uns das maji trinken, wir kommen dann eben alle um[2].« Unter den einfachen Kriegern gab es viele, die zauderten, so daß sie unter Zwang und Todesdrohung zum Trinken der *dawa* bewegt werden mußten.

Über die nun folgenden Ereignisse in Njelu, die Stimmung im Lande und die Art und Weise der Einnahme der *maji-dawa* berichtet der Missionszögling Joseph Sihaba von der katholischen Benediktiner-Missionsstation Peramiho[3]:

»... Es mag der 5. September gewesen sein, da haben wir gehört: ›Das *kimulungu* ist am Luhire angekommen und Jumbe Mputa und alle seine Leute sind hingegangen, um *dawa* zu trinken.‹ Mputa ist zweimal nach Songea gerufen worden und ist nicht hingegangen, weil seine Leute gesagt haben: ›Herr, geh nicht nach Songea, die Deutschen haben für Dich einen Galgen hergerichtet, man will Dich aufhängen.‹ Darum ist er hingegangen, um bei dem *kimulungu dawa* und Kraft zu bekommen. Wenn er von der *dawa* zurückkomme, werde er alle seine Leute sammeln und mit Schabruma vereinigen, dann werden sie gegen Songea ausrücken und das *kimulungu* werde ihnen beistehen.

Das war keine Lüge, sondern eine ernste Sache. Am 7. September machte sich einer der Jumben in der Nähe der Mission auf den Weg, um bei Luhire, wo das *kimulungu* angekommen sei, selbst die Sache anzusehen, was eigentlich los war; Seit dieser Zeit waren die Leute sehr aufgeregt, niemand war mehr ruhig und wollte mehr arbeiten, man war gespannt, wann der Jumbe zurückkehre.

Alle Lehrer, die außerhalb der Station Unterricht gaben, kamen zurück und sagten, alle Kinder liefen davon. Am 8. September kam der Jumbe zurück und sagte, das *kimulungu* sei wirklich dort, man sehe es selbst zwar nicht, höre aber seine Stimme und seine *dawa* sehe man. Mputa sei auch dort mit allen seinen Leuten und nehme *dawa*. Das *kimulungu* habe dem Mputa befohlen, alle Wangoni herbeizurufen, daß sie *dawa* trinken, aber eigentlich sollen sie nicht trinken, sondern bloß vorn an der Brust und am Rücken und die Füße mit dieser *dawa* bestreichen und nach Hause sollen sie ein kleines Fläschchen voll mitnehmen und sich alle sieben Tage damit bestreichen und jeden Morgen die Fingerspitzen waschen, sonst aber nichts, und bei den Frauen sollen sie nicht schlafen, bis der Krieg zu Ende geführt sei.

Sein Mahl soll jeder für sich kochen, nicht die Frau. Mtamastengelchen sollen sie abschneiden und fünf, sechs, zehn, so viel jeder wolle, an einer Schnur zusammenbinden und auf den Kopf hängen; jeder solle nur Speer und Stock tragen und wenn sie zum Krieg gehen, sollen sie alles, was nicht Ngoni ist, niedermachen, außer wer auch *dawa* nimmt. Wer seine Ohren noch nicht durchbohrt hat, soll es tun, und wer

[2] aus: G. P. Mpangara: »Songea Mbano«, Seminararbeit, Universität Daressalam, 1966.
[3] Wehrmeister: »Vor dem Sturm«, S. 185 f.

nicht will, soll sterben. Die *dawa* getrunken haben, sollen sich jetzt auf eine andere Art begrüßen, nämlich ›Saidi‹, dann antworten die anderen ›Saidi‹, dann nochmal ›Saidi‹ und wieder antwortet man ›Saidi‹ und zum dritten Male ›Saidi‹ und wieder ist die Antwort ›Saidi‹, zum Schlusse sagen sie *›hongo hongo‹* oder *›boma maleika‹* und dann müßt ihr auch so antworten. Das Land soll dem *hongo* gehören und alles was darin ist. Nichts soll mehr den Europäern gehören, in der neuen Zeit will *hongo* nichts vom Steuerzahlen wissen, die Wangoni sollen sich darüber freuen. Der Mission soll nichts geschehen, weil sie keine Steuer nimmt. Die Christen sollen auch *dawa* nehmen, dann wird ihnen nichts geschehen. Wenn sie aber nicht wollen, dann ist *hongo* sehr bös darüber. Beim Luhire seien so viele Leute beim *kimulungu*, daß sie Songea leicht einnehmen könnten. Mputa soll so schnell als möglich alle Jumben und Leute sammeln und auch die in der Nähe der Mission sollen kommen. In zwei oder drei Tagen soll alles kriegsfertig sein. Wer nicht mittun mag, dem gibt das *kimulungu* keine gute Zukunft...«

Einige Manduna, unter ihnen die einflußreichen Putire Gama und Usangila Gama, weigerten sich strikt, der Befreiungsbewegung beizutreten, zum Teil weil sie stark unter dem Einfluß der Mission in Peramiho und Kigonsera standen, zum Teil aus Rivalität und Feindschaft gegenüber anderen Manduna. Ende August/Anfang September erfolgte die Taufe der Krieger. Da die von den *wahonga* aus Ungindo mitgebrachten Kalebassen mit dem *maji* nicht ausreichten, wurde Wasser aus den örtlichen Flüssen und Bächen genommen und nach Weihung durch einen *hongo* den Kriegern verabreicht. Dies geschah an verschiedenen Taufplätzen, so am Lundusi-Fluß nahe Peramiho, am Luhire-Fluß und bei Lumecha, wo der Induna Songea sein Kriegshauptquartier aufgeschlagen hatte.

Am 2. September ist es soweit: Mputa gibt Befehl, die Kriegstrommeln zu schlagen, die *matapatapa* (Kriegstänze und -gesänge) werden angestimmt, die Zeremonie des *»kuteta mahoka«*, der Anbetung der Ahnengeister und der Anflehung ihres Segens für einen siegreichen Ausgang des Krieges, vollzogen. Danach beginnen die Krieger das Pombegelage, das sich die ganze Nacht hindurch unter wilden Kriegsgesängen hinzieht. Viel Zeit für die Kriegsvorbereitungen ist nicht gegeben, denn der Liwale für Mschope hat die Vorgänge in Gumbiro und Alt-Gumbiro verfolgt und schon am 28. August Mitteilung an das Bezirksamt in Songea überbracht.

Am Morgen des 3. September brechen die Wangoni-Heere zum Luhire auf. In mustergültiger Ordnung und blitzschnell vollzieht sich der Vormarsch: Die Heere, in Regimenter (libanjas) mit je 200–300 Mann gegliedert und außer mit wenigen Vorderladern mit kleinen Schilden, Stoß- und Wurfspeeren, Kriegsbeilen und Keulen bewaffnet, sind beständig in Bewegung: Die einzelnen Regimenter marschieren in jeweils 1 km Abstand voneinander. Macht ein Regiment Rast, so marschiert das andere an ihm vorbei, ebenso das dritte an dem zweiten usw. Ist das letzte Regiment an dem ersten vorbei, so bricht dieses erfrischt und gestärkt wieder auf. Infolge dieser Marschtaktik entsteht der Eindruck einer unendlich langen Heersäule und können unglaubliche Strecken, zum Teil sogar im Dauerlauf, in dem die Wangoni-Krieger besonders trainiert sind, zurückgelegt werden. – Als Angriffsziel für Mputas Kriegerscharen sind zunächst die Missionsstationen Peramiho und

Kigonsera ausgewählt worden, dann soll gemeinsam mit Schabrumas Truppen Songea, das Zentrum der deutschen Kolonialmacht in Ungoni, angegriffen werden.

Doch sollten die Dinge einen anderen Verlauf nehmen, als die Ungoni-Herrscher es sich vorgestellt hatten:
Hauptmann a. D. Richter, der Bezirksamtmann von Songea, befand sich gerade auf einer Visitationsreise in seinem Bezirk, als ihm von einem Boten aus Songea eine durch Gouverneur Götzen über die Seekabelleitung nach Kapstadt und von dort über die Telegraphenleitung nach Karonga im britischen Nyassaland übermittelte Warnmeldung über den Ausbruch des Aufstands in den Bezirken Lindi und Kilwa zuging. Kurz darauf, am 22. August, erfuhr er, ebenfalls durch Botenmeldung aus Songea, von der bedrohlichen Lage des Postens Liwale und der Entsendung der Patrouille Thiede. Richter brach sofort nach Songea auf. Als er dort am 28. August eintraf, erfuhr er aus dem Munde des soeben nach Songea geflohenen Liwalen von Mschope von den Kriegsvorbereitungen der Wangoni und durch die elf nach Songea zurückgeflüchteten Askari vom Tod des Sergeanten Thiede und von der Eroberung der Station Liwale durch die Rebellen.

Der Bezirksamtmann richtete sein Hauptaugenmerk zunächst auf die Herstellung der Verteidigungsbereitschaft seiner Station. Diese hatte man in der Hoffnung auf einen dauerhaften Frieden in der Kolonie und aus Sparsamkeitsgründen vollkommen unbefestigt gelassen. Sie bestand aus einer Reihe von Häusern, die in dem buschreichen und unübersichtlichen Areal weit verteilt waren, das eigentliche Verwaltungsgebäude war nur von einer Holzpalisade umgeben – von einer Boma konnte daher eigentlich überhaupt keine Rede sein. Um die Station nun wenigstens notdürftig zu befestigen, mußte Richter einen Großteil seiner Leute für diese Arbeiten abstellen.

Dennoch riskierte er Anfang September, als er die Größe des Aufstands und die Entschlossenheit und den fanatischen Kampfgeist des Gegners noch nicht recht ermessen konnte, eine offensive Aktion. Er brach mit einer kleinen Truppe von zwei Weißen (Stabsarzt Dr. Panse, Elefantenjäger Sutherland), 31 Polizei-Askari und 25 Rugaruga nach Norden auf, um Schabruma bei seiner Residenz Gumbiro einzuschüchtern und von der Teilnahme am Aufstand abzuhalten. In Songea ließ der Bezirksamtmann eine schwache Besatzung von 20 Polizei-Askari zurück.

Schabruma, der noch mit der Austeilung der Medizin beschäftigt war und nur über die 500 Mann seines Leibregiments in Gumbiro verfügte, war von dem plötzlichen Erscheinen Richters mit seiner gut bewaffneten Truppe völlig überrascht. Doch der Nkosi war nun zum Kampf entschlossen und führte seine Wangoni sofort zum Angriff vor. Mit Stoßspeeren bewaffnet, rannten die noch nicht kampferprobten jungen Mschope-Krieger »mit fanatischem Ungestüm« gegen die deutsche Truppe an, während die gewehrtragenden Krieger von weitem ein wohlgezieltes Feuer auf diese eröffneten. Die Truppe bildete sofort ein »Abwehrknäuel« (heute würden wir sagen: sie igelte sich ein), mit dem Trägertroß aus Kettengefangenen in der Mitte. Richter befahl Schnellfeuer. Die Wirkung war vernichtend. 200 Krieger fielen im Feuerhagel. Auf deutscher Seite gab es nur einen einzigen gefallenen Askari. Damit war der Beweis erbracht, daß der Maji-Zauber auch auf dem Gefechtsfeld versagte. Doch Kinjalla, der bei diesem Gefecht zugegen gewesen war, beschwor den niedergeschlagenen Schabruma, nicht wankelmütig zu werden: Der Zauber habe ja gar nicht wirksam werden können, da ein Teil der Krieger ein wichtiges Tabu nicht eingehalten hätten: das strikte Verbot des Geschlechtsverkehrs vor dem Kampf. Schabruma blieb ohnehin keine andere Wahl als weiterzukämpfen: Er hatte sich mit der Eröffnung der Feindseligkeiten gegen Richters Truppe der Sache der Rebellen auf Gedeih und Verderb verschrieben. Ein Zurück gab es nun nicht mehr, es blieb nur noch der Kampf auf Leben und Tod gegen die Deutschen. Nach dem Gefecht bei Schabrumas Residenz zog sich Richter, der über den unerhörten Kampfgeist der Wangoni überrascht und nun um die Sicherheit Songeas besorgt war, sofort wieder nach dorthin zurück. Er erkannte, daß es unmöglich war, mit seiner kleinen Truppe gegenüber der geballten Macht des gesamten Wangoni-Heeres etwas auszurichten. Die nächsten sechs Wochen verblieb er in seinem Bezirksort, der inzwischen provisorisch in Verteidigungszustand gebracht worden war.

Unterdessen gewann der Aufstand in Ungoni immer weiter an Boden: Nun ging auch Mputa mit seinen Njelu-Kriegern zum Angriff über. Er hatte, wie erinnerlich, die Absicht, vereint mit den Mschope-Leuten unter Schabruma gegen Songea vorzugehen. Auf dem Marsch dorthin beschloß er aber, erst den 20 km westlich von Songea gelegenen Ort Kikole und die beiden katholischen Missionsstationen Peramiho und Kigonsera anzugreifen.

Kikole war die Residenz eines deutschfreundlichen arabischen Akiden namens Raschid Masud, eines schon in der vorkolonialen Zeit hier ansässigen Sklaven- und Elfenbeinhändlers, der im Laufe der Jahrzehnte durch seinen schwungvollen Handel mit den Wayao und Wapangwa einen großen Reichtum in Kikole angehäuft hatte. Er unterhielt auch eine starke Privatarmee aus Elefantenjägern, die mit modernen Hinterladern ausgerüstet waren. Auf den Reichtum dieses Händlers und auf dessen Waffenarsenal hatten es die Aufständischen abgesehen. Zunächst aber versuchte Mputa, auf friedliche Art Raschid Masud für sich zu gewinnen: Er forderte ihn auf, die *dawa* anzunehmen und mitzumachen. Doch der Händler lehnte dies strikt ab und zog sich in seine stark verbarrikadierte Linga (befestigtes Gehöft) in Kikole zurück. Bald darauf erfolgte der Angriff der Njelu-Wangoni auf die Linga. Sie wurden jedoch unter schweren Verlusten zurückgeschlagen. Den gefallenen Wangoni ließ Raschid die Köpfe abschneiden; diese wurden an der Straße nach Songea zur Abschreckung weiterer Angriffslustiger auf Stangen aufgespießt.

Nach diesem Fehlschlag wandten sich Mputas Heerscharen gegen die beiden Benediktiner-Stationen Peramiho (15 km westlich von Songea) und Kigonsera (70 km westlich von Songea), um diese zu stürmen. In Kigonsera war man bereits auf das Schlimmste gefaßt: Gerade war der Abt Norbert Weber aus St. Ottilien mit Gefolge eingetroffen und hatte die Nachricht von der Erhebung der Küstenleute und der Ermordung des Bischofs Spiss und seiner Gefährten überbracht. Wie gefährlich sich der Aufstand inzwischen ausgeweitet hatte, wurde den Ordensleuten in Kigonsera klar, als am 5. September morgens früh auf einem Ochsenkarren drei weiße Ordensschwestern in Begleitung eines weißen Mönches (Bruder Hermann) aus Peramiho eintrafen. Die vier völlig erschöpften Ordensleute, die die gesamte Nacht durch das von Rebellen wimmelnde Gebiet gezogen waren, berichteten, daß ganz Ungoni in hellem Aufruhr sei und der Superior ihrer Station, Pater Franziskus

Leuthner, sie, die Schwestern, zu ihrer Sicherheit nach Kigonsera geschickt habe, da Wangoni-Krieger im Anzug auf Peramiho gemeldet worden seien. Die übrigen Mönche würden später nachkommen, der Superior selbst aber habe die Absicht, in Peramiho zurückzubleiben, er wollte bis zuletzt dort bei seinen schwarzen Christen ausharren.

Trotz der gefahrvollen Lage glaubte Abt Weber, Kigonsera halten zu können, da die im Umkreis der Station lebenden Schwarzen zumeist dem Stamm der Wamatengo, erklärten Feinden der Wangoni, angehörten. Viele der Wamatengo waren außerdem als getaufte Christen treue Anhänger der Mission. Vorsichtshalber ließ der Abt jedoch die Station verteidigungsbereit machen. Doch bald wurde auch in Kigonsera die Lage immer brenzlicher: Von allen Seiten her schallte der Lärm der Kriegstrommeln zur Missionstation herüber, Boten, die vom Abt nach Songea und Wiedhafen am Nyassa-See mit der Bitte um Hilfe entsandt worden waren, kehrten unverrichteterdinge wieder zurück mit der Meldung, sie seien von aufständischen Wangoni verfolgt worden und nur knapp dem Tode entronnen. Zu allem Überfluß blieben nun auch immer mehr Wamatengo-Leute den Befestigungsarbeiten an der Station fern: Sie wurden in ihren Dörfern von Aufständischen unter Druck und Schlägen zur Einnahme der *maji-dawa* gezwungen.

Da entschloß sich Abt Weber schweren Herzens, die Mission aufzugeben und mit seinem weißen Personal nach Wiedhafen, dem heutigen Manda, zu fliehen. Am 8. September wurde aufgebrochen. Unter beständiger Lebensgefahr und auf schwierigen Pfaden abseits der Hauptwege erreichten die Flüchtlinge Tage später Wiedhafen. Doch die Bezirksnebenstelle dort war leer: Das Personal hatte sich kurz vorher mit dem Dampfer »Hermann von Wissmann« nach Alt-Langenburg (heute Ikombe) am Nordende des Nyassa-Sees abgesetzt. Da auch die Bewohner Wiedhafens, zumeist Wapangwa, sich dem Aufstand angeschlossen hatten, wähnten sich die Flüchtlinge in der Boma der Bezirksnebenstelle nicht sicher genug und zogen es vor, ein befestigtes Lager am Strand einzurichten. Ein Bote wurde nach Alt-Langenburg entsandt, und nun warteten die Ordensleute in ihrem Strandlager sehnsüchtig auf die Ankunft des rettenden Dampfers. Dieser kam einige Tage später, an Bord waren der Bezirksamtssekretär von Wiedhafen, Schulz, mit seinen zehn Polizei-Askari. Ein Teil der Flüchtlinge, der Abt mit den Schwestern, ging an Bord zur Fahrt nach Alt-Langenburg. Der Rest der Flüchtlinge, zusammen mit Amtssekretär Schulz und den Askari, verblieb noch bis zum 16. September im Strandlager bei Wiedhafen und wechselte dann auf Anweisung des Stationsleiters von Alt-Langenburg ebenfalls nach dorthin über.

Am 9. September erstürmten Wangoni unter Führung des Induna Mpambalioto die Missionsstation Peramiho, in der als einziger Weißer der Superior, Pater Leuthner, verblieben war. Leuthner, der bei den Njelu-Wangoni wegen seiner kompromißlosen Gegnerschaft zu den von ihm als »Götzendienerei« abgetanen Riten und Kulten der Wangoni bei diesen verhaßt war, wurde gefangengenommen und gebunden vor Mputa geführt. Was dann geschah, beschreibt der Benediktinerpater Johannes in einem Schreiben an die Erzabtei St. Ottilien vom 29. September 1905 aufgrund der Angaben von Gewährsleuten wie folgt[4]:

[4] St. Ottilien, 1/1906.

»... Daselbst (Anm. Verf.: In der Residenz Mputas in Maposeni) wurden ihm (d. h. Leuthner- Anm. Verf.) die Kleider ausgezogen und er bekam nur einen Fetzen, wie ihn die Wangoni selber tragen. Dann habe man ihn aufgefordert zu tanzen. Er habe gesagt: ›Das kann ich nicht, wenn ihr mich töten wollt, so tut es halt.‹ Darauf wollten sie ihn sofort töten, er aber bat: ›Laßt mich zuvor ein wenig beten!‹ Sie weigerten sich aber zu warten und schnitten ihm den Kopf ab. Dann sei sein Leib noch in betender Stellung geblieben, wohl eine Stunde lang. Die Wangoni erklärten: Er hat einen starken Geist *(huyu alikuwa na roho ngumu)*. Andere sagten: ›Sein Geist war wie ein Teufel‹ (in der Bedeutung er wollte nicht aus dem Leibe, er wollte nicht sterben). Daraufhin sollen sie den entseelten Leib verbrannt haben. Wahrscheinlich geschah das noch am 9. September, am Tage des Überfalls.«

Peramiho wurde von den Aufrührern in Brand gesteckt; das gleiche Schicksal widerfuhr der Station Kigonsera einige Tage später.

Nach dem Niederbrennen der beiden Missionsstationen rückten die Heerscharen des Nkosi Mputa von Westen her langsam gegen Songea vor, während Schabruma, der sich inzwischen von seiner Niederlage bei Gumbiro erholt und seine Truppen ebenfalls gesammelt hatte, von Norden her in Anmarsch auf das deutsche Machtzentrum war. Die Lage wurde höchst bedrohlich für die kleine Garnison in Songea, zumal auch die Verpflegung immer knapper wurde. In dieser kritischen Lage wurde der Garnison Songea am 1. Oktober endlich Entlastung in ihrer Bedrängnis gebracht. Diese Entlastung geschah allerdings von einer unerwarteten Seite her, nicht vom Osten, von der Küste, sondern vom Westen, vom Nyassa-See, und zwar in Gestalt des Oberleutnants Klinghardt mit einigen weiteren Weißen, 45 Askari und ca. 60 Hilfskriegern. Klinghardt gehörte zu der in Bismarckburg (heute Kasanga) am Südende des Tanganyika-Sees stationierten 6. Kompanie der Schutztruppe. Diese hatte vom Gouvernement um den 10. September herum die Anweisung erhalten, ein starkes Detachement in den nördlich des Nyassa-Sees gelegenen und von über hundert Europäern bewohnten Bezirk Langenburg (Landschaft Ukinga) zu entsenden, da auch von dort bedrohliche Nachrichten über angebliche Empörungen der Bevölkerung den Behörden in Daressalam zu Ohren gekommen waren. Aufgrund dieser Anweisung wurde Oberleutnant Klinghardt mit Unteroffizier Hoffmann und 20 Askari in den genannten Bezirk entsandt. Am 23. September erreichte die kleine Truppe Neu-Langenburg (Tukuyu), den Hauptort des Bezirks, fand dort allerdings die Lage entspannt vor. Selbständig faßte nun Klinghardt den Entschluß, nach Songea, das ihm am stärksten bedroht erschien, weiterzumarschieren, und »bewies damit«, wie Graf Götzen in seinen Erinnerungen schrieb, »daß ihm eine für den Kolonialoffizier wichtige Eigenschaft nicht fehlte: der Mut, auf eigene Verantwortung zu handeln, wenn die Lage eine andere geworden war, als sie den erhaltenen Befehlen zu Grund lag«.

Oberleutnant Klinghardt stellte rasch ein aus Askari der 6. Kompanie und der Polizeiabteilung Neu-Langenburg bestehendes Expeditionskorps, die spätere sog. »Seen-Kompanie«, zusammen. Die Truppe rückte dann nach Alt-Langenburg (Ikombe) vor und schiffte sich hier auf den Gouvernementsdampfer »Hermann von Wissmann« ein. Am 26. September setzte sie nach Wiedhafen über, um von hier in Eilmärschen quer durch das Küstengebirge nach Songea zu marschieren, wo sie, wie berichtet, am 1. Oktober eintraf. – Doch so willkommen diese Verstärkung für die Garnison dort war, für offensive Bewegungen, die über den Rahmen kleinerer Erkundungen und Fouragierunternehmungen hinausgingen, reichte sie bei weitem nicht aus, sondern »vermehrte nur«, wie Gouverneur Götzen bemerkte, »die Zahl der Esser auf der Station bedeutend«.

Eine echte Entlastung und die Aussicht auf eine Besserung der Lage für Songea brachte erst die Ankunft der 2. Schutztruppenkompanie aus Iringa unter Hauptmann Nigmann am 17. Oktober: Wie schon im 11. Kapitel angeführt, hatte sich dieser nach Abmarsch von Mahenge Ubena zugewandt, wo er dann in der Missionsstation Lupembe Nachricht von der bedrängten Lage Songeas erhalten hatte und am 9. Oktober nach dorthin aufgebrochen war (wegen der Ereignisse in Ubena siehe 13. Kapitel).

Während sich auf der deutschen Seite diese Ereignisse abspielten, begannen die aufständischen Wangoni, sich in einem Lager nahe der Maji-Taufstation Njamabengo an der Stelle, wo die über Liwale nach Kilwa führende *barabara* den Fluß Lumecha überquert, zu sammeln. Hierhin hatte sich Schabruma mit seinem Heer nach der Niederlage bei Gumbiro zurückgezogen. Infolge der starken Verluste und des Vertrauensschwundes der *maji-dawa* war die Moral der Krieger stark angeschlagen. Kinjalla war deshalb sofort nach Njamabengo geeilt, um die Moral der Krieger und ihren Kampfgeist wieder zu heben. Er wurde nicht müde, immer wieder zu betonen, daß die bei Gumbiro gefallenen Krieger die Tabus nicht eingehalten hätten, daß nun aber ein neuer *hongo* namens Selimani aus Liwale käme, der eine noch stärkere Medizin brächte. Diese würde nun bald am Lumecha verteilt.

Während Kinjalla den Kampfgeist der Schabruma-Truppe wieder zu heben versuchte, trafen die anderen Wangoni-Kriegerscharen, geführt von Mputa, Mpambalioto und Songea Mbano, im Lager Njamabengo ein, um die inzwischen eingetroffene neue Medizin zu empfangen und sich für den entscheidenden Schlag gegen die deutsche Boma in Songea zu rüsten. Dieser Schlag sollte von Njamabengo aus mit der geballten Kraft des gesamten Wangoni-Heeres ausgeführt werden.

Von dieser gegnerischen Kräftemassierung hatte die deutsche Führung in Songea erfahren. Richter, Nigmann und Klinghardt beschlossen nun, mit ihren vereinigten Abteilungen gegen diese Massierung bei Njamabengo, das nur drei Wegstunden östlich von Songea gelegen war, vorzugehen. Nach den eingegangenen Informationen umfaßten die Wangoni-Kräfte dort etwa 5000 Mann und waren damit rein zahlenmäßig der deutschen Truppe – 11 Europäer und 122 Askari – fast vierzigfach überlegen. Doch in ihrer Waffenausrüstung waren die Aufständischen den Deutschen mit ihren Distanzwaffen, den Schnellfeuergewehren und zwei Maschinengewehren, hoffnungslos unterlegen: Sie besaßen nur einige wenige Handfeuerwaffen, alles Vorderlader ohne jede Zielgenauigkeit, und ansonsten ausschließlich Wurf- und Stoßwaffen, die nur im Nahkampf einsetzbar waren.

Am späten Abend des 20. Oktober brach die Truppe von Songea auf. Gegen Mitternacht näherte sie sich dem Lager der Aufständischen, das sich in einem übersichtlichen, mit wenig Busch bestandenen Gelände befand. Trotz der für die Verteidigung ungünstigen Lage des Lagers hatten die Rebellenführer, die sich hier offenbar völlig sicher fühlten, es versäumt, Außenposten aufzustellen. So gelang es der deutschen Truppe, sich dem Lager bis auf etwa 700 m zu nähern, ohne bemerkt zu werden. Die beiden mitgeführten MG wurden auf einem Hügel an der Hauptstraße in Stellung gebracht. Beim ersten Tageslicht eröffneten diese mit einem rasenden Schnellfeuer den Überfall auf die völlig ahnungslos in ihren Hütten schlafenden Wangoni. Die Wirkung zeigte sich sofort: Eine Panik brach unter den schlaftrunkenen Kriegern aus und völlig kopflos flohen diese bald darauf nach allen Richtungen, ohne an irgendeine Verteidigung zu denken. Die Deutschen drangen in das Lager ein, stießen aber nirgends auf Widerstand. Ein Teil der Truppe, die Iringa-Kompanie und die Abteilung Klinghardt, brauchte überhaupt nicht eingesetzt zu werden.

Diese Niederlage brachte die Wangoni-Führer endgültig zu der Erkenntnis, daß die *maji-dawa* als Waffe unbrauchbar war und nur als ideologisches Instrument zur Fanatisierung, Aufreizung und Solidarisierung der Krieger und der Volksstämme in ihrem Kampf gegen das Kolonialregime eingesetzt werden konnte. Die Rebellenführer erkannten, daß sie unbedingt Verbündete und vor allem auch moderne, weittragende Feuerwaffen brauchten, wenn sie gegen die Schutztruppe bestehen wollten. Solche Waffen von dem arabischen Händler und Akiden Raschid Masud in Kikole zu erhalten, war, wie berichtet, fehlgeschlagen. Nun versuchten die Wangoni-Führer durch Kontaktaufnahme zu Nachbarvölkern Alliierte und moderne Waffen zu bekommen. So entsandte Schabruma eine Gruppe von Emissären mit der *maji-dawa* zu den benachbarten Wabena und Wapangwa. Sie sollten diese Stämme zur Teilnahme am Kampf gegen die Deutschen auffordern. (Über den Erfolg dieser Bemühungen wird im 13. Kapitel zu berichten sein.) In Njelu versuchte Songea Mbano Kontakt mit dem Sultan Mataka der Wayao in Portugiesisch-Ostafrika (Mozambique) aufzunehmen, der sich im Laufe seiner häufigen Kriege gegen die deutsche und die portugiesische Kolonialmacht ein großes Arsenal moderner Feuerwaffen angelegt hatte. Songea soll dem Sultan sogar eine Flasche mit dem Zauberwasser mit einem persönlichen Schreiben geschickt haben, in dem er Mataka aufforderte, 100 Mann mit Gewehren zur Eroberung der Boma in Songea und der anderen deutschen Stationen in Ungoni zur Verfügung zu stellen. Doch Mataka winkte ab: Er lehnte jede Beteiligung an der Aufstandsbewegung ab und verhielt sich völlig passiv.

Nach der Niederlage bei Njamabengo begann die Aufstandsführung in Ungoni, die Kriegstaktik umzustellen: Sie erkannte, daß sie mit Massenangriffen gegen die hohe Feuerkraft der modernen europäischen Distanzwaffen nichts ausrichten konnte. Um diese Schwäche zu überwinden und ihre primitiven Waffen, Wurf-, Hieb- und Stoßwaffen, dennoch zur Geltung bringen zu können, mußten sie die Deutschen zum Nahkampf zwingen, in dem diese ihre Distanzwaffen nicht zum Tragen bringen konnten. Das aber war nur durch Überfälle im tiefen Busch unter Ausnutzung des Überraschungsmoments und ihrer besseren Orts- und Geländekenntnisse möglich. Mit anderen Worten: Der Kleinkrieg oder Guerillakrieg war die einzige Möglichkeit, den Deutschen angesichts ihrer waffentechnischen und organisatorischen Überlegenheit noch Schaden zuzufügen und sie so schließlich mürbe machen zu können. Mit dieser Umstellung in der Kampfführung änderte sich auch in Ungoni das Kriegsbild: Aufgesplittert in viele kleine Kampfeinheiten mieden die Wangoni fortan das offene Gefecht und begannen, den deutschen Truppen, vor allem den kleineren Kolonnen, Patrouillen und Nachschubkarawanen, im unergründlichen Buschlabyrinth aufzulauern und Hinterhalte zu legen, um dann überraschend zuzuschlagen.

Nach dem Überfall auf das Rebellenlager bei Njamabengo teilte Hauptmann Nigmann seine Truppe in drei Abteilungen auf, um die Verfolgung des Gegners aufzunehmen. Doch dieser hatte sich offenbar auf der Flucht in zahlreiche kleine Trupps aufgelöst, denn beim Abstreifen des Geländes im Bereich Lumecha – Njamabengo kam es nur noch zu vereinzelten Zusammenstößen mit Wangoni. Am 25. Oktober vereinigten sich daraufhin die Suchkolonnen der Abteilung Nigmann wieder und marschierten geschlossen nach Usangire, der verlassenen Residenz Schabrumas. Diese wurde am 31. Oktober niedergebrannt. Anschließend trennten sich die einzelnen Truppenteile: Nigmann mit seiner Iringa-Kompanie (2. Feldkompanie) sah seine Aufgabe in Ungoni als beendet an und trat den Rückmarsch in seinen Bezirk an, wo neuerliche Unruhen seine Anwesenheit wünschenswert erscheinen ließen. Die Abteilungen Richter und Klinghardt kehrten nach Songea zurück. Wegen ihrer personellen Schwäche waren diese nun jedoch nicht mehr zu größeren Unternehmungen imstande, geschweige denn zur systematischen Unterwerfung der geschlagenen Wangoni. Hierzu bedurfte es einer stärkeren Truppenmacht. Diese wurde inzwischen an der Küste durch Zulauf weiterer Verstärkungen planmäßig aufgebaut.

Die große Sorge der Garnison in Songea war nach wie vor die Lösung des Verpflegungs- und Munitionsproblems. Hauptvoraussetzung für einen gesicherten Nachschub an Verpflegung und Munition war die Offenhaltung der Straße nach Wiedhafen. Um eine bessere Überwachung dieses Nachschubweges sicherzustellen, wurde nun – zusätzlich zu dem schon bestehenden und von der Hilfstruppe des Arabers Raschid Masud gehaltenen Posten Kikole – auf halbem Wege nach Wiedhafen am Ligangaberg nahe der Brücke über den Rovuma ein festes Lager eingerichtet, das von der Abteilung Klinghardt bezogen wurde. Dieses Lager war in der Nacht vom 17. zum 18. November Schauplatz eines Überfalls von Wangoni-Rebellen, die mit Gift- und Brandpfeilen vorgingen. Nur mit Mühe konnte sich die Abteilung des heftigen Ansturms erwehren. Einem zweiten Überfall konnte Klinghardt noch rechtzeitig durch einen Ausfall mit seiner Truppe gegen das feindliche Lager zuvorkommen.

Vor diesem Überfall hatte Klinghardt den Bezirksamtssekretär Schulz mit einer kleinen Truppe nach Wiedhafen geschickt, um von dort den Nachschub für Songea zu organisieren. Auf dem Marsch dorthin entging Schulz' kleine Truppe nur knapp der Vernichtung. Graf Götzen berichtet hierüber: »Unweit des Dorfes Ruanda, an einer Stelle, wo die Straße bergan steigt und durch mannshohes Gras hindurchführt, erfolgt auf Spitze und beide Flanken ein so plötzlicher Angriff, daß Europäer und Askari sich schließlich nur mit der blanken Waffe verteidigen können. Besonders auf die Europäer dringt der Gegner zu vieren und fünfen ein. Leutnant Schulz hat schon mehrere Wangoni niedergeschossen und erwehrt sich mit dem Gewehrkolben neuer Angreifer, als ihm ein Speer den linken Unterarm durchbohrt, so daß er infolge von Blutverlust die Besinnung verliert. Unteroffizier Hoffmann, der den Führer fallen sieht, läßt mit großer Umsicht und Ruhe Karree formieren. Durch die gute Haltung der Askari sowie die Bravour und das vorzügliche Schießen eines Kriegsfreiwilligen, des Elefantenjägers Sutherland, gelingt es, sich den Feind vom

Leibe zu halten. Ein anderer Kriegsfreiwilliger, der Bure Potgieter, bricht, einen Speerstich im Rücken, tot zusammen. Der Askari Schabah, der getragen wird, weil er in einem früheren Patrouillengefecht durch sieben Speere schwere Wunden erhalten hat, klettert aus seiner Tragbahre heraus, ergreift das nächste Gewehr und streckt noch einige Rebellen nieder. Schließlich läßt der Gegner mit einem Verlust von 37 Toten von der kleinen Abteilung ab. Von ihrer Mannschaft sind drei gefallen und eine größere Anzahl verwundet. Nachdem man die Verwundeten auf eine Anhöhe gebracht hat, die eine bessere Übersicht gewährt und ein günstigeres Schußfeld darstellt, werden in aller Eile Tragbahren angefertigt; dann wird langsam der Weitermarsch zum Njassa-See fortgesetzt...[5]«

In Wiedhafen eingetroffen, fand Schulz hier bereits eine Munitionskolonne unter Führung des Leutnants Schlüter vor, die im Begriff war, nach Songea aufzubrechen. Ehe diese Nachschubkolonne jedoch diesen Ort erreichte, hatte sich die Lage dort durch das Eintreffen eines von Major Johannes geführten Expeditionskorps grundlegend geändert. Die Initiative ging nunmehr endgültig auf die Deutschen über und damit wurde auch die Unterwerfung des Wangonivolkes eingeleitet. Die nun hier folgenden Geschehnisse werden im 17. Kapitel geschildert.

[5] Götzen, S. 144.

13. Die Aufstandsereignisse in Ubena und Usangu

Verdächtiges Verhalten der Wabena auf dem Predigtplatz Gomine – Ngosingosi setzt die Teilnahme der Wabena am Kampf gegen die Deutschen durch – Missionar Gröschel macht seine Missionsstation verteidigungsbereit – Missionar Hahn trifft in Yakobi mit Verstärkung ein – Der Sturm auf Yakobi – Gröschel räumt Yakobi und zieht sich nach Lumpembe zurück – Nachschub an Maji-Dawa trifft im Lager der Wabena-Krieger ein – Wasangu-Herrscher Merere im Zwiespalt: Das Lihomelo-Orakel lehnt Teilnahme der Wasangu am Aufstand ab – Die Wasangu-Krieger sammeln sich in Ilembula zur Heeresfolge für die Deutschen – Niederlage der Wabena bei Mdandu

Man schrieb den 3. September 1905. Es war ein Sonntag. Missionar Gröschel, Leiter der lutherischen Missionsstation Yakobi (Pangire) im Süden Ubenas, ca. 25 Kilometer südöstlich von Njombe, hatte soeben seinen Gottesdienst im Predigthaus der Station beendet, die malerisch auf einem kleinen, mit Gärten und niedrigen Bäumen bestandenen Hügel lag, von wo man einen herrlichen Ausblick auf die im Dunst schimmernden majestätischen Gipfel des Livingstone-Gebirges hatte. Gröschel wurde bereits erwartet: Der Akide Sana bin Said des Steuerpostens in Utengule-Ubena, der Residenz des Wabena-Königs Mbeyela, war mit einem Polizeiaskari eingetroffen, um in Yakobi »Steuerschauri« abzuhalten, d. h. die Hüttensteuer einzuziehen. Der Missionar vertröstete die beiden auf morgen, da er heute zu sehr durch seine Predigerpflichten in Anspruch genommen war, und lud sie für die Nacht in sein Haus ein. Dann machte er sich auf den Weg zum Predigerplatz Gomine (dem heutigen Igominyi), wo Mpangile, der jüngere der beiden Söhne Mbeyelas, seine Haupttembe hatte.

Der Missionar hoffte auf eine rege Teilnahme der Bewohner Gomines am Gottesdienst, hatte er sein Erscheinen dort doch schon am Tage vorher bei Mpangile angekündigt. Um so erstaunter und enttäuschter war er, als er bei seiner Ankunft in Gomine feststellen mußte, daß nur etwa 30 Frauen und fünf Männer sich am Predigtplatz eingefunden hatten. Die Männer verhielten sich sonderbar und reagierten auf die Frage Gröschels, wo Mpangile und die anderen Stammesältesten seien, ausweichend und zögernd oder gaben überhaupt keine Antwort. Angeblich, so erfuhr Gröschel schließlich, sei der Häuptling bei seinem Vater in Utengule-Ubena. Dem Missionar war schon lange aufgefallen, daß Mpangile, obwohl er auf Drängen seines Vaters den Bau der Kapelle in Gomine erlaubt hatte, sich gegenüber der Mission sehr kühl, ja fast ablehnend verhielt. Dennoch war er, wahrscheinlich aus Rücksichtnahme gegenüber seinem missionsfreundlicheren Vater, bisher stets bei Anwesenheit der Missionare in Gomine in seiner dortigen Tembe gewesen. Was mochten die Beweggründe sein, die Mpangile veranlaßt hatten, gegen seine Gewohnheit diesmal die Begegnung mit dem Missionar zu meiden und seinen Vater in dessen Residenz ausgerechnet an diesem Tage aufzusuchen? Und weswegen gaben sich die Leute in Gomine so sonderbar und warum waren nur so wenige Gottesdienstbesucher hier? Nachdenklich betrat der Missionar die Kapelle und begann den Gottesdienst vor der kleinen Zuhörerschaft.

Was er nicht wissen konnte: In den letzten Jahren hatte auch in den der lutherischen Mission bisher wohlgesinnten Kreisen der Wabena eine latente Abneigung, ja Feindseligkeit gegen diese um sich gegriffen. Zu Beginn ihres Wirkens in Ubena, d. h. Anfang der neunziger Jahre, waren die Missionare von der Mehrzahl der Wabena, deren Land zwischen den Wohngebieten der kriegerischen Wahehe und Wangoni eingekeilt und daher oft Schauplatz kriegerischer Auseinandersetzungen zwischen diesen beiden Stämmen war, freundlich aufgenommen und ihnen jede Unterstützung bei der Errichtung der vier Stationen der Missionsgesellschaft, Yakobi, Kidugala, Lupembe und Ilembula, gewährt worden. Der Grund hierzu lag vor allem darin, daß sich mit dem Auftreten der deutschen Kolonialmacht im Südwesten des Schutzgebietes den Stammesfehden und insbesondere der Austragung dieser Fehden auf dem Gebiet der Wabena ein Ende gesetzt und die »pax germanica« im Lande durchgesetzt wurde. Hinzu kam noch, daß die Missionare den Wabena in mancher Beziehung von Nutzen waren: Sie brachten ihnen eine ganze Reihe nützlicher handwerklicher Verrichtungen bei und auch manche Kenntnisse auf dem Gebiet der Medizin und Landwirtschaft; sie unterrichteten die Landeskinder im Lesen und Schreiben und boten ihnen Einkommensmöglichkeiten durch Arbeiten auf ihren Stationen; sie weckten durch Handel mit europäischen Erzeugnissen in ihnen Konsumbedürfnisse und trugen so zur Besserung des Lebensstandards der Wabena bei, der vielfach noch auf einer archaisch-primitiven Stufe stand. Diese wohlwollende Einstellung zur Mission änderte sich indes allmählich in dem Maße, wie die traditionellen Stammesführer mit wachsendem Ingrimm erkennen mußten, daß die Weißen, die in Ubena fast ausschließlich durch die Missionare repräsentiert waren, da die Kolonialadministration im Landesinneren noch in den Anfängen steckte, sich immer stärker wie die Herrscher im Lande aufführten und es verstanden, immer mehr Stammesangehörige, vor allem jüngere, an sich zu binden, sie tauften, ihnen fremdartige Namen gaben, sie lehrten, zu Gott statt zu »Masoka«, der heidnischen Gottheit, zu beten und sie im Bereich der Missionsstationen ansiedelten. Hinzu kam, daß die Missionare die Einhaltung der überkommenen religiösen und kultischen Riten und Bräuche, die die Grundlagen der tradierten Stammesführerschaft bildeten, als »Götzendienerei« verdammten und ihren Missionszöglingen deren Befolgung und Beachtung verboten. Die Entwicklung einer neuen, aufgeklärten gesellschaftlichen Schicht innerhalb des Stammes zeichnete sich ab und damit eine zunehmende Entfremdung zu den etablierten Führern.

Nun hatte es schon seit einigen Jahrzehnten, d. h. seit dem Krieg gegen die Wahehe unter Mkwawa, enge Kontakte zwischen den Wabena einerseits und den weiter im Nordwesten zum Quellgebiet des Großen Ruaha hin lebenden Wasangu unter König Merere und den südlich von Ubena lebenden Wangoni unter Schabruma andererseits gegeben. Besonders zu letzteren bestanden starke Bindungen, da diese auf ihren Kriegszügen nach Uhehe durch Ubena ziehen mußten und dabei die Wabena mit ihren als besonders wirksam geltenden Kriegsdawas bekannt machten. So war es nicht verwunderlich, daß Mbeyela und seine beiden Söhne Ngosingosi und Mpangile diese Bande wieder neu belebten, um Verbündete für ihren Kampf gegen die weißen Eindringlinge zu gewinnen und Kriegsdawa in die Hand zu bekommen, die auch gegen die Feuerwaffen der Weißen

gefeit machten. Doch ehe diese Kontakte zu den beiden Nachbarstämmen wieder aufgenommen wurden, trat Anfang September 1905 bei den Wabena eine völlig neue Entwicklung ein:
Eine große Zahl Wambunga-Krieger, alle in voller Kriegsausrüstung und mit dem Maji-Maji-Stirnkranz aus Hirsestengeln auf dem Kopf, waren, von Osten kommend, in Utengule-Ubena erschienen und forderten Mbeyela und seine Untertanen zum gemeinsamen Kampf gegen die weiße Herrschaft auf: Diesmal würde der weiße Mann unterliegen, denn sie, die Wambunga, hätten eine *maji-dawa* mitgebracht, die die Krieger gegen die Kugeln der Weißen gefeit mache und deren Häuser zum Einsturz bringen würde. Mbeyela war schon sehr betagt und fühlte sich für die Teilnahme an einem Krieg zu alt. Er rief seine Ratgeber herbei. Diese rieten Mbeyela, er solle seine beiden Söhne zu sich rufen: Sie sollten entscheiden, ob Krieg gegen die Kolonialmacht geführt werden solle oder nicht. Ngosingosi, der ältere der beiden Söhne, war nicht erreichbar, er war von den Deutschen nach Iringa entboten worden, doch der jüngere, Mpangile, machte sich sofort von seiner Residenz in Gomine auf den Weg nach Utengule-Ubena. So kam es, daß Gröschel, als er am 3. September in Gomine eintraf, Mpangile nicht antraf. Dieser, kaum daß er in Utengule eingetroffen war, ergriff sofort das Wort in der Ratssitzung. Er war ein jugendlicher Hitzkopf, der von einem glühenden Haß gegen das deutsche Kolonialregime erfüllt war. Alle Bedenken seines Vaters und der älteren Ratsmitglieder in den Wind schlagend, setzte er sich für ein sofortiges Losschlagen gegen die Deutschen ein, ohne erst zu warten, bis die anderen Wabena-Unterstämme sich der Aufstandsbewegung angeschlossen hätten. Mpangile und seine Anhänger im Rat gaben den Ausschlag: Der Krieg wurde beschlossen. Hauptangriffsziel sollte die lutherische Mission in Yakobi sein, Gröschels Wirkungsstätte.

Unterdessen hatte sich Gröschel wieder auf den Heimweg begeben, sorgenvoll, wenn auch nicht ahnend, welche für Yakobi bedrohliche Entscheidung am gleichen Tage in Utengule gefällt worden war. – Am folgenden Tage brachen die Steuererheber Hals über Kopf wieder auf. Sie hatten über Eilboten den Befehl erhalten, sofort nach Songea zu gehen, die Wangoni hätten sich gegen die deutsche Herrschaft erhoben. Andere Nachrichtenübermittler meldeten den Fall des Postens Liwale und die Niedermetzlung der Karawane des Bischofs Spiss. Gröschel, hellwach geworden, witterte sofort einen Zusammenhang zwischen diesen Vorfällen und dem sonderbaren Verhalten der Gomine-Leute sowie der Abwesenheit von Mpangile und konnte sich der dunklen Vorahnung nicht erwehren, daß sich hier eine allgemeine Verschwörung gegen die Deutschen anbahnte. Er schickte am 5. September morgens einen Eilboten nach Utengule-Ubena mit der Bitte an Mbeyela, ihn aufzusuchen, und forderte die Bewohner der Dörfer im Umkreis von Yakobi auf, sich auf der Missionsstation zu sammeln, wenn sie zu ihm halten wollten. Gegen Abend kehrte der zu Mbeyela entsandte Eilbote zurück und berichtete Gröschel von einer ungeheuren Menschenansammlung in Utengule, angeblich sollte dort eine schon längst verstorbene Häuptlingsfrau beweint werden, Mbeyela aber wolle in den nächsten Tagen Gröschel aufsuchen. Tatsächlich aber dachte Mbeyela gar nicht daran, der Aufforderung Gröschels nachzukommen, er hatte sich bereits zum Krieg durchgerungen und sammelte seine Heerscharen bei Utengule. Über 3000 Krieger trafen hier in den nächsten Tagen ein, alle zur Kennzeichnung als Maji-Maji-Krieger mit einem roten Tuch am rechten Arm versehen.

Gröschel hatte in der Zwischenzeit Verstärkung erhalten: Der Steuer-Kerani Sana bin Said war mit vier Askari zurückgekommen, nachdem der Versuch, sich nach Süden in Richtung Songea durchzuschlagen, mißglückt war. Bekümmert stellten die Askari fest, daß sie nur über wenig Munition für ihre Gewehre verfügten, so daß an eine längere Verteidigung Yakobis nicht zu denken war. Doch Gröschel war entschlossen, so lange wie möglich mit seinen schwarzen Christen auf der Missionsstation auszuharren, die er selbst vor über sechs Jahren gegründet hatte und die ihm zur zweiten Heimat geworden war. Der Missionar holte sich zunächst zur Verstärkung treugebliebene Männer aus den Nachbardörfern, die er alle mit Speeren bewaffnen ließ. Er beschloß – schon seines Berufes wegen –, sich bei einem Angriff auf Yakobi rein defensiv zu verhalten und nur das Wohnhaus der Station verteidigungsbereit zu machen, da dieses wegen seiner massiven Ziegelbauweise guten Schutz, auch gegen Brandfackeln, bot. In dieses Haus zogen sich nun alle Bewohner Yakobis und die dorthin Geflüchteten zurück, die Frauen, darunter auch Gröschels Ehefrau, und die Kinder in das obere Stockwerk, die Männer in das untere. Den Hofbereich des Stationshauses ließ Gröschel mit einem Palisadenzaun umgeben; im Umkreis des Stationshügels wurden Wachen aufgestellt.

Am 6. September morgens früh wurde Gröschel gemeldet, daß Mbeyelas Heer im Anzug sei und sich nur noch etwa 3/4 Wegstunde von der Station entfernt befände. In höchster Wachbereitschaft verging der Tag, doch Mbeyelas Krieger kamen nicht in Sicht. Am Nachmittag traf die Nachricht ein, daß das feindliche Heer, das unter der Führung Mpangiles stehen sollte, sich teile und sich nun der Missionsstation von allen Seiten her nähere. Am 7. September erfuhr Gröschel, daß auch die Wapangwa im Süden zu den Waffen gegriffen hätten; mehrere Steuereintreiber seien dort ermordet worden. Missionar Neuberg, wie Gröschel ebenfalls der Berliner Lutherischen Mission angehörend, habe seine Station Milow, ca. 60 km südlich Njombe, verlassen und sei auf der Flucht zur Missionsstation Kidugala, ca. 20 km nordwestlich Njombe, von aufständischen Wapangwa ausgeraubt worden, man habe ihn jedoch laufen lassen, »da er unschuldig sei und nicht im Streit mit den Wapangwa lebe«.

Gröschel erwog nun ebenfalls ernsthaft die Flucht nach Kidugala und ließ vorsichtshalber alle wichtigen Habseligkeiten packen. Man wollte gerade zur Flucht aufbrechen, da traf die Botschaft ein, ein Weißer mit einer großen Kolonne sei im Anmarsch. Es war der Missionar Hahn aus Lupembe, der Hauptstation der Berliner Lutherischen Mission, der von Superintendent Schumann, dem Leiter der Mission, tags zuvor zur Verstärkung der Station Yakobi losgeschickt worden war. Neuer Mut erfaßte die Bewohner von Yakobi. Man beschloß, weiter auszuharren und die Station bis zum letzten Blutstropfen zu verteidigen. Die nächsten Tage vergingen mit angespanntem Spähen und Wachen. Weitere alarmierende Meldungen vom Umsichgreifen der Eingeborenenerhebung trafen ein, an Entsatz durch Militär sei nicht zu denken, die Besatzung von Iringa, der nächstgelegenen Militärstation, sei unter Führung Hauptmann Nigmanns zur Ulanga-Ebene aufgebrochen, auch Ngosingosi habe sich dem Aufstand angeschlossen. Die letzte Meldung lautete, eine Entsatztruppe mit einem Sergeanten der Schutztruppe und 25 Askari aus Iringa sei auf dem Wege nach Yakobi.

Am 19. September war es soweit: Der Feind in Stärke von mehr als 2000 Kriegern war herangekommen, der Sturm auf Yakobi begann. Überlassen wir Missionar Gröschel das Wort[1]:

»...Wir, Missionar Hahn, meine Frau und ich, besprachen eben noch eifrig alle diese Nachrichten, als mir gemeldet wurde, es kämen große Heere (Amapuga) von Westen, von Gomine, auf die Station zu. Ich lief hinaus, sah nach der Richtung und wollte meinen Augen nicht trauen, aber es war doch Tatsache, in verschiedenen großen Haufen, gleich Heuschreckenschwärmen, kamen sie den langen Hügelrücken herab. Die ersten Haufen hatten sich schon bis auf eine Viertelstunde der Station genähert: auch auf dem Nachbarhügel südlich wurden andere Scharen sichtbar. O, das Herz drohte still zu stehen, und doch galt es nun schnell und entschlossen zu handeln! Alle Frauen und Kinder auf der Station mußten sich schnell auf den Boden flüchten, auch meine Frau mit unsern drei Kindlein. In die Zimmer stellte ich an jedes Fenster einige Leute mit Speeren, alle anderen Männer mußten sich auf der Veranda des Hauses sammeln, die mit Gewehren bewaffneten vorn an die Brüstung. Ich gab den strengen Befehl, erst zu schießen, wenn ich es sage. Die ersten Haufen der Feinde waren nun schon bis an die Palisade des Hofes gedrungen, sie teilten sich und marschierten immer in größeren Trupps an der Nord- und Südseite der Palisade entlang bis in die Nähe des Hauses. Ich stellte mich an die Vorderseite der Veranda und schrie dem ersten Trupp, als er sich bis auf Hörweite, etwa 20 Meter, genähert hatte, mehrere Male laut zu: ›Was wollt ihr?‹ und als keine Antwort kam, vielmehr neue Haufen nachdrängten, und die ersten schon versuchten, über die Palisade auf den Hof zu dringen, da rief ich noch dreimal: ›Zurück, oder wir schießen!‹ Auch darauf achtete man nicht im geringsten, und ich mußte nun das Feuer eröffnen. Die Kugeln wirkten unter den dichten Haufen bald furchtbar. Ich selbst hatte bis dahin kein Gewehr in der Hand. Als ich aber auf den Boden lief, um auch dort nach dem Rechten zu sehen, sah ich vom Giebelfenster aus, wie eine Schar, durch das kleine Nebenhaus von dem Feuer von der Veranda gedeckt, die Palisade demolierte und uns also von der Seite anzufallen drohte. Neben mir stand ein Mann mit einem Schrotgewehr. Ich riß ihm das Gewehr aus der Hand und feuerte beide Schrotläufe in den Haufen. Missionar Hahn trat neben mich mit seinem Karabiner, ich warf die Schrotflinte weg, ergriff den Karabiner und gab noch einige Schüsse ab, sah aber dabei schon, wie die ersten Haufen zurückwichen und flohen. Auch unten ließ das Feuer der Askari und der anderen Gewehre nach. Ich lief hinunter und wollte wieder auf die Veranda hinaus, da wurde ich aus der geöffneten Tür zurückgerissen ins Haus und hörte nur das Wort hinter mir: ›Dort zielt doch einer auf dich!‹ Zu gleicher Zeit krachte ein Schuß, und eine Kugel zerschlug einen Stein der Hausmauer neben der Tür, dicht über meinem Kopf. – Neue Haufen der Feinde stürmten nun wieder an; es fielen jetzt auch mehr Gewehrschüsse von der feindlichen Seite als am Anfang, meist aus Vorderladern. Auch dieser Ansturm wurde bald zurückgeschlagen. Ein Askari, der Polizist und Missionar Hahn stürmten nun vor auf den Hof an die Palisade, doch gelang es mir, sie zurückzurufen auf

[1] Gröschel, S. 157 ff.

unsern Verteidigungsplatz, die Veranda, und das war, glaube ich, ihr und unser aller Glück; denn auch die letzten neu ankommenden Heerhaufen des Feindes machten noch einen Angriffsversuch, der abgewiesen werden mußte. Der Kampf hatte etwa eine Stunde gedauert. Die Leute sagten mir, daß 30 Tote auf dem Kampfplatz geblieben seien. Andere Tote und viele Verwundete sind beim Rückzuge mitgenommen worden. Ich sah nur die acht Leichen, die in nächster Nähe gefallen waren. Nach den andern mich umzusehen, vermochte ich nicht, es war mir zu schrecklich...«

Von den Verteidigern der Mission unbemerkt, setzten die Aufständischen noch zu einem vierten Angriff an, nachdem sie erkannt hatten, daß sie mit ihren *migoboli* (Vorderladern) und Speeren im Frontalangriff nichts gegen die gut verschanzten Missionsleute hatten ausrichten können: Sie gingen in einem von den Verteidigern nicht einsehbaren toten Winkel an einer der Stirnseiten des Hauses, wo hohe Stapel von »Kisten« standen, zum Sturmangriff vor. Die vermeintlichen Kisten entpuppten sich jedoch als Bienenkörbe, wie den Angreifern gleich darauf schmerzhaft bewußt wurde: Als einer von ihnen gegen eine der vermeintlichen Kisten stieß, erhob sich ein Schwarm Bienen, die sich, in ihrer Ruhe aufgescheucht, wütend auf die Wabena-Krieger stürzten und etliche von ihnen durch Stiche fürchterlich zurichteten. In wilder Flucht stoben die Krieger zurück.

Auf Seiten der Missionsleute – es waren nicht mehr als zehn mit Gewehren Bewaffnete – kam während des Sturms auf Yakobi niemand zu Schaden, während die Verluste der Wabena 30 Gefechtstote und zahlreiche Verwundete betrugen. Viele der Verwundeten, die die Aufständischen auf ihrer Flucht zurücklassen mußten, wurden, wie ein Augenzeuge zu berichten wußte[2], von den schwarzen Christen der Mission, die sich nach Abzug des Feindes, mit allen möglichen Schlaginstrumenten bewaffnet, auf das Gefechtsfeld begeben hatten, erschlagen; »das gesamte Feld sei blutüberdeckt gewesen«.

Kaum hatte sich der Feind zurückgezogen – er sammelte sich in einiger Entfernung westlich der Station –, als von Osten her ein weiterer Trupp im Anmarsch auf Yakobi gemeldet wurde. Doch dieses Mal waren es keine Feinde, sondern Retter in der Not: Superintendent Schumann aus Lupembe mit mehr als 300 treugebliebenen Wabena-Christen. Sie kamen, um die Yakobi-Leute dorthin in Sicherheit zu bringen.

Am 20. September verließ dann Missionar Gröschel schweren Herzens Yakobi, die Stätte seines langjährigen Wirkens, zusammen mit seinen Anhängern und den Christen der Station Lupembe. Es war eine Karawane von über 500 Menschen, Frauen und Kinder mit eingerechnet, die am Morgen dieses Tages von der Missionsstation, das Lied *»nguluvi visu linge«* (»Eine feste Burg ist unser Gott«) auf den Lippen, in Richtung Lupembe aufbrach.

Im Lager der Wabena-Rebellen herrschte Niedergeschlagenheit. »Der Glaube an die wunderbare Medizin, wonach die Gewehre der Weißen nur Wasser schössen und ihre festen Häuser durch einen eintönigen Singsang *»bomo, bomo, sahidi, bomo, bomo, sahidi«,* welchen sie (Anm. Verf.: die Aufständischen), auch beim

2 MMRP 4/68/4/3, Aussage Mzee Abernego Mbwatila.

Ansturm sangen, von selbst zusammenfielen und daß außerdem, die diese Medizin genommen, kugel- und stichsicher wären, war erschüttert[3].«

In diese Phase, als der Kampfgeist der Wabena-Rebellen am Nullpunkt angelangt war, fiel die Ankunft der Maji-Maji-Sendboten Schabrumas, eines der Alliierten im alten Dreierbund Schabruma – Mbeyela – Merere, in der Residenz Mbeyelas, Utengule-Ubena. Mit sich führten sie die neue, stärkere Medizin des *hongo* Selimani aus Liwale. Mbeyela faßte die Ankunft dieser Emissäre als einen Fingerzeig Gottes, als einen Beweis dafür auf, daß jetzt für die Dreier-Allianz zwischen Wangoni, Wabena und Wasangu die Zeit gekommen sei, das alte Geheimbündnis zu neuem Leben zu erwecken und gegen die deutschen Kolonialherren gemeinsam loszuschlagen. Mbeyela erkannte, daß die *maji-dawa* weniger als Waffe gegen die Deutschen denn als Symbol der Einheit und Geschlossenheit der Schicksalsgemeinschaft der drei Völker zu verstehen war, das auch zur Wiederbelebung der angeschlagenen Moral seiner Krieger beitragen könnte.

Der Wabena-Herrscher trat sofort in Aktion. Er ließ die neue *dawa* unter seinen nun wieder Mut fassenden Kriegern verteilen, gleichzeitig aber schickte er Sendboten mit der Wunderdawa an den Dritten in der Allianz, Mgandilwa Merere (Merere IV), den Sultan der Wasangu. Als die Sendboten Mbeyelas bei Merere eintrafen, sah sich dieser vor eine äußerst heikle und zwiespältige Situation gestellt: Obwohl Merere nach Schabruma der mächtigste Herrscher im südlichen Teil des Schutzgebietes war und eine große, fast abgöttische Verehrung bei seinen Untertanen genoß, war er dennoch in seiner Autorität und seinen Machtbefugnissen eingeschränkt: Mereres Vater (Merere III) hatte zwar wiederholt zusammen mit Schabruma und Mbeyela gegen den gemeinsamen Feind, die Wahehe unter Mkwawa, gefochten, so daß aus der Zeit eine Art Waffenbrüderschaft zwischen den drei Völkern erwachsen war, doch hatten Mereres Wasangu später auch Nutzen aus der Zusammenarbeit mit den Deutschen gezogen, da diese die durch die Wahehekriege zerstörte Stammeseinheit der Wasangu wiederhergestellt hatten. Hinzu kam, daß Merere, ein relativ junger Mann, der seit zwölf Jahren regierte, auch durch religiöse Zwänge, die sich aus dem sog. Lihomelo-Kult, einmal in Gestalt einer Schlange, mal eines Krokodils, mal einer Katze auftretenden Orakel, ergaben, in seiner Macht eingeengt war. In allen wichtigen, den Stamm in seiner Gesamtheit betreffenden Fragen, z. B. der Erklärung eines Krieges, mußte der Herrscher die Priester des Stammes zu Rate ziehen, die als einzige das Orakel befragen durften[4] und hinter denen andere wichtige Persönlichkeiten der Dynastie, darunter die Mutter des Herrschers, Semkunja, und sein älterer Halbbruder, Mhavanginonya, und Stammesälteste, zumeist Veteranen aus den Wahehekriegen, standen.

So zauderte Merere, als Mbeyelas Emissäre ihn aufforderten, sein Volk zum Kampf gegen die koloniale Fremdherrschaft zu mobilisieren. Seine Antipathie gegenüber den Deutschen war genau so groß wie Schabrumas und Mbeyelas, aber er konnte wegen der erwähnten religiösen Schranken und politischer Gegenströmungen im eigenen Clan und in der Aristokratie des Volkes seine Krieger

3 Gröschel, S. 160.

4 Auch die anderen Herrscher befragten bei wichtigen Entscheidungen Orakel, allerdings ihre eigenen und nicht, wie in Mereres Fall, die der Priesterkaste.

nicht direkt zum Kampf aufrufen. Dennoch nahm er nach einigem Zögern für sich und einige seiner Gefolgsleute die *maji-dawa* an und sicherte Mbeyela sogar Heeresfolge zu. Bald danach aber sollte er dieses voreilig gegebene Versprechen bereuen, denn Semkunja und ein Teil der Wasangu-Stammesältesten, eingedenk der schlimmen Zeit der Vertreibung ihres Stammes aus der Heimat während der Wahehe-Kriege, verweigerten ihre Zustimmung, da sie es nicht zulassen wollten, daß ihr Volk erneut in einen Krieg verstrickt werde, obendrein noch mit einem so mächtigen Gegner wie den Deutschen. Auch Mhavanginonya, der nach Sangu-Recht ebenso die Nachfolge des Vaters hätte antreten können wie sein Bruder Mgandilwa, wenn nicht das Lihomelo diesem den Vorzug gegeben hätte, widersetzte sich den kriegerischen Absichten Mgandilwas. Doch dieser wollte sein Mbeyela gegebenes Versprechen nicht brechen und beharrte auf seiner Absicht, sich gegen die Deutschen zu empören. Daraufhin wurde das Lihomelo-Orakel befragt. Wie schon so oft vorher, spiegelte auch diesmal die Prophezeihung Lihomelos die allgemeine Ansicht der Priesterschaft und der hinter ihr stehenden Aristokratie des Stammes wider: Das Orakel vergoß blutige Tränen[5], mit anderen Worten: Sultan Merere wurde nicht erlaubt, die Waffen gegen die Kolonialmacht zu erheben.

Verärgert über diesen Entscheid des Orakels und über den damit verbundenen Prestigeverlust für sich, verschanzte sich Merere in seiner Litengule (Residenz) und tat kund, daß er nicht daran denke, nun plötzlich Partei für die Deutschen zu ergreifen, er wolle sich nun neutral verhalten. Alle Versuche des Merere-Clans und der Stammesältesten, ihn von dieser Haltung abzubringen, schlugen fehl. Erst als Hauptmann Nigmann, nach seinem Sieg über die Mahenge-Rebellen am Chikapula in seinen Bezirk zurückkehrend, von Merere kategorisch die Gestellung von Rugaruga zum Kampf gegen die Aufständischen in Ubena und Ungoni verlangte, lenkte Merere ein, um nicht in den Verdacht der Konspiration mit den Aufstandsführern zu geraten. Er zerstörte sämtliche in seinem Besitz befindlichen Maji-Kalebassen, verließ seine Litengule und begab sich zusammen mit seinem Halbbruder Mhavanginonya und mehreren tausend Wasangu-Kriegern zur Missionsstation Ilembula, wohin er von Hauptmann Nigmann entboten worden war.

Hier sammelte der Hauptmann ein ansehnliches Hilfsheer loyal gebliebener Afrikaner. Den Wasangu wies er nach ihrem Eintreffen ein gesondertes Lager abseits der anderen Rugaruga zu, da sie als »unsichere Kantonisten« galten. Merere selbst wurde von den Deutschen in Schutzhaft genommen. Zum Führer der Wasangu-Rugaruga wurde Mhavanginonya ernannt. Genau wie die Wahehe-Krieger mit ihren Anführern mußten nun auch die Wasangu-Krieger mit einem Großteil ihres Führerkorps den Deutschen Heeresfolge gegen die Maji-Maji-Rebellen leisten und konnten so von Nigmann fest unter Kontrolle gehalten werden.

Bald nach dem fehlgeschlagenen Angriff auf die Missionsstation Yakobi trug sich Mbeyela erneut mit Angriffsabsichten – im Vertrauen darauf, daß Merere sein ihm gegebenes Versprechen auf Beistand einhalten und sich am Kampf gegen die Kolonialmacht beteiligen würde. Mbeyela wollte mit dem von seinen Söhnen

5 Die Befragung des Orakels erfolgte jeweils dadurch, daß der Priester mit einem Stock auf dessen Kopf schlug. Vergoß das Lihomelo milchige Tränen, so würden die Wasangu in dem beabsichtigten Krieg siegen, vergoß es dagegen blutige Tränen, so mußten sie mit einer Niederlage rechnen.

geführten Wabena-Heer von Osten her in Richtung auf den deutschen Posten in Mdandu (an den östlichen Ausläufern des Kipengere-Gebirges gelegen) vorstoßen, während von Westen her die Wasangu-Krieger unter Merere gegen den Ort vorrücken sollten. Doch die Boma von Mdandu erwies sich als zu stark befestigt für einen Frontalangriff der Rebellen, und die erhoffte Unterstützung durch die Wasangu, die inzwischen Partei für die Deutschen ergriffen hatten, blieb aus. Auch von Seiten der Wangoni Schabrumas traf keine Hilfe für Mbeyela ein: Diese hatten sich nach ihrer Schlappe bei Njamabengo in kleine Gruppen aufgespalten, um zum Kleinkrieg überzugehen. Auch von Osten, von Mahenge her, konnte Mbeyela kaum mit Unterstützung rechnen, da in der Richtung nur auf primitiver Stufe lebende ethnische Splittergruppen ohne politischen Zusammenhalt lebten und große Naturhindernisse, steile Berge und tiefe, schmale Schluchten, Kontakte mit den noch weiter nach Osten bei Mahenge und zur Küste hin wohnenden größeren Stämmen, vor allem den Wapogoro, Wambunga und Wangindo, die sich größtenteils der Erhebung angeschlossen hatten, außerordentlich erschwerten.

Weiterhin auf die Ankunft der Wasangu hoffend, verblieben die Wabena-Rebellen noch eine Zeitlang in der Umgebung von Mdandu. Sie vertrieben sich die Zeit hier mit der Plünderung und Zerstörung der Dörfer der pro-deutschen Bewohner. Aus diesem Treiben wurden sie Anfang Oktober jählings herausgerissen, als plötzlich eine deutsche Kolonne, die sich aus einem von Sergeant Pietsch geführten Detachement der Iringa-Kompanie (2. Feldkompanie der Schutztruppe) und einer von Feldwebel Franz geführten Polizeiabteilung aus Neu-Langenburg zusammensetzte, auftauchte und in die Wabena-Massierung um Mdandu hineinstieß und sie zersprengte.

Am 6. Oktober traf Hauptmann Nigmann mit der Iringa-Kompanie beim Missionsort Lupembe ein, nachdem er die in Ilembula versammelten Rugaruga dort an sich gezogen hatte. Die nächsten Tage verbrachte Nigmanns Kompanie, unterstützt durch die Rugaruga, unter diesen fast 1500 Merere-Kriegern, mit der Säuberung Süd-Ubenas, wobei eine Reihe von Rebellengruppen zerschlagen wurden. Als sich nun die Lage in diesem Landstrich einigermaßen stabilisiert und die hier tätigen Missionare der Berliner Mission die ihnen noch verbliebenen Missionsstationen Kidugala, Ilembula und Lupembe – Milow und Yakobi waren nach der Räumung von den Aufständischen zerstört worden – in einen verteidigungsfähigen Zustand gebracht hatten, entschloß sich Hauptmann Nigmann aufgrund der ernsten Nachrichten über die Lage in Songea dorthin vorzurücken und der dortigen Garnison Entlastung zu bringen. Über die nun folgenden Ereignisse nach dem Erscheinen Nigmanns im Bezirk Songea wurde bereits im vorherigen Kapitel berichtet.

14. Die Wende zeichnet sich ab

Die Einheitsfront der Aufstandsbewegung zerbröckelt – Eintreffen der angekündigten Schutztruppenverstärkungen und Marineeinheiten – Nachschubprobleme – Übergang zur Taktik der »verbrannten Erde« – Gärungen in der Bevölkerung am Victoria-See, Einsatz von Seesoldaten bei Muansa – Überfall auf das deutsche Lager in Kibata (Matumbi) – Aushungerungskrieg gegen die Matumbi-Rebellen – Einsatz von Seesoldaten im Bezirk Lindi – Die Gefechte am Berge Ilulu – Das Gefecht bei Ng'hullu – Tod des Sultans Kiwanga – Inthronisierung Solimbingus durch Hauptmann v. Hassel – Das Gefecht am Ruipa – Die Wambunga sind zur Unterwerfung bereit – Hohlenkämpfe am Ruhudji – Niedermetzlung der Patrouillen Wiche und Abdel Hadi – Chitalikas Heer wird am Großen Ruaha geschlagen – Wangenheims Gefechte mit den Chitalika-Rebellen

Mitte Oktober 1905 trat eine gewisse Entspannung der Lage zugunsten der Kolonialmacht ein: Trotz ihrer geringen Kräfte und der dadurch bedingten häufigen Verschiebungen der Einsatzverbände von einem Aufstandsherd zum andern war es der Schutztruppe im wesentlichen gelungen, den Großteil der Europäer in der Kolonie und der von ihnen geschaffenen Werte zu retten und die Regierungs-Stationen in den aufständischen Landschaften – mit wenigen Ausnahmen – zu sichern. Dieses Ziel war an der Küste dank des Einsatzes des Kreuzers »Bussard« und seiner Landungsabteilungen bereits innerhalb der ersten drei Aufstandswochen erreicht worden, während dies im Innern wegen der unzulänglichen Kräfte, der dürftigen Transportmittel und der Unwegsamkeit und Weiträumigkeit des Landes einen längeren Zeitraum in Anspruch genommen hatte. Aber auch hier war diese Aufgabe schließlich mit der Entsetzung Songeas Mitte Oktober durch Hauptmann Nigmann erfüllt worden. Hier, im Süden des Schutzgebietes, konnte die Truppenführung zum ersten Mal einen entscheidenden Erfolg in der Eindämmung der Aufstandsbewegung für sich verbuchen: Die Ende August durch die Wangindo-Aufstandsführer eingeleitete Expansion der Heilserwartungsbewegung nach Westen hin wurde mit der Schlappe der Aufständischen bei Mahenge, dem Überwechseln des einflußreichen Wasangu-Herrschers Merere auf die deutsche Seite und der Nichtteilnahme der Wahehe am Aufstand zum Stillstand gebracht. Der Zusammenhalt zwischen den aufrührerischen Stämmen begann zu bröckeln! Der Krieg nahm nun immer deutlicher regionale Züge an, der Zerfall in viele kleine Widerstandsnester, in den nördlichen Landstrichen, in Matumbi, Kitschi, Usagara und Uluguru schon früher erkennbar, setzte nun auch im tiefen Süden des Aufstandsgebietes ein. Die einheitliche Aufstandsleitung hörte auf: Ein großer Teil der *wahonga,* der religiös-charismatischen Führerschaft, deren Einfluß weit über das eigene Volk hinaus gewirkt und die auch die Herrscher der benachbarten Völkerschaften in ihren Bann gezogen hatte, war im Gefecht gefallen oder von den Deutschen hingerichtet worden, oder, sofern sie noch lebten, war ihre Glaubwürdigkeit mit dem Versagen der *maji-dawa* als Waffe fraglich, ihre Anhängerschaft kleiner geworden. An ihre Stelle traten nun die etablierten Stammesherrscher. Unter ihrer Führung setzten die Stämme den Kampf fort, doch nun immer seltener in geschlossenen Massen, sondern aufgesplittert in zahlreiche kleine, aber sehr bewegliche Kampfgruppen. Größeren Gefechten, vor allem im offenen Gelände, wurde zumeist ausgewichen, der erbarmungslose Kleinkrieg im Buschlabyrinth begann.

Eine weitere Entspannung ergab sich für die deutsche Seite durch den Zulauf der aus der Heimat angeforderten Verstärkungen. Am 15. September traf der Dampfer »Koerber« des Österreichischen Lloyd mit der avisierten Marineinfanterie-Kompanie unter Führung des Hauptmanns Schlichting (5 Offiziere, 1 Sanitätsoffizier, 16 Unteroffiziere und 150 Seesoldaten) sowie einem für S.M.S. »Bussard« bestimmten MG-Detachement in Stärke von drei Offizieren und 53 Unteroffizieren und Mannschaften im Hafen von Daressalam ein. Die Truppen wurden sofort ausgeschifft und mit zwei Gouvernementsdampfern nach Kilwa und Lindi befördert. In diesen Ortschaften und anderen küstennahen Orten fanden sie nun Verwendung als Besatzungs- und Sicherungstruppen und machten so Schutztruppen- und Polizeieinheiten für die wichtigeren Aufgaben der direkten Aufstandsniederwerfung frei. Im Laufe der folgenden Monate wurde die Marineinfanterie auch als Besatzungstruppe in weiter landeinwärts gelegenen Stützpunkten eingesetzt, von denen aus die Schutztruppe gegen den Gegner operierte. Auch zu Fouragier- und gelegentlichen Patrouilleneinsätzen wurde die Seesoldatenkompanie herangezogen. Nur in einigen wenigen Fällen, über die gleich noch zu berichten ist, standen Seesoldaten im direkten Feldeinsatz.

Eine weitere Verstärkung an Machtmitteln brachte die Ankunft der beiden zusätzlichen Kreuzer, der »Thetis« und der »Seeadler«, am 26. September bzw. 2. Oktober, die ebenfalls Personal als Besatzungstruppe in den Küstenorten abgaben und durch ihre Präsenz abschreckend auf etwaige Aufstandsabsichten der Küstenbevölkerung wirkten.

Zur Vermehrung des weißen Ausbildungs- und Führungspersonals für die neu aufzustellenden Einheiten der Schutztruppe trafen am 23. September 20 Offiziere, vier Sanitätsoffiziere und 27 Unteroffiziere ein. Die Truppe war inzwischen auch um einige hundert Mann farbiges Personal, darunter in Massaua/Eritrea (Italienisch-Ostafrika) angeworbene Leute, vermehrt worden. An einen sofortigen Einsatz dieser Neuaufstellungen war indes noch nicht zu denken, da die neu eingestellten Askari allesamt Rekruten waren und einer längeren Ausbildung für den Waffen- und Feldeinsatz bedurften.

Mühe bereitete auch der Nachschub an Ausrüstungsmaterial und Munition, besonders für die fernab im Hinterland gelegenen Stationen. Da Eisenbahnverbindungen und andere Verkehrswege in das Landesinnere fehlten und die aufständischen Gebiete gemieden werden mußten, war man gezwungen, die Nachschubtransporte dorthin größtenteils über Britisch-Ostafrika, hier mit der Ugandabahn und dann mit britischen Dampfern über den Victoria-See, und über das portugiesische Mozambique, hier über den Sambesi und dann ebenfalls mit britischen Schiffen auf dem Nyassa-See nach Norden, zu leiten. Der weitere Transport erfolgte dann in Karawanen auf den Köpfen von Trägern, wozu starke Bedeckungen erforderlich waren, die der kämpfenden Truppe entzogen werden mußten.

Wie erinnerlich, hatte der Gegner inzwischen von seinen Angriffen auf die großen Plätze abgelassen und sich in entlegeneres und schwer zugängliches

Gelände zurückgezogen, von wo aus er, meist in kleinen Trupps operierend, die Bevölkerung, soweit sie sich passiv oder pro-deutsch verhielt, terrorisierte und der Truppe einen aufreibenden Kleinkrieg lieferte.

Da die Erhebung mit dem Übergang auf den Kleinkrieg in ein anderes Stadium getreten war, mußte die Truppenführung nun Überlegungen darüber anstellen, wie sie dieser neuen Herausforderung durch eine Änderung der eigenen Taktik begegnen könnte, um den flüchtigen Gegner auch in der Tiefe des Busches und in den zerklüfteten Berggebieten fassen und vernichten zu können. Nachdem dieser sich in viele Widerstandsgruppen aufgelöst hatte, die sich über riesige Einsatzräume verteilt hatten, blieben konzentrische Aktionen mit dem Ziel der Einkesselung des Gegners mehr oder weniger Schläge ins Leere. Da kam man auf die Idee, einen Schwachpunkt, der der neuen Art der gegnerischen Kriegführung anhaftete, auszunutzen: Um nicht zu verhungern, waren die Aufständischen gezwungen, ihre Felder zu bestellen oder, wo dies wegen der Gegenaktionen der deutschen Truppen nicht möglich war, die Unterstützung der nichtaufständischen Teile der Bevölkerung ihrer Operationsräume in Anspruch zu nehmen oder diese zur Herausgabe von Nahrungsmitteln zu zwingen. Die Truppenführung beschloß daher, die Kriegführung in diesem Sinne auf eine völlig neue Grundlage zu stellen und der Beschlagnahme und Vernichtung von Nahrungsmitteln und der Ernte auf den Feldern, der Fortnahme des Viehs sowie der Zerstörung der Dörfer, der Brunnen und der Nahrungsmittellager in den Kriegsgebieten in Zukunft den Vorrang vor der eigentlichen Bekämpfung des Gegners einzuräumen. »Nur Hunger und Entbehrungen«, so schreibt Hauptmann v. Wangenheim, Führer der deutschen Einsatzverbände im Bezirk Morogoro ab Oktober 1905, in einem Bericht an das Truppenkommando in Daressalam, »führen letztlich zur Unterwerfung des Gegners. Militärische Aktionen allein können hier nur ein Tropfen auf den heißen Stein sein.«

Anfang Oktober 1905 hatte die Aufstandsbewegung ihre größte Ausdehnung erreicht. Sie hatte den gesamten Süden der Kolonie erfaßt bis zu einer Linie von Daressalam über Morogoro nach Kilosa und von dort in südwestlicher Richtung bis nach Alt-Langenburg (Ikombe) am Nordufer des Nyassa-Sees. Damit war die Bevölkerung von fast einem Drittel des gesamten Territoriums der Kolonie in die Erhebung hineingezogen worden. Nun war eine gewisse Stabilisierung eingetreten. Alle Anstrengungen der Truppe waren jetzt darauf gerichtet, eine weitere Ausdehnung der Eingeborenenerhebung nach Norden und Nordwesten hin zu verhindern.

Ganz besonderes Augenmerk mußte hierbei auf den volkreichsten Stamm des Schutzgebietes, die um Tabora herum und in den nördlich hiervon gelegenen Landschaften wohnenden Wanyamwesi, gerichtet werden, rekrutierte sich doch aus diesen der größte Teil der einheimischen Askari und Träger der Schutztruppe. Sie und ihre am Südufer des Victoria-Sees ansässigen Stammesvettern, die Wasakuma, rechneten zu den intelligentesten Volksgruppen in Ostafrika, sie besaßen einen ausgesprochenen Erwerbssinn und waren daher auf ihrer Suche nach Arbeit und Erwerb in großer Zahl ständig in Ostafrika unterwegs. Daher war mit großer Wahrscheinlichkeit anzunehmen, daß Kunde von der Maji-Heilsbewegung bereits in jedes Dorf dieser beiden Volksstämme gedrungen war. Falls sich auch die

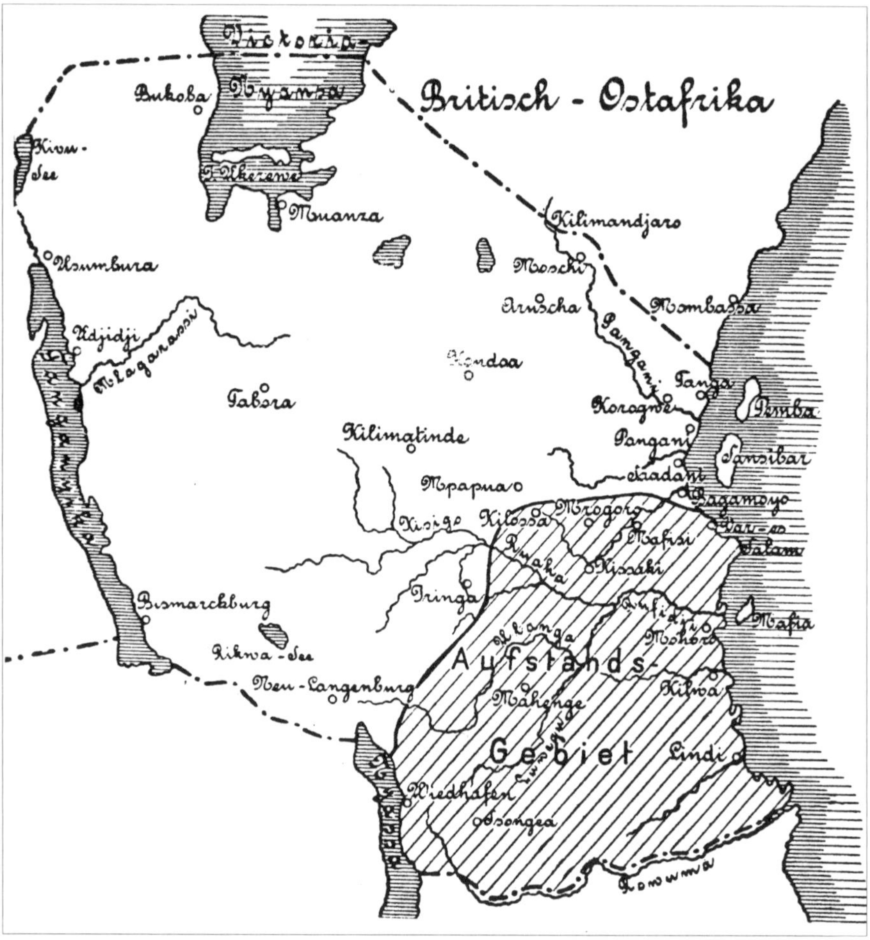

Karte 6: Das Aufstandsgebiet zum Zeitpunkt der größten Ausdehnung (Oktober 1905)

Wanyamwesi erheben würden, könnte sich dies für die Kolonialverwaltung katastrophal auswirken, der Krieg könnte sich dann unberechenbar lange hinziehen, riesige Kosten verursachen und den Verlust der besten Arbeiterquelle für alle europäischen Unternehmungen in der Kolonie bedeuten. Selbst die Truppe mit ihrem hohen Anteil an Wanyamwesi-Askari und -Trägern würde dann zu einem Unsicherheitsfaktor werden. Daß es bisher trotz der eifrigen Aktionen der *wahonga* in Unyamwesi ruhig geblieben war, lag vor allem daran, daß in Tabora eine mächtige Boma mit einer starken Garnison der Schutztruppe bestand und die Wahehe, das mächtigste südliche Nachbarvolk der Wanyamwesi, bisher zum überwiegenden Teil hatten in Zaum gehalten werden können.

Um den 5. Oktober herum traf beim Truppenkommando in Daressalam Nachricht ein, die den Befürchtungen, auch in Unyamwesi könnte es zu Gärungen in der Bevölkerung kommen, neue Nahrung gab: Oberleutnant Baumstark, der Chef der 11. Feldkompanie in Muansa am Victoria-See, meldete, die örtlichen deutschen Kaufleute, beunruhigt durch heimliche Zusammenkünfte der Eingeborenen im Umkreis, befürchteten ein Übergreifen des Aufstands nach dort, auch sei auf die Treue und Zuverlässigkeit der größtenteils unter der heimischen Bevölkerung angeworbenen Askari seiner Kompanie nicht mehr unbedingt Verlaß. Gouverneur v. Götzen veranlaßte daraufhin die sofortige Verlegung eines Teils der Askari Baumstarks, d. h. der besonders unzuverlässigen Wasakuma-Askari, nach Daressalam im Austausch gegen ein Detachement der Marineinfanterie in Stärke von drei Unteroffizieren und 29 Seesoldaten unter Leutnant v. Milczewski.

Das Detachement wurde auf schnellstem Wege über Kenia mit der Ugandabahn nach Port Florence am Nordufer des Victoria-Sees und von dort mit einem britischen Schiff nach Muansa befördert, wo es am 15. Oktober eintraf. – Mit der gewohnten Übertreibung der Afrikaner und in Windeseile verbreitete sich in Usakuma und bis weit nach Unyamwesi hinein die Meldung von der Ankunft der »*askari ya uleia*« (europäischen Soldaten) und rief gewaltiges Aufsehen hervor. Doch vor Ort, um Muansa herum, war der Eindruck, den diese weiße Truppe, deren zahlenmäßige Schwäche man ja hier vor Augen hatte, in der Bevölkerung hervorrief, entgegengesetzt, ja, sogar denkbar gering. Hier wurde die Unruhe unter den ihren Sultanen treu ergebenen Eingeborenen durch das Erscheinen der Seesoldaten sogar noch weiter geschürt. Treibende Kraft in der Agitation gegen die deutsche Herrschaft war Sultan Makongole, dessen Boma sich in der Nähe Muansas befand. In dieser fanden nun große Versammlungen Bewaffneter statt, und es wurden hier aufreizende Reden gehalten.

Um bei den Wasakuma nicht den Eindruck der Schwäche zu wecken, sah sich Oberleutnant Baumstark zum Einschreiten genötigt, zumal da das Gerücht in Muansa umlief, daß am 29. Oktober, dem Tag des Beginns des islamischen Fastenmonats Ramadan, eine allgemeine Erhebung der Wasakuma gegen die deutsche Herrschaft erfolgen würde. Eine Seesoldatenabteilung, verstärkt durch treu gebliebene Askari, rückte daher am 30. Oktober gegen Makongoles Boma vor, nachdem gemeldet worden war, daß nahe dieser starke Ansammlungen von Bewaffneten stattfänden, der Sultan das Schlagen der Kriegsngoma befohlen habe und die Leute zum Aufstand aufriefe. Sergeant Glatzel, der Führer der Abteilung, erhielt von Baumstark den Befehl, den aufrührerischen Sultan gefangenzunehmen. Im Gefechtsbericht über die nun folgenden Ereignisse heißt es hierzu[1]:

»Früh um 3.30 Uhr trat die Abteilung unter dem Sergeanten den Marsch an, erreichte nach ungefähr einer Stunde die Boma des Sultans, besetzte unbemerkt die vier Ausgänge und durchbrach dann auch noch ebenso unbemerkt die beiden äußeren Pallisadenreihen.

Als nun aber die Leute versuchten, durch die dritte, die stärkste Palisadenwand zu dringen, wachten endlich die Neger in der Boma auf und eröffneten sofort aus Gewehren und mit Bogen ein heftiges Feuer auf die Eindringenden. Auch durch

[1] Marine-Rundschau, Jg. 1907, Beiheft, S. 11–13.

Ausfälle versuchten sie, die Angreifer zurückzudrängen, so daß eine Zeitlang die Lage recht ungünstig war, bis die auf der Höhe aufgestellten Seesoldaten im Laufschritt Hilfe brachten. Nun wurde der etwa 300 Mann starke Feind durch lebhaftes Feuer überall zurückgedrängt, machte aber noch einmal auf einem am Seeufer gelegenen Felsen halt, um dann in bereitgehaltenen Booten zu verschwinden. Auch auf diese wurde das Feuer noch fortgesetzt, es gelang dabei, zwei der Boote zum Sinken zu bringen. Der Gegner mußte bei dieser Gelegenheit zahlreiche Verluste gehabt haben. 25 Tote wurden allein an Land gefunden, wieviel auf dem Wasser noch ihr Leben einbüßten, ließ sich nicht feststellen. 11 Gewehre, Patronengürtel und Pulverhörner wurden gefunden, aber den eigentlichen Zweck des Unternehmens hatte man leider nicht erreicht, denn es war dem Sultan gelungen, zu entkommen; er soll sich, wie dann später von seinem Bruder erzählt wurde, in einer der vom See ausgewaschenen Felsgrotten versteckt gehalten haben.«

Trotz dieses teilweisen Mißerfolges hatte das Unternehmen doch einigen Schrecken unter der Bevölkerung verbreitet, wenn auch die Ruhe noch nicht völlig wiederhergestellt worden war. Immer wieder mußte die Truppe Streifzüge in die Umgebung unternehmen, um die Bevölkerung einzuschüchtern und von aufrührerischen Handlungen abzuhalten. In banger Erwartung verging der Monat Ramadan, doch nennenswerte Ereignisse traten nicht mehr ein, so daß mit Beendigung des Fastenmonats der Bezirk Muansa als befriedet gelten konnte. Die Gefahr einer Ausweitung des Aufstands bis in die Nordwestecke des Schutzgebietes war damit gebannt.

Bei der Behandlung der Ereignisse, die sich in dieser Zwischenphase, d. h. dem Zeitraum vor Beginn des eigentlichen Unterwerfungsfeldzugs gegen die aufrührerischen Stämme, abspielten, wollen wir des besseren Verständnisses wegen eine regionale Unterteilung vornehmen.

Wenden wir uns zunächst wieder dem Ursprungsgebiet des Aufstands, Matumbi, zu. Wir erinnern uns, daß die Aufständischen hier wegen der schon frühzeitig in diesem Bergland in Erscheinung getretenen stärkeren deutschen Verbände unter Major Johannes bereits drei Wochen nach Beginn der Erhebung weitgehend zum Kleinkrieg übergegangen waren. Nach der plötzlichen Verlegung des Expeditionskorps Johannes am 20. August lebte indes die Kampftätigkeit der Rebellen, die die neuerliche Schwäche der deutschen Truppen in Matumbi rasch erkannt hatten, wieder auf. Nur 60 Schutztruppenaskari und 35 Polizeiaskari des Bezirksamts Mohoro unter der Führung des Leutnants Spiegel und des Stabsarztes Engeland – neben der im Rufiyi-Gebiet operierenden Matrosenabteilung des Oberleutnants zur See Paasche – waren es, die nun noch den aufständischen Wamatumbi gegenüberstanden. Ende September ging Leutnant Spiegel nach Lindi, seinem Garnisonort, zurück, um hier die für die Beruhigung des Bezirks Lindi notwendig gewordene Verstärkung seiner Kompanie (3. Schutztruppenkompanie) in die Wege zu leiten. An seiner Statt übernahm Hauptmann Merker am 29. September wieder den Oberbefehl über die Truppen im Matumbi-Bergland. Ihm zur Seite gegeben war Leutnant Schoen, der von Kibata aus, dem deutschen Hauptstützpunkt in Matumbi, die Operationen gegen die aufrührerischen Bergbewohner leitete. Am

30. September traf in Kibata eine Seesoldateneinheit von 30 Mann ein, die als Besatzungstruppe für den Stützpunkt dienen sollte.

Der Stützpunkt Kibata, eine auf einer Bergkuppe gelegene, gut gesicherte Boma, war in der Folge mehrfach Ziel von Überfällen der Wamatumbi, die seit der Hinrichtung Kinjikitiles von dem Jumben Gogotta geführt wurden. Der heftigste Angriff auf Kibata geschah am 14. November 1905, als etwa 2000 bis 3000 Aufständische, größtenteils Gewehrträger, den Versuch unternahmen, den Ort in einem nächtlichen Handstreich zu nehmen. Es gelang ihnen, im Schutz der Dunkelheit – es war gegen 5.30 Uhr morgens – bis auf etwa 300 m unbemerkt an das deutsche Lager heranzukommen. Als der Morgen graute, rückten sie, in mehrere Schützenlinien hintereinander gegliedert, von allen Seiten weiter vor, bis sie den die Boma umgebenden Palisadenzaun erreichten. Gegen 6 Uhr wagten sie dann den Angriff und begannen, den Zaun zu überklettern. In diesem Moment wurden sie von der Besatzung der Boma bemerkt. Ein rasendes Abwehrfeuer schlug den Rebellen vom Dach der Boma aus entgegen, wo sich die Gewehrschützen, Seesoldaten und Askari, postiert hatten. Schutzlos waren die an der Palisade stehenden Angreifer dem Feuer ausgesetzt, die ersten fielen oben auf dem Zaun, doch andere drängten nach. Da griff rasselnd das MG der Seesoldaten in den Kampf ein. Eim ersten Augenblick glaubten die Angreifer, denen Maschinenwaffen mit ihrer vernichtenden Feuerkraft völlig unbekannt waren, die Deutschen hätten keine Munition mehr und schlügen auf leere Konservendosen, um ihre Gegner abzuschrecken. Doch dann stockten sie, als die sahen, wie sich ihre Reihen lichteten und immer mehr Krieger tot oder verwundet zu Boden sanken. Panik erfaßte sie, alles machte kehrt und ergriff die Flucht. Damit endete der letzte Versuch der Wamatumbi, im Massenangriff die Deutschen zu schlagen. Sie gingen nun endgültig zum Kleinkrieg über. Der Zermürbungskampf im Busch begann.

Der November und der Dezember waren ausgefüllt mit zahlreichen Streifzügen der Truppe, bei denen es häufig zu Scharmützeln mit dem Gegner kam. Hauptziel der Truppenführung war, die Rebellen nicht zur Ruhe kommen zu lassen und ihnen keine Gelegenheit zum Festsetzen und damit zur Feldbestellung zu geben. Für diese begann nun der Kampf gegen den Hunger und um das nackte Überleben. Die neue Taktik der Aushungerung der Rebellen, die Taktik der »verbrannten Erde«, legte hier ihre erste Bewährungsprobe ab. Eine Vorstellung von der Art dieser Kriegführung vermittelt Stabsarzt Dr. zur Verth vom Seesoldaten-Detachement Mohoro in einem seiner Einsatzberichte[2]:

»Um 2.30 Uhr in der Frühe verließen wir das befriedete Gebiet und rückten weiter unter den größten Schwierigkeiten gegen das Dorf vor, zum Teil im Regen, auf schmalen Eingeborenenpfaden durch mehr als mannshohen Schilf und zumeist mitten durch den Urwald, über tiefe, in der Dunkelheit nicht sichtbare Elefantenfallen hinweg. Am Rande des Dorfes feuerten die an der Spitze marschierenden Hilfskrieger auf einige Bananen pflückende Dorfbewohner, so daß der geplante Überraschungsangriff nicht möglich war. Obwohl das Dorf sofort im Sturmangriff

[2] Kriegstagebuch (KTB) Dr. zur Verth, Marinedetachement Mohoro, 19. und 20. Dez. 1905, entnommen aus: »A Modern History of Tanganyika« von John Iliffe, S. 195 (Rückübersetzung aus dem Englischen).

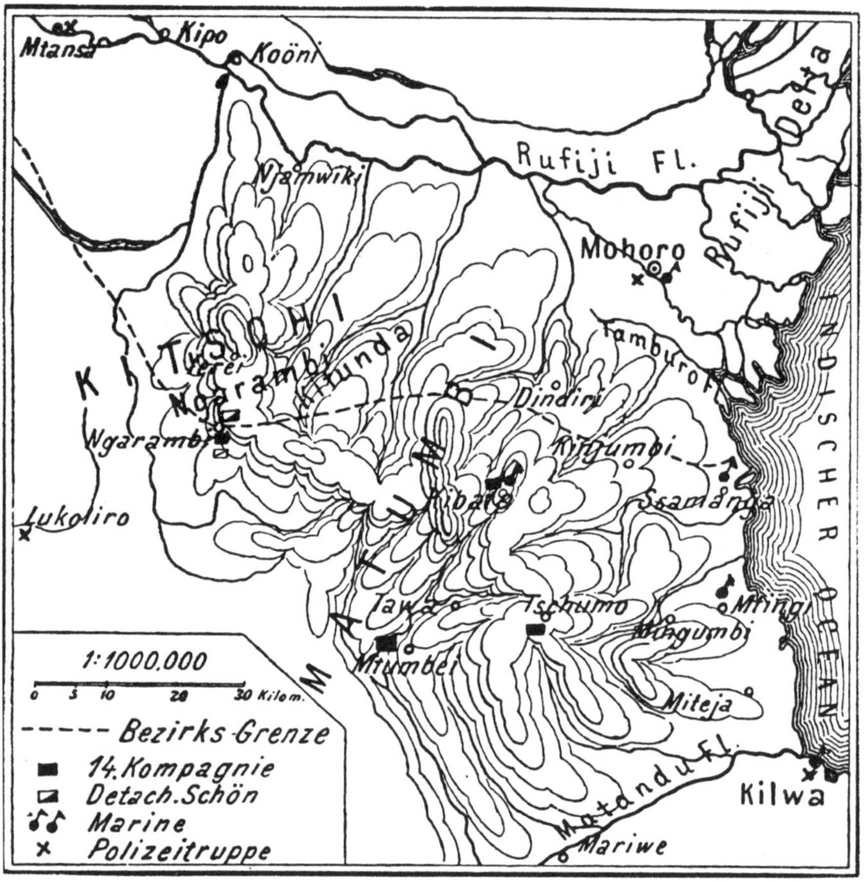

Karte 7: Verteilung der Truppen zur Unterwerfung der Wamatumbi-Rebellen

genommen wurde, fand man alle Hütten verlassen vor ... Die Dorfbewohner hatten nur ihre Gewehre und einige wenige Speere mit sich genommen; in fast jeder Hütte brannte noch Feuer ... Eine Verfolgung war unmöglich ... Sämtliche Hütten – es waren etwa sechzig – wurden in Brand gesteckt, die Lebensmittel vernichtet und die Felder zerstört, soweit es die Zeit zuließ.«

Anfang November ging die Führung der Schutztruppenabteilungen in Matumbi von Hauptmann Merker, der zur Wahrnehmung anderer Aufgaben nach Daressalam zurückberufen wurde, auf Oberleutnant v. Grawert über, der inzwischen von seiner im 8. Kapitel beschriebenen Expedition in Richtung Liwale zurückgekehrt war. Erst im Dezember trat in Matumbi eine gewisse Stetigkeit in der Führung und Zusammensetzung der dortigen Truppe ein, als die neugebildete, aus Massaua-Leuten bestehende 14. Schutztruppenkompanie unter Hauptmann Schönberg in

Samanga eintraf. Grawert schloß sich nun der Expedition des Hauptmanns v. Wangenheim an, deren Schicksal uns im nächsten Kapitel beschäftigen wird. Nun standen genügend Machtmittel zur Verfügung, um mit der planmäßigen Unterwerfung der Wamatumbi beginnen zu können. Das Bergland wurde mit einem Netz fester Stützpunkte, u. a. Tschumo und Ngarambe, überzogen, um eine engmaschige Kontrolle zu ermöglichen. In zahlreichen Patrouillen-Unternehmungen wurde der nun nur noch in kleinen Banden operierende Gegner fortwährend in Unruhe gehalten, ein letzter großer Schlag gegen eine Rebellenkonzentration gelang der deutschen Truppe in der Landschaft Tawa, wo die Aufständischen 89 Mann verloren und nach allen Seiten zersprengt wurden. Getrieben durch Munitions- und vor allem Verpflegungsmangel, ergaben sich nun immer mehr Wamatumbi, so daß im März 1906 das Land als unterworfen angesehen werden konnte.

Auch in den küstennahen Bereichen des südlich an das Matumbiland angrenzenden Teil des Bezirks Kilwa, wo inzwischen der aus dem Heimaturlaub zurückgekehrte Bezirksamtmann v. Rode die Amtsgeschäfte wieder aufgenommen hatte, gelang es in den Wintermonaten 1905/1906, die Ruhe wiederherzustellen, nicht zuletzt dank der Entlastung der hier operierenden Schutztruppenabteilungen unter Oberleutnant v. d. Marwitz durch ein 35 Mann starkes Seesoldaten-Detachement unter Leutnant Freiherr v. Stengel und eine Landungsabteilung von S.M.S. »Thetis« unter Leutnant zur See Dollmann. Nur in dem südwestlichen Teil des Bezirks, an der Nahtstelle der Stammesgebiete der Wapogoro, Wangindo und Wangoni, im Dondeland (Undonde) und im Bereich der Flüsse Luwegu und Mbarangandu (Landschaft Mgende) gärte es weiterhin. Um diese Gebiete botmäßig zu machen, reichten die schwachen Kräfte der Schutztruppenabteilung v. d. Marwitz nicht aus. Dieser Unruheherd, von wo aus die Expansion der Aufstandsbewegung nach Westen und Süden ihren Anfang genommen hatte, wurde später, im Frühjahr 1906, Hauptziel der Expedition v. Wangenheim.

Im Bezirk Lindi, der sich südlich an den Bezirk Kilwa anschloß, war durch die gleich zu Beginn des Aufstands erfolgte Abberufung der in Lindi stationierten 3. Schutztruppenkompanie unter Leutnant Spiegel in das Matumbi-Hochland – wir wissen hierüber bereits – ein Machtvakuum entstanden. Diese Situation hatten die von Westen und Norden her zur Küste hin vorstoßenden Rebellenhaufen unter den Jumben Mburu und Saidi Mtoroka zu den bereits im 8. Kapitel geschilderten Raubzügen gegen die katholischen Missionen und die Bevölkerung im Lukuledi-Tal geradezu ermuntert. Das einzige der Bezirksverwaltung noch verbliebene Machtmittel war die schwarze Bezirkspolizei, die jedoch selbst für die defensive Aufgabe des Schutzes der Küstenorte nicht ausreichte. Zum Glück für die Kolonialmacht verhielt sich die Bevölkerung im Küstenbereich im wesentlichen deutschfreundlich oder zumindestens passiv, und nur unter massiver Bedrohung durch die Aufständischen konnten einige der Jumben in den küstennahen Orten zur Teilnahme am Aufstand bewegt werden. Gouverneur Götzen schreibt hierzu in seinen Erinnerungen[3]:

[3] Götzen, S. 160.

»... Eine ganze Anzahl von Raubzügen, die das Lukuledi-Tal und die nördlich davon gelegenen Teile des Lindi-Bezirks verheert haben, sind von Banden ausgeführt worden, die sich im Kilwa-Bezirk gesammelt hatten und nach ihrem Einbruch in den Nachbarbezirk kein Zwangsmittel unversucht ließen, um die unschlüssigen Lindi-Häuptlinge auf ihre Seite zu ziehen. So blieb Tschekenje, ein Jumbe im Lukuledi-Tal, sechs Stunden lang gebunden und mit dem Tode bedroht, bevor er sich dazu verstand, das Zauberwasser anzunehmen. Der Glaube, daß mit Annahme des Wassers die freie Selbstbestimmung aufhöre und man willenlos der Sache der Rebellen verfallen sei, war so fest eingewurzelt, daß ein Jao-Häuptling, Said Makangira, der mit Zauberwasser besprengt worden war, sich selbst tötete, weil er nicht anders der Zauberwirkung entgehen zu können vermeinte ...«

Zur Verstärkung der kleinen Polizeitruppe von knapp 100 Mann wurde Ende September eine Abteilung Seesoldaten in Stärke von 33 Mann mit einem MG unter Oberleutnant Stieler von Heydekampf nach Lindi verlegt. Gleichzeitig erhielt der im Matumbi weilende Leutnant Spiegel, wie erinnerlich, die Anweisung, mit seiner Kompanie über Kilwa nach Lindi zurückzumarschieren, wo diese durch Neueinstellungen verstärkt werden sollte. Den militärischen Oberbefehl im Bezirk Lindi übernahm Hauptmann Seyfried, der am 28. Septrember in Lindi eintraf.

Seyfried unternahm zunächst mit einer kleinen Truppe einen Aufklärungsvorstoß das Lukuledi-Tal aufwärts, vorbei an den zerstörten katholischen Missionsstationen bis in die Gegend von Massassi, wo, wie schon aus dem 8. Kapitel bekannt, der Akide Mursal dem Vordringen der Rebellen so energisch Widerstand geleistet hatte. Hier, an diesem wichtigen Straßenknotenpunkt, wurde ein Seesoldaten-Detachement stationiert.

Während dieser Sondierungsexpedition wurde in Erfahrung gebracht, daß sich die Hauptmacht der Rebellen unter Führung von Selimani Mamba sowie der Jumben Hatia und Tschekenje zwischen dem Mbwemkuru-Fluß und dem Lukuledi-Fluß nahe dem Berg Ilulu aufhalte. Gegen diese gegnerische Massierung wurde die von Norden zurückmarschierende Kompanie des Leutnants Spiegel angesetzt, der sich am Mbwemkuru der Sanitätsunteroffizier Prinz und die beiden Verwaltungsbeamten Körner und Linder anschlossen. Auf diesem strapazen- und verlustreichen Rückmarsch gelang es Spiegel, die Aufständischen im mehreren Gefechten schwer anzuschlagen. Bei dreien von diesen kam es zu regelrechten Handgemengen: Am 23. Oktober am Mbwemkuru und am 26./27. und 31. Oktober am Berge Ilulu. In einem dieser Nahkämpfe wurde dem Sanitätsunteroffizier Ludzuweit ein Finger abgebissen: Einer der Rebellen hatte den Unteroffizier zu Boden gerissen, als dieser gerade seinen Askari einen Befehl zurief. Der Rebell drückte den Weißen nieder, um ihn zu erdolchen, doch es mißlang ihm, das Messer aus der Scheide zu ziehen. Der am Boden liegende Ludzuweit versuchte nun, seinen Angreifer zu erwürgen und streckte beide Hände vor, um dessen Hals zu umfassen. Aber er griff mit einer Hand daneben, diese geriet in den Mund des Schwarzen. Dieser biß zu: der Finger war ab! In diesem Augenblick kam dem Unteroffizier sein Boy zu Hilfe, er stieß dem Rebellen das Seitengewehr in den Leib. – Am 1. November rückte Leutnant Spiegel schließlich in Lindi ein.

Ein weiteres hartes Gefecht trug sich am 1. Dezember am Ng'hullu-Fluß nahe dem Ort Mukuru unweit Chindundu zu, wo Hauptmann Seyfried Ende November ein befestigtes bomaartiges Lager aufgeschlagen hatte: Unbemerkt gelang es hier einer großen Schar von Wandonde- und Wamwera-Kriegern – über 2000 Mann –, sich im Schutze der Dunkelheit im dichten Busch von allen Seiten an das Lager heranzuschleichen und dieses zu überfallen. Nach deutschen Quellen war es gegen 4.30 Uhr morgens – es dämmerte bereits –, als die Aufständischen sich zum Sturmangriff gegen das deutsche Lager erhoben. Mit wildem Kriegsgeschrei *»hongo, hongo!«* stürzten die Krieger vor. Doch die Askari reagierten sofort und wehrten den Ansturm ab. Noch zweimal wiederholte der Gegner den Anlauf, aber auch dann mußte er unter hohen blutigen Verlusten wieder zurückweichen. Nach afrikanischer Version[4] gestaltete sich der Gefechtsablauf etwas anders, als in den deutschen Quellen angegeben. Demnach gelang es einem Teil der Angreifer unter Führung von Hongo und Makunga gegen 3 Uhr nachts durch Anwendung eines magischen Tricks unbemerkt in die Boma einzudringen. Die Soldaten in der Boma schliefen fest. Die Eindringlinge begannen, mitten zwischen den schlafenden Askari zu tanzen und ihre großen, scharfen Messer und vergifteten Pfeile zu schwingen. Die Askari wachten auf, Chaos und Verwirrung traten ein. Man versuchte, die Eindringlinge zu überwältigen, doch diese setzten sich mit ihren Messern und vergifteten Pfeilen zur Wehr. Viele Askari wurden verwundet. Während dieses tumultartigen Kampfes in der Boma lösten sich Hongo und Makunga mit noch einigen Kriegern von der Schar der Kämpfenden und stürmten in die Zelte der Europäer. In diesen erschlugen sie drei deutsche Offiziere[5]. Inzwischen wogte der Kampf in der Boma weiter. Da sie beim Überfall ihre Gewehre nicht greifbar hatten, setzten sich die Askari mit ihren Seitengewehren zur Wehr. Die Angreifer in der Boma erbeuteten die Gewehre und reichten sie nebst der Munition ihren draußen stehenden Kameraden herüber, die nun ihrerseits zum Angriff übergingen. Die Verwirrung und das Stöhnen der Sterbenden in der Boma ging bis zum Morgen weiter. Schließlich aber gewannen die Askari doch die Oberhand und es gelang ihnen, sämtliche Maji-Maji-Krieger in der Boma zu töten, nachdem diese viele Askari mit ihren vergifteten Pfeilen verwundet hatten. Später starben die meisten dieser Askari durch das Pfeilgift. Das Gefecht bei Mukuru zog sich bis drei Uhr nachmittags hin. Dann gelang es den Führern der Abteilung, die Maji-Maji-Krieger zu vertreiben und zu zersprengen. Die Verluste auf beiden Seiten waren schwer: »Das ganze Gefechtsfeld war rot vom Blut und stank fürchterlich nach diesem...«

In diesem blutigen Ringen verloren die Rebellen 81 Gefallene. Die Überlebenden flohen zur Rondo-Hochebene und begannen nun mit dem Kleinkrieg. Nach dem Gefecht am Ng'hullu waren größere Aktionen seitens der deutschen Truppenführung im Bezirk Lindi nicht mehr erforderlich. Die Zahl der zur Unterwerfung bereiten Aufständischen wuchs von Woche zu Woche. Im Januar 1906 stellte sich schließlich auch Selimani Mamba den deutschen Behörden. Er

4 Aussage des deutschen Effendi Likoloto, MMRP Nr. 7/68/1/1, S. 7.

5 Nach den deutschen Quellen, u.a. Götzen: »Deutsch-Ostafrika im Aufstand 1905/06«, S. 165, gab es in diesem Gefecht nur einige verwundete Weiße.

wurde erschossen, und ebenso wurde mit anderen Rädelsführern des Aufstands verfahren[6]. Damit war der Bezirk Lindi im wesentlichen befriedet.

Wir wollen uns jetzt wieder einem vom Aufstand viel stärker heimgesuchten Gebiet, dem Bezirk Mahenge, zuwenden. Hier hatte Hauptmann v. Hassel, der Bezirkschef, nach dem siegreichen Gefecht am Chikapula, worüber im 11. Kapitel berichtet worden ist, seine Station zu einem uneinnehmbaren Bollwerk ausgebaut. Am 9. Oktober war dieses Werk so weit gediehen, daß v. Hassel sich wieder offensiven Aktionen widmen konnte. Seine Absicht war, zunächst die Wambunga in der nördlichen Ulanga-(Kilombero-)Ebene anzugreifen und zu unterwerfen, danach wollte er bis zum Ruaha-Fluß vorstoßen. Dort, so hoffte er, würde er die Verbindung mit der Küste wieder herstellen können. Auf seinem Marsch nach Norden war der Hauptmann gezwungen, ein großes Naturhindernis zu überwinden: Den in der nun einsetzenden Regenzeit reißend und breit gewordenen Ulanga-Fluß (Kilombero), dessen Hauptübergangsstelle, Ifakara, die aufständischen Wambunga im Besitz hatten. Der Hauptmann vereinbarte daher mit dem Sultan Kiwanga, seinem Bundesgenossen, ein Zusammentreffen weiter westlich an der Einmündung des Ruipa-Flusses in den Ulanga (wo heute der Ort Ruipa liegt). An der Stelle wollte Kiwanga mit seinen Kriegern und einer großen Zahl von Übersetzbooten auf Hassels Kompanie warten, hier sollte dann der Flußübergang bewerkstelligt werden.

Am 18. Oktober erhielt der Hauptmann die Nachricht, daß Kiwanga mit seinen Leuten an der Übergangsstelle bereitstände. Daraufhin brach v. Hassel am nächsten Morgen mit seiner Truppe auf. Es war eine bunt gemischte Kolonne, die sich auf den Weg nach Norden begab: Neben der Truppe selbst, die zwei weiße Unteroffiziere und 50 Askari mit einem MG umfaßte, nahm von Hassel noch 200 Wapogoro-Giftpfeil-Schützen und 500 Wangoni-Hilfskrieger, letztere unter ihrem Sultan Mpepo, mit auf die Expedition.

Die Truppe war gerade einige Stunden unterwegs, da trat ein tragisches Ereignis ein, das v. Hassel zwang, seine Offensivpläne gegen die Wambunga zunächst zu verschieben. Geben wir dem Hauptmann das Wort[7]:

»... Der Marsch führte auf Eingeborenen-Pfaden durch das Bergland Muhanga N.W. der Station zur Ulanga Ebene hinab.

In einem Dorf wurde Lager bezogen.

Der andere Tag sollte mich mit Kiwanga vereinigen.

Ich marschierte bei der Spitze, gegen 9 Uhr kam mir eine kleine Karawane entgegen, ich sah, daß sie schweigend und feierlichst etwas trugen.

Ich hielt unter einem großen Baume, feierlichst kam der Zug heran, da liefen die drei kleinen Söhne Kiwangas weinend auf mich zu:

›Wir bringen den toten Vater, er ist heute früh im Gefecht gegen Wabunga gefallen‹.

Tief erschüttert umarmte ich die Kleinen und sprach ihnen Trost zu...«

[6] Siehe Iliffe: »A Modern History of Tanganyika«, S. 195, und Götzen: »Deutsch-Ostafrika im Aufstand 1905/06«, S. 175 f.

[7] Tgb. v. Hassel, S. 52/53.

Hauptmann v. Hassel erkannte sofort die Gefahr, die sich für seinen Bereich durch den Tod Kiwangas ergeben könnte: Der Sultan, dessen Herrschaftsgebiet einen großen Teil des Bezirks Mahenge umfaßte, war schon lange die Hauptstütze der deutschen Macht hier gewesen. Er hatte immer wieder seine Loyalität gegenüber der deutschen Sache bekundet, und selbst als ein großer Teil seines Volkes im Begriff stand, sich den aufständischen Wambunga anzuschließen, hielt Kiwanga treu zur Station Mahenge und setzte seinen Willen gegenüber den Aufstandsneigungen der eigenen Untertanen mit Erfolg durch. Nun war ein Machtvakuum entstanden, und so drohte die Gefahr, daß die Wambunga-freundlichen Kreise im Volk die Oberhand gewinnen und das Volk zum Abfall von den Deutschen bringen könnten.

Hassel beschloß daher, sofort die Thronfolge im Kiwanga-Sultanat selbst zu regeln, um so die Autorität der deutschen Macht hier zu demonstrieren. In Eilmärschen führte er seine Truppe nach Uleia (»Europa«), der Sultansresidenz. Hier wurde nun nach Abschluß der Bestattungsfeierlichkeiten für Kiwanga der elfjährige älteste Sohn des Sultans, Solimbingu, unter Vormundschaft seiner Mutter und eines Onkels in einem feierlichen Zeremoniell zum neuen Sultan des Kiwanga-Reiches proklamiert. Die Stammesgroßen zögerten nicht, den rechtmäßigen Nachfolger Kiwangas anzuerkennen und ihm und seinen beiden Regenten Heeresfolge für die Deutschen zu schwören.

So konnte sich v. Hassel beruhigt und zufrieden am 7. November mit einer ansehnlichen Streitmacht – seiner Truppe und den Wangoni- und Wapogoro-Hilfskräften hatten sich noch über 7000 Kiwanga-Krieger angeschlossen - auf den Weitermarsch zur Ruipa-Mündung begeben. Ein ungeheurer Heerwurm von Kriegern wälzte sich nun nach Nordosten in Richtung Ifakara der Ulanga-Ebene entgegen. Es bedurfte größter Anstrengungen seitens des Hauptmanns und seiner weißen Soldaten, dieses gewaltige Heer zusammenzuhalten und durch zahlreiche Jagdzüge unterwegs für die Sättigung der vielen Mäuler zu sorgen. Zu allem Überfluß setzte nun auch noch Dauerregen ein, der die Truppe bis zum Ende dieses Feldzugs begleiten sollte. Die Flüsse schwollen zu riesigen Strömen an, aber trotz zahlreicher Opfer wurden diese rücksichtslos durchschritten.

Am 17. November stand das Heer in der Nähe der Mündung des Ruipa in den Ulanga (Kilombero). Hier sollte nun der Flußübergang erfolgen, sobald sich die Witterungsverhältnisse etwas gebessert haben. Da v. Hassel damit rechnete, daß der Gegner ihn hier, an dieser für ihn günstigen Stelle, erwarten und überfallen könnte, ließ er am Ruipa-Ufer ein Lager mit freiem Schußfeld nach allen Seiten in Form eines gleichseitigen Dreiecks anlegen, dessen Basis am Ufer entlang verlief und in dessen Spitze eine Boma gebaut wurde. Das gesamte Lager wurde mit einem Palisadenzaun und einem Dornverhau umgeben. Für sich selbst ließ v. Hassel einen Hochsitz in einer hohen Akazie bauen. Hier wurde nun der Gegner erwartet.

Lassen wir den Hauptmann über die nun folgenden Ereignisse selbst berichten[8]: »... Um 5 Uhr ließ ich jeden seinen Kampfplatz einnehmen, die mit Vorderlader bewaffneten Krieger mußten sich Schießscharten in die Palisaden schneiden und

[8] Tgb. v. Hassel, S. 69 f.

mir den Anschlag vormachen, dabei gab es nun viele ergötzliche Bilder. Sultan Makua erhielt den rechten Flügel am Fluß.

Als die Dunkelheit kam, waren wir fertig zum Empfang der Gäste, würden sie morgen früh kommen? Der Elefanten Jäger Riponde ya Mgwira ließ es sich nicht nehmen, auch diese Nacht lag er draußen auf Vorposten gegen Ifakara. ...Um 5 Uhr trat ich aus dem Zelt, um meinen Hochsitz einzunehmen.

Vor dem Zelt rannte ich mit dem Trompeter Seidi zusammen, der mich erregt anschrie: ›Eine riesige feindliche Kolonne wird sogleich das Lager stürmen.‹

›Blas Alarm!‹ – Hell schmetterte das Signal durch die frische Morgenluft! – Von meinem Hochsitz sah ich, daß das Lager bereit war.

Gleich darauf brauste eine riesige schwarze Menschenmasse mit wildem Geschrei gegen meine Feldstellung. Schnellfeuer! –

Aus dem M.G., 50 Hinterladern und etwa 1000 Vorderladern prasselte dem Feinde ein verheerendes Feuer entgegen, gewaltige Lücken reißend, aber todesverachtend kam der Feind bis an die Palisaden. Ein Wall von Toten schichtete sich auf, der Feind wich etwa 10 Schritt, wurde aber sofort wieder von den hinteren Gliedern nach vorn gedrängt, aber am Sperrfeuer des M.G. erlag jeder Angriff.

Jetzt griffen auch meine Wapogoros ein und sandten ihre todbringenden Giftpfeile in das Menschengewühl.

Da versagte das M.G.

Der Augenblick war sehr ernst, fieberhaft sah ich Friebe arbeiten! Wird es ihm gelingen? – Wieder gelang der Feind an die Palisade und riß eine circa 30 m breite Lücke, durch die der Feind hinein ins Lager in großem Haufen drang.

Dann knatterte zu unserm Glück das M.G. von neuem, – Sperrfeuer – und sperrte weiteren Eindringlingen den Weg.

Dichter Rauch lag über dem Kampffeld, aus meiner Boma ertönten wilde Angriffs- und Todesschreie, zu sehen war nichts!

Erneut stürzte der Feind immer wieder sich auf uns, doch aller Todesmut war vergebens, reihenweise sank der Feind ins Gras.

Längst hatte der Feind mich auf dem Hochsitz erkannt: ›Mangmulla sitzt auf dem Baum, schießt ihn ab.‹ Das versuchten sie auch, schossen aber immer vorbei, da zog jemand an meinem Bein! ›Herr, komm herab, die Compagnie läßt Dich darum bitten, wenn Du fällst, fallen wir alle!‹

Da gewahrte ich drei sehr fein wie Araber gekleidete Schwarze, die den Feind erneut zum Sturm antrieben! Der Sool rief: ›Das sind »hongos« (Zauberer) und schießt einen ab, ich strecke die beiden Andren! Der Donner der Schlacht, das Getöse der Kämpfenden war gewaltig!‹

Plötzlich wurde es still beim Feinde! Warum, dichter Nebel behinderte jede Sicht? Da zerteilte ein günstiger Windstoß den Pulverdampf, da sah ich den Angreifer bewegungslos, ratlos vor mir stehen, unbarmherzig fuhren unsre Geschosse in seine Reihen...«

Angesichts dieses wie erstarrt wirkenden Gegners – wahrscheinlich waren nun alle *wahonga* gefallen oder verwundet! – befahl v. Hassel Feuereinstellung und forderte die Aufständischen zur Aufgabe des Kampfes auf mit dem drohenden Hinweis, es würden noch weitere Tausende von ihnen fallen, wenn sie jetzt kämpfend zurückwichen. Er bot ihnen freien Abzug an, er würde ihnen erst von Mittag an folgen. Der Gegner gab nach. Der Hauptmann fährt in seiner Berichterstattung fort: »...Der Feind war verschwunden, nur die zahllosen Toten erinnerten, daß hier soeben ein schwerer Kampf getobt hatte... Ulanga, der Führer der Kiwanga-Leute, meldete: ›Wir haben sämtliche ins Lager eingedrungenen Rebellen gespeert und ins Wasser geworfen – 520 Mann. Wir haben zehn Tote und gegen 300 Verwundete. Makua meldete, daß er 95 Mann in den Fluß geworfen habe‹.«

Unter den gefallenen Rebellen waren mehrere Großleute und zwei Zauberer *(wahonga)*, 60 Elefantenbüchsen und Hunderte von Speeren wurden auf dem Schlachtfeld aufgefunden. Auf deutscher Seite waren insgesamt 26 Hilfskrieger gefallen.

Am 20. November trat v. Hassel mit 600 Mann den Weitermarsch durch die überschwemmte Ulanga-Ebene in Richtung auf Ifakara an. »Jeder war froh, den Kampfplatz zu verlassen, die vielen Toten verpesteten das Lager«, notierte der Hauptmann in sein Tagebuch. Zwei Tage später zog er in Ifakara ein und errichtete hier ein Lager an der alten Karawanenstraße.

Inzwischen hatte der Regen an Heftigkeit immer mehr zugenommen. Über die Strapazen auf dem Marsch nach Ifakara schreibt v. Hassel: »Seit dem 13. November, nach unserem Übergang über den Mgeta, regnete es Tag und Nacht. Schwere Gewitter gingen sowohl in den Iringabergen, wie in der Steppe nieder. Die Steppe glich einem See. Die Wege waren zu reißenden Strömen geworden. Mehrere Leute ertranken. Sieben Hilfskrieger fielen den Krokodilen zum Opfer. So, dauernd im Wasser watend, Tag und Nacht keinen trockenen Faden auf dem Körper, selbst die Lager teilweise unter Wasser, litten sowohl meine Truppe, als auch ganz besonders meine Hilfskrieger unter Dysenterie und Lungenentzündung...«

Inzwischen ist auch ein Parlamentär der Wambunga-Rebellen in Ifakara eingetroffen. Er teilt dem Hauptmann mit, er sei von seinem Volk abgesandt worden, v. Hassel die Unterwerfung der Wambunga »auf Gnade und Ungnade« anzubieten. Die meisten ihrer Zauberer seien im Kampf gefallen, die noch verbliebenen hätten sie selbst erschlagen, die Jumben seien auf dem Wege zur Station Mahenge. Der Hauptmann nimmt das Anerbieten des Parlamentärs an, verspricht die Einstellung der Feindseligkeiten und verlangt als Bedingung für die Unterwerfung, daß die Wambunga alle Waffen und das geraubte Gut zur Station bringen und die Haupträdelsführer ausliefern sollten.

In der Hoffnung, daß die Aufständischen die Bedingungen erfüllen würden, bricht v. Hassel das Lager in Ifakara ab und tritt den Rückmarsch an. Am 17. Dezember trifft er im strömenden Regen und völlig erschöpft mit seiner Truppe wieder in Mahenge ein.

Auf dem Rückmarsch nach Mahenge war v. Hassels Truppe einer anderen von Oberleutnant v. Krieg geführten Kolonne der Kompanie Nigmann (Iringa) begegnet. Diese hatte einen Munitionstransport von Iringa nach Mahenge durchgeschleust, dann einen Vorstoß nach Südosten in die Luhembero-Ebene gegen die aufständischen Wapogoro unternommen, diese geschlagen und sich dann auf den Rückmarsch nach Iringa begeben. Hier hatte inzwischen Hauptmann Nigmann nach seiner Rückkehr aus dem aufständischen Ungoni (siehe 12. Kapitel) am 19. Dezember 1905 trotz der nun voll einsetzenden Regenzeit seine Offensivvorstöße nach Norden hin wieder aufgenommen, wo sich zahlreiche Aufständische verschiedener Stämme konzentrierten. Es kam indes in der Folge nur zu kleineren Patrouillengefechten, da die Rebellen sich bei Annäherung der Truppe in zahlreiche kleine Trupps aufspalteten.

Lebhafter ging es jetzt dagegen im Süden des Bezirks Iringa zu. Hier waren starke Wangoni-Haufen in die bis dahin friedliche Landschaft Lupembe eingedrungen »und brandschatzten, dabei auch Weiber und Kinder hinmordend, die Landschaft«. Die Besatzung der im Ngosingosi-Gebiet bei Lupembe eingerichteten Schutztruppenstation unter Sanitätssergeant Bach trat den Rebellen mit Erfolg entgegen und verfolgte sie bis in ihre Schlupfwinkel, Felshöhlen am Ruhudji-Fluß. Hier kam es in den letzten Tagen vor Weihnachten 1905 zu heftigen Kämpfen. Lassen wir den Sergeanten berichten[9]: »Ich weiß nicht, wie ich meiner Freude zum heiligen Weihnachtsfest Ausdruck verleihen soll, über die großen Siege in den Tagen vom 22.–24. Dezember 1905. Ich danke heute dem lieben Heiland dafür, daß er mich mit den vier Askari am 22. d. Mts. aus der höchsten Lebensgefahr noch einmal entrinnen ließ. Ich wurde an diesem Tage von einem an Zahl gewaltig überlegenen Gegner in ein Gefecht verwickelt, wobei die zirka 500–800 Mann starke Menschenmenge mit solcher Todesverachtung auf mich einstürmte, wie ich es bisher nie in einem Kampfe gegen diese Horden erlebt habe. Das Kriegsgeheul wollte nicht aufhören, obgleich wir sie viele Tote und Verwundete davonschleppen sahen. Erst als der Führer, ein Mann mit einem weißen Hemd bekleidet und einem weißen Schild in der Hand, auf eine Entfernung von kaum 50 m von uns, niedergestreckt wurde und zugleich auch ein Mann ganz in unserer Nähe liegen blieb, ergriffen sie die Flucht. Wir nahmen sofort die Verfolgung auf! Aber meine Askari waren so müde von der Anstrengung in dem eineinhalbstündigen Kampfe, daß ich nur mit den mir zur Verfügung stehenden Hilfskriegern nacheilen konnte bis auf eine Anhöhe, von welcher ich dem in planloser Flucht davoneilenden Feinde noch einige Kugeln nachsenden konnte. Als die Askari herangekommen waren, war der Feind schon an 400 bis 500 m vor uns, und wir können ihm kaum noch viel geschadet haben. Leider sind wir durch die Verfolgung bis an den Luhudzi (Anm. Verf.: Gemeint ist der Ruhudji) heran vom Kampfplatze sehr weit abgekommen. So konnte ich nicht feststellen, wieviel Tote etwa der Gegner hatte. Bei der Verfolgung fand ich am Wege zwei Tote, welche als Medizin Mehl auf die Stirn geklebt hatten...«

Bach läßt dann Verstärkung von seiner Station, zehn Askari und viele Hilfskrieger, heranholen und nimmt am 23. Dezember die Verfolgung der in Richtung zum Ruhudji flüchtenden Rebellen auf. Er berichtet weiter:
»... Am Luhudzi entdeckten die Askari eine Höhle, um welche eine starke Palisadenboma gebaut war. Als auf Aufforderung an die Höhlenbewohner, ihre Behausung zu verlassen, nur gemeine Schimpfworte an die Regierungsleute als Antwort kamen, wurde die Höhle mit Holz ausgefüllt und angesteckt. Am 23. Dezember kamen wir an die uns schon seit zehn Tagen bekannte Höhlenfestung jenseits des Luhudzi. Diese übertraf, was Festigkeit und Romantik anbetraf, alle meine Vorstellungen vorher. Mächtiges Felsgeröll ringsum. Das Zischen und Brausen eines zirka 30 m hohen Wasserfalles gab, besonders in den dunklen Nachtstunden, dem Ganzen ein imposant grauenhaftes Gepräge. Die äußere

[9] Gröschel, S. 171 f.

Befestigung war aus starkem, 3–4 Meter hohem Pfahlwerk hergestellt. Die Eingänge waren durch Falltüren gesichert. Der ganze also befestigte Komplex umfaßte etwa 120 Meter im Geviert. Unsagbare Hindernisse waren zu überwinden, bis wir uns Zugänge in diese Boma erzwangen. Der Feind war so fanatisch, daß trotz aller Vorsicht doch unsererseits auch einige Verwundungen vorkamen. Als wir in die Boma eingedrungen waren, sahen wir ein interessantes Schauspiel, wie ich bisher zu sehen noch niemals Gelegenheit hatte. Als der Feind merkte, daß ihm nichts anderes mehr übrig blieb, zog er aus den vielen Strohhütten innerhalb der Umzäunung aus, steckte sie alle in Brand und begab sich in die Höhle hinein. Als ich hineinfragen ließ, kam die Antwort herauf, sie möchten lieber in den Höhlen sterben, als in unsere Hände fallen. Nun begann der schauerliche Höhlenkampf. Aus allen Steinfugen sah man gezückte Speere. Kein Schritt durfte in den Klüften unbedacht getan werden. Als die Höhleneingänge alle offen waren, begann das Salvenfeuer in alle Öffnungen hinein. Furchtbares Geschrei drang herauf. Ich ermahnte nun dringend, nicht Frauen und Kinder mit umkommen zu lassen. Wenn die heraufkämen und sich in unsere Hände überlieferten, so würde ihnen nichts Übles widerfahren. Die Männer baten um Bedenkzeit. Ich gewährte eine Stunde. Nach Verlauf derselben baten sie, eine Frau zur Verhandlung mit uns hinaussenden zu dürfen. Am 24. Dezember, 8.30 Uhr vormittags, kam die Frau heraus. Ich schickte sie bald wieder zurück. Die Bedingung, die ich stellte, konnte nur die sein, aus den Höhlen herauszukommen und sich bedingungslos auf Gnade und Ungnade in unsere Gefangenschaft zu begeben. Ich wartete dann noch zwei Stunden. Doch als man in keiner Weise reagierte, vielmehr um 11 Uhr hartnäckiges Schweigen eintrat, da begann der Kampf von neuem. In das Geknatter des Schnellfeuers mischten sich aus der unterirdischen Behausung heraus die furchtbaren Schreie der Frauen und Kinder, das Geblök der Ziegen und Schafe, das Bellen und Heulen der Hunde. Alles dieses drängte nun, um ins Freie zu kommen, was natürlich gestattet wurde. – Die Askari drangen nun hinein in die unterirdischen Gänge. Der Häuptling Mpangile, der mit in den Höhlen war, verlangte in frecher Weise von mir, ihm zu versprechen, sein Leben zu schonen, was nicht gewährt werden konnte. Die herauskommenden Frauen meldeten dann, daß der Häuptling gefallen sei[10]. Die Erde erdröhnte weit und breit, als die Salven in die Gänge hineingesandt wurden. Um 5 Uhr nachmittags hatte ich 120 Frauen und Kinder und 128 Stück Kleinvieh aus den Höhlen lebendig herausbekommen. Aber viele Verwundete waren dabei. Der Verbandstoff reichte mir gar nicht zu, da auch meine Leute selber viel brauchten. Die Frauen sagten, wäre der Häuptling nicht gefallen, so hätten sie nicht herauskommen dürfen. Nur drei Mann ergaben sich uns. Alle übrigen wurden dann in den verschiedenen Höhlengängen, von welchen einige über 20 m lang sind, nicht mehr lange verfolgt, um Blutvergießen unsererseits zu ersparen. Gegen Abend ließ ich noch einmal hineinfragen, erhielt aber keine Antwort. Ich ließ darauf die Gänge mit Holz anfüllen und zündete sie an. Außer den Frauen und Kindern, den drei Männern und 128 Stück Kleinvieh erbeuteten wir noch sehr viel Nahrung, Speere, Perlen, ferner zirka 300 Töpfe und 200 Matten, was einen ungefähren Schluß auf die Zahl der Höhlenbewohner zuläßt, 400 bis 500 Menschen wohl mindestens.«

10 Die Angabe traf nicht zu.

Verhängnisvoll verlief der Vorstoß einer anderen kleinen deutschen Abteilung, die von Stabsarzt Dr. Wiehe, Bezirksarzt in Neu-Langenburg (Tukuyu), geführt wurde. Diese war im Verein mit anderen Abteilungen um die Jahreswende gegen eine Konzentration Aufständischer nahe Njombe eingesetzt. Als die kleine Truppe, von Njombe kommend, am 2. Januar zum Bach Nyikamutwe (Zufluß des Ruhudji) hinabstieg, kam ihr vom jenseitigen Ufer eine nach Tausenden zählende Schar von Mbeyela-Kriegern unter Führung von Ngosingosi und Pangamahuti »singend, springend, flötend mit den Rufen ›Ponga, Ponga‹« entgegen. Wiehes Abteilung wurde sofort von allen Seiten umfaßt, so daß ihr gar nichts anderes übrig blieb, als sich zum Kampf zu stellen. Ein blutiges Gemetzel folgte, in dessen Verlauf Dr. Wiehe und alle seine Askari und Hilfskrieger umgebracht wurden. Als einige Tage später Hauptmann Albinus mit dem Sergeanten Bach zum Gefechtsort gelangte, »da fanden sie«, wie dem Tagebuch des Missionars Gröschel zu entnehmen ist, »ein grauenhaftes, blutgetränktes Feld, voller nackter, verwesender Leichen, über dem die Aasgeier kreisten. Die Leiche des Stabsarztes war mit Speerstichen wie übersät, dazu kopflos; den Kopf eines Schwarzen hatte man darangelegt[11].«

Ein ähnliches Schicksal widerfuhr einer von dem Effendi Mursal Abdel Hadi geführten Patrouille von 19 Askari und einer größeren Anzahl Rugaruga, die am 8. Januar 1906 von dem Schutztruppenposten in Ukwega (ca. 50 km südöstlich Iringa gelegen) aus in Richtung auf ein von Eingeborenen gemeldetes, etwa fünf Marschstunden von Ukwega entferntes gegnerisches Lager aufgebrochen war. Auf dem Rückmarsch – das gemeldete Lager wurde nicht gefunden – sah sich die kleine Patrouille unvermittelt von einer erdrückenden Übermacht Aufständischer umzingelt, die diese in einen Hinterhalt hatten laufen lassen. Es folgte ein Handgemenge, in dem der Effendi, ein langgedienter und hochdekorierter alter Sudanese, zwei weitere farbige Chargen und acht Askari fielen. Dem Rest gelang die Flucht zurück zum Posten Ukwega. Bezeichnend und auffällig war hier, daß kurz vor dem Überfall die Rugaruga der Patrouille plötzlich wie vom Erdboden verschwunden waren; ganz offensichtlich hatten sie bereits vorher Kenntnis von dem beabsichtigten Überfall gehabt.

Wie negativ sich derartige Rückschläge auf die Haltung der Eingeborenenbevölkerung auswirkten, darüber berichtet Missionar Gröschel in seinen Erinnerungen[12]: »Wie ein Lauffeuer verbreiteten sich die Nachrichten von diesen Katastrophen überall. Mutlosigkeit und Verzagtheit überfiel die Häuptlinge, die auf Seiten der Regierung getreten waren. Mancher mochte wohl nun wieder von neuem die Frage erwägen, ob es doch vielleicht nicht vorteilhafter sei, auf die Seite der Rebellen zu treten und alle Weißen zu töten oder aus dem Lande zu jagen...« – Anlaß zu steter Sorge boten in diesem Zusammenhang die Wahehe und insbesondere die Wasangu mit ihrem wankelmütigen und zwielichtigen Sultan Merere!

Kehren wir jetzt wieder zu einem anderen Brennpunkt der Aufstandsereignisse, dem Bezirk Morogoro, zurück, der uns bereits im 9. Kapitel beschäftigt hatte: Trotz der Schlappe in Kilosa war Chitalika die Seele des Kampfes hier geblieben, es gelang ihm sogar in wenigen Tagen, seine in alle Himmelsrichtungen geflüchteten

[11] Gröschel, S. 177.
[12] Ebenda

Wasagara-Krieger zum weiteren Widerstand wieder zu sammeln und durch Zuzug weiterer Kämpfer aus der Landschaft Uvidunda zu verstärken. Sein Angriffsziel war diesmal der Bezirkshauptort Morogoro selbst. Gegen diesen Ort rückten nun seine Heerscharen, am Westabhang der Uluguru-Berge nach Norden ziehend, vor. Als sich etwa um den 10. September herum die sich für Morogoro ergebende Bedrohung abzuzeichnen begann, wurde die den Bezirk immer noch sichernde Abteilung Fonck gegen den gemeldeten Sammelpunkt der Aufständischen in der Landschaft Mgoda (das Gebiet südwestlich Morogoro einschließlich dem heutigen Mikumi-Nationalpark) am 16. September von Morogoro aus in Marsch gesetzt. Bei Mzongosi (direkt an der Nordostgrenze des Mikumiparks gelegen) vereinigte sich Foncks Truppe nach einem vierzehnstündigen Gewaltmarsch am 17. September morgens mit der des Bezirksamtmanns Lambrecht. Die Abteilung umfaßte nun fünf Europäer, 52 Askari und ein MG. Beim Weitermarsch nach Süden suchte man vergeblich nach dem von Einheimischen gemeldeten Kriegslager der Aufständischen. Diese hatten wahrscheinlich, entmutigt durch das rasche Vorgehen der Truppe, den Rückzug in Richtung auf den Großen Ruaha angetreten.

Fonck und Lambrecht nahmen die Verfolgung des Gegners in diese Richtung auf. Am 22. September erfolgte dann schließlich Gefechtsberührung mit diesem nahe dem Großen Ruaha. In zwei fanatisch vorgetragenen Angriffen versuchten die Aufständischen, die deutsche Kolonne zu überrennen, wurden aber jedesmal, vor allem durch die Wirkung des von Oberarzt Dr. Stolowsky bedienten MG, zurückgeworfen. Fonck ging anschließend nach Norden, nach Kilosa, zurück, während sich Lambrecht wieder seinen Amtsgeschäften in Morogoro zuwandte.

Am 5. Oktober wurde der zwischenzeitlich erkrankte Hauptmann Fonck durch Hauptmann von Wangenheim ersetzt. Ihm waren beim Abmarsch von der Küste zwei Aufgaben übertragen worden: Die Unterwerfung der aufständischen Bevölkerung im Bezirk Morogoro und die Herstellung der Verbindung zu Hauptmann v. Hassel in Mahenge. Primäre Aufgabe sollte die Befriedung des Bezirks und die Sicherung der Verkehrsverbindungen nach Westen, nach Unyamwesi, sein, insbesondere, um eine weitere Aufstandsausdehnung nach Norden und Westen zu unterbinden. Erst in zweiter Linie und nach Erfüllung der ersten Aufgabe sollte die Wiederherstellung des Kontaktes mit der Station Mahenge ins Auge gefaßt werden. – Im Gefolge des Hauptmanns v. Wangenheim befand sich außer einem kleinen Schutztruppendetachement von einem weißen Unteroffizier und 15 Askari eine Seesoldatenabteilung von 35 Mann. Letztere fand als Stationsbesatzung für Morogoro Verwendung.

Bald nach dem Eintreffen in Kilosa setzt sich v. Wangenheim mit einer Expeditionstruppe von 100 Askari, einem MG und über 300 Rugaruga nach Südwesten in Richtung auf Iringa in Marsch, um den Gegner aufzuspüren. Am 10. Oktober kommt es in den Bergen bei Isega zur Feindberührung. Hier wie auch in den zwei folgenden Gefechten, am 16. Oktober am Lijungeberg in Uvidunda und am 17. Oktober bei Kidodi, gelingt es, dem Gegner Niederlagen zuzufügen. Der Hauptmann kehrt anschließend zur Ergänzung seiner Munitions- und Verpflegungsbestände nach Kilosa zurück.

Aus dem Verhalten des Gegners zog v. Wangenheim den Schluß, daß dessen Kampfwille und Fanatismus trotz der eingesteckten Schlappen ungebrochen war:

»Chitalika hat seine Krieger voll im Griff«. Als Hauptwiderstandsnest der Aufständischen hatte sich der Lijungeberg herausgeschält, die höchste Erhebung in dem in Uvidunda gelegenen Mhingu-Gebirgsmassiv, dessen zahlreiche Höhlen als Schlupfwinkel für die Rebellen wie geschaffen waren. Nach den dem Hauptmann zugegangenen Informationen sollte sich hier auch die »Kommandozentrale« der Chitalika-Rebellen befinden. Vorrangige Aufgabe der Truppe mußte es daher sein, dieses Hauptwiderstandsnest des Gegners auszuschalten, dies war die Voraussetzung für die endgültige Pazifizierung des Bezirks. Doch für die Erfüllung dieser Aufgabe reichten die Hauptmann v. Wangenheim zur Verfügung stehenden Kräfte nicht aus. Er forderte daher Verstärkungen beim Truppenkommando in Daressalam an. Diese aber waren noch nicht verfügbar, da die inzwischen eingestellten Rekruten ihre Gefechtsausbildung noch nicht abgeschlossen hatten.

Somit blieb v. Wangenheim vorerst nichts anderes übrig, als die endgültige Unterwerfung der Chitalika-Rebellen und die Hilfsaktion für Mahenge bis zum Eintreffen der Truppenverstärkungen zu verschieben.

15. Die Unterwerfung der Wambunga und der Wapogoro

Aufstellung des Expeditionskorps v. Wangenheim – Sintflutartiger Regen verzögert den Vormarsch nach Mahenge – Rückmarsch und Umweg über Iringa – Ankunft in Mahenge – Kriegsmüdigkeit bei den Wapogoro und den Wambunga – Vormarsch des Expeditionskorps zum mittleren Luwegu – Wangindo-Rebellen überfallen v. Hassels Truppe am Oberlauf des Luwegu – Die letzten Rebellen im Mahenge-Bezirk geben den Kampf auf – Strafgericht in Mahenge – Zwischenbilanz der Hungerkriegstaktik

Ab Oktober wurden die ersten Neueinstellungen der Schutztruppe feldverwendungsfähig; sie wurden der 8. und der 13. Feldkompanie angegliedert, die für die vordringlichste Unternehmung, den Feldzug gegen die Wangoni, bestimmt wurden. Weitere wichtige Unternehmungen bildeten die Wiederherstellung der Verbindung zum Bezirk Mahenge, die durch die Teilnahme der dort wohnenden Wambunga und eines Teils der Wapogoro am Aufstand unterbrochen war, und die Säuberung des Bezirks Morogoro mit Unterwerfung der Wasagara. Da die Truppenführung dem Wangoni-Feldzug Vorrang vor den beiden anderen Operationen aus später noch anzuführenden Gründen eingeräumt hatte, konnte an letztere erst Anfang Dezember gedacht werden, nachdem die durch Abgaben an andere Einheiten stark geschwächte 5. Kompanie (Expeditionskompanie) wieder aufgefüllt und eine völlig neue, nur aus Massaualeuten bestehende Kompanie, die 14., gebildet worden war.

Da die Operation in Richtung auf Mahenge und die Säuberung des Bezirks Morogoro zwar später als der Wangoni-Feldzug begonnen hatten, aber früher zum Abschluß gekommen waren, und letzterer mehr Zeit in Anspruch genommen hatte und der Aufstand erst mit der Niederwerfung der Wangoni praktisch zu Ende war, wollen wir nun zweckmäßigerweise von der chronologischen Reihenfolge abweichen und zunächst die beiden erstgenannten Operationen behandeln. Dieses Kapitel soll dem Vorstoß auf Mahenge, der mit der Unterwerfung der Wapogoro und der Wambunga einherging, gewidmet sein.

Weil die Regenzeit inzwischen vorzeitig eingesetzt hatte und viele Landstriche unter Wasser standen, mußten für die in Richtung Mahenge geplante Expedition besondere Leistungsanforderungen an die Truppe gestellt werden. Deswegen verfügte der Gouverneur eine Umdisposition der Truppenverbände: Die neu aufgestellte 5. und 14. Kompanie lösten die im Bezirk Morogoro eingesetzte Expeditionskompanie v. Wangenheim und die in den Matumbibergen operierende Abteilung v. Grawert ab, die bereits Gefechtserfahrungen gesammelt hatten. Mit diesen beiden letztgenannten Einheiten sollte dann der Vorstoß auf Mahenge durchgeführt werden. Die Führer dieser Einheiten, Hauptmann v. Wangenheim und Oberleutnant v. Grawert, waren für diese Aufgabe besonders geeignet, da sie beide als langjährige Angehörige der ostafrikanischen Truppe über reichlich Erfahrung in der afrikanischen Kriegführung verfügten, während die Führer der beiden ablösenden Kompanien, Oberleutnant Wendland – er führte die 5. Kompanie – und Hauptmann Schönberg – er führte die 14. Kompanie – in Afrika Neulinge waren.

Mit der Führung der Expedition wurde Hauptmann v. Wangenheim beauftragt. Dieser brach am 12. Dezember mit seiner Kompanie von Kilosa aus auf und vereinigte sich am 16. des Monats bei Kungulio am Südufer des Rufiyi mit der Abteilung v. Grawert. Von Kungulio aus begann nun der Vormarsch auf Mahenge. Da durch menschenleeres oder vom Aufstand verwüstetes Gebiet gezogen werden mußte, war die Mitführung einer großen Verpflegungsmenge und damit einer größeren Anzahl von Trägern erforderlich. Über 900 Mann (11 Europäer, 180 Askari, 54 Rugaruga, 300 Träger mit Anhang) umfaßte schließlich der Heerwurm, der sich nun in Richtung Südwest in Bewegung setzte. Nur für zehn Tage reichte der mitgeführte Verpflegungsvorrat, da die Zahl der Träger unzureichend war und diese sich nur unter der Bedingung hatten anwerben lassen, daß ihre Frauen und Kinder sie begleiten durften, wodurch natürlich die Zahl der Esser erheblich angeschwollen war. Trotz Bedenken hatte sich v. Wangenheim dennoch auf den Weg gemacht, da sein Auftrag keinen längeren Aufschub duldete. Am 17. Dezember erfolgte der Abmarsch vom Südufer des Rufiyi. Rasch ging es voran, und nach sechs Tagen wurden ohne besondere Vorkommnisse unterwegs die Seluguli-Fälle erreicht, in deren Nähe sich der Rufiyi in den Ulanga (Kilombero) und Luwegu teilt. Hier aber stockte der Vormarsch, weil eine Überschreitung des Luwegu sich als unmöglich erwies: Dieser sonst so harmlose Fluß hatte sich durch die unablässigen Regenfälle in einen 150 bis 250 m breiten reißenden Strom verwandelt. Transportable Boote führte die Truppe nicht mit und Einbäume waren nirgends aufzutreiben. Mehrere Übersetzversuche scheiterten unter Verlust von Menschen und Lasten; nirgends im weiten Umkreis fanden sich geeignete Furtstellen.

Fünf Tage wurde am Ostufer des Luwegu gewartet, immer in der Hoffnung, daß der Wasserstand fallen würde. Doch das Gegenteil trat ein: immer mächtiger schwoll der Strom an. Da entschloß sich v. Wangenheim zum Rückmarsch zum Rufiyi, um von dort dann über eine andere Route unter Inkaufnahme eines riesigen Umweges nach Mahenge zu gelangen. Wieder einmal mußte die Truppe vor der Allgewalt der afrikanischen Natur weichen. Schon machte sich auch Nahrungsmittelmangel bemerkbar: die mitgeführte Verpflegung war nahezu aufgebraucht, das Land selbst aber bot absolut gar nichts an Eßbarem. Einige Träger waren bereits dem Hunger zum Opfer gefallen, unter den Askari brachen, nicht zuletzt infolge der Mangelernährung, Krankheiten aus. Es galt nun, so rasch wie möglich wieder bewohnte Gebiete aufzusuchen, damit die Truppe wieder Nahrungsmittel bekommen konnte!

Das Expeditionskorps marschierte, zunächst ostwärts durch das menschenleere Dondeland ziehend, durch wegelose und vielerorts unter Wasser stehende Gebiete über Madaba nach Kitope. Hungernd wurde von dort aus weiter nach Norden vorgerückt. Unterwegs fand man dann glücklicherweise doch noch einige Vorratsstellen, die von Aufständischen zurückgelassen worden waren, so daß eine Hungerkatastrophe für die Truppe abgewendet werden konnte. Am 10. Januar stand sie wieder bei Kungulio. Hier wurde der Rufiyi erneut überschritten, allerdings brauchte man diesmal hierfür acht Tage im Gegensatz zu einem Tag auf dem Hinmarsch. In Kungulio waren inzwischen auch 100 Lasten Reis eingetroffen, die das Bezirksamt Mohoro auf Anforderung Wangenheims hierher stromaufwärts gesandt hatte. Damit war der schlimmste Verpflegungsengpaß überwunden.

Nun wendet sich die Kolonne wieder nach Nordwesten und erreicht am 27. Januar schließlich Kissaki. Hier wird sie neu verproviantiert und bricht dann, am 30. Januar, wieder auf. Marschrichtung ist West. Der Marsch führt nun durch den wildreichen schmalen »Schlauch« zwischen den heutigen Nationalparks Mikumi und Selous hindurch, durch Buschsteppen und Gebirgslandschaften schließlich zum Großen Ruaha und, an dessen Nordufer entlang, bis Njukwa, dem heutigen Mbuyuni, an der Straße Kilosa – Iringa gelegen. Hier stößt Wangenheims Abteilung auf eine für Iringa bestimmte Munitionsnachschubkolonne unter Leutnant Claus. Diese schließt sich dem Expeditionskorps an, das nach mehrtägiger Rast wieder aufbricht und am 16. Februar Iringa erreicht.

Für den Weitermarsch nach Mahenge muß erneut ein Umweg in einem großen Bogen nach Süden gewählt und damit eine neuerliche wochenlange Verzögerung in Kauf genommen werden, da der direkte Weg über Umbunga in die Ulanga-Ebene wegen der dortigen Überschwemmungen nicht in Frage kommt. Die Marschroute führt stattdessen in einem riesigen Umweg um die Idete-Sümpfe herum durch das Kiwanga-Sultanat, da nur hier ein jetzt passierbarer Übergang über den Ulanga besteht. – Nach drei endlos erscheinenden Wochen, immer wieder von nicht enden wollenden Regenfällen aufgehalten, trifft Wangenheims Truppe endlich am 9. März auf der Station Mahenge ein, statt, wie ursprünglich geplant, von Osten jetzt von Westen her in den Ort einziehend.

Hier war inzwischen eine Verstärkungsabteilung unter Oberleutnant Nordeck zur Rabenau mit 40 Askari eingetroffen, der sich später, einige Wochen nach Eintreffen Wangenheims in Mahenge, noch eine weitere Abteilung mit 70 Askari, geführt von Oberleutnant Graf v. Freyen-Seyboltstorff, auf der Station zugesellte. Erstere, ursprünglich für Iringa bestimmt, war von Hauptmann Nigmann nach Mahenge wegen der dortigen Notlage umdirigiert worden, letztere dagegen, im Januar von der Truppenführung in Daressalam als Reaktion auf die besorgniserregende Meldung vom Rückmarsch des Expeditionskorps Wangenheim nach Norden in Marsch gesetzt, hatte den Seeweg über Kilwa genommen und war dann über Liwale nach Mahenge gelangt.

Die Feindlage in Mahenge war von einer allgemeinen Kriegsmüdigkeit der Bewohner am Ober- und Mittellauf des Luhembero – hier wohnten hauptsächlich Wapogoro, die schwer unter Hunger zu leiden hatten – gekennzeichnet.

Nur einige wenige der Häuptlinge und Jumben schienen weiterhin zum Widerstand entschlossen. Sie waren jedoch zum Teil von ihren eigenen Leuten zur Unterwerfung auf die Station gebracht worden, einem von ihnen, der sich widersetzt hatte, war sogar von seinen Untertanen der Kopf abgeschlagen und zur Station gebracht worden. Nur weiter östlich, am Ober- und Mittellauf des Luwegu, wo vor allem Wangindo lebten, war der Widerstandswille gegen die Deutschen ungebrochen.

Kriegsmüdigkeit zeichnete sich, wie in Upogoro, auch in Umbunga ab, wo die Bevölkerung ebenfalls schwer unter Hunger zu leiden hatte. Sämtliche Sultane und Jumben der Wambunga mit Ausnahme des Sultans Mufimba hatten sich in Mahenge zur Unterwerfung eingefunden, wie sie es dem Hauptmann v. Hassel nach dem Gefecht am Ruipa zugesichert hatten (siehe 14. Kapitel). Mufimba dagegen weigerte sich, trotz mehrmalige Aufforderung, standhaft, sich den Deutschen zu stellen, und war zu weiterem Widerstand entschlossen.

Mit dem Eintreffen der Kolonne v. Wangenheim hatte sich die Lage im Bezirk noch weiter zugunsten der Deutschen gebessert. Nun standen genügend Truppen zur Verfügung, um den Bezirk vollends zu pazifizieren. Die in Mahenge versammelten Einheiten wurden neu formiert: Die Abteilungen Nordeck und v. Grawert wurden in die 12. Kompanie eingegliedert. Deren Führer, Hauptmann v. Hassel, der schon vor einem halben Jahr auf Heimaturlaub hätte gehen sollen, erhielt auf seinen Antrag hin die Erlaubnis, mit seiner Kompanie noch an der nun beabsichtigten Operation teilzunehmen. Die Abteilung v. Wangenheim blieb als selbständige »Expeditionskompanie« (5. Kompanie der Schutztruppe) bestehen.

Ziel der nun folgenden Operation war die Unterwerfung der weiterhin aufrührerischen Wangindo-Bevölkerung am mittleren Luwegu. Für diese Operation wurde die Truppe in zwei Kolonnen aufgeteilt: Die rechte Kolonne (12. Kompanie) solle über Liganga und den westlichen Teil der Mahokoberge bis zum mittleren Luwegu vorstoßen, während die linke Kolonne (Expeditionskompanie) auf einem weiter östlichen Weg nach dem Ostfuß der Mahokoberge marschieren und dann Luwegu-aufwärts vorrücken sollte, um sich hier wieder mit der rechten Kolonne zu vereinigen.

Am 13. März brechen beide Kolonnen gemeinsam auf. Unter größten Anstrengungen vollzieht sich der Vormarsch zunächst durch die überschwemmten Niederungen des Luhembero. Nirgends nimmt der Feind das Gefecht an. Die von Hauptmann v. Hassel geführte rechte Kolonne überschreitet am 21. März den Lukula, einen in den Mbarika-Bergen entspringenden linken Nebenfluß des Luwegu, wirft dort Vorposten des Gegners – es sind Wangindo-Krieger – und rückt dann zum Fouragieren noch weiter nach Süden vor. Die Truppe nähert sich dem Mittellauf des Luwegu (im Südwestzipfel des heutigen Selous-Nationalparks), auf der nach Süden in Richtung Likuju–Songea führenden pistenartigen *barabara* (Karawanenstraße) vorrückend, als sie am 21. März unvermittelt in ein Überfallgefecht verwickelt wird: Etwa 2000 Wangindo, zum Teil hoch oben auf einer Reihe von Felsen verschanzt, haben der im tiefen Schilf »in Kolonne zu Einem« marschierenden Truppe aufgelauert und überschütten sie nun mit einem Hagel von Gewehrkugeln und Giftpfeilen. Es gibt sofort Ausfälle. Hassel aber reagiert rasch: Er läßt die Truppe zusammenrücken und das Feuer erwidern, mit dem größeren Teil löst er sich dann vom Gegner, um ihn zu umgehen. Das mitgeführte MG wird mitten im Sumpf in Stellung gebracht und streicht die Höhenzüge ab. Der Hauptmann berichtet[1]:

»... Nun bekamen wir Luft, aber bald sauste wieder ein Pfeilhagel herab, das feindliche Gros war in Tätigkeit getreten. Diese Augenblicke waren äußerst unangenehm, man sah keinen Feind, hörte nur das Schwirren der Pfeile.

Ich brachte das M.G. in eine bessere Stellung und strich abermals die Höhen ab, kurz darauf nahm ich die Höhen im Sturm, der Feind flüchtete, setzte sich aber 200 m weiter abermals fest.

Auch diese Stellung mußten wir stürmen, der Feind wich abermals und setzte sich wiederum fest. Wiederum kam es zum Feuergefecht, es gelang, mit einer Abteilung den Feind zu umgehen, diesem Feuer hielt er nicht stand, er floh endgültig. Ich bezog in der Stellung Lager, dann begrub ich meine elf Toten.

[1] Tgb. v. Hassel, S. 76 f.

Der Feind, der schwere Verluste hatte, auch der Jumbe, ihr Führer, war gefallen, sandte am folgenden Tage Boten zur Unterwerfung.

Ich verlangte Ablieferung der Waffen, Lieferung von 100 Ziegen und 500 Lasten Korn...«

Am 27. März vereinigen sich die beiden Kolonnen am Oberlauf des Luwegu. An den folgenden Tagen wird vergeblich versucht, den Fluß zu überqueren, um gegen die am Südufer gemeldeten gegnerischen Ansammlungen vorzugehen. Nach einigen gescheiterten Übersetzversuchen wird dann das Unternehmen abgebrochen. Am 2. April trifft die Truppe wieder in Mahenge ein. Obwohl die Operation vorzeitig beendet werden mußte, blieb sie doch nicht ohne Erfolg: Sehr bald meldete eine größere Anzahl von Wangindo- und Wapogorohäuptlingen ihre Unterwerfung an.

Da ein Teil der Wambunga unter dem Jumben Mufimba den Widerstand fortsetzen wollte, brach v. Wangenheim mit der Expeditionskompanie am 11. April wieder auf. Marschrichtung war diesmal Ost, das Marschziel die an der Einmündung des Luwegu-Flusses in den Rufiyi sitzenden Stämme. Auch hier wich der Gegner überall aus, tagelang wurde durch menschenleere Gegenden marschiert, deren Bewohner entweder geflohen oder zugrundegegangen waren. Wangenheim bemerkt hierzu in seinem Tagebuch[2]: »Zahlreiche Leichen von Verhungerten zeigten, welchem Umstande auch hier die Unterwerfung, zu der die Leute jetzt geneigt sind, in der Hauptsache zu danken ist.« Nur an einer einzigen Stelle, bei Lugoneko, am Unterlauf des Ulanga (Kilombero), leistete der Gegner noch einmal erbittert Widerstand, der jedoch rasch gebrochen wurde. Über Ifakara–Mavimba marschierte die Truppe zurück nach Mahenge, wo sie am 4. Mai wieder eintraf.

Am 7. Mai finden sich die letzten Jumben aus der Ulanga-Ebene in Mahenge zur Unterwerfung ein. Eine Anzahl von *wahonga* wurde von der Bevölkerung den deutschen Behörden in Mahenge ausgeliefert. Der Großteil der »Rädelsführer« wurde hier von den deutschen Militärbehörden standrechtlich erschossen oder aufgehängt[3].

Mit Abschluß der Operationen gegen die Wambunga am Unterlauf des Luwegu war der Unterwerfungsfeldzug gegen die Stämme im Bezirk Mahenge im wesentlichen beendet und damit einer der beiden dem Expeditionskorps v. Wangenheim gestellten Aufträge erfüllt worden. Reste der Aufständischen, vor allem Leute vom Wangindo-Stamm, hielten sich jetzt nur noch in der zwischen dem Oberlauf des Luwegu und dem Mbarangandu-Fluß gelegenen abgeschiedenen Landschaft Mgende. Die Beseitigung dieser noch verbliebenen Widerstandsnester erfolgte dann später im Rahmen der Operationen zur Unterwerfung der Wangoni, auf die wir im übernächsten Kapitel zu sprechen kommen. – Auch der zweite Auftrag für Wangenheims Truppe, die Wiederherstellung der Verbindung zwischen Daressalam und Mahenge, konnte als erfüllt angesehen werden, nachdem die Uferbewohner am Ulanga ihre bisher versteckt gehaltenen Fährboote wieder in Betrieb genommen hatten.

2 Götzen: »Deutsch-Ostafrika im Aufstand 1905/06«, S. 178.

3 Laut Augenzeugenberichten in MMRP 8/68/1/4/8, 8/68/1/4/10 (im Dokumententeil unter Nr. 6 enthalten), 8/68/1/4/15, 9/68/1/4/28, 9/68/2/3/3 und 9/68/2/3/4.

Die Befriedung des Bezirks Mahenge war mit schweren Opfern erkauft worden: Ein Großteil der Bevölkerung war geflohen oder buchstäblich verhungert, die Felder verwüstet. Gouverneur Götzen resümiert: »Wenn auch die Hungersnot nicht von langer Dauer war, weil die Üppigkeit der afrikanischen Natur hier helfend eingriff, und wenn die niedergebrannten Wohnstätten in ihrer einfachen Bauart auch rasch wieder erstanden, so bedeutet doch die Verminderung der Bevölkerungsziffer einen Schaden, der die wirtschaftliche Leistungsfähigkeit des an sich schwach bevölkerten Landes auf Jahre hinaus wesentlich herabsetzen mußte ...«

16. Die Unterwerfung der Wasagara

Bereitstellung der Truppen für die Niederwerfung der Wasagara – Vormarsch zum Rebellenzentrum am Lijunge-Berg – Das Gefecht bei Mahalaka – Der Aufstieg zum Lijunge-Berg – Höhlenkämpfe am Lijunge-Berg – Die Überreste der Wasagara unterwerfen sich

Wir erinnern uns aus dem 14. Kapitel, daß die Reste der aufrührerischen Wasagara unter ihrem *hongo* Chitalika nach ihren letzten Schlappen im Oktober 1905 ihre Schlupfwinkel und Sammelpunkte, von denen aus sie ihre Vorstöße zur Beunruhigung der friedlichen Bevölkerung und zur Nahrungssuche sowie zu Überfällen auf deutsche Kolonnen und Einrichtungen unternahmen, weiter nach Westen und Südwesten in das zerklüftete und schluchtenreiche Mhingu-Gebirgsmassiv in der Landschaft Uvidunda verlegt und dessen höchste Erhebung, den mit zahlreichen Höhlen durchsetzten Lijunge-Berg, zu ihrem Hauptstützpunkt ausgebaut hatten. Gegen diesen sollte sich nun der Hauptschlag der Schutztruppe richten, sobald die angekündigten Verstärkungen im Bezirk Morogoro eingetroffen sein würden. Zwischenzeitlich war die Truppe nicht müßig gewesen und hatte durch Vernichten der Felder, Abbrennen der Bananenhaine, Zerstören und Inbrandsetzen der Hütten der Aufständischen und der mit diesen sympathisierenden Bevölkerung einen systematsichen Zermürbungs- und Aushungerungskrieg eingeleitet, dessen Folgen sich schon nach einigen Wochen zeigten: Immer mehr Aufständische und ihre Familien, viele von ihnen völlig ausgehungert und abgemagert, stellten sich der Truppe. Chitalikas Anhängerschaft schmolz dahin!

Im Dezember wurden die Voraussetzungen für den beabsichtigten Schlag gegen die Wasagara-Rebellen geschaffen: Zunächst traf am 4. Dezember im Austausch gegen das Detachement v. Wangenheim (siehe 15. Kapitel) die neugebildete 5. Kompanie unter Oberleutnant Wendland (3 Offiziere, 1 Sanitätsoffizier, 4 Unteroffiziere, 140 Askari, 1 6-cm-Feldkanone, 1 MG und 289 Träger) in Morogoro ein. Sie sollte hier ihre Feldausbildung beenden und gleichzeitig als Ortsschutz für Morogoro und zur Sicherung der Telegraphenlinie zur Hauptstadt dienen. Am 23. Dezember traf dann eine weitere Verstärkung für den Bezirk ein: Die 15. Kompanie unter Führung des Hauptmanns Wunderlich (5 Offiziere, 5 Unteroffiziere, 147 Askari, 23 Rugaruga und 1 MG sowie ein gewaltiger Troß – 475 Träger, Führer, Boys usw.). Dieser Kompanie hatte sich der dienstälteste Stabsoffizier der Schutztruppe, Major Freiherr v. Schleinitz, angeschlossen. Nun konnte die Operation gegen die Aufständischen im Bergland von Uvidunda beginnen. Schleinitz, der die Operation selbst leitete, beabsichtigte, konzentrisch mit allen verfügbaren Kräften gegen die Landschaft Uvidunda vorzugehen, Angriffsziel sollte der Lijunge-Berg sein. Der Anmarsch sollte wie folgt vor sich gehen: Die beiden bei Kilosa stehenden Züge der 5. Kompanie sollten, zuerst auf der Straße Kilosa–Iringa nach Süden marschierend, auf zwei verschiedenen Wegen gegen das Mhingu-Massiv vorrücken. Der Stab und die 15. Kompanie sollten zunächst am Westhang der Uluguru-Berge entlangmarschieren und dann in Richtung auf die

Kidatu-Fähre vorgehen. Die Vereinigung der einzelnen Abteilungen sollte am Fuß des Lijunge-Berges erfolgen.

Am 28. Dezember brach das Gros der Truppe, d. h. die 15. Kompanie, der Stab und Oberleutnant Wendland mit einem Zug seiner Kompanie unter Feldwebel Lachenmair, unter Führung des Majors von Morogoro auf. – Methner, im Zivilberuf Referent am Gouvernement in Daressalam und jetzt Leutnant d.R. in der 5. Kompanie, der mit einem Zug auf Vorposten in Miyombo (südlich Kilosa) lag und Befehl erhalten hatte, sich der Expeditionstruppe anzuschließen, vermittelt uns ein eindrucksvolles Bild von den Schwierigkeiten, denen sich die Truppe beim Aufbruch und Vormarsch gegenübersah[1]:

»Endlich, am 29. Dezember, kam der erwartete Befehl. Am nächsten Morgen sollten die sofort bei der Nebenstelle (gemeint ist die Bezirksnebenstelle Kilosa des Bezirks Morogoro – Anm. Verf.) beantragten Träger eintreffen. Aber obgleich der Zug schon in aller Frühe marschbereit war, mußte der Aufbruch verschoben werden, da ein Teil der gestellten Träger unterwegs ausgerissen war. Eilbote nach Kilossa! Endlich, gegen 11 Uhr, kam der Ersatz, und die Kolonne setzte sich in Bewegung. Düstere Wolken standen am Himmel, die Luft war feucht und unbewegt; es war drückend schwül; kam die Sonne einmal durch die Wolken, so brach uns der Schweiß aus allen Poren. Der Weg, eine schnurgerade Schneise durch hohen Wald, glich bald einem Sumpf, bald einem Sturzacker. Elefanten, die kurz vorher hier entlang getrottet waren, hatten überall tiefe kesselförmige Löcher als Fährte zurückgelassen. An Reiten war nicht zu denken. Die überstandene Krankheit hatte viele Askari schlapp gemacht, des Regens wegen war es zu keinem Marschtraining gekommen; schwer drückte die ungewohnte Last von 100 scharfen Patronen, Mod. 71.

Mein Ziel für diesen Tag war das nur 20 Kilometer entfernte, übrigens auch von den Aufständischen niedergebrannte und verlassene Dorf Uleya. Aber nach vier Stunden waren erst zwei Drittel des Weges zurückgelegt, die ganze Kolonne war weit auseinandergezogen, mehrere Leute waren zusammengebrochen und mußten getragen werden...«

Da die 15. Kompanie den wesentlich längeren Anmarschweg hatte und wegen der fast erschöpften Verpflegungsbestände in Morogoro sich nur für vier Tage verproviantieren konnte, mußte sie sehr rasch vorrücken, um rechtzeitig am Vereinigungspunkt mit den Zügen der 5. Kompanie zur Stelle zu sein und möglichst bald ihre Lebensmittel auf den Feldern und in den Vorratshütten des Gegners in Uvidunda zu ergänzen. Tatsächlich war sie sogar gezwungen, an den letzten Tagen vor dem Eintreffen am Lijunge-Berg »von Kräutern und Gras zu leben«.

Der Gegner wich fast überall zurück, nur bei Mahalaka griff er überraschend die 15. Kompanie an, als diese mitten im Pori in »Kolonne zu Einem« vorrückte. Die Kompanie entwickelte sich sofort zur Schützenlinie, das MG, in einer Schirmakazie in Stellung gebracht, wurde in Tätigkeit gesetzt. In einem eineinhalbstündigen Feuergefecht wurden die Aufständischen, die unter Führung von Chitalika und dem Vidunda-Häuptling Mkurumsina standen, in Richtung auf das Mhingu-Gebirge zurückgeworfen.

[1] Methner, S. 89.

Karte 8: Vormarsch der Truppenteile in die Landschaft Uvidunda (Feldzug gegen die Chitalika-Rebellen um die Jahreswende 1905/06)

Am 2. Januar wurde Fühlung mit den beiden anderen gegen den Lijunge-Berg vorgehenden Abteilungen (Zug Nordeck und Zug Methner der 5. Kompanie) aufgenommen. Am 3. Januar überschritt die 15. Kompanie den jetzt sehr reißenden Ruhembe-Fluß, an dessen jenseitigen Ufer der Aufstieg in die schroffen Partien des Mhingu-Gebirgsmassivs auf einem steilen und schlüpfrigen Pfad begann. Am nächsten Tage wurde in dem verlassenen Dorf des Häuptlings Mkurumsina gerastet. Hier aß sich die Kompanie an den reichen Feldern des Gegners endlich satt. Anschließend wurden die Felder zerstört und das Dorf niedergebrannt.

Am folgenden Tag (5. Januar) wurde Oberleutnant Wendland mit dem Zug des Feldwebels Lachenmair (5. Kompanie) nach rechts detachiert, um den Anschluß an den Zug Methner zu suchen. Beide Züge sollten dann als mittlere Kolonne gegen den Lijunge-Berg vorgehen. Auf dem rechten Flügel sollte der Zug Nordeck der 5. Kompanie, vom Tal des Ngarambi-Flüßchens emporsteigend, angreifen. Die 15. Kompanie sollte auf dem linken Flügel, von Osten her, gegen den Berg angesetzt werden. Damit wäre der Gegner eingekreist, da der Berg nach Süden hin steil zum hoch angeschwollenen Ruaha abfällt.

Undurchdringlicher Nebel hüllte den Lijunge ein, als am 6. Januar die drei Kolonnen vor Tagesanbruch den beschwerlichen Aufstieg begannen. Lassen wir wieder Leutnant d. R. Methner, der sich in der mittleren Kolonne befand, berichten[2]:

»Wieder lag dichter Nebel über dem Urwald. Beim Hindurchwinden durch das dichte, nasse Unterholz waren wir bald naß wie die Katzen ... Da brach es auf einmal in den Büschen, in den zerflatternden Nebelschwaden zeigten sich zwischen den Stämmen teils mit Bogen und Speeren, teils mit Vorderladern bewaffnete Männer, die eiligst flüchteten. War es das Schwirren eines Pfeiles oder ein sonstiges Geräusch, das den Anstoß gab, jedenfalls fing meine rechte Seitenpatroille an zu schießen, und bald entwickelte sich ein kleines Gefecht...«

Nur einige Minuten dauerte das Feuergefecht. Dann war erneut Totenstille im Urwald, unterbrochen nur dann und wann von dem ärgerlichen Gekrächze einiger im Morgenschlaf gestörter Vögel. Plötzlich war wieder das Brechen von Zweigen links von der in Gänsemarsch kletternden Abteilung zu hören. Da er einen Nahangriff in diesem dichten Busch unter allen Umständen vermeiden wollte, ließ der Abteilungsführer einige Salven blind in die Büsche abgeben. Daraufhin trat Stille im Unterholz ein. Ohne weitere Behelligung drang die Abteilung nun weiter nach oben empor.

Nur noch wenige hundert Meter und die Truppe stand unvermittelt vor einer 4–5 Meter hohen Felswand. Methner fährt fort: »Mit Hilfe einiger aus dem Gestein heraustretenden Wurzeln gelang es uns, das Hindernis einzeln imporklimmend zu überwinden, und wir befanden uns nun auf einem vielleicht 25 Meter breiten, ebenen Vorsprung, hinter dem sich eine zweite, aber weit höhere Felswand erhob. In ihr klaffte eine schmale Spalte. ›Das sind die Höhlen Mkura Mzimas!‹ rief mein Führer. Ich ließ auf die Öffnung ein paar Schuß abgeben. Da dieselben nicht erwidert wurden, näherten wir uns dem Höhleneingang. Da folgten aber ein paar Schüsse, und einer meiner Askari brach unter einem Schuß zusammen, der den Kopf seitlich getroffen und das linke Auge zerstört hatte. Der Askari erhob sich wieder, schüttelte drohend die Faust gegen die Höhle und brach in wilde Flüche aus. Wir nahmen jetzt, so gut es ging, Deckung, den Höhleneingang unter Feuer haltend. Ich sah aber ein, daß ein Eindringen in den schmalen Eingang, das nur einzeln stattfinden konnte, unmöglich war, und schickte Meldung über die Lage an meinen Kompanieführer. Nach kurzer Zeit erschien Wendland selbst und sah sich kopfschüttelnd die Situation an. Ich sagte ihm, wenn wir das Geschütz hier oben hätten, könnten wir vielleicht in den Eingang eine Granate setzen.«

[2] Methner, S. 94 ff.

Ein entsprechender Befehl erging an den weiter unten befindlichen Feldwebel Lachenmair. Das Geschütz wurde nun mit großer Mühe auf dem schlüpfrigen Pfad den Hang heraufgeschleppt und in einer Entfernung von 25 Meter vor dem Höhleneingang in Stellung gebracht. Methner fährt in seiner Berichterstattung fort: »Der Schuß ging los und – er saß! Ein paar weitere Granaten folgten, jede von einem Gebrüll und ein paar schlecht gezielten Schüssen beantwortet. Dann herrschte eine Weile Stille.

Und nun erschien zu unserem Staunen ein Weib in der Höhlenöffnung und machte Zeichen. Natürlich wurde verboten zu schießen, und die Frau rief, es seien keine Männer mehr in der Höhle, nur noch Frauen und Kinder, die Krieger hätten sich aus einem anderen Ausgang ins Freie geflüchtet.

Wir drangen darauf in die Höhle ein, und es ergab sich, daß das Weib die Wahrheit gesprochen hatte. Am Eingang lagen mehrere Tote und Verwundete, andere, darunter leider auch einige Frauen, weiter innerhalb. Die Höhle erwies sich als ein Komplex von Gängen und Kammern, sie schien nicht natürlich durch Erosion, sondern durch Menschenhand entstanden, indem zwischen den riesigen Gneistrümmern, aus denen sich der Li-Yunge-Berg aufbaut, das Erdreich um die verwitterten Felsblöcke herausgekratzt war. Die Höhle barg noch mehrere Dutzend Frauen und Kinder, zum Teil Beutestücke aus den Raubzügen der Rebellen und – zur Freude unserer verhungerten Leute – ein paar Ziegen, Hühner, Eier, Körbe mit Mehl, Bohnen und viele Töpfe mit Honig.

Der mit geringen Verlusten unsererseits (zwei Tote und einige Verwundete) errungene Erfolg war deshalb von nachhaltiger Wirkung, weil der Glaube der Aufständischen an die Uneinnehmbarkeit ihrer Schlupfwinkel jetzt zerstört war.«

Nach diesem siegreichen Gefecht bezog die 15. Kompanie unter Hauptmann Wunderlich ein festes Lager in der Nähe des Lijunge-Berges. Von dort aus wurden dann laufend durch das Gebirge und bis weit in die Uvidunda-Ebene hinein Streifzüge durchgeführt, um die aufständische Bevölkerung davon abzuhalten, wieder ihrer Feldarbeit nachzugehen und ihre zerstörten Hütten wieder herzurichten. Von Hunger getrieben, ihrer Führerschaft beraubt, begannen sich nun auch hier die Leute massenweise zu ergeben. Ein Teil der Jumben stellte sich freiwillig in der Hoffnung auf eine mildere Bestrafung. Viele von ihnen wurden jedoch zu hohen Kerkerstrafen und Zwangsarbeit verurteilt oder gar öffentlich gehenkt. Mkurumsina wurde von den Deutschen gefangengenommen und endete am Galgen. Auch Chitalika, im Gefecht bei Mahalaka verwundet und seitdem mit nur noch wenigen Getreuen in Uvidunda umherirrend, ereilte schließlich sein Schicksal: Er wurde von einer deutschen Patroille unter dem Effendi Plantan in einer Höhle am Ruaha gestellt. Der *hongo* ergriff die Flucht und stürzte dabei einen steilen Abhang am Flußufer hinunter und ertrank in dem reißenden Strom.

Anfang Juli 1906 konnte der Bezirk Morogoro und damit der größte Teil Usagaras als befriedet gelten, die Feldarbeit wurde allenthalben wieder aufgenommen, die verhängte Strafarbeit und die auferlegte Kriegssteuer wurden, wie der Gouverneur schreibt, »willig geleistet«. Die Sicherungs- und Ordnungsaufgaben wurden nun wieder in die Hand der Polizeitruppe gelegt, die Schutztruppe abgezogen.

17. Der Feldzug gegen die Wangoni

Die isolierte Lage Songeas – Aufstellung des Expeditionskorps Johannes – Eintreffen des Korps in Songea – Major Johannes ändert die Kriegstaktik: Verteilung der Truppe auf Stützpunkte zur Bekämpfung der Rebellenhaufen – Die Wangoni beginnen, sich zu unterwerfen – Verlagerung der Einsatzschwerpunkte nach Nord-Ungoni – Allgegenwärtigkeit des Rebellenführers Schabruma – Strafgericht in Songea – Major Johannes verlagert den Schwerpunkt der Operationen nach Ubena – Die Spuren der Wabena- und Wangoni-Rebellen führen nach Upangwa – Das Gefecht gegen die Mohamakiro-Rebellen bei Kitanda – Die Kämpfe im Upangwa-Bergland – Die Greueltaten der Rugaruga in Upangwa – Strafgericht in Utengule-Ubena – Das Ende der Rebellenführer Ngosingosi und Mpangile – Die Endkämpfe in der Landschaft Mgende – Verfolgung und Ende der Rebellenführer Schabruma, Amari Kinjalla, Abdallah Mpanda und Abdallah Chimai

Den Schlüssel zur Unterdrückung des Eingeborenenaufstands lieferte die Unterwerfung der Wangoni. Sie waren, obwohl nicht die Initiatoren der Heilserwartungsbewegung, zur tragenden Säule der Erhebung geworden. Mit dem Zusammenbruch ihres Widerstandes mußte die gesamte Aufstandsbewegung in sich zusammenfallen. Im Gegensatz zu den anderen Völkerschaften hatten sich die Wangoni auch – mit Ausnahme der im Bezirk Mahenge ansässigen Mpepo-Leute – fast geschlossen gegen die deutsche Herrschaft empört. Dies hatte zur Folge, daß Bezirksamtmann Richter, der Repräsentant der deutschen Kolonialmacht in Ungoni, nicht mit dem Beistand loyal gebliebener Landesbewohner rechnen konnte, wie er anderen Stationen im Hinterland, z. B. Mahenge und Iringa, in Form der Gestellung von Hilfskriegern und Lieferung von Lebensmitteln seitens treugebliebener Stämme zuteil wurde. Nur wenige bewaffnete Kräfte hatten anfänglich den aufrührerischen Wangoni entgegengestellt werden können, da Hauptmann a.D. Richter als Vorsteher eines zivil verwalteten Bezirks nur über eine schwache Polizeitruppe verfügte und Schutztruppeneinheiten in der äußersten Südwestecke der Kolonie nicht stationiert waren.

Von allen durch den Aufstand bedrohten isoliert gelegenen Stationen im Landesinneren war Songea, der Hauptort des Bezirks Ungoni, verkehrs- und nachrichtenmäßig am ungünstigsten gelegen: Infolge riesiger, den Straßenbau nahezu unmöglich machender Sumpfgebiete, die sich über Hunderte von Kilometern nordöstlich von Songea erstreckten, war der Ort von der Küste aus nur in wochenlangen, strapaziösen Fußmärschen zu erreichen. Die Nachrichtenübermittlung geschah entweder mittels Boten von der Endstelle der Küstentelegraphenleitung in Mpapua über Iringa oder Mahenge mitten durch das Aufstandsgebiet oder auf dem umständlichen Kabelweg der Eastern Telegraph Company über Kapstadt (!) bis zur Telegraphenstation Karonga und dann mit dem Eingeborenen-Einbaum über den Nyassa-See nach Wiedhafen und von dort mit Eilboten nach Songea.

Die genannten Gründe sprachen für ein alsbaldiges Vorgehen gegen die Wangoni. Ein weiterer Grund war die Nachbarschaft zu dem weißen Wohngebiet in dem ebenfalls zivil verwalteten Bezirk Langenburg (Landschaft Ukinga), wo bereits um die Jahrhundertwende mehr als hundert Weiße, größtenteils Missionare mit ihren

Frauen und Kindern, ansässig waren. Zerstreut im Lande wohnend, konnten sie leicht der Aufstandskatastrophe zum Opfer fallen. Und daß die Maji-Maji-Rebellen nicht an Schonung der Missionare dachten, wurde am Beispiel des Untergangs der Karawane des Bischofs Spiss und des Sturms der Rebellen auf die Missionsstation Yakobi deutlich. Der Entsatz Songeas war daher ein dringendes Gebot.

Wegen der gewaltigen Entfernung von der Küste und der Straßen- und Wegelosigkeit der zu durchquerenden entweder durch den Aufstand entvölkerten oder von feindseligen Völkerschaften bewohnten Gebiete mußte der Vorstoß nach Songea sehr sorgfältig geplant werden. Für die Durchführung der Operation wurden die 8. Feldkompanie (Hauptmann v. Kleist) und die 13. Feldkompanie (Oberleutnant v. d. Marwitz) abgestellt und zu einem Expeditionskorps unter Führung des Majors Johannes zusammengezogen. Diesem angegliedert wurde eine größere Anzahl Rugaruga (1000–1500 Mann in wechselnder Stärke). Da das durch den Krieg verwüstete Land der Truppe verpflegungsmäßig nur wenig bot, mußte diese ihren Proviant weitgehend mit sich führen bzw. von der Küste her nachführen. Zu diesem Zweck wurde ihr eine hundert Mann starke Etappentruppe – heute würden wir Nachschubtruppe sagen – unter Oberleutnant Frank zugeteilt, der eine Abteilung Marineinfanterie unter Hauptmann Schlichting als Bedeckung angeschlossen war. Der Troß umfaßte mehr als 1500 Träger, eine Zahl, die sich nur durch Gestellung von Strafgefangenen aus den Gefängnissen an der Küste erreichen ließ. Aus Verpflegungsgründen mußte auch eine größere Viehherde mitgetrieben werden, was sich später als sehr hemmend auf das Marschtempo auswirken sollte. Der Antransport des Expeditionskorps – mit Ausnahme der 13. Kompanie, die in Kilwa aufgestellt worden war – erfolgte auf dem Seeweg.

Um auf dem Marsch Verpflegungsbeschaffung aus dem Lande zu ermöglichen und zur Einschüchterung der Bevölkerung »Truppenpräsenz« in möglichst vielen Gebieten des Landesinneren zu zeigen, rückte das Korps in drei Marschkolonnen konzentrisch auf Liwale vor: Der Stab mit Begleitkommando, die Marineinfanterie, ein Zug der 8. Kompanie und die Etappentruppen rückten von Kilwa aus vor, während das Gros der 8. Kompanie nach Kiswere (ein Küstenort ca. 60 km nördlich von Lindi) und die 13. Kompanie nach Lindi auf dem Seeweg überführt wurden, um von dort aus in das Landesinnere aufzubrechen.

Wie aus Graf Götzens Erinnerungen zu entnehmen ist, vollzog sich die erste Etappe des Vormarsches, d. h. bis Liwale, reibungslos, von häufigen Behelligungen durch Giftpfeilbeschuß aus dem Busch heraus und großen Problemen mit der Wasserversorgung abgesehen. Unterwegs wurde wiederholt beobachtet, daß die Aufständischen sich durch Einritzungen in die Rinde von Bäumen am Wegesrand miteinander verständigten. An zwei Stellen fanden sich Inschriften, aus denen hervorging, daß die Wandonde nach dem Fall Liwales nach Ungoni gezogen waren, unterwegs aber einen Zusammenstoß mit Askari gehabt hatten, der die größere Hälfte zur Rückkehr in das Dondeland veranlaßte. Bei Mitondo wurden die Gebeine des ermordeten Bischofs Spiss und seiner Gefährten exhumiert und nach Daressalam überführt. Auf der Wegstrecke nach Liwale wurden insgesamt drei Verpflegungsetappen mit starker Bedeckung eingerichtet.

Am 9. November vereinigten sich die Kompanien bei Bembetu, fünf Wegstunden östlich Liwale. Am 15. November gelangte die Truppe nach Liwale, wo ein vierter

Etappenposten eingerichtet wurde. Diese für den Verpflegungsnachschub in den durch den Aufstand verwüsteten, nahezu menschenleeren Landstrichen äußerst wichtigen Etappenstationen waren in der Folge wiederholt Ziel heftiger Angriffe der Rebellen, weswegen sie bomaartig ausgebaut wurden.

In Liwale wurde eine dreitägige Marschpause zur Verpflegungsbeschaffung eingelegt. Am 17. November wurde wieder aufgebrochen, in Eilmärschen ging es weiter in Richtung Songea, durch verödetes und fast wasserloses Gebiet hindurch. Daß der Feind dennoch in der Nähe war und die marschierende Truppe umlauerte, bezeugten die frisch vergifteten Brunnen und die zahlreichen Einritzungen in den Baumrinden. Am 23. wurde der Mbarangandu-Fluß überschritten, an dessen Ufer eine fünfte Etappenstation eingerichtet wurde. Nun gelangte man in das eigentliche Ungoni. Unter verschärften Marschsicherungsmaßnahmen, in »Kolonne zu Zweien«, wurde weiter vorgerückt. Am 28. November erreichte das Expeditionskorps schließlich Songea, zur Überraschung des Hauptmanns a. D. Richter.

Seit der Niederlage der Wangoni bei Njamabengo (siehe 12. Kapitel) stellte sich hier die Kriegslage wie folgt dar: In der unmittelbaren Nähe Songeas hielten sich keinerlei Aufständische mehr auf, diese hatten sich zunächst nach Westen hin in den Bereich der Nachschubstraße Songea – Wiedhafen zurückgezogen, wo sie in der Folge die bereits im 12. Kapitel geschilderten Überfälle auf die Nachschubkolonne Schulz und den Posten des Oberleutnants Klinghardt ausgeführt hatten. In den letzten Tagen vor dem Eintreffen des Expeditionskorps in Songea waren keine Ansammlungen Aufständischer mehr in Ungoni bekannt geworden. Wahrscheinlich hatten sie sich auf die Nachricht des Herannahens des Korps, vielleicht auch wegen der bevorstehenden Zeit der Feldbestellung im Busch verstreut und in viele kleine Banden aufgelöst. Ihre Taktik hatten sie nun völlig umgestellt: Größeren Abteilungen wichen sie grundsätzlich aus und versteckten sich dann im Busch, während sie kleineren Postierungen und Streifen auflauerten und sie niederzumachen suchten. Major Johannes erkannte, daß mit bloßen Durchzügen größerer Truppenmengen nichts zu erreichen war, solange nicht anschließend das durchquerte Gebiet mit einem Netz von Stützpunkten überzogen wurde, die der Feldtruppe als Ruhelager, Operationsbasis, Verpflegungs- und Munitionsdepot und Sammel- und Pflegestelle für ihre Kranken und Verwundeten dienten. Von diesen Stützpunkten aus könnte dann eine wirksame und fortwährende Kontrolle der Bevölkerung ausgeübt werden.

Diese Kontrolle müßte in der Art vor sich gehen, daß kampfstarke, möglichst mit MG ausgerüstete Abteilungen das Land kreuz und quer durchziehen, um die Rebellenführer zu jagen und die Dörfer, Vorratslager und Felder zu vernichten. Nur durch einen solchen Terrorisierungs- und Aushungerungskrieg ließe sich die rebellische Bevölkerung in die Knie zwingen und damit der strapazenreiche und zermürbende Kleinkrieg abkürzen.

Diesen Gedankengängen folgend, verzichtete der Major auf einen geschlossenen Einsatz seines Expeditionskorps und wies den Kompanien besondere Abschnitte zur Besetzung und Kontrolle des Landes zu: Als Einsatzraum für die 13. Kompanie wurde das Gebiet östlich, für die 8. Kompanie das Gebiet westlich einer gedachten Linie Songea – Gumbiro bestimmt. Innerhalb der ihnen zugewiesenen Räume bezogen die 13. Kompanie ein festes Lager bei Likuju, die 8. Kompanie ein solches in Mkwera (dem heutigen Mgazini), dem Sitz des Sultans Mpambalioto (ca. 40 km nordwestlich von Songea). Ergänzend hierzu wurden verschiedene kleinere Posten, z. T. mit Polizeiaskari aus Songea oder Langenburg besetzt, eingerichtet. Diese sollten örtlichen Sicherungs- und Verbindungsaufgaben dienen. Von den angelegten Stützpunkten aus wurde nun das Land systematisch nach Aufständischen, insbesondere deren Anführern, durchkämmt, um diese zur Unterwerfung zu zwingen.

Die ersten Wochen nach seinem Eintreffen nutzte Major Johannes dazu, die Posten zu bereisen und die Lage in Augenschein zu nehmen. Bei der Gelegenheit nahm er auch Kontakt mit dem neuen Bezirkschef von Langenburg, Hauptmann Albinus, auf, vor allem um mit diesem die Sicherung des Nachschubweges Wiedhafen – Songea zu besprechen. Dieser teilte dem Major mit, daß auch die Bevölkerung von Upangwa, durch deren Gebiet die Nachschubstraße verlief, wieder unruhig zu werden beginne und daß ein baldiges Erscheinen von Truppen dort angezeigt sei. Außerdem brachte der Hauptmann seine großen Befürchtungen wegen der kriegerischen Aktionen der Wabena und des unsicheren Verhaltens der Wasangu mit ihrem wankelmütigen Sultan Merere zum Ausdruck und verwies dabei auf die große Zahl Weißer in der zu seinem Bezirk gehörenden und an Ubena, Usangu und Ungoni angrenzenden Landschaft Ukinga hin. Die Hauptunruhestifter hier schienen der Herrscher von Nord-Ungoni (Mschope), Nkosi Schabruma Hanga, sein Bruder Mohamakiro und Hongo Amari Kinjalla zu sein.

Beunruhigt über diese Meldungen kehrte Johannes dann nach Songea zurück, wo ihm diesmal jedoch günstige Nachricht erwartete: Die Anwesenheit starker Truppenverbände in Ungoni hatte offenbar ihre Wirkung nicht verfehlt, denn nun begann die Bevölkerung der südlichen Teile Ungonis, sich in größeren Scharen zu unterwerfen. Doch, wie sich bald herausstellte, waren diese Unterwerfungen vielfach nur vorgetäuscht: Kinjalla und Schabruma hatten die im Süden des Landes wohnenden Wangoni angewiesen, sich nur zum Schein zu unterwerfen, um der Feldbestellung nachzugehen und so die Versorgung der Rebellen und damit die Weiterfühung des Aufstands sicherzustellen.

Dennoch war hierdurch für Major Johannes Zeit gewonnen worden; auch war ein gewisser Teilerfolg dadurch erreicht, daß eine große Anzahl Rebellenführer von Süd-Ungoni festgesetzt werden konnte, allerdings mit Ausnahme des Herrschers von Süd-Ungoni, des Nkosi Mputa, der aber offenbar zu einem organisierten Widerstand nicht mehr imstande war.

Nach sorgfältiger Abwägung der Lage beschloß der Major, den Einsatzschwerpunkt seiner Truppe nach Nord-Ungoni (Mschope), dem Reich Schabrumas, zu verlegen. Von Nord-Ungoni aus sollten die Truppen dann auch in die unruhigen Nachbarlandschaften Upangwa, Ubena, Usangu und Ukinga hinein tätig werden, womit dem Wunsch des Hauptmann Albinus Rechnung getragen würde. In diesem Sinne verlegte er die 13. Kompanie Ende Dezember vom Likuju-Lager mehrere Tagesmärsche weiter nach Nordwesten in die Landschaft Kitanda. Hier errichtete die Kompanie ein festes Lager. Anfang Januar verlegte auch die 8. Kompanie weiter nach Norden und bezog in Gumbiro Aufstellung.

Schabruma zeigte sich weiterhin sehr aktiv und war außerordentlich flexibel in seinen Bewegungen. Er tauchte mit seinen Kriegern mal hier, mal dort auf, allen

Nachstellungen durch die Truppe behende ausweichend und dennoch immer wieder Schläge gegen schwache deutsche Postierungen und Streifen austeilend. Mitte Dezember hielt er sich im Luwegu-Gebiet auf, um sich wieder mit Kriegsdawa, diesmal in »unfehlbarer Form«, die von Wangindo-*wahonga* dorthin gebracht worden war, zu versorgen. Um die Weihnachtszeit stand er nahe dem Posten Namtumbo (60 km östlich Songea), wich dann jedoch beim Erscheinen rasch herbeigeführter Askari wieder elastisch aus, diesmal nach Süd-Ubena. Die letzten Meldungen Anfang Januar besagten, daß er nach Upangwa gezogen sei, kurz darauf jedoch diesen Landstrich wieder in Richtung Ost verlassen habe. Überall, wohin er kam, ließ er die neue Kriegsmedizin verteilen und reizte zum erneuten Widerstand gegen die Deutschen auf. Wer sich weigerte, ihm Gefolgschaft zu leisten, mußte mit dem Tode rechnen. So ließ Schabruma in einem Ort, dessen Bewohner sich bereits der Kolonialmacht unterworfen hatten und sich weigerten, wieder gegen diese zu Feld zu ziehen, sechs Dorfälteste kurzerhand aufknüpfen. Diesem Schreckensregiment verdankte er, daß niemand ihn zu verraten wagte.

Die Expeditionsleitung wurde durch diese sich überstürzenden Meldungen über Schabrumas Blitzbewegungen in Atem gehalten und hatte alle Mühe, den Meldungen durch entsprechende Truppenverschiebungen Rechnung zu tragen. Laufend mußten Patrouillen losgeschickt und Streifzüge unternommen werden, um Schabruma aufzuspüren. Doch immer wieder gelang es dem schlauen Fuchs, aus der gelegten Schlinge zu entkommen. – Während diese nerven- und kräftezehrenden Treibjagden auf den Wangoni-Nkosi anhielten, konnte die deutsche Führung endlich wenigstens einen Teilerfolg erzielen: Von Rugaruga des Akiden Raschid Masud aus Kikole gehetzt, wurde Mputa Gama am 10. Januar 1906 in seinem Versteck am Lumecha-Fluß gestellt und gefangengenommen.

Mit einer großen Zahl weiterer Wangoni-Großer wurde Nkosi Mputa alsbald in Songea der Prozeß wegen Hochverrats gemacht. Am 27. Februar 1906 wurden 47 von ihnen, darunter Mputa und Mpambalioto, durch Bezirksamtmann Richter zum Tode durch den Strang verurteilt. Einige Stunden vor der Hinrichtung besuchte der Missionar Pater Johannes Häflinger von der Missionsstation Kigonsera die Delinquenten und fragte sie, ob sie sich zum katholischen Glauben bekehren und taufen lassen wollten. 31 von ihnen, darunter auch Mputa, willigten ein. Über den anschließenden Gang zum Galgen und die Hinrichtung berichtet der Pater in der »Kigonsera Chronik«[1]:

»... Der Distriktoffizier (Hauptmann a.D. Richter – Anm. Verf.) hatte für die Taufe eine halbe Stunde anberaumt, aber verlängerte diese Frist, als er sah, wie viele sich dazu gemeldet hatten. Als alle 31 getauft waren, wurden sie in Gruppen zu dritt aus dem Gefängnis geführt, dann wurden ihre Hände gefesselt. Außerhalb des Gefängnisses und der Boma, wo sich eine große Menschenmenge angesammelt hatte, wurden sie zu den Galgen geführt. Einige verabschiedeten sich von P. Johannes mit den Worten ›Kwa kuonana barra‹ (›Auf Wiedersehen im Jenseits‹), einige beteten das ›Ave Maria‹. Mputa verabschiedete sich mit einer Anklage gegen Häuptling Kinyalla: ›Glaube mir, wenn mich Kinyalla nicht aufgehetzt hätte, stünde ich jetzt nicht hier!‹ Einige zeigten sich erfreut darüber, daß sie nicht allein, son-

[1] Zitiert aus: Gundolf, S. 193.

dern zusammen sterben durften. Häuptling Kasembe sagte: ›Warum sollten wir Angst vor dem Tode haben? Mein Vater ist tot, meine Mutter ist tot; ich gehe jetzt zu ihnen!‹« Einer von jenen, die sich nicht hatten taufen lassen, verlangte eine Prise Schnupftabak. Da P. Johannes keinen hatte, bat er einen deutschen Feldwebel darum, der dem Mann gerne eine bot. Manche begannen leise zu singen, als sie zum Galgen geführt wurden, andere hingegen verfluchten die Deutschen und den Distriktoffizier und kündigten an, ihre Stämme würden ihren Tod rächen.

P. Johannes blieb bei den Gefangenen, bis der letzte hingerichtet worden war. Am Abend nahm man die Hingerichteten vom Galgen ab und begrub sie in einem gemeinsamen Massengrab[2].

Nachdem ihm durch Oberleutnant v. d. Marwitz, den Führer der nun in der Landschaft Kitanda stehenden 13. Kompanie, gemeldet worden war, daß auch die Bewohner dieses Teils von Ungoni des Krieges müde seien, und da nun die Rebellenführer der Wangoni zum größten Teil gefangen waren, beschloß Major Johannes, mit der 13. Kompanie nach der von der Außenwelt abgeschnittenen Station Mahenge zu marschieren. Damit wollte er einer entsprechenden Weisung folgen, die das Gouvernement an ihn gerichtet hatte, nachdem Hauptmann v. Wangenheims Vorstoß nach Mahenge wegen des hoch angeschwollenen Ruaha-Flusses zunächst fehlgeschlagen war (siehe 15. Kapitel). Hauptmann v. Kleist, den Führer der jetzt in Gumbiro stehenden 8. Kompanie, wies der Major an, für die Herstellung der Ruhe und Ordnung in Süd-Ungoni (Njelu), Upangwa und Ubena zu sorgen und weiterhin Jagd auf Schabruma und die anderen noch freien Rebellenführer zu machen.

Mitten in diese Vorbereitungen für den Abmarsch nach Mahenge platzte am 20. Januar eine Nachricht, derzufolge die Patrouille des Stabsarztes Dr. Wiehe von aufständischen Wabena niedergemetzelt worden sei (siehe 14. Kapitel) und die Rebellen nun über den Ruhudji-Fluß vordringen und die Missionsstation Kidugala in Süd-Ubena bedrohten. Es bestände die Gefahr, daß die Wasangu mit ihrem zaudernden Sultan Merere sich nun endgültig der Maji-Maji-Bewegung zuwenden könnten. Auch die Wapangwa schlössen sich jetzt in hellen Scharen der Erhebung an.

Damit hatte sich die Lage schlagartig geändert. An den Marsch nach Mahenge war nun nicht mehr zu denken. Johannes beschloß aufgrund dieser Meldungen, den Schwerpunkt der Operationen nach Ubena zu verlagern. Er brach daher mit seiner Truppe (13. Kompanie und Stab) am 24. Januar von Kitanda auf und marschierte in Richtung Gumbiro, um dort Anschluß an die 8. Kompanie (Hauptmann v. Kleist) zu suchen und dann gemeinsam mit dieser in Richtung Norden vorzugehen. In Gumbiro angekommen (26. Januar), mußte der Major feststellen, daß Hauptmann v. Kleist mit der Masse der 8. Kompanie den Ort schon verlassen hatte: Der Hauptmann hatte etwa zehn Tage vorher von dem z. Zt. mit seiner Polizeitruppe in Ubena weilenden Hauptmann Albinus eine Nachricht erhalten, derzufolge es jetzt auch in Ukinga zu gären begonnen habe und er, Albinus, deswegen mit seiner Truppe zur Rückkehr in seinen Bezirk (Langenburg) aufgebrochen sei. Daraufhin

[2] Siehe auch MMRP 6/68/3/3/2 und 6/68/4/3/15. (Diese Berichte sind im Dokumententeil unter Nr. 4 bzw. Nr. 5 enthalten).

hatte sich v. Kleist am 19. Januar mit seiner Kompanie auf den Marsch nach Kidugala in Ubena begeben, um das dort durch den Abzug der Truppe des Hauptmann Albinus entstandene Machtvakuum zu beseitigen und die aufrühreri-schen Wabena zur Raison zu bringen.

Als Major Johannes von dieser neuerlichen Änderung der Kriegslage gehört hatte, brach er mit dem in Gumbiro verbliebenen Rest der 8. Kompanie, der sich zahlreiche Hilfskrieger angeschlossen hatten, und unter Zurücklassung der 13. Kompanie am 9. Februar von Gumbiro in Richtung Utengule-Ubena auf, wo sich die Residenz (Utengule) des Wabena-Sultans Mbeyela befand. Bei seiner Ankunft dort (15. Februar) erfuhr der Major, daß sich die Lage in Ubena, Usangu und Ukinga durch das Erscheinen der 8. Kompanie und die Rückkehr des Hauptmann Albinus mit der Polizeitruppe in den Bezirk Langenburg inzwischen entspannt hatte und »die unruhigen Geister beschwichtigt worden waren«. Hauptmann v. Kleist befände sich jetzt mit seiner Truppe auf dem Wege in das Upangwa-Bergland, da alle Spuren der aufrührerischen Wangoni und Wabena in diese unzugängliche Gebirgsregion wiesen. Am meisten erfreut war der Major über die Mitteilung, daß Merere nun endgültig dem Druck seiner Sippschaft und der Wasangu-Stammesältesten nachgegeben hatte und sich mit 1500 Hilfskriegern der Kompanie v. Kleist angeschlossen habe.

Inzwischen hatte auch Schabruma wieder von sich hören lassen: Der Rebellenführer hatte sein Tätigkeitsfeld erneut verlagert und war zunächst wieder nach Mschope übergewechselt, angeblich in der Absicht, Gumbiro zu überfallen. Am 15. Februar war eine Patrouille des Kitanda-Postens unvermutet auf Schabrumas Lager gestoßen und hatte sich mit einem Verlust von zwei Askari zurückziehen müssen. Dieses Zusammentreffen hatte aber genügt, um Schabruma zu veranlassen, sich in westliche Richtung, Upangwa zu, abzusetzen. Damit hatten nun alle Führer der Aufstandsbewegung, unter ihnen Mbeyela mit seinen beiden Söhnen Ngosingosi und Mpangile, ihre Zuflucht in Upangwa gesucht – mit einer einzigen Ausnahme: Mohamakiro (Parangu), der Bruder Schabrumas. Er hatte sich nach Osten in die Wildnis der Mgende-Landschaft begeben, wo sich später dann die Reste der Rebellen zum Endkampf sammeln sollten.

Am 2. März brach Major Johannes von Utengule-Ubena wieder auf und traf am 5. März mit Hauptmann v. Kleist, in dessen Begleitung sich Merere befand, am oberen Lupali zusammen. Kleist berichtete dem Major, daß sich die Aufständischen, gejagt von den Patrouillen der 8. Kompanie, unter schweren Verlusten in das Upangwa-Gebirge abgesetzt hätten und dort in alle Richtungen auseinandergegangen seien. Sie hätten sich kein besseres Rückzugsgebiet suchen können: Dieses Bergland mit seinen zerrissenen und zerklüfteten Gebirgsformationen, seinen vielfach urwaldbedeckten und häufig nebelverhüllten, tiefen Schluchten bot hervorragende Zufluchtsmöglichkeiten.

Der Major überdachte die neue Lage: Der Abzug der Aufständischen nach Upangwa hatte bewirkt, daß die Bevölkerung in den anderen Landschaften, d. h. Ungoni, Ubena und Ukinga, zur Ruhe gekommen war und sich nun friedlich verhielt. Somit könnte er ohne große Bedenken die dort noch stehenden Stationsbesatzungen abziehen und seiner Truppe eingliedern. Diese wollte er nun unter Hinzuziehung der Polizeikräfte aus Songea und Langenburg in eine Reihe von

Einschließungsabteilungen aufgliedern und dann konzentrisch und gleichzeitig gegen die in der Bergwelt Upangwas versteckten Aufständischen ansetzen. Dies brauchte nur von drei Seiten, von Süden, Osten und Norden, her zu erfolgen, da nach Westen hin das 1500–2000 Meter hohe Massiv des Livingstone-Gebirges steil zum Nyassa-See abfällt und somit jedes Entweichen der Rebellen nach Westen hin unmöglich machte. Die Abteilungen sollten dann in einem regelrechten Kesseltreiben in das durch den unteren Ruhuhu und die Küste des Nyassa-Sees gebildete Dreieck getrieben und vernichtet werden. Ein Entkommen nach Süden über den unteren Ruhuhu hinweg war ebenfalls unmöglich, da dieser zur Zeit hoch angeschwollen war. Das gesamte Bergland sollte von den zur Verfügung stehenden Truppen, insgesamt 300 Askari und zirka 2500 Hilfskriegern, systematisch durchkämmt werden, insbesondere nach den Rebellenführern. Anfang April sollten dann die Abteilungen hierzu in einem lockeren Halbkreis von 250 Kilometer Umfang gleichzeitig vorgehen und die Rebellen in einem immer enger werdenden Ring einschnüren.

Bevor jedoch der Befehl zum allgemeinen Vormarsch in das Upangwa-Bergland gegeben werden konnte, hatte das Brüderpaar Schabruma/Mohamakiro wieder für unangenehme Überraschungen und Umdispositionen der Truppe gesorgt: Am 19. März ging die Nachricht ein, daß Schabruma Upangwa bereits wieder verlassen und sich nach Osten zu, zum Pitu-Fluß hin, abgesetzt habe, wahrscheinlich in der Absicht, sich wieder mit seinem gegenwärtig in der Landschaft Mgende weilenden Bruder Mohamakiro zu vereinigen. Auch letzterer sei wieder unruhig geworden: Er habe eine größere Schar Wangindo-Krieger mobilisiert und rücke jetzt mit dieser, die von dem Elefantenjäger Kopa-Kopa geführt werde, gegen den Kitanda-Posten vor.

Major Johannes reagierte sofort: Er warf eine Abteilung von 40 Askari und 1200 Merere-Kriegern unter Oberleutnant v. d. Marwitz am 21. März nach Kitanda. Mohamakiros Krieger waren gerade im Begriff, den schwachen, von Oberleutnant Hudemann geführten Kitanda-Posten anzugreifen, als sie von der Abteilung Marwitz überrascht wurden. In einem blutigen Gefecht, das sie 94 Gefallene kostete, wurden die Aufständischen geworfen und auseinandergejagt. Der größte Teil von ihnen entfloh nach Mgende. Dorthin flüchtete nun auch Schabruma, als er von der Niederlage seines Bruders erfahren hatte.

Das Brüderpaar erkannte nun wohl, daß seine Sache verloren war. Es beschloß, sich dem Zugriff der Deutschen zu entziehen und über den Grenzfluß Rovuma hinweg nach Mozambique, dem portugiesischen Ostafrika, durchzubrechen, um dort bei seinem früheren Verbündeten, dem Wayao-Häuptling Mataka, Zuflucht zu suchen. Eine entsprechende Meldung über diese Absicht ging Anfang April bei Oberleutnant Hudemann in Kitanda ein. Dieser leitete sie sofort an Major Johannes weiter. Der Major erkannte die große Gefahr, die sich aus einem Entweichen des Brüderpaares nach Mozambique ergeben würde: Es würde durch Einfälle von dort aus in den Süden des Schutzgebietes zu einer ständigen Gefahrenquelle werden. Das mußte unter allen Umständen verhindert werden. Johannes setzte daher Hudemann mit etwa 50 Askari und mehr als 150 Hilfskriegern gegen das Brüderpaar an mit der Weisung an den Oberleutnant, sich zwischen die beiden Rebellen zu setzen und so deren Flucht in die portugiesische Kolonie zu vereiteln. – In zwei harten Gefechten am 11. und 12. April wurde Schabruma daraufhin über den Luwegu hinweg nach Osten abgedrängt. Von Osten, von Lindi her, rückte eine weitere deutsche Kolonne unter Leutnant v. Blumentahl vor; sie veranlaßte die beiden Brüder, sich wieder in die Mgende-Wildnis abzusetzen und den Gedanken an ein Entweichen über den Rovuma vorerst aufzugeben.

Inzwischen war die Einkreisungsoperation in Upangwa angelaufen: Am 2. April brachen die Abteilungen, Albinus' Polizeitruppe von Nordwesten, die 8. Kompanie unter Hauptmann v. Kleist von Osten und die 13. Kompanie unter Oberleutnant v. d. Marwitz von Süden her, von ihren Ausgangsstellungen in der befohlenen Einschließungslinie auf und drangen dann, von den Aufständischen immer wieder in verlustreiche Gefechte verwickelt, langsam in das Gebirge vor.

Jeder Abteilung war eine um ein Mehrfaches größere Schar von Rugaruga unter ihren jeweiligen Häuptlingen oder Sultanen beigegeben. Von deutscher Seite erhielten sie weder Bezahlung noch Nahrungsmittel – letztere mußten sie sich beim Feind holen –, jedoch winkte ihnen als Belohnung für ihren Einsatz reiche Beute an Frauen, Kindern und Vieh der Aufständischen. So nimmt es nicht wunder, daß der Krieg hier zum Teil grausame und erbarmungslose Formen annahm und in Greuel ausartete. Im Zusammenhang mit den von offizieller Seite festgestellten Verlusten an Gefallenen, Gefangenen und erbeutetem Vieh, die die Rebellen während des Kampfes erlitten hatten, schreibt Missionar Gröschel[3]:

»... Als sicher gezählter, sichtbarer Erfolg dieses Unternehmens wurde uns gemeldet: 340 Tote, 1400 Weiber und 40 Männer gefangen genommen, 550 Stück Großvieh und mehr als 2000 Stück Kleinvieh erbeutet. Verlust auf Regierungsseite 40 Tote, doch darunter kein Europäer. Das konnte, wie gesagt, gezählt werden. Häufig ist in hiesigen Verhältnissen die Zahl der Toten, die nicht gezählt werden können, ebenso groß, wenn nicht größer, und viele Gefangene und erbeutetes Vieh entziehen sich auch aller Berechnung. Denn die Häuptlinge, welche mit ihren Kriegern helfen, führen oft nebenbei gewissermaßen noch ein bißchen Krieg auf eigene Faust. Was da z. B. Melele (der Missionar meint hier Sultan Merere – Anm. Verf.), der Sanguhäuptling, an Weibern und Kindern, an Groß- und Kleinvieh noch für sich so heimlich beiseite geschafft haben mag, wer kann das in solcher wilden Kriegszeit feststellen? Und was von den blutdürstigen, rohen, wilden Horden so abseits erschlagen, erschossen und erstochen wird, wobei Weiber und unschuldige Kinder oft nicht geschont werden, wer zählt das? Junge, arbeitsfähige Weiber sind als Kriegsgefangene wertvoll, die werden nicht so schnell erschlagen. Doch solche Weiber haben vielfach junge Kinder auf dem Rücken im Tragfell. Wird das Kind in irgendeiner Weise lästig und hinderlich, so wird es der Mutter aus dem Tragfell oder von der Brust hinweggerissen, totgeschlagen und ins Gras geworfen. Die Alten und Gebrechlichen und alles, was von Gefangenen müde und krank wird, das wird auch meist rasch und auf diese Weise beiseite gebracht. Gewiß verbieten die deutschen Truppenführer dergleichen Greuel und Grausamkeiten. Aber das Auge der wenigen Offiziere und europäischen Führer kann lange nicht überall sein...«

Je weiter die Truppe in Richtung auf das genannte Geländedreieck im Süden des Berglandes vorrückte, um so mehr bröckelte der Widerstand der Rebellen ab. Als erste ergaben sich die im Gegensatz zu den anderen aufständischen Stämmen unter

[3] Gröschel, S. 190 f.

keiner zentralen Autorität stehenden Wapangwa, nach der Flucht Schabrumas schlossen sich diesen die Mehrzahl der Wangoni und schließlich auch die Wabena an, nachdem diese auch führerlos geworden waren: Der alte Mbeyela, durch die Strapazen der Flucht nach Upangwa geschwächt, starb einsam in seinem Versteck, nach der einen Version den Erschöpfungstod, nach der anderen den Gifttod, während seinen Söhnen, Ngosingosi und Mpangile, die Flucht aus der Gebirgsfalle gelang. Bei der zerstörten Missionstation Milow am Lukalawa-Flüßchen, stellte sich am 21. April der letzte harte Kern der Rebellen zum Endkampf. In einem erbitterten Ringen wurden die meisten von ihnen getötet, nur wenigen gelang die Flucht in die Landschaft Mgende, wo sie sich Schabruma und Mohamakiro anschlossen.

Die meisten Führer der Wabena waren von der Truppe während der Kämpfe im Bergland gefangenengenommen worden, nur Ngosingosi und Mpangile, neben einer Reihe anderer Wabena-Würdenträger, waren allen Nachstellungen der Deutschen entkommen. Nun wollte Hauptmann v. Kleist sie mit einer List nach Utengule-Ubena, der früheren Residenz Mbeyelas, locken, wo der Hauptmann sein Hauptquartier aufgeschlagen hatte. Er ließ an alle gefangengenommenen Aristokraten, Häuptlinge, Ratsleute und Medizinmänner der Wabena scheinbar als Geste der Versöhnung großzügig Geschenke verteilen und sie besonders milde und schonend behandeln in der Hoffnung, nun würden sich auch die übrigen Wabena-Großen, vor allem Ngosingosi und Mpangile, stellen.

Zuerst fanden sich nur zögernd und mißtrauisch einige der Großleute ein. Kleist ließ sie zuvorkommend behandeln und ihnen Geschenke, z. B. Kleidung, Nahrungsmittel, Salz usw., überreichen. Darauf faßten weitere Wabena-Führer Vertrauen zu den Deutschen und stellten sich ebenfalls. Nur Ngosingosi und Mpangile fielen auf den ausgeworfenen Köder nicht herein. Als v. Kleist erkannte, daß seine List nicht den gewünschten Erfolg gebracht hatte, ging er auf ein rigoroses Verfahren über: Er zwang die gefangenen Wabena-Führer, die deutschen Soldaten zu den Verstecken Ngosingosis und Mpangiles zu führen. »Doch sie trieben«, wie Missionar Gröschel schreibt, »ein doppeltes Spiel, indem sie vor den Augen des *bwana mkubwa* (damit ist v. Kleist gemeint! – Anm. Verf.) als gehorsamste Diener und eifrige Nachsteller der Hauptheiden sich darzustellen suchten, aber wenn sie in volle Freiheit geschickt wurden, um die Schlupfwinkel der Häuptlinge aufzuspüren, so benutzten sie diese Freiheit um ihre alten Herren zu warnen und vor den Nachstellungen der Askari desto besser zu sichern.«

Ein bemerkenswertes Beispiel von Treue gegenüber seinem früheren Gebieter und von Standfestigkeit gegenüber allen Einschüchterungsversuchen der Deutschen – Missionar Gröschel spricht hier von »Verschlagenheit, Verstellungskunst und Lüge der Schwarzen« – gab der Kanzler Ngosingosis, Pamila. Gröschel schreibt[4]:

»Er (gemeint ist Pamila – Anm. Verf.) hatte sich schon im Juni unterworfen. Aber nur, um Nachrichten dem feindlichen Lager zu übermitteln und Lebensmittel dahin zu schaffen. Eines Tages, als man durch Kundschafter von der Boma aus die Gegend des Aufenthaltes von Ngosingosi genau ermittelt hatte, setzte sich Hauptmann von Kleist gegen Abend selbst an die Spitze einer Askariabteilung. Pamila, von dem man genau wußte, daß ihm der gegenwärtige Aufenthaltsort des

4 Gröschel, S. 213 f.

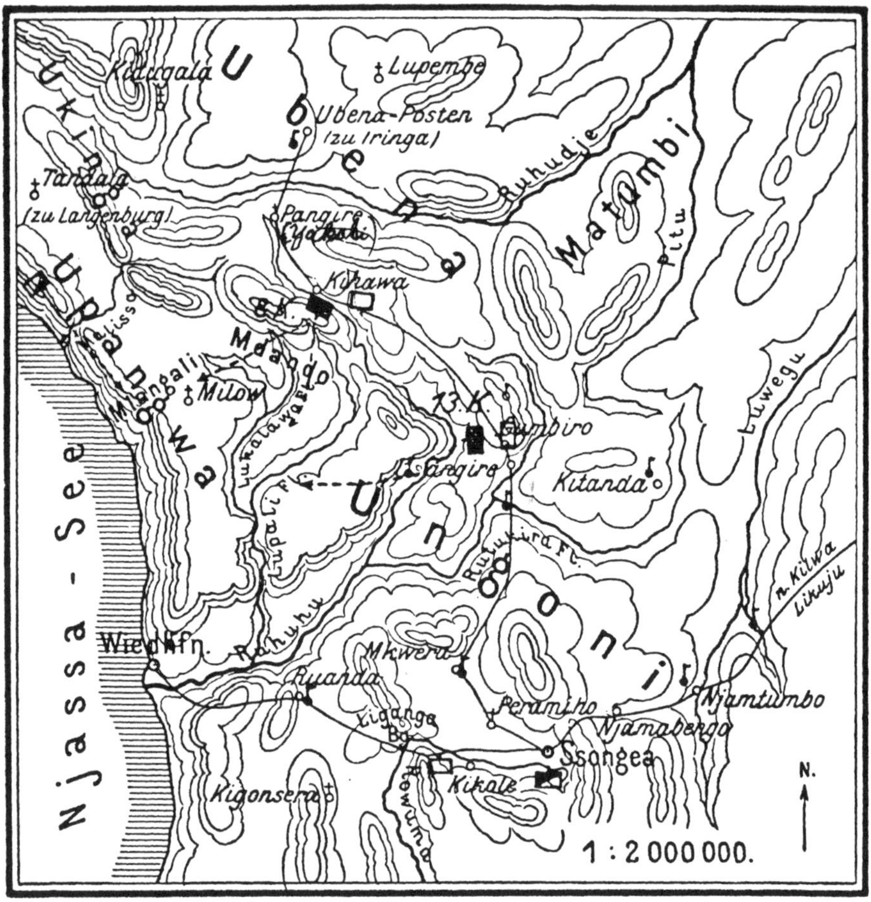

Stab, 8.u.13. Kompagnie, Polizeitruppe, Hilfskrieger
Postierungen.

Karte 9: Verteilung der Truppen zur Unterwerfung der Aufständischen in Upangwa (März 1906)

Häuptlings bekannt ist, bekam plötzlich einen Strick um den Hals, und es wurde ihm der strengste Befehl: ›Du führst uns in dieser Nacht dahin‹ gegeben. Auf sehr beschwerlichen Gebirgspfaden marschierte nun die Abteilung fast die ganze Nacht. Dort jener Busch wird im geheimen noch vor Morgengrauen umzingelt, so daß niemand daraus entwischen kann; denn darin, so versichert Pamila, sitzt Ngosingosi. Nun wird der Busch gestürmt. Doch es bleibt alles ruhig darin. Man findet da wohl ein frisches Feldlager vor, aber das Nest ist leer, die Vögel, rechtzeitig gewarnt, sind ausgeflogen. Der anstrengende Marsch ist umsonst gewesen. Pamila hat die Truppe genarrt. Das war Hauptmann von Kleist dann doch zu arg. Am nächsten Baum sollte Pamila sofort gehängt werden. Doch die schon fertige Schlinge wurde wieder herabgenommen. Man ließ ihn noch ein paar Tage am Leben ...«

Dann ist die Gnadenfrist endgültig abgelaufen. Der Hauptmann stellt ein Kriegsgericht in Utengule-Ubena zusammen und läßt den größten Teil der Wabena-Würdenträger aburteilen. Überlassen wir Gröschel wieder das Wort[5]:

»...Als heute vormittag nun das Gericht gehalten wurde, da wurden die Gefangenen ins Freie geführt und mit einem Kreis von Askari mit aufgepflanztem Seitengewehr umstellt. Die drei Herren des Kriegsgerichts, Hauptmann von Kleist, Stabsarzt Wittrock und Feldwebel Heindl, stellten noch einmal strenge, gewissenhafte Verhöre und Untersuchungen an. Über fünfzig Mann, darunter der Häuptling Sentambandu und sein ältester Sohn und Pamila, mußte das Todesurteil ausgesprochen werden. Einige der Verurteilten versuchten einen verzweifelten Durchbruch durch den Ring der Soldaten. Sie liefen nur in die Bajonette und sanken bald tot zu Boden. Die andern wurden dann zu je zehn Mann ein Stück außerhalb der Boma an eine große Grube geführt. Am Rande der Grube mußten sie niederknien, die Askari standen unmittelbar dahinter, ein kurzes Kommando und die entseelten Leichname sanken in die Grube. Öffentlich vor einem großen Volk zum abschreckenden Beispiel wurde das Gericht vollzogen...«

Ngosingosi und Mpangile aber waren allen Verfolgungen entkommen und konnten sich noch über zwei Jahre, immer wieder ihren Standort wechselnd, im Lande verborgen halten, bis auch sie schließlich das Schicksal ereilte: Am 17. Mai 1908 führte ein durch Drohungen und Schläge gefügig gemachter Bewohner Utengule-Ubenas eine Gruppe Askari unter dem Betschausch Kinyokola zum Versteck Ngosingosis, einer Höhle in einem Waldgebiet unweit dem Missionsort Yakobi in Ubena. Der vor der Höhle postierte Leibwächter des Wabena-Häuptlings war eingeschlafen, und so konnte Ngosingosi im Schlaf überrascht werden. Es gelang ihm noch, seine *migoboli* (Vorderlader) zu heben, als ihn auch schon die tödliche Kugel aus dem Gewehr des Betschausch traf. – Noch etwas länger konnte sich Mpangile halten. Doch schließlich wurde auch er in einem Waldgebiet in Upangwa gefaßt, wieder von dem Betschausch Kinyokola, und erschossen, obwohl er bei seiner Festnahme keinen Widerstand leistete. Dies geschah am 18. Juli 1908, fast auf den Tag genau drei Jahre, nachdem die Bewohner von Nandete die Baumwollstauden auf der Kommunalschambe herausgerissen und damit den Maji-Maji-Aufstand ausgelöst hatten.

Der große Zauderer Merere, Sultan der Wasangu, von den Aufstandsführern der anderen Stämme als Verräter hingestellt, sollte nicht lange Nutznießer der Beute sein, die ihm durch seine unter dem Druck seiner pro-deutschen Sippschaft zustandegekommenen Teilnahme am Upangwa-Feldzug auf Seiten der Deutschen zuteil geworden war: Nur wenige Wochen nach seiner Rückkehr in seine Residenz in Usangu starb er eines mysteriösen und nie aufgeklärten Gifttodes.

Schauplatz des Endkampfes der Rebellen sollte nun die Landschaft Mgende werden, wohin sich die meisten der überlebenden Aufstandsführer, unter ihnen Schabruma, Mohamakiro (Parangu), Kinjalla, Abdallah Mpanda, Abdallah Chimai

[5] Gröschel, S. 214.

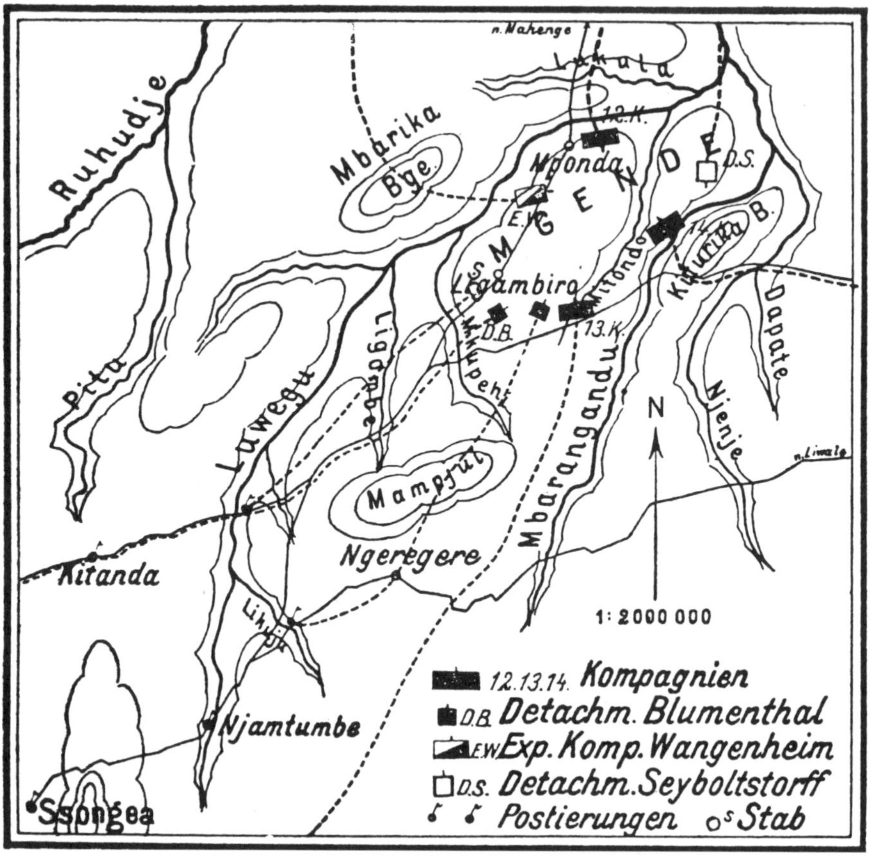

Karte 10: Vormarsch der Truppenteile in die Landschaft Mgende (Mai/Juni 1906)

und Kapolo, zurückgezogen hatten. Verlassen von der Masse ihrer Anhänger, die sich von ihnen durch Ausnutzung ihrer abergläubischen Furcht und die Vortäuschung der angeblich unfehlbaren Wirkung geheimnisvoller Zauberkräfte hintergangen fühlten, waren sie entschlossen, ihr Leben, das sie ohnehin vor der deutschen Justiz verwirkt hatten, bis zum letzten Blutstropfen zu verteidigen. Sie konnten sich kein besseres Refugium als Mgende aussuchen: Diese von allen Verkehrs- und Verwaltungszentren weit abgelegene Wildnis, wo sich mehr als ein Jahr vorher die Urheber der Rebellion zur geheimen Verschwörung gegen die Kolonialherrschaft getroffen hatten, weist ein stark gegliedertes und bergiges Terrain auf, das mit undurchdringlichen und ausgedehnten Dickichten überzogen ist und daher hervorragende Schlupfwinkel für sie bot; die Einwohnerschaft Mgendes setzte sich aus Wangindo und Wapogoro zusammen, also aus Stämmen, die von Anfang an dem Gedanken einer Erhebung gegen die Deutschen sehr aufgeschlossen gegenüberstanden.

Den Spuren der letzten noch überlebenden Rebellenführer folgend, rückten nun von allen Seiten Truppenabteilungen gegen Mgende vor. Führer der Operation war wieder Major Johannes. Er setzte die Masse seiner eigenen Abteilung, d. h. einen Teil der 13. Kompanie, das Begleitkommando seines Stabes sowie das neu hinzugetretene Detachement des Leutnants Blumentahl, in zwei Kolonnen von Likuju und Kitanda aus vorrückend, nach Nordosten hin an. Eine weitere ebenfalls zu seiner Abteilung gehörende Kolonne, das Gros der 13. Kompanie unter Oberleutnant v. d. Marwitz, rückte, von Gumbiro über Songea marschierend und den rechten Flügel der drei Kolonnen einnehmend, an den Mbarangandu-Fluß angelehnt, ebenfalls nach Nordosten vor. Von Osten her wirkte die 14. Kompanie unter Hauptmann Schönberg mit, die wir bereits bei den Kämpfen im Matumbi-Hochland kennengelernt hatten (siehe 14. Kapitel). Diese Kompanie hatte sich nach der Niederwerfung der Wamatumbi im April 1906 der Landschaft Undonde zugewandt, die sich nordöstlich an Mgende anschließt und hauptsächlich von Wangindo bewohnt wurde, die maßgeblich am Überfall auf den Posten Liwale beteiligt gewesen waren. Innerhalb eines Monats war es der 14. Kompanie dann gelungen, das Dondeland zu unterwerfen und die Rädelsführer des Überfalls auf Liwale festzunehmen.

Nach Erhalt des Befehls von Major Johannes, mit seiner 14. Kompanie an der Operation gegen Mgende von Osten her mitzuwirken, brach Schönberg sofort auf und stand am 30. Mai am Mitondo-Fluß. Ihm unterstellt war auch das uns bereits aus dem 15. Kapitel bekannte Detachement Seyboltstorff, das den Luwegu aufwärts in Richtung Süd vormarschierte. Von Norden her setzte der Major die Mahenge-Truppe (12. und 5. Kompanie) unter Hauptmann v. Wangenheim an. Dieser hatte sich bereits vor Erhalt des Befehls zur Teilnahme an dem Mgende-Feldzug in Richtung auf diese Landschaft in zwei Kolonnen (5. und 12. Kompanie) in Marsch gesetzt, um diese zu besetzen. Am 31. Mai, kurz nach Erhalt des Befehls, überschritt v. Wangenheim mit seiner 5. Kompanie den Luwegu etwa einen Tagesmarsch westlich vom Dorf Mponda, Sitz des gleichnamigen Mgende-Häuptlings, das als Treffpunkt aller in Mgende eindringenden Truppenteile bestimmt worden war. In Mponda angekommen, fand Wangenheim den Ort bereits besetzt vor: Die andere Kolonne, d.h. die 12. Kompanie, jetzt, nach v. Hassels Beurlaubung, von Oberleutnant v. Grawert geführt, war bereits am 28. Mai in den Ort eingedrungen. Am 10. und 11. Juni trafen die restlichen, aus den anderen Himmelsrichtungen her vorgerückten Abteilungen, auch der Major selbst, in Mponda ein, so daß hier kurze Zeit die gesamte Expeditionstruppe, d.h. etwa 500 Mann mit 6 MG, versammelt war.

Die konzentrischen Bewegungen der Truppenteile auf den gemeinsamen Zielpunkt Mponda hin hatten bewirkt, daß die noch verbliebenen Rebellenhaufen zersprengt und ihrer letzten Zufluchtsorte beraubt worden waren. Die Rebellenführer waren allesamt aus Mgende entwichen: Schabruma und Mohamakiro hatten sich nach Westen abgesetzt und zogen nun den Luwegu aufwärts in der Absicht, über den Rovuma nach Mozambique zu gelangen. Der Wandonde-Führer Kapolo war nach Madaba ausgewichen, während sich die Wangindo-Führer Kinjalla, Abdallah Mpanda und Abdallah Chimai, der Mörder des Bischofs Spiss, mit ihrer Anhängerschar nach Osten abgesetzt hatten und wieder nach Undonde durchgebrochen waren, wobei sie mit der 14. Kompanie und dem Detachement Seyboltstorff zusammengestoßen und in heftige Gefechte verwickelt worden waren. Der größte Teil der Bewohner Mgendes, an der Spitze Sultan Mponda, unterwarfen sich den Kolonialtruppen.

Nach der Zersprengung der letzten Rebellenhaufen in Mgende war der Aufstand praktisch zu Ende, der organisierte Widerstand hatte endgültig aufgehört. Mit der Auflehnung der Bewohnerschaften ganzer Landstriche war nun nicht mehr zu rechnen. Was noch blieb und durch Major Johannes sogleich eingeleitet wurde, war die Verfolgung der entkommenen Rebellenführer. Sie mußten unablässig gehetzt werden und durften nicht zur Ruhe kommen, um jeden Versuch zur Wiedervereinigung und zum Sammeln von Anhängerschaft zu vereiteln. Damit nahm die noch verbliebene Kriegführung den Charakter bloßer Polizeiaktionen an, die sich gegen Einzelpersonen richteten. Diese Aktionen sollten noch bis weit in das Jahr 1907 andauern.

Da die Rebellenführer in zwei Richtungen, nach Westen zum Oberlauf des Luwegu hin und nach Nordosten in das Dondeland, entwichen waren, teilte Major Johannes seine Truppen in drei Abteilungen auf. Für die Kontrolle und Besetzung Mgendes richtete er in Mponda einen starken, mit einem Zug der 5. Kompanie unter Leutnant Lang besetzten Posten ein, die Abteilung Hudemann beauftragte er mit der Kontrolle der Straße Liwale – Songea, während er der 13. Kompanie die Verfolgung Schabrumas und Mohamakiros auftrug. Er selbst schloß sich am 27. Juni der 13. Kompanie im Kitanda-Lager an.

Nun wurde systematisch der äußerste Südwesten des Schutzgebietes nach dem Brüderpaar abgesucht. Am 27. Juni stieß eine von Leutnant v. Lindeiner und Stabsarzt Dr. Engeland geführte Patrouille auf Schabrumas Lager nahe dem Ligombe-Fluß, einem Nebenarm des Luwegu, der die westliche Begrenzung der Landschaft Mgende bildet. Hier hatte Schabruma seine Flucht nach Süden unterbrochen, um seine versprengte Anhängerschaft wieder zu sammeln und dann gemeinsam den Durchbruch nach Mozambique zu versuchen. Die Patrouille nahm die gesamt Sippschaft Schabrumas, seine Frauen und Nebenfrauen, sieben seiner Kinder und über 100 seiner Anhänger gefangen und machte zahlreiche Beute. Schabruma selbst entkam, wenn auch schwer verwundet. Er floh den Luwegu aufwärts, durchquerte nachts den Ort Nyamtumbo (heute Namtumbo), an der Gabelung der *Barabara* Songea – Liwale – Kilwa und Songea – Lindi gelegen, ohne von den dort stationierten Askari bemerkt zu werden, überschritt den Rovuma nach Mozambique und nahm dort bei Sultan Mataka Zuflucht. Den Angaben in verschiedenen Quellen zufolge[6] soll er später von Mataka, der seit dem Erscheinen des Wangoni-Nkosi um seine eigene Autorität im Volk bangte, ermordet worden sein. Einer anderen Version zufolge[7] soll Schabruma auf Veranlassung seines Bruders Mohamakiro umgebracht worden sein. Dieser habe zusammen mit den Wayao eine Verschwörung gegen den Nkosi organisiert, in der Hoffnung, er würde dann die Nachfolgeschaft als Nkosi in Mschope antreten können. Schabruma sei es gelungen, zu entkommen, verfolgt von den Wayao. Diese hätten ihn schließlich gestellt und gespeert.

6 u. a.: Deutsches Kolonialblatt v. 15. April 1907; Zeuge Mzee Kawalika in MMRP R/S/1/69/2/b.
7 Zeuge Mzee Motoulaya Ngonyani in MMRP 6/68/4/3/2.

Amari Kinjalla, dem Wangindo-Hongo, mißlang die Flucht über den Rovuma, er kehrte in sein Heimatland Ungindo zurück, wo er bald darauf von Wangindo-Kollaborateuren der Kolonialmacht gefangengenommen wurde und sich dann durch Gift selbst umbrachte.

Während die 13. Kompanie am Rovuma mit der Fahndung nach den letzten Wangoni-Rebellenführern beschäftigt war, bemühte sich die in Undonde eingesetzte 14. Kompanie, der letzten Rebellenhaufen mit ihren Führern Abdallah Mpanda und Abdallah Chimai habhaft zu werden. Diese waren nach ihrer Flucht aus Mgende in Eilmärschen wieder nach Undonde gelangt, stießen dann jedoch in der Landschaft Nongoscho nördlich Liwale zweimal mit einer Abteilung der 14. Kompanie unter Leutnant Correck zusammen und wurden wieder zurückgedrängt bis zum Dapate-Fluß. Aber auch hier ließ man die Rebellen nicht zur Ruhe kommen: Das auf dem Rückmarsch auf Mgende befindliche Gros der 14. Kompanie setzte sich auf die Spuren der Wangindo-Krieger und überfiel ihr Lager am Dapate-Fluß. Die Wangindo erlitten erhebliche Verluste, büßten nahezu ihre gesamt Habe, darunter die Messegewänder und Rosenkränze des ermordeten Bischoffs Spiss, ein und wurden in alle Richtungen auseinandergetrieben. Doch ihre beiden Führer, Chimai und Mpanda, entkamen.

Abdallah Chimai hielt sich noch eine Weile in Undonde versteckt, bis er schließlich von einem Wangindo-Jumben, der sich den Deutschen schon unterworfen hatte, gefangen und den deutschen Behörden in Liwale ausgeliefert wurde. Hier wurde er dann bald darauf zum Tode durch den Strang verurteilt und hingerichtet.

Abdallah Mpanda, »der wohl tatkräftigste und persönlich tapferste unter allen Rebellenführern«[8] machte der Kolonialmacht noch monatelang zu schaffen. Bei einem Überfallgefecht gelang es dem Unteroffizier Thurmann, Mpanda im Handgemenge zu verwunden, doch auch diesmal entkam der Rebell. Nun verlegte Mpanda sein Tätigkeitsfeld weiter südlich in den Pori zwischen den Flüssen Limassule und Muhesi. Am 16. Januar 1907 fiel er schließlich mit seinen letzten Getreuen bei einem Überfall, den eine Patrouille der 14. Kompanie unter Führung des Sergeanten Biallowons erfolgreich gegen Mpandas Lager am oberen Limassule ausführte.

Die Aufstandsführer, die *wahonga* und Propheten, Sultane und Jumben, sind tot, gefallen auf dem Schlachtfeld oder hingerichtet durch die erbarmungslose Justiz der weißen Kolonialmacht, die letzte Glut der so hoffnungsvoll begonnenen Volkserhebung ist erloschen, der Traum vom Gottesreich der Afrikaner auf Erden, vom ewigen Frieden und ewiger Glückseligkeit ist zerronnen. Über das Land aber breitet sich ein ganz anderer Friede als der erträumte aus: Der Friede des Grabes! Denn ärger als zuvor regiert Gevatter Tod jetzt. Er hat sich gewandelt. Er tötet seine Opfer nicht mehr schnell und plötzlich, nicht mehr mit dem Schwert, dem Speer oder der Kugel, sondern langsamer, aber desto sicherer, »seine Opfer quälend und marternd, ihre Leiber Tag und Nacht nagend und peinigend, langsam, aber unaufhaltsam das Fleisch von den Knochen fressend und die lebenden Menschen in hohläugige, atmende, mit dünner Haut überzogene Skelette verwandelnd«[9]. Es ist der *indzala,* der Hungertod, der jetzt das Land im Würgegriff seiner knöchernen, aber eisenharten Faust hält!

8 Rechenberg am RKA, 30.1.1907, RKA 725/26.

9 Gröschel, S. 215.

18. Die Hungerjahre danach

Missionar Neuberg berichtet über die Hungerzeit in Upangwa – Die Bevölkerungsverluste durch den Aufstand und ihre Folgen – Die Entvölkerungen – Das Vordringen der Natur in die durch den Aufstand verwüsteten und entvölkerten Gebiete

»Hunger, Krankheit und Bambusbier, diese drei Plagegeister haben uns im letzten Vierteljahr das Leben schwer gemacht.

Das war ja vorauszusehen, daß nach dem unruhigen Kriegsjahr der Hunger seinen Einzug halten würde – afrikanische Kriege haben ja immer Hunger im Gefolge –, aber daß er in so entsetzlicher Weise auftreten würde, wie wir es hier täglich vor Augen hatten und noch heute sehen müssen, das hatten wir doch nicht gedacht.

Bis Ende des vorigen Jahres hatten die Unterworfenen von dem gelebt, was sie vor und während des Aufstandes aufbewahrt hatten. Jeder nahm, was er fand – die Eigentümer lebten ja vielfach nicht mehr – und das war manchmal recht viel. Pangwaland ist ein fruchtbares Gebiet und hatte besonders im Aufstandsjahr eine gute Ernte gehabt. Daß die Vorräte einmal ein Ende nehmen müssen, und daß man auch das Ackern nicht vergessen dürfe, daran dachte niemand. Vielleicht waren ihnen auch die Schrecken des Krieges und seine Folgen zu sehr in die Glieder gefahren. Fast alle Familienbande waren ja aufgelöst. ›Wer weiß, wie lange auch du noch lebst‹, dachte so mancher. Eine stumpfe Gleichgültigkeit hatte viele gefangengenommen. So schwelgte man im Überfluß, und als im August und September die erste Ackerzeit herannahte, rührte keiner eine Hand zur Bestellung der Felder. Die Folgen davon konnten nicht ausbleiben. Schon gegen Ende des vorigen Jahres wurde nicht mehr viel gefunden. Das wenige Essen, das noch entdeckt wurde, reichte kaum für den Tagesbedarf. Für die Saat, die jetzt eingebracht werden mußte, blieb nichts mehr übrig. Nun kamen sie und bettelten...

Der Hunger hielt nun seinen Einzug und wurde von Tag zu Tag größer. Bald forderte er unter den Alten und Jungen die ersten Opfer. Es dauerte nicht lange, so sahen die vor kurzem noch wohlgenährten Gestalten mager und welk aus. Man suchte noch durch maboga (eßbare Kräuter in Feld und Wald) den Hunger zu stillen. Man machte zuletzt förmlich Jagd auf Stellen, wo solche noch wuchsen. Dann griff man nach allem, was grün und nicht gerade giftig war, ja die stinkendsten Randgewächse habe ich hereinschlingen sehen. Jeder suchte den schrecklichen Gast zu beruhigen. Die Zahl der Hungers Gestorbenen nahm von Tag zu Tag zu, das Elend wurde immer größer. Nur noch Haut und Knochen, schlichen die Menschen umher. Wie vielen solcher Gerippe war der Tod nur eine Erlösung... Wie der Hunger beißt, zeigte mir ein entsetzliches Bild. Fand ich da eines Tages auf der Düngerstätte der Boma einen Haufen magerer Weiber und Kinder. Sie waren eifrig beschäftigt. Aus dem Eselsmist suchten sie sorgsam die in ihm enthaltenen unverdaut gebliebenen Maisstückchen heraus. In der nahen Regenwasserpfütze spülten sie sie etwas und schlangen sie gierig hinunter...«

So schildert Missionar Neuberg[1] von der Station Milow im Frühjahr 1907 die erschreckenden Hungersnöte, die als Folge des Krieges die Wapangwa – zum Teil infolge eigener Versäumisse, zum Teil aber auch infolge der Hungerkriegstaktik und der rigorosen Lebensmittelrequirierungen durch deutsche Truppen – heimgesucht hatten. Da die ausgemergelten Körper jede Widerstandskraft gegenüber Krankheitserregern eingebüßt hatten, traten im Gefolge der Hungersnot rapide um sich greifende Epidemien auf, wie aus den weiteren Ausführungen Neubergs zu entnehmen ist:

»... Daß bei solcher Lebensweise bald böse Krankheiten ausbrechen mußten, war nur zu natürlich, zumal der geschwächte Körper nicht mehr die genügende Kraft und Energie besaß, bei dem jetzt einsetzenden großen Regen für eine regensichere Behausung und genügend Brennholz zu sorgen, und so die meisten Hungernden noch der bittersten Kälte und Nässe ausgesetzt waren.

Zuerst brach in dem großen Dorf östlich von uns die rote Ruhr aus. Alle Absperrungsmaßnahmen halfen nichts. Es dauerte nicht lange, und die garstige, sehr ansteckende Krankheit sprang auf die beiden Dörfer nördlich und westlich von uns über... Es kam schließlich dahin, daß zum Begraben der Toten nicht mehr Anverwandte oder Freunde vorhanden waren. So ließ man denn die Toten einfach in ihren Hütten liegen oder warf sie vielleicht noch in das Gras vor der Tür der Hütte, den Hunden, Krähen und Aasgeiern zum Fraß. Man konnte vor Leichengestank oft kaum die Dörfer oder die daran vorbeiführenden Straßen passieren.

Von der Boma aus wurden den Gesundgebliebenen oder Genesenden neue Plätze zugewiesen, auf denen sie sich neue Hütten errichten sollten. Aber niemand kam dem nach. Alles, was noch gehen oder kriechen konnte, floh in die alte Heimat, zu den alten, einsamen Bambusbüschen. Sie sollten jetzt Hilfe und Rettung vor dem bösen Hunger, vor der garstigen Krankheit bringen... Aber der geschwächte Körper konnte den Bambussaft nicht mehr vertragen wie früher, wo auch immer etwas Zukost dazu war, die jetzt ganz fehlte. Schon einige Becher genügten, um den Trinker betrunken zu machen. Und wenn der Pangwa betrunken ist, dann ist er unvernünftig wie ein Tier, dann ist mit ihm nichts mehr zu machen, sein einziges Sinnen ist dann trinken, trinken, trinken...«

Trotz dieser schlimmen Notlage wurden die ausgemergelten Gestalten von den deutschen Behörden auch noch zu Arbeitsleistungen herangezogen. Wie hart und erbarmungslos dabei verfahren wurde, können wir aus den anschließenden Ausführungen des Missionars entnehmen:

»... So kam es denn, daß sich die Geflüchteten trotz wiederholter Aufforderung und Warnung weigerten, zu kleinen Arbeitsleistungen, zu Trägerdiensten und Botengängen auf die Boma zu kommen. Doch der bana mkuba, der Postenführer, verstand keinen Spaß. Er schickte seine Askari nach allen Richtungen der Windrose aus und ließ die Leute wieder einfangen. Wer fortlief, wurde erschossen. Der Krieg hatte begreiflicherweise die Askari verroht. Manches Blutvergießen hätten sie wohl vermeiden und viele betrunkene Pangwa gewißlich auch ohne Schießerei einfangen

[1] Aus: »Missionsberichte der Berliner Missionsgesellschaft«, März 1908, S. 173 ff.

können. Aber so wurde nicht viel Federlesens gemacht. Wer sich weigerte mitzukommen, bekam seine Kugel. Viele Pangwa haben so ihr Leben lassen müssen. Aber wohl noch mehr sind im betrunkenen Zustande den häufigen kalten Regen und Hagelschlägen zum Opfer gefallen. In der Nähe der Station fand ich des öfteren betrunkene Leute, durch den Regen völlig erstarrt, dem Tode nahe. Wie viele mögen fern von hier so zugrunde gegangen sein? ... Die Reihen der Pangwa sind furchtbar gelichtet. Manche Häuptlingsschaften sind bis auf zehn Familien zusammengeschrumpft. Und noch ist kein Ende des Elends abzusehen.«

Nach Schätzungen Neubergs war als Folge des Maji-Maji-Aufstands die Zahl der Bewohner Upangwas von 30 000 auf vermutlich 1 000 bis 1 500 zurückgegangen. Ähnliche Nachkriegsverhältnisse herrschten auch in den anderen vom Aufstand betroffenen Regionen des Schutzgebietes. Katastrophale Ausmaße hatte beispielsweise die Hungersnot in Ungoni angenommen: Nach einer Statistik[2] war die Bevölkerungszahl in Ungoni (Bezirk Songea) um mehr als die Hälfte zurückgegangen, nämlich von 166 000 im Jahr 1902 auf 75 000 im Jahre 1906. Pater Simon Troßmann, ein in Ungoni tätig gewesener Benediktiner-Missionar, vermittelt uns einen Eindruck von den grauenhaften Zuständen, die damals in Ungoni geherrscht haben[3]:

»... Schon im Oktober 1906 konnte man allenthalben große Teuerung bemerken. Doch war damals die Lage noch nicht so schlimm, denn im Matengo-Gebiet am Nyassa-See war eine sehr ergiebige Ernte gewesen und die Leute holten und kauften dort nach Bedarf. Doch wurde dieses Land später von der Regierung gesperrt und die dortigen Vorräte von derselben für das Militär aufgekauft und so war nun die Quelle versiegt. Das Volk fing an zu hungern, nur wenige hatten etwas Grünes in den Tälern. Die Mehrzahl der Bevölkerung lebte nunmehr von Gräsern. In der Frühe ziehen Weib und Kind hinaus auf das Feld oder in die Wildnis und suchen Nahrung gleich dem lieben Vieh...

Andere, besonders die Männer, suchen die Raupennester an den Bäumen ab; wie Eichhörnchen, aber weniger schnell und kraftvoll, klettern sie die Bäume hinauf und diese Vielfüßler bilden noch einen Leckerbissen. Leider sind schon alle Nester aufgezehrt. Ratten, Mäuse und sonstiges kleinere Getier ist ihnen äußerst willkommen. So ist also bei den Wangoni die Küche sehr mager, und bei jedem Ökonom in der Heimat haben die Schweine meist ein besseres Futter als diese armen Leute...

Kein frohes Leben ist zu beobachten, nicht einmal mehr unter der sonst so lustigen Jugend. Sie sitzen vor ihrer Hütte und vor den leeren Töpfen und stieren melancholisch in das Blaue hinaus. Knüpft man eine Unterhaltung an, so dreht sie sich schon nach wenigen Worten um das eine Wort »njaa« (Hunger) und von allen Seiten hört man Zurufe ›njaa‹...«

Es ist als wahrscheinlich anzusehen, daß in Ungoni die Zahl der Verhungerten größer war als die der Kriegstoten (5 000 Wangoni). Ähnlich war die Situation in anderen Aufstandsgegenden. So berichtet Gouverneur Götzen in seinen

2 Amtliche Jahresberichte für Deutsch-Ostafrika, 1906/1907, S. 287.
3 St. Ottilien, 5/1907.

Erinnerungen[4], daß »von der Bevölkerung in Matumbi wohl die Hälfte dem Aufstand zum Opfer gefallen war«, nicht zuletzt hervorgerufen durch eine schwere Hungersnot infolge »Vernichtung aller Kulturen«. Die Gesamtzahl der durch die Kampfhandlungen und Hinrichtungen sowie als Folge des Aufstands (Hunger, Krankheiten) umgekommenen Eingeborenen betrug nach Angaben in den »Amtlichen Jahresberichten für Deutsch-Ostafrika 1906/1907« 75 000[5], dürfte jedoch vermutlich zu niedrig angesetzt gewesen sein. Andere Schätzungen sprechen von 100 000 bis 120 000 Toten. Dr. Gwassa[6] spricht sogar von 250 000 bis 300 000 oder etwa einem Drittel der gesamten Bevölkerung des Aufstandsgebietes.

Infolge kriegs- und hungerbedingter Fertilitätsminderung der Frauen hatte auch die Geburtenrate erschreckend abgenommen. So kamen in einer 1930 über die demographische Entwicklung der Landschaft durchgeführten Studie die Wissenschaftler zu dem Schluß, daß »die Hungersnot die durchschnittliche Fruchtbarkeit der überlebenden Frauen um 25 Prozent verringert hatte[7].

Eine weitere wichtige Ursache für die Entvölkerung vieler vom Aufstand heimgesuchter Gebiete bildeten die Abwanderungen. Zu Tausenden und Abertausenden waren die Menschen aus den Kriegs- und Hungergebieten auf der Suche nach Sicherheit und Nahrung und aus Angst vor Verfolgung und Hinrichtung wegen Teilnahme am Aufstand geflohen. Pater Troßmann schreibt hierüber[8]:

»... Eine weitere Folge des Hungers ist die Auswanderung und diese ist in der Nähe der Mission recht zu bedauern, denn die Missionare können ja nicht mit. Wer irgend noch Aussicht hat, sich anderswo zu erhalten, der zieht von seiner heimatlichen Scholle weg. Entweder geht der Mann und läßt Weib und Kind sitzen oder es zieht die ganze Familie aus mit Hab und Gut auf dem Kopfe. Meistens wandern sie drei bis vier Tage und lassen sich am Nyassa nieder, wo selbst noch Mohogo und andere Nahrung zu haben ist. So kommt es, daß ganze Dörfer und Jumbenkreise ausgewandert sind. Mehrere dieser Auswanderer starben schon auf der Reise oder im Busch; auch einige unserer Christen haben schon so ihr Ende gefunden.«

Kehrten dann die Flüchtlinge, oft Jahre später, wieder in ihre Heimat zurück, mußte der Boden erneut mühsam der üppig wuchernden tropischen Natur abgerungen werden: Wald und Busch hatten vom Ackerland wieder Besitz ergriffen, die Tierwelt war wieder vorgedrungen und hatte sich in einem ungeahnten Ausmaß vermehrt. Eine starke Löwenplage hatte eingesetzt, denen viele Menschen zum Opfer fielen. Dies bezeugen verschiedene Briefe von Benediktiner-Missionaren aus Kwiro[9]:

»...Auch sind dort (im Umkreis von Kwiro – Anm. Verf.) die Löwen eine schreckliche Plage geworden. Täglich fallen ihnen Menschen zum Opfer; auch zwei Schulkinder wurden angefallen, das eine soll davongekommen sein, das andere wurde zerrissen. Der schwarze Lehrer Cassian setzte mit drei Männern dem Unhold nach und erlegte einen der Löwen...«

4 Götzen: »Deutsch-Ostafrika im Aufstand 1905/1906«, S. 159.
5 Siehe auch Gleim »Vermerk«, 4. Juli 1912, RKA 725/63.
6 Dr. Gwassa »Outbreak«, S. 389.
7 Culwick »Population«, S. 355.
8 St. Ottilien, 5/1907, S. 115.
9 St. Ottilien, 3/1907, S. 81.

Nicht minder stark hatten sich die Wildschweine und die Elefanten ausgebreitet und vermehrt, die nun die wieder hergerichteten Äcker verwüsteten und zertrampelten. So heißt es in einem Forstwirtschaftsbericht[10], daß nach dem Maji-Maji-Aufstand bis in das Jahr 1921 das Eindringen von Elefanten in das Matumbi-Bergland beobachtet wurde, eine Erscheinung, wie sie seit Menschengedenken dort nicht mehr festgestellt worden war.

Mit dem Vordringen der Natur in die vom Krieg heimgesuchten Landschaften nahm auch die Mückenplage, insbesondere Tsetse, und damit Malaria und Schlafkrankheit, beträchtlich zu; viele vor dem Krieg relativ dicht bevölkerte Landstriche waren durch das Vordringen der Tsetsefliege praktisch unbewohnbar geworden. Nach deutschen Schätzungen[11] war 1913 ein Drittel des Territoriums Deutsch-Ostafrikas Tsetse-verseucht, was auch für die Tierhaltung verheerende Auswirkungen hatte.

Durch diesen Aufstand wurde die Wirtschaft des Landes um viele Jahre zurückgeworfen. Die Kolonialadministration sah sich einer Sisyphusarbeit in den verwüsteten Gebieten gegenüber: Was der Krieg zerstört hatte, mußte mühsam wieder aufgebaut werden, rasche Maßnahmen zu Eindämmung der allerschlimmsten Hungersnöte getroffen und die verzagte, entkräftete und demoralisierte Bevölkerung zur Rückkehr in ihre alten Heimstätten, zur Wiederbearbeitung ihrer Felder animiert und zu Notstandsarbeiten herangezogen werden. Diese Aufbauarbeiten waren zum großen Teil bis zum Ausbruch des Ersten Weltkriegs 1914 noch nicht zum Abschluß gebracht worden. Die durch den Krieg geschlagenen demographischen Wunden waren sogar noch bis in die zwanziger Jahre hinein spürbar[12]!

[10] DPO Kilwa to Game Warden, 14 Nov 1921, C.O. 691/62/166.

[11] Lichtenheld: »Rinderrassen«, S. 261.

[12] Vergleiche: A.T. und G.M. Culwick »A Study of Population in Ulanga«, in: »Sociological Review«, XXX (1938), S. 365–379, und XXXI (1939), S. 25–43.

19. Die soziale und religiöse Umwälzung

Wandlung des gesellschaftlichen Gefüges der Stämme – Die Nachfolge der traditionellen Stammesherrscher – Zerstrittenheit zwischen und in den Stämmen – Auflösung der Großfamilien – Heidnische Götterdämmerung, die Stunde der christlichen Missionen schlägt – Der einsetzende Bildungsdrang bei den Afrikanern – Ansätze einer nationalen Bewußtseinsbildung

Mit der Zerschlagung der Aufstandsbewegung hatte sich im gesellschaftlichen Gefüge der Volksstämme eine totale Wandlung vollzogen: Die traditionellen erblichen Herrscher waren hingerichtet, geflohen oder von der Kolonialmacht ihrer Ämter enthoben worden. Chaos regiert: »Die Menschen werden zu Barbaren... Wo kein Häuptling oder Stammesältester ist, lebt jedermann nach seinen eigenen Gesetzen«, so klagt ein Benediktiner-Missionar aus Ungoni im Jahre 1907[1]. Mit der Ausschaltung der alten Führerkaste waren auch die Tage der überkommenen afrikanischen Stammesgesellschaft gezählt, da diese mit ihrer Untergliederung in Kasten auf der Zentralinstanz der traditionellen Herrscherdynastien aufgebaut war. Dies wird am Beispiel der Wangoni deutlich: Mit dem Dahinschwinden der alten militärisch durchorganisierten Herrschaftshierarchie verwischte sich in Ungoni der Unterschied zwischen der Herrenschicht der reinrassigen Wangoni und der vom Stamm absorbierten, versklavten oder in eine Helotenrolle gewiesenen Angehörigen der unterjochten Stämme, der sog. Sutu. Eine Verschmelzung der gesellschaftlichen Schichten setzte ein, die sich sogar in der Sprache bemerkbar machte: Das Zulu, die Sprache der gehobenen Schichten, ging unter, an seine Stelle trat eine neue »Einheitssprache«, ein Konglomerat von Sprachen der verschiedenen, von den Wangoni unterworfenen Stämme des Südens der Kolonie, durchsetzt mit Elementen der alten Zulu-Sprache. Heiraten zwischen Angehörigen der verschiedenen Gesellschaftsgruppen in Ungoni wurden immer häufiger.

An die Stelle der hingerichteten oder entmachteten Herrscher traten nach und nach Leute, die von der Kolonialmacht ausgewählt worden waren und über ein gewisses Maß an Bildung verfügten. Dies waren in Ungoni zum Teil die Söhne der alten Herrscher. Sie waren durch entsprechende Schulbildung in der Regierungsschule in Songea oder in der Missionsschule in Peramiho im Sinne der Kolonialmacht auf ihr Amt vorbereitet worden. So trat 1908 Msawani Songea Mbano an die Stelle seines hingerichteten Vaters, des Induna Songea. Nachfolger Schabruma Tawetes wurde sein Sohn Mwanawalifa, an die Stelle des ebenfalls hingerichtete Nkosi Mputa Gama trat sein Sohn Usangila Gama.

Vielfach aber setzten die Kolonialbehörden auch Leute in leitende Stammesfunktionen ein, die nicht aus den traditionellen Führerclans stammten oder sogar Stammesfremde waren. So wurden in Usagara, Teilen von Usangu und in der Ulanga-Ebene von den Deutschen oft anstelle der herkömmlichen Stammesführer Leute aus Uhehe eingesetzt, da die Kolonialmacht den Wahehe wegen ihres Stillverhaltens im großen Aufstand eine größere Loyalität und Zuverlässigkeit

[1] St.Ottilien, 7/1907.

zutraute und diese Gebiete in der präkolonialen Zeit von den Wahehe in Besitz genommen, ihnen später dann, nach Unterwerfung dieses Stammes durch die Kolonialmacht – wieder abgenommen und nun – gewissermaßen als Geste deutschen Großmuts – wieder zurückgegeben worden waren.

Größte Nutznießer der »Säuberungsaktion« in den Führungsschichten der am Aufstand beteiligt gewesenen Stämme waren die »Loyalisten«, die Eingeborenenhäuptlinge, die sich im großen Aufstand durch ihr pro-deutsches Verhalten hervorgehoben hatten oder gar als Anführer von Rugaruga-Haufen auf deutscher Seite gegen ihre Rassegenossen gekämpft hatten. Jetzt sollte sich die den Deutschen gegenüber gezeigte Loyalität bezahlt machen! So wurde beispielsweise der uns schon aus dem 10. Kapitel bekannte Kalimoto, der die Wambunga-Rebellen verraten hatte, zum Sultan von Umbunga ernannt; er heiratete später eine Schwester Mloleres, des prominentesten Wapogoro-Kollaborateurs, der für Hauptmann v. Hassel eine wichtige Stütze bei der Verteidigung Mahenges gewesen war.

Auch beim Stamm der Wasangu waren durch die Eingeborenenerhebung große soziale und politische Umschichtungen ausgelöst worden, obwohl sich die Wasangu ja nicht der Aufstandsbewegung angeschlossen, sondern sogar, wenn auch teilweise unter Zwang, den Deutschen Heeresfolge, so in Upangwa, geleistet hatten. Da nach Auffassung der Afrikaner die Bedeutung eines Menschen in der Stammesgemeinschaft sich nach der Zahl seiner Frauen, Kinder und Diener sowie nach der Größe seines Viehbestands richtet, gewannen die Wasangu-Krieger, die mit den deutschen Truppen gegen die aufständischen Wapangwa, Wabena und Wangoni gekämpft hatten und mit einer großen Beute an Frauen, Jungen und Vieh in ihre Heimat zurückgekehrt waren, plötzlich gewaltig an Sozialprestige im Stamm und gelangten so in entsprechende soziale, politische und militärische Stellungen in Usangu. Anders dagegen die traditionellen Wasangu-Führer, insbesondere diejenigen, die sich vor dem Aufstand stark für den Ausbau freundschaftlicher Beziehungen zu den Nachbarstämmen der Wangoni und Wabena und für eine Teilnahme am Aufstand gegen die Deutschen ausgesprochen hatten. Sie wurden kaltgestellt und ihrer Positionen enthoben. Ihre Nachfolge traten – auf Betreiben der deutschen Kolonialbehörden – gefügige Elemente aus den Reihen der Rugaruga-Führer an.

Auf diese Weise entstanden Konfliktsituationen innerhalb der Stämme, die oft sogar in offene Feindseligkeit ausuferten. Nicht minder schlecht waren auch die Beziehungen zwischen den Stämmen geworden. Man warf sich nun gegenseitig die Schuld an der Anzettelung des unglückseligen Aufstands vor. Die Wangindo sahen die Schuld bei den Wamatumbi, weil Kinjikitile diesem Stamm angehört hatte und von deren Boden aus die Erhebung ihren Anfang genommen hatte, während die Wamatumbi die Wangindo als die wahren Urheber betrachteten, da es Wangindo-*wahonga* waren, die die Bewegung überall im Lande ausgebreitet hatten. Die anderen am Aufstand beteiligten Völkerschaften aber sahen die Schuld am Aufstand und an dem ganzen Elend danach sowohl bei den Wamatumbi als auch bei den Wangindo. Noch Jahrzehnte nach dem Aufstand waren die Ressentiments gegenüber den Wangindo und den Wamatumbi spürbar. So verweigerte man noch in den dreißiger Jahren an der Küstenstraße nach Daressalam Leuten aus dem Bezirk Kilwa, dem Wohngebiet der beiden Stämme, die Gastfreundschaft, da sie »Maji-

Maji-Leute« seien[2]. Damit war als Folge des Aufstands statt der angestrebten Einheit und Solidarität der Stämme das genaue Gegenteil eingetreten: Die Zerstrittenheit zwischen den Stämmen und innerhalb der Stämme war größer denn je geworden. Der lachende Dritte war die Kolonialmacht: Ihr konnte diese Zwietracht innerhalb der Bevölkerung der Kolonie nur recht sein, denn um so leichter ließen sich die Völkerschaften regieren.

Die alten Herrscher, die Träger von Recht und Ordnung und gleichzeitig Hohepriester und Mittler zwischen der irdischen Welt und dem Jenseits, waren tot, geflohen oder entmachtet. Ihre Untertanen aber fühlten sich entwurzelt und orientierungslos. Die alte Stammesgemeinschaft, zusammengehalten durch die Herrscher, zerfiel, und noch schlimmer – die durch den Ahnenkult getragene und durch die Anbetung der Ahnen an den Opferschreinen ortsgebundene Großfamilie, der Clan, löste sich auf. Denn mit der Entmachtung oder Hinrichtung der Stammesführer, der Bindeglieder zwischen der diesseitigen Welt und dem Totenreich, der Welt der Ahnen, war auch dem Ahnenkult der Todesstoß versetzt worden und damit das die Großfamilie verbindende Element verlorengegangen.

Da es ein Zurück zu den tradierten Lebens- und Gesellschaftsformen nicht mehr geben konnte, setzte die Suche nach neuen sozialen und religiösen Bindungen ein. Die Stunde der christlichen Missionen war gekommen! Ihr Gott, der Gott des weißen Mannes, hatte mit seinen irdischen Kräften, der europäischen Kriegskunst und Waffentechnik, im Kampf zwischen Weiß und Schwarz seine gewaltige Überlegenheit über die Heidengötter bewiesen und diese endgültig in das Schattenreich der Vergangenheit gewiesen. Er hatte über die Ignoranz und den Aberglauben der *waschensi* triumphiert, die in der wahnwitzigen Vorstellung gelebt hatten, sie hätten mit der ihnen von ihren Göttern und Geistern gegebenen *maji-dawa* eine Waffe in die Hand bekommen, die sie gegen die modernen Feuerwaffen der Weißen gefeit machen würde.

Vorreiter in der Abkehr von den alten Göttern und der Hinwendung zum Gott der Christen waren groteskerweise die Träger der alten Ordnung selbst: Die im Kerker der Boma von Songea schmachtenden Wangoni-Herrscher. Während sie hier auf ihre Hinrichtung warteten, vollzogen sie – quasi in einer symbolhaften Geste – selbst den endgültigen Bruch mit der Welt von gestern: Sie ließen sich von Pater Johannes zum katholischen Christentum bekehren und taufen!

Dieser Schritt hatte Signalwirkung: Als die Missionare 1907 in das vom Aufstand verheerte Upangwa zurückgekehrt waren und ihre Tätigkeit wieder aufnahmen, erschienen mehr als 500 Afrikaner zum ersten Gottesdienst auf der wiederhergestellten Missionsstation Milow. Ähnliche Beobachtungen wurden nach 1907 in Ungoni und dem südlichen Bergland gemacht[3].

Die Hauptmotive für die Hinwendung zum Christentum lagen zunächst in der physischen Not der Besiegten. Auf der Suche nach Nahrungsmitteln zur Stillung des schlimmsten Hungers und nach Schutz vor den Nachstellungen der Behörden, die der Teilnahme am Aufstand verdächtigte Eingeborene zu Zwangsarbeiten zu rekrutieren versuchten, wandte man sich an die Missionen. Diese gewährten diese

[2] Siehe Gwassa »Outbreak«, S. 401.

[3] Siehe »Jahresbericht zur Beförderung der evangelischen Mission unter den Heiden zu Berlin« für das Jahr 1906, S. 118.

Hilfe im Rahmen ihrer Möglichkeiten gern, ließ sich doch auf diese Weise die Zahl der bisher nur spärlichen Konvertiten beträchtlich steigern und damit endlich Fuß bei den Volksstämmen fassen. Besonders groß war der Zustrom von Jugendlichen und Kindern, vielfach Waisen, denen so eine gewisse Geborgenheit in der »Großfamilie« der Mission geboten wurde – als Kompensation für den Verlust der Bindung an die eigene Familie und Verwandtschaft, die durch die Wirren des Krieges zerrissen oder gar untergegangen war.

Die fehlgeschlagene Erhebung hatte im Afrikaner das schmerzhafte Eingeständnis der eigenen Ohnmacht und Rückständigkeit und der gewaltigen Überlegenheit des europäischen Geistes und der europäischen Technik geweckt, die durch keine noch so großen kriegerischen Anstrengungen – durch Einsatz von Zauberwasser schon gar nicht – überwunden werden konnte. Aus diesem Eingeständnis erwuchs die Erkenntnis der Notwendigkeit, eine »wirksame Alternative zum Speer«[4] zu finden. Der Prozeß der friedlichen Anpassung, der »Akkulturation«, setzte in der afrikanischen Gesellschaft ein. Man begann, sich mit der Europäerherrschaft zu arrangieren, und bemühte sich, die Lebens- und Gesellschaftsformen des weißen Mannes, abgewandelt auf afrikanische Gegebenheiten, zu kopieren, sich dessen Bildung und technisches Wissen zu eigen zu machen.

Als Folge dieser in den Jahren nach dem großen Aufstand immer mehr wachsenden Erkenntnis entstand ein großer Bildungsdrang, der besonders die junge Generation erfaßte. Die Abwendung von der verkrusteten Feudal-Gesellschaft der Alten setzte ein. Was jetzt in der afrikanischen Gesellschaft zählen sollte, waren Wissen und Bildung, nicht mehr die bloße Zugehörigkeit zu den traditionellen Herrschaftsschichten. Der Anstoß zur Herausbildung einer neuen kolonialen Gesellschaftsform war gegeben.

Da die wenigen Regierungsschulen im Schutzgebiet hauptsächlich den Kindern aus den alten Feudalschichten vorbehalten blieben, profitierten von diesem einsetzenden geistigen Umbruch in erster Linie die Missionsschulen. Sie erlebten einen noch nie dagewesenen Zuwachs von Schülern, besonders aus den unterprivilegierten Kreisen. Beschleunigt wurde dieser Prozeß durch die nach dem großen Aufstand systematisch einsetzende wirtschaftliche und verwaltungsmäßige Durchdringung Deutsch-Ostafrikas, da nun in immer größeren Umfang qualifizierte afrikanische Kräfte in der expandierenden Wirtschaft und Verwaltung gebraucht wurden. Die entscheidenden Impulse hierfür wurden von der Dernburgschen und Rechenbergschen Reformpolitik gegeben, auf die in dem folgenden Kapitel eingegangen wird.

[4] Dieser Ausdruck stammt aus Carl G. Rosberg und John Nottingham: »The Myth of Mau Mau: Nationalism in Kenia«, New York, 1966, S. 27, entnommen aus »Tanganyika under German Rule« von John Iliffe, S. 166.

20. Die Ära der Reformen

Suche nach Auswegen aus dem Dilemma der bisherigen Kolonialpolitik – Rechenberg wird neuer Gouverneur von Deutsch-Ostafrika, Dernburg neuer Kolonialdirektor – Reorganisation der Kolonialverwaltung – Dernburgs Eindrücke von einer Visitationsreise durch Deutsch-Ostafrika – Die Reformpläne Dernburgs, Kernziele: Förderung der Eingeborenenwirtschaft, Erweiterung des Eisenbahnnetzes, Schaffung einer eigenständigen Kolonialbeamtenlaufbahn, Ausbau des Schul- und des Gesundheitswesens – Der Wandel in der Arbeitswelt der Afrikaner – Dernburgs und Rechenbergs Leistungen

Mit dem Ende der großen Aufstände in Deutsch-Südwestafrika und Deutsch-Ostafrika war die Ära der Pazifizierung der Kolonien im wesentlichen abgeschlossen. Wie die weitere Entwicklung zeigte, brachten die Aufstände eine Zäsur in der deutschen Kolonialpolitik: die Abkehr von der bisherigen Praxis der bedingungslosen Unterwerfung der Eingeborenenstämme. Sie waren somit wegweisend für die nächste und letzte Phase der deutschen Kolonialgeschichte: die administrative und wirtschaftliche Eroberung der Schutzgebiete.

Zunächst setzte ein intensives und heilsames Nachdenken über die Fehler und Versäumnisse der Vergangenheit und über Mittel und Wege ein, wie man das erschütterte Vertrauen der Kolonisierten in die deutsche Schutzherrschaft wiedererlangen könnte. Es kam zu heftigen Rededuellen im Reichstag. Diese steigerten sich schließlich zu leidenschaftlichen Attacken der Sozialdemokraten und der Zentrumsfraktion gegen die Regierung, der man die Schuld an dem totalen Fehlschlag der bisherigen Kolonialpolitik vorwarf. »Als Grundfehler dieser Politik wurde«, wie es in einem Sitzungsprotokoll des Reichstages[1] heißt, »die zu geringe Einschätzung des Wertes der Eingeborenen und des Grund und Bodens sowie die daraus folgende übermäßige Forderung großer Gesellschaften erkannt«. Geflissentlich wurde dabei von den Mitgliedern dieser beiden Fraktionen übersehen, daß ja gerade sie durch die Befürwortung einer restriktiven Steuermittelzuweisung an die Verwaltungen der Schutzgebiete – gekoppelt mit der Auflage des wirtschaftlichen Erfolgsnachweises als Voraussetzung für Mittelzuweisungen aus dem Fiskus – diese letztlich zur Erschließung eigener Einnahmequellen bei der Eingeborenenbevölkerung geradezu gezwungen und so sie selbst indirekt zur Auslösung der Eingeborenenerhebungen beigetragen hatten!

Innerhalb der Reichsregierung und vor allem in der Kolonialabteilung des Auswärtigen Amtes wuchs der Ruf nach Ablösung der Verantwortlichen und Reformen in der Kolonialpolitik, die auf eine stärkere Berücksichtigung der Belange der Afrikaner als Voraussetzung für eine gedeihliche Weiterentwicklung der Schutzgebiete abzielen müßten. Dem Druck nachgebend, entschloß sich daher Reichskanzler v. Bülow am 4. September 1906, den bisherigen Kolonialdirektor, den Erbprinzen von Hohenlohe-Langenburg, einen »als Ergebnis von Intrigen und

1 Sitzungsprotokolle RT, RKA 7238, Bl. 19a, S. 5.

weil der Kaiser es so wünschte«[2] in dieses Amt berufenen ultra-protestantischen Aristokraten und völligen Ignoranten in kolonialen Belangen, zu entlassen.

Die Wahl des Nachfolgers, der »die Herkulesarbeit übernehmen sollte, den Augiasstall der deutschen Kolonialpolitik zu säubern«[3], fiel auf einen Wirtschaftsmagnaten, den Direktor der Darmstädter Bank, Bernhard Dernburg, »einen Spezialisten für die Sanierung heruntergewirtschafteter Aktiengesellschaften«[4] und weitblickenden Manager mit ausgezeichneten Verbindungen in der Finanz- und Wirtschaftswelt und Demagogen par exellence.

Fast zeitgleich mit der Berufung Dernburgs zum neuen Kolonialdirektor erfolgte auch ein Wechsel an der Spitze der Kolonialverwaltung Deutsch-Ostafrikas: Ebenfalls im September 1906 ernannte Fürst Bülow den Freiherrn Albrecht von Rechenberg zum Gouverneur anstelle des glücklosen Grafen v. Götzen. Rechenberg war ein erfahrener Berufsdiplomat, der als Bezirksrichter in Deutsch-Ostafrika (1893), als Konsul auf Sansibar und in Moskau sowie als Generalkonsul in Warschau Hervorragendes geleistet hatte.

Mit der Ernennung dieser beiden Persönlichkeiten hatte der Reichskanzler eine kluge Entscheidung getroffen: Obwohl Rechenberg und Dernburg von ihrer Herkunft und ihrem Werdegang her völlig verschiedenartige Charaktere waren – ersterer ein Aristokrat, aufgezogen in der Tradition der preußischen Bürokratie, letzterer ein Repräsentant der neuen Klasse der Wirtschafts- und Industriemagnaten –, waren sich beide, wie die Zukunft zeigen sollte, in ihrer kolonialpolitischen Zielsetzung weitgehend einig.

Dernburg sah seine Hauptaufgabe zunächst darin, sich im Reichstag und in der Öffentlichkeit eine starke kolonialfreundliche Basis zu schaffen. Dank seiner starken Persönlichkeit, seiner Sachkenntnisse und nicht zuletzt seines demagogischen und rhetorischen Geschicks gelang es ihm bald, im Reichstag eine starke kolonialfreundliche Front aus Konservativen, Nationalen und Fortschrittlern gegen die Kolonialgegner, die Fraktionen der katholischen Zentrumspartei und der sozialdemokratischen Partei, aufzubauen und in einer Vielzahl von Wahlreden auch in der Bevölkerung kolonialfreundliche Gefühle zu wecken.

Dernburgs große politische Stunde schlug, als am 13. Dezember 1906 der Reichstag nach Ablehnung eines Nachtragshaushaltes für Südwestafrika durch die Sozialdemokraten und das Zentrum aufgelöst und aus den anschließenden, stark kolonialpolitisch akzentuierten Neuwahlen, den sog. »Hottentottenwahlen«, im Januar 1907 eine pro-koloniale rechtsgerichtete Mehrheit, der »Bülowblock«, hervorging. Dernburg, der als nimmermüder Wahlredner entscheidenden Anteil an dem Ausgang dieser Wahlen hatte und fast als Nationalheld von der Rechten gefeiert wurde, konnte nun darangehen, seine Reformvorstellungen in die Wirklichkeit umzusetzen.

Als erste Maßnahme in dieser Richtung reorganisierte er die Spitze der Kolonialverwaltung und setzte am 17. Mai 1907 die Umwandlung der Kolonial-

[2] Zitat aus: Fürst Bernhard v. Bülow: »Memoirs«, übersetzt ins Englische von F.A. Voigt, 4 Bände, I. Bd., S. 488, London, 1931, entnommen aus: »Tanganyika under German Rule« von J. Iliffe, S. 42.

[3] A. Bebel im RT am 1.12.1906, Sitzungsprotokolle, Bd. 218, S. 4052.

[4] F. Pinner »Deutsche Wirtschaftsführer«, 15. Aufl., Charlottenburg, 1925, S. 164, entnommen aus: Tetzlaff: »Koloniale Entwicklung und Ausbeutung«, S. 221.

abteilung in ein eigenständiges Reichskolonialamt im Reichstag durch und schuf damit die organisatorische Voraussetzung für sein Reformvorhaben. Nach seiner gleich darauf erfolgten Ernennung zum Staatssekretär für die Kolonien setzte er ein Wahlversprechen in die Tat um: Er besuchte noch im gleichen Jahr die wichtigsten deutschen Schutzgebiete. Im Sommer 1907 traf er mit einem großen Gefolge von Beamten, Parlamentariern, Industriellen, darunter Walter Rathenau, dem Direktor der AEG in Berlin, Geschäftsleuten und Journalisten in Deutsch-Ostafrika ein. Die Visitationsreise, an der auch Gouverneur v. Rechenberg teilnahm, führte Dernburg weit in das Landesinnere hinein: Über die Endstation der Mittellandbahn bei Morogoro bis nach Tabora und von dort in einer strapaziösen Safari, auf der ein großer Teil der weißen Begleiter Dernburgs erkrankte, über Muansa in die weißen Siedlungsgebiete am Kilimandjaro und in den Usambara-Bergen. Hier sahen Dernburg und seine Reisegefährten mit eigenen Augen, wie erbarmungslos die weißen Siedler ihre schwarzen Arbeiter ausnutzten und wie brutal sie mit ihnen umgingen. Rathenau schrieb hierüber empört: »Der Neuankömmling in der Kolonie erwarb vielfach schon am ersten Tag seines Aufenthaltes einen Kiboko (Nilpferdpeitsche), der als Spazierstock getragen und als Verständigungsmittel benutzt wurde«[5].

Dernburg hatte bereits vorher – während seines Zwischenaufenthaltes in Tabora – beim Studium der Akten des dortigen Bezirksamts Einblick in die rücksichtslosen Methoden der Anwerbung schwarzer Arbeiter für die deutschen Plantagen in Usambara gewonnen und in Moschi aus Gerichtsakten eine Vorstellung von den Praktiken der deutschen Richter bekommen, die für brutales Verhalten weißer Siedler gegenüber ihren schwarzen Bediensteten nur – wie Gouverneur v. Rechenberg sich ausdrückte – auf »lächerlich geringe« Strafen erkannten. Mit Schrecken mußte Dernburg feststellen, daß durch solche Ungerechtigkeiten und Unmenschlichkeiten der Haß gegen die weiße Herrschaft weiter geschürt und der Keim zu neuerlichen Aufständen gelegt würde, daß daher das Ruder in der Eingeborenenpolitik radikal herumgeworfen werden müßte. Im Interesse der Erhaltung des Landesfriedens müßte es oberstes Gebot sein, das Vertrauen der Kolonisierten zurückzugewinnen, ihnen ihr Los unter der weißen Fremdherrschaft so erträglich wie möglich zu machen, mit anderen Worten: ihre Lebensweise zu respektieren, Rücksicht auf ihre traditionellen Sitten und Gebräuche, auf ihre Rechtsauffassung und ihre Sozialordnung zu nehmen, ihren Lebensstandard zu heben und ihnen ein Dasein in Zufriedenheit und Sicherheit, d. h. frei von Armut und Stammesfehden, von der Angst vor Sklavenjägern, von Krankheiten, aber auch von Bedrückung durch übermäßige Besteuerung und Ausnutzung ihrer Arbeitskraft, zu ermöglichen. Wichtigstes Anliegen müßte es sein, den »Eingeborenen, das kostbarste Gut unserer Kolonien«, als Menschen, nicht als ein niederes Wesen, als Wilden, anzusehen.

Dernburg wies die Klischeevorstellung vom »faulen und selbstgenügsamen Neger« zurück: »Spekulationen über die unüberbrückbare Trägheit des Negers sollten in das Reich der Fabeln verwiesen werden... Erhält er einen dem Wert seiner Arbeit angemessenen Lohn, so arbeitet der Neger zumindest genau so hart wie der

5 aus: Walter Rathenau »Erwägungen«, S. 28.

Europäer. Tatsächlich kann man sagen, daß von allen Instinkten des Negers sein Drang zur Erlangung von Wohlstand und Eigentum wohl am stärksten ist[6]. Die Eingeborenenbevölkerung, nicht die »weiße Herrenrasse« der Siedler sei es, die den wichtigsten Aktivposten im Wirtschaftsleben des Schutzgebietes darstelle[7]. Wichtigstes Ziel müßte es daher sein, den durch Zwangsanbau von Exportprodukten für den europäischen Markt und durch Arbeitsverpflichtungen bewirkten wirtschaftlichen Niedergang der Volksstämme zu stoppen und die traditionellen einheimischen Wirtschaftsformen zu fördern. Damit, so folgerte Dernburg, würde auch die finanzielle Abhängigkeit der Kolonialverwaltung vom Reich verringert und die Wirtschaft der Kolonie auf eine autarke Basis gestellt werden, so daß diese ihren eigenen Weg in die Zukunft gehen könnte, ohne Belastung des »Reichssäckels« und frei von der ewigen finanziellen Gängelung durch den Reichstag.

Über die Modalitäten der Durchführung des Reformvorhabens waren sich der Kolonialstaatssekretär und Gouverneur v. Rechenberg rasch einig, denn letzterer ging mit Dernburgs »negererhaltenden Politik« völlig konform: Die Eingeborenenwirtschaft müßte mit allen Mitteln auf ein höheres, profitträchtiges Niveau gebracht werden. Dies sollte geschehen, indem die Afrikaner ihre traditionellen Anbauprodukte, z. B. Ölfrüchte, Reis, Erdnüsse, Baumwolle usw., wieder ungehindert und unbeeinträchtigt durch irgendwelche Zwangsmaßnahmen anbauen und vermarkten können. Anreize zur Ausweitung des Handels sollten durch Schaffung neuer und größerer Absatzmärkte gegeben werden. Voraussetzung hierfür wäre der intensive Ausbau der Infrastruktur der Kolonie, vor allem des Transportwesens. Am wichtigsten war hier die Weiterführung der Zentralbahn, die wegen der sparsamen Mittelvergabe durch das Reich bisher erst als Stichbahn von der Küste bis nach Morogoro bestand. Dernburgs Absicht war, die Zentralbahn zunächst bis nach Tabora und später dann weiter bis zum Victoria- und Tanganyika-See zu verlängern. Jedoch war wegen der außerordentlichen Kostspieligkeit dieses Vorhabens an weitere Zuschüsse aus der Reichskasse vorerst nicht zu denken. Als gangbare Alternative bot sich eine Staatsanleihe an, die bei der nach Verlängerung der Bahn mit Sicherheit zu erwartenden Erweiterung des Absatzmarktes für die Bevölkerung und dem damit höheren Steueraufkommen bald zurückgezahlt sein würde.

Gegen den erbitterten Widerstand der weißen Siedler des Schutzgebietes und ihrer Lobby in der Heimat, die durch die Förderung des Absatzes der Produkte der afrikanischen Bevölkerung und der Erschwerung der Beschaffung schwarzer Arbeitskräfte für die Plantagen um ihre Profite fürchteten, brachte Dernburg sein Reformvorhaben ohne Abstriche im Mai 1908 durch den Reichstag, sogar mit Unterstützung des oppositionellen Zentrums. Die Anleihe zum Weiterbau der Zentralbahn bis nach Tabora und (1914) sogar bis nach Kigoma am Tanganyika-See wurde gebilligt.

Etwa zur gleichen Zeit, wie diese infrastrukturellen Reformpläne die parlamentarischen Kontrollmechanismen durchliefen, erfolgte eine Neugestaltung auch der

6 Dernburg, S. 182 (Rückübersetzung aus dem Englischen).

7 Eine Statistik im Bericht des Haushaltsausschusses des Reichstags (RT 1061 v. 12. und 13. Januar 1910), aus: Rotberg »Resistance«, S. 572, gab Dernburg recht: Sie weist aus, daß die Eingeborenenbevölkerung von Deutsch-Ostafrika mit 75 % am Steueraufkommen der Kolonie beteiligt war.

internen Verwaltung der Schutzgebiete, insbesondere des Beamtenapparates. »Eingeborenennähe« und »Vertrauensbildung« wurden zu Leitmotiven dieses Umgestaltungsprozesses. Die Zeit der »Mini-Verwaltung« mit dem Ringen um jeden einzelnen Beamten-Dienstposten im Schutzgebiet und mit ihrer Akiden-Mißwirtschaft war vorüber. Mit der Erhöhung der Zahl der Beamten-Dienstposten einher ging die Schaffung einer eigenständigen Kolonialbeamtenlaufbahn mit entsprechenden Ausbildungsrichtlinien (Kolonialbeamtengesetz vom 8. Juni 1910), durch die man sich eine größere Attraktivität des Beamtendienstes in den Kolonien und insbesondere die Heranbildung motivierter und qualifizierter Fachkräfte mit den für das Sammeln nötiger Erfahrungen, vor allem im Umgang mit Afrikanern, und den so wichtigen längeren Verweilzeiten in den Kolonien versprach.

Mit der vermehrten Verwendung ziviler, fachlich vorgebildeter Verwaltungsbeamter in der Kolonialadministration konnten die Militärs nach und nach aus dem Verwaltungsdienst herausgelöst und ihre Tätigkeit wieder auf ihre eigentliche Rolle, »die Macht der deutschen Waffen in befehlender Form zu repräsentieren«[8], beschränkt werden.

Bestandteil des Dernburgschen Reformprogramms bildete auch der Ausbau des Gesundheits- und des Erziehungswesens. Sämtliche für Verwendung im Kolonialdienst vorgesehenen Ärzte wurden am Institut für Tropenmedizin in Hamburg auf ihre Aufgaben in den Schutzgebieten systematisch vorbereitet, damit sie neben ihrer ärztlichen Tätigkeit auch auf dem Sektor der Erforschung der Tropenkrankheiten wirken konnten. Die Früchte dieser Maßnahmen blieben nicht aus: Gerade auf medizinischem Gebiet wurde in der dritten Dekade der deutschen Kolonialzeit Hervorragendes geleistet: Leute wie der Bakteriologe Dr. Robert Koch waren bahnbrechend in der Bekämpfung der Pocken, der Pest, der Tuberkulose, der Ruhr, der Cholera, der Schlafkrankheit, der Malaria und anderer epidemischer Krankheiten unter der afrikanischen Bevölkerung. Schüler von ihm, so F.K. Kleine, Max Traute, Erich Streudel u. a., führten Kochs Arbeit weiter, im Einsatz als praktizierende Ärzte oder Medizinalbeamte in den Kolonien, aber auch auf dem Gebiet der Forschung.

Die Zahl der Regierungsschulen wurde erheblich vergrößert und durch hauswirtschaftliche Schulen, Landwirtschaftsschulen, Handwerkerschulen sowie weiterbildende Schulen für die Ausbildung eingeborener Hilfskräfte für die Verwaltung und Wirtschaft des Landes ergänzt. An diesen und an den bereits im vorigen Kapitel angesprochenen Missionsschulen wurde den jungen Afrikanern das theoretische und praktische Rüstzeug für ihr späteres Berufsleben vermittelt. In der Zeit bis zum Ersten Weltkrieg durchliefen mehr als 100 000 Afrikaner diese Schulausbildung. »Das war eine größere Zahl als in jeder anderen deutschen Kolonie und diente den Engländern nach dem Kriege als Vorbild«[9]. Da die Hauptunterrichtssprache nicht deutsch, sondern kisuaheli war, trug das deutsche Schulwesen im Schutzgebiet ganz wesentlich zur Ausbreitung dieser Hauptumgangssprache im ostafrikanischen Raum und damit zur Überwindung der Stammesbarrieren und so letztlich zur nationalen Bewußtseinsbildung des Ostafrikaners bei.

[8] TNA G3/14, Dernburg an Rechenberg, 26.2.1907.

[9] Safari, S. 89.

Mit der immer stärker werdenden administrativen und zivilisatorischen Durchdringung der Kolonie und dem dadurch bedingten zunehmenden Bedarf an administrativ und technisch vorgebildeten Afrikanern vollzog sich, gleichzeitig mit der bereits im vorigen Kapitel behandelten sozialen, kulturellen und religiösen Wandlung, auch in der Arbeitswelt der afrikanischen Gesellschaft eine tiefgreifende Änderung, die ebenfalls wesentlich zum Verfall der alten Gesellschaftsordnung beitrug: Traditionelle Berufe wie Träger, Sammler, Krieger, Fischer verloren gegenüber anderen, zum Teil völlig neuen Berufsbildern wie Lehrer, Dolmetscher, Handwerker, Maschinisten, Schreiber, Transportarbeiter, Askari, Angestellte beim Zoll, bei der Bahn, im Hotelwesen immer weiter an Bedeutung oder verschwanden gänzlich. Hier ergab sich für junge, intelligente Afrikaner, auch wenn sie nicht einer privilegierten überkommenen Gesellschaftsschicht angehörten, die Chance, durch Erwerb der entsprechenden Qualifikationen und Kenntnisse in Positionen der Kolonialverwaltung, der Missionen und der Wirtschaft des Landes zu gelangen und damit Sozialprestige zu erwerben.

Rechenbergs Reformvorstellungen gingen so weit, daß er sogar an die Einräumung eines Mitspracherechts für die afrikanische Bevölkerung in den bisher nur den Weißen vorbehaltenen Selbstverwaltungsgremien, den Stadt- und Bezirksräten, dachte. Hier stieß er jedoch auf den erbitterten Widerstand der weißen Siedler. Diese, die sich als den ausschließlich zu berücksichtigenden wirtschaftlichen Machtfaktor in der Kolonie verstanden und die Bezirksräte als Sprachrohr für die Durchsetzung ihrer Forderungen gegenüber dem Gouvernement benutzten, befürchteten, daß sie durch einen solchen Schritt wirtschaftspolitisch von der schwarzen Bevölkerungsmehrheit majorisiert würden und schließlich ihr Ziel, Deutsch-Ostafrika zu einem Siedlungsland des weißen Mannes zu machen, unterlaufen würde. Sie mobilisierten daher ihre Interessenvertretungen in der Heimat, vor allem in den Rechtsparteien, und die Presse in der Kolonie und im Mutterland. Gouverneur v. Rechenberg mußte nachgeben, die Bezirksräte blieben die Interessenvertretungen der Weißen. Damit war der Versuch, Ansätze für eine Mitbestimmung der afrikanischen Bevölkerung an der Entwicklung des Landes zu schaffen, fehlgeschlagen.

Ungeachtet dieser und anderer Rückschläge hatten sich Rechenbergs und Dernburgs Reformbemühungen jedoch als segensreich für die Kolonie Deutsch-Ostafrika erwiesen: Der Handel des Schutzgebietes verdreifachte sich im Zeitraum von 1905 bis 1912. Trotz des nun energisch vorangetriebenen, sehr kostenintensiven Ausbaus des Eisenbahnnetzes Deutsch-Ostafrikas verringerten sich im gleichen Zeitraum die Reichszuschüsse für das Schutzgebiet um nahezu die Hälfte[10]. Die technisch-wissenschaftliche Erschließung der Kolonie, insbesondere auf den Gebieten des Eisenbahnwesens[11], der Landwirtschaft, des Gesundheitswesens und

[10] Von 6 964 000 Reichsmark auf 3 618 000 Reichsmark laut Reichstagsprotokolle, Sitzungen 1909–1911, Nr. 179, S. 6476; »Die deutschen Schutzgebiete 1912/13«, Teil 2, S. 121, 401.

[11] Duignan schreibt in »The Rulers of German Africa« auf S. 185 f. in diesem Zusammenhang: »Acht Jahre nach Dernburgs Amtsantritt als Kolonialdirektor konnte sich das deutsche Kolonialreich eines betriebsklaren Schienennetzes von etwa 4500 Kilometer rühmen – eine bemerkenswerte Leistung, die die 2000 Kilometer in Französisch-Westafrika, die 1200 Kilometer in Belgisch-Kongo (1912) und selbst die etwa 3200 Kilometer in Britisch-Rhodesien bei weitem übertraf.«

des Erziehungswesens, hatte in der Amtszeit des Gouverneurs v. Rechenberg einen gewaltigen Fortschritt gebracht. Viele Mißstände in der Behandlung der Afrikaner wurden beseitigt; zwangsweise erfolgte Arbeitsrekrutierungen Schwarzer wurden bestraft. Die Wirtschaft der schwarzen Bevölkerung nahm einen ungeahnten Aufschwung – nicht zuletzt hervorgerufen durch den Ausbau des Verkehrswesens und durch Forcierung des Anbaus von Baumwolle, dem Hauptexportprodukt der Kolonie. Damit aber wuchsen Wohlstand und Zufriedenheit der Bevölkerung. Bester Beweis hierfür ist die Tatsache, daß bis zum Beginn des Ersten Weltkriegs keine weiteren Unruhen im Schutzgebiet ausgebrochen waren. Somit hatten die krisenhaften Jahre des Maji-Maji-Aufstands zu einer neuen, zweifellos erfolgreichen Ära in der deutschen Kolonialgeschichte Ostafrikas übergeleitet, die nicht nur von einem wirtschaftlichen Aufschwung, sondern auch von einer merklichen Entspannung in den Beziehungen zwischen Kolonisierten und Kolonisatoren geprägt war. Der Weg zu einer friedlichen und gedeihlichen Entwicklung des Landes war gewiesen!

21. Ostafrika im Ersten Weltkrieg

Eine trügerische Hoffnung: Die Neutralisierungsbestimmung in der Kongoakte – Schnee und Lettow im Widerstreit: Wie soll der Krieg geführt werden? – Lettows strategisches Ziel: Alliierte Kräfte der Heimatfront vom Halse halten – Die Kräftelage – Die Kriegshandlungen greifen nach Ostafrika über: Britische Kriegsschiffe beschießen Daressalam – Deutsche Kräftemassierung am Kilomandjaro – Die Ugandabahn, neuralgischer Punkt der Engländer – Schlacht bei Tanga: »Mit einer Handvoll Nigger machen wir kurzen Prozeß« – Bilanz Tanga – Pyrrhus-Sieg bei Jassini – Stillstand an den Fronten – Die Kriegswirtschaft im Schutzgebiet – Agonie der »Königsberg« – Auftrag an General Smuts: »Erobern Sie Deutsch-Ostafrika in kürzester Frist!« – Smuts' Nachschubdilemma – Grabenkrieg bei Kondoa-Irangi – Britisches Desaster in Uluguru – Kesseltreiben gegen Lettows Westtruppen – Ringen um Kibata – Entscheidung bei Newala – Die »Völkerschlacht bei Mahiwa« – Lettows Truppe in der Krise – Ausweg aus der Versorgungskrise: Verpflegung und Waffen beim Gegner holen! – Die Trias Schnee - Lettow - Looff – Auf Suche nach Lettows Geisterarmee: »Van Deventer tanzt nach Lettows Pfeife« – Das Ende in Abercorn – Triumph in Berlin: Eine unbesiegte Armee kehrt heim! – Die Bilanz des ostafrikanischen Feldzugs

»...sind die Leistungen des deutschen Obersten von Lettow-Vorbeck besonders erwähnenswert, der die deutschen Operationen in Ostafrika vier Jahre leitete und die Alliierten zu einem Kräfteverbrauch zwang, der in keinem Verhältnis zur Stärke seiner Truppen stand. Er war ein ausgezeichneter Kenner des Klimas und Geländes in den weiten Räumen Ostafrikas, wo es weder Straßen noch Eisenbahnen gab, und kapitulierte erst nach dem Waffenstillstand im November 1918. 1916 leitete General Smuts eine großangelegte Offensive gegen ihn, aber ohne Erfolg. Lettow-Vorbeck standen nie mehr als 3500 Europäer und 12.000 Eingeborene zur Verfügung, und deshalb konnte er nicht hoffen, die britischen Streitkräfte in Ostafrika zu besiegen. Seine Leistung lag darin, daß er schließlich 130.000 feindliche Soldaten in Afrika band, für die Großbritannien 72 Millionen Pfund aufbringen mußte.
Lettow-Vorbeck wird als Meister der irregulären Gefechtsführung unvergessen bleiben, denn er zeichnete sich durch persönliche Qualitäten, militärisches Geschick, Geistesgegenwart, Entschlußkraft und hervorragende Führereigenschaften aus[1].«

[1] Zitiert aus: Feldmarschall Viscount Montgomery of Alamein: »Kriegsgeschichte – Weltgeschichte der Schlachten und Kriegszüge«. Deutsche Ausgabe: Bernard & Graefe Verlag für Wehrwesen, Frankfurt am Main 1972.

Die furchtbaren Aufstandsjahre und die Hungerjahre danach waren vorüber. Endlich konnte das gequälte Land wieder aufatmen: Geordnete Verhältnisse kehrten »unter dem Schutz des deutschen Schwertes« allmählich zurück, man hatte wieder zu essen, ein wirtschaftlicher Aufschwung setzte ein. Die Reformen des Gouverneurs v. Rechenberg begannen zu greifen! Die Beziehungen zwischen Schwarz und Weiß besserten sich, die Afrikaner arrangierten sich mit der Kolonialherrschaft, das geplagte Land hatte endlich seinen Frieden wieder. Doch dieser sollte sich als trügerisch und nur von kurzer Dauer erweisen! Schon brauten sich erneut dunkle Wolken zusammen, diesmal jedoch am europäischen Himmel! Am 1. August 1914 entluden sie sich: Der Erste Weltkrieg war da!

Doch in Deutsch-Ostafrika gab man sich zuversichtlich: Im Vertrauen auf die Kongoakte von 1885[2] war die Mehrzahl der Weißen in der Kolonie voller Hoffnung, daß der Konflikt auf dem europäischen Kontinent ausgetragen und die Kolonien in Afrika neutralisiert und so von der Kriegsfackel verschont bleiben würden, denn auf einen Kampf gegen einen äußeren Feind war das Schutzgebiet weder militärisch noch wirtschaftlich vorbereitet.

Was aber, wenn sich die Hoffnung auf Neutralisierung der Kolonien nicht erfüllen sollte und der europäische Krieg auch auf Afrika ausgeweitet werden würde? Die Meinungen, wie man dann handeln sollte, klafften weit auseinander: Die zivilen Behörden, an ihrer Spitze der Gouverneur, Dr. Heinrich Schnee, und der größere Teil der deutschen Siedlerschaft, ja sogar einige Offiziere der Schutztruppe wußten sich einig in der Überzeugung, daß die Kolonie nicht verteidigungsfähig sei, die schwache Schutztruppe gegen den übermächtigen Gegner keine Chance habe und nach wenigen Monaten tapferen Widerstands ehrenvoll kapitulieren müßte. Einen völlig anderen Standpunkt für diesen Eventualfall vertrat dagegen der Kommandeur der Schutztruppe, Oberstleutnant Paul von Lettow-Vorbeck: Aufgabe der Truppe sei es dann, so lange wie möglich Widerstand zu leisten, weniger um die Kolonie unter allen Umständen zu halten, sondern vielmehr, um dem Gegner größtmöglichen Schaden zuzufügen und alliierte Streitkräfte zu fesseln und so den heimischen Kriegsschauplatz zu entlasten.

Zunächst aber hatte es nach Ausbruch des Krieges in Europa den Anschein, als ob sich Dr. Schnees Hoffnung auf Neutralisierung der Kolonien bestätigen würde: Am 2. August traf ein chiffriertes Telegramm des Kolonialstaatssekretärs Dr. Solf in Daressalam ein, das die folgenden inhaltsschweren Worte enthielt:

»...Beruhigt Ansiedler, da unsere Schutzgebiete außerhalb Kriegsgefahr ...

Dr. Solf«

Mit großer Erleichterung nahm der Gouverneur den Inhalt des Telegramms zur Kenntnis und beschloß, alles zu unterbinden, was die Engländer zu kriegerischen Handlungen gegen die Kolonie provozieren könnte. Da Kriegshandlungen, wenn sie dennoch eintreten sollten, vorerst nur an der Küste durch die britische Flotte zu erwarten waren – die Kolonialtruppen in den britischen Nachbarkolonien waren kaum stärker als die Schutztruppe –, hatte Schnee den ihm unterstellten Oberstleutnant v. Lettow-Vorbeck schon vorsorglich angewiesen, alle Schutztrup-

[2] Siehe S. 25.

11. Marsch der Schutztruppe unter v. Lettow-Vorbeck April 1916–Nov. 1918

peneinheiten aus den völlig ungeschützten Küstenorten abzuziehen und Verteidigungsmaßnahmen nur im Landesinneren zu treffen.

Der Gouverneur stützte sich hierbei auf eine an das Reichskolonialamt gerichtete Denkschrift seines Amtsvorgängers v. Rechenberg aus dem Jahre 1912, in der es heißt, daß die Schutztruppe aufgrund ihrer Schwäche im Falle eines europäischen Konflikts zu offensiven Vorstößen gegen gegnerische Kräfte zu schwach sei und sich daher unter Entblößung der Küstenorte auf die Verteidigung des Landesinneren beschränken sollte.

Zur Beruhigung Dr. Schnees hatte auch beigetragen, daß der Stationskreuzer für Ostafrika, S.M.S. »Königsberg«, Kommandant Fregattenkapitän Looff, schon am 31. Juli auf Anweisung des Admiralstabs in Berlin aus Daressalam ausgelaufen war, um Kreuzerkrieg im Indischen Ozean zu führen. Für den Fall des Kriegsausbruches hatte Looff Weisung, nicht mehr nach Deutsch-Ostafrika zurückzukehren. Damit entfiel für die Kolonialbehörden im Schutzgebiet die Pflicht der Unterstützungsversorgung, insbesondere der Kohlenversorgung, für den Kreuzer, ein Gedanke, der den Gouverneur mit größtem Unbehagen erfüllte, da hierdurch der britischen Flotte ein willkommener Anlaß zum Eingreifen an der Küste gegeben würde.

Lettow-Vorbeck war schon bald nach Übernahme des neuen Kommandos in Ostafrika im Januar 1914 zu der Ansicht gelangt, daß die Hoffnung einer Neutralisierung der Kolonien im Falle eines europäischen Konflikts ein irreales Wunschdenken sei und der Gegner mit Sicherheit den Krieg auch auf den afrikanischen Kontinent ausweiten würde. Mit fast seherischem Weitblick erkannte der Kommandeur hierbei, daß dies der deutschen Sache keineswegs zum Nachteil zu gereichen brauchte, da bei geschicktem, hinhaltendem Widerstand der Schutztruppe gegnerische Kräfte in größerer Zahl einschließlich Kriegsschiffe und Transportraum für den ostafrikanischen Kriegsschauplatz gebunden sein würden und damit den Alliierten in Europa nicht zur Verfügung stünden, so daß letztlich die Heimat in ihrem schweren Existenzkampf entlastet würde. Dieses Ziel, so glaubte Lettow, könnte man weniger durch Beschränkung auf rein defensives Verhalten als vielmehr durch energische Offensivvorstöße, auch in die gegnerischen Nachbarkolonien hinein, erreichen, vor allem durch Einfälle in Kenia mit seiner strategisch äußerst wichtigen Ugandabahn.

Bei seinen Überlegungen gab sich der Kommandeur allerdings keinen Illusionen dahingehend hin, daß die Schutztruppe zu einer siegreichen Kriegführung in Ostafrika imstande sein würde. Dafür wäre die Ausgangslage im Kriegsfall viel zu ungünstig für die deutsche Seite, wäre doch die Kolonie dann durch die Blockade der britischen Flotte von allen Verbindungen zum Mutterland abgeschnürt, während die Allierten ungehindert Truppenverstärkungen auf den ostafrikanischen Kriegsschauplatz werfen könnten.

Indes stand der Gouverneur den Forderungen Lettow-Vorbecks, die verstreut über die gesamte Kolonie verteilten Kompanien der Schutztruppe schon vor Kriegsbeginn im Bereich des Kilimandjaro-Massivs zu konzentrieren, damit von dort aus sofort nach Erklärung des Kriegszustands in Ostafrika die Truppe nach

Kenia hinein offensiv werden könnte, vorerst ablehnend gegenüber. Schnee befürchtete nämlich, daß sich die Engländer durch diese Truppenansammlung erst recht zu kriegerischen Aktionen in Ostafrika animiert fühlen würden und außerdem durch das dann geschaffene militärische Vakuum im Landesinneren des Schutzgebietes Eingeborenenunruhen ausbrechen könnten.

Zwischen Gouverneur, dem »reichsunmittelbaren« Repräsentanten des Kaisers, und dem dem Gouverneur nachgeordneten Kommandeur der Schutztruppe entspann sich im Gouverneurspalais in Daressalam ein erbitterter Disput über diese Frage, und nur mit Mühe konnte sich Lettow in seinem Zorn von einer offenen Insubordination zurückhalten.

Der Kommandeur gab schließlich widerstrebend nach und beschloß, seine Hauptkräfte, drei aktive und einige inzwischen aufgestellte Reservekompanien, auf den Höhenzügen bei Pugu, einer Bahnstation etwa 20 km westlich von Daressalam, zu sammeln. Hätte er schon zu diesem Zeitpunkt seine Kräfte am Kilimandjaro-Massiv konzentrieren dürfen, so hätte er durch blitzartige Spreng- und Sabotageaktionen unmittelbar nach Kriegsausbruch den Verkehr auf der Ugandabahn völlig paralysieren können, denn zu dem Zeitpunkt verfügten die Briten nur über zwei Halbkompanien, d. h. weniger als 150 Mann, der King's African Rifles (KAR), in Nairobi zur Sicherung der neuralgischen Strecke der Ugandabahn zwischen Mombasa und Nairobi.

Was für Streitkräfte standen von Lettow-Vorbeck zu Beginn des Krieges zur Verfügung, wie war ihre Ausrüstung und Bewaffnung, wie das Kräfteverhältnis zu den gegnerischen Kolonialtruppen?

Im Frieden umfaßte die Schutztruppe vierzehn über das gesamte Schutzgebiet verteilte Feldkompanien mit insgesamt etwa 200 Weißen und 2500 Farbigen. Nur drei der Kompanien waren mit modernen Repetiergewehren M 98 ausgerüstet, alle anderen mit den nicht repetierfähigen, großkalibrigen Jägerbüchsen M 71, die den Nachteil der starken Rauchentwicklung (verräterisch für den Schützen!) hatten. Gut war die Dotierung mit Maschinengewehren: insgesamt 67, »die die Bedienungsmannschaften wie Artisten zu handhaben verstanden«[3]. Dagegen war die artilleristische Bewaffnung mit einem Konglomerat von 31 überwiegend kleinkalibrigen Geschützen bewußt sehr dürftig gehalten, da die Schutztruppe ja ausschließlich für die Bekämpfung von Eingeborenenunruhen konzipiert war.

Die taktische Einheit der Schutztruppe bildete – uns bereits bekannt – die Feldkompanie. Sie war mit ihrem eigenen Sanitätspersonal, ihren eigenen Handwerkern, ihrer eigenen mehrere hundert Mann umfassenden Trägerkolonne und ihrer Dotierung von zwei MGs und Faltbooten zur raschen Überquerung von Flüssen auch logistisch eine praktisch autarke Einheit und daher imstande, tagelange Gewaltmärsche, auf sich allein gestellt, zu unternehmen – ganz im Gegensatz zur herkömmlichen Infanteriekompanie daheim, die durch ihre versorgungsmäßige und administrative Abhängigkeit vom übergeordneten Bataillon und Regiment in ihrer Beweglichkeit eingeengt war. Das taktische Zusammenspiel in größeren Verbänden war allerdings nie geübt worden.

3 Miller, S. 133.

Neben der rein militärischen Schutztruppe gab es noch eine den einzelnen zivilen Bezirksämtern unterstellte und größtenteils aus früheren Angehörigen der Schutztruppe bestehende Polizeitruppe in Stärke von etwa 2160 Farbigen, die von 57 weißen Polizeibeamten kommandiert wurde. Diese Truppe wurde nach Verkündung der Mobilmachung größtenteils in die Schutztruppe eingegliedert.

Im Verlaufe des Krieges wurde die Schutztruppe erheblich vermehrt; sie betrug zu Anfang des Jahres 1915 3500 Weiße und 12.000 Askari.

Die gegnerischen Streitkräfte zu Beginn des Krieges verteilten sich wie folgt: In Kenia, Uganda und Nyassa-Land stand als militärische Truppe die KAR in Stärke von ca. 70 Europäern und 2325 Askari, während es in Nord-Rhodesien lediglich eine 800 Eingeborene umfassende Polizeitruppe gab. Belgisch-Kongo verfügte über eine – allerdings schlecht ausgebildete – Kolonialtruppe, die sogenannte Force-Publique, von 15.200 Mann. In Portugiesisch-Mozambique stand eine ca. 4000 portugiesische und afrikanische Soldaten umfassende Polizeitruppe.

Schon sehr bald sollte sich die Hoffnung auf eine Neutralisierung der afrikanischen Kolonien zerschlagen: Am 5. August 1914 wurde auf einer Kabinettssitzung in London die Wegnahme der deutschen Kolonien beschlossen! Als vorrangiges Ziel sahen die Briten hierbei die Eroberung Deutsch-Ostafrikas, das sie für einen erheblichen Störfaktor im Vorfeld ihres für sie vital wichtigen indischen Kolonialreiches hielten, da deutsche Handelsstörer, insbesondere der Kleine Kreuzer »Königsberg«, die Kolonie als Sprungbrett für ihre Operationen gegen die britischen Schifffahrtsrouten nach Indien und Australien in den Weiten des Indischen Ozeans benutzen konnten. Diese Möglichkeit mußte den Deutschen sofort genommen werden!

Am 8. August war es dann soweit: Die Briten führten die erste Kriegshandlung gegen die Kolonie aus und beschossen mit zwei Kriegsschiffen die Funkstation nahe Daressalam. Damit waren Dr. Schnees Hoffnungen, Deutsch-Ostafrika aus dem europäischen Konflikt heraushalten zu können, zunichte gemacht. Trotzdem gab er noch nicht auf und ließ über seinen Vertreter in der Hauptstadt Verhandlungen mit den Kommandanten der englischen Kriegsschiffe führen mit dem Ergebnis, daß die Stadt zum »offenen Platz« erklärt wurde[4]. Gleichzeitig verbot der Gouverneur dem Kommandeur der Schutztruppe, der auf die Meldung der Beschießung der Funkstation Daressalam mit seiner Hauptmacht von Pugu aus in Richtung Daressalam aufgebrochen war, das Eingreifen dort für den Fall britischer Landungen in oder nahe der Hauptstadt.

Dies war für Lettow eine unerhörte Zumutung, ja ein an Hochverrat grenzender Akt, da auf diese Weise dem Feind Gelegenheit geboten würde, Hafen und Stadt Daressalam als Brückenkopf für den Vormarsch ins Landesinnere und damit für die Eroberung der Kolonie zu benutzen. Soweit wollte es der Kommandeur auf keinen Fall kommen lassen!

Indes blieb eine weitere Eskalation im Kräftespiel zwischen Gouverneur und Kommandeur aus, da eine Landung der Engländer im Bereich von Daressalam nicht stattfand.

[4] Anm. Verf.: Am 15. August ließ der Gouverneur auch die anderen wichtigen Küstenorte Tanga, Pangani, Bagamoyo, Sadani, Kilwa, Lindi und Mikindani zu »offenen Küstenplätzen« erklären.

Lettow-Vorbeck war nunmehr entschlossen, seinen schon lange gehegten Dislozierungs- und Operationsplan gegenüber dem Gouverneur mit allen Mitteln durchzusetzen: Die Masse seiner Truppen an der Nordostgrenze zu placieren, um von dort aus den Gegner »an der Gurgel zu packen«, d. h. durch offensive Störaktionen gegen die Hauptschlagader der Briten in Kenia, die Ugandabahn, einen gegen Deutsch-Ostafrika gerichteten gegnerischen Kräfteaufbau dort zu verhindern.

Mitte August gab Dr. Schnee schließlich nach, auch er mußte sich nun endgültig eingestehen, daß die Kolonie nicht mehr im Friedenszustand war: Er stimmte der Verlegung der Hauptkräfte der Schutztruppe in den Bereich Kilimandjaro-Massiv/Usambarabahn zu.

Am 15. August geschah das erste offensive Unternehmen der Schutztruppe mit der Eroberung des östlich des Kilimandjaro gelegenen englischen Wasserplatzes Taveta, einer wichtigen Ausgangsbasis für deutsche Sabotageeinsätze gegen die Ugandabahn.

Am 3. September kehrte der Kreuzer »Königsberg« zur unangenehmen Überraschung des Gouverneurs nach Deutsch-Ostafrika zurück und suchte Zuflucht in dem unzugänglichen, dschungelüberzogenen Deltagebiet des Rufiyi. Er hatte zwar erfolgreich Kreuzerkrieg im Indischen Ozean geführt, es war ihm jedoch nicht gelungen, Kohlenschiffe als Prisen aufzubringen. So war das Schiff gezwungen, trotz ausdrücklicher entgegengesetzter Weisung des Admiralstabs die Kolonie als einzigen Rückhalt wieder anzulaufen.

Da die »Königsberg« nun zur Wiederherstellung ihrer Bewegungsfreiheit auf Versorgungsunterstützung und militärischen Schutz ihres Liegeplatzes im Delta angewiesen war, mußte der Gouverneur seinen bisher so hartnäckig vertretenen Standpunkt der Neutralisierung der zu »offenen Plätzen« deklarierten Küstenorte und der Freihaltung der Küste von Einheiten der Schutztruppe endgültig aufgeben und konnte damit die mit den Kommandanten der britischen Kriegsschiffe getroffenen Neutralisierungsvereinbarungen nicht mehr einhalten. Nun mußte auch mit Aktionen der britischen Flotte auf der Suche nach dem Verbleib der »Königsberg«, ja sogar mit Kampfhandlungen hier gerechnet werden!

Im Rufiyi-Delta wurde jetzt zum Schutz der »Königsberg« eine aus Marinemannschaften und Schutztruppenreservisten formierte Küstenschutzabteilung aufgestellt und gleichzeitig mit der Requirierung von Kohlenbeständen aus den in den Küstenorten stillgelegten deutschen Handelsschiffen für den Kreuzer begonnen. So konnte dieser am 19. September abends erneut zu einer Einsatzfahrt auslaufen. Diese Operation war allerdings nur von kurzer Dauer. Sie führte zum Hafen von Sansibar, wo gerade der britische Kleine Kreuzer »Pegasus« zur Reinigung seiner Kessel lag. Am nächsten Morgen tauchte die »Königsberg« vor dem Hafen von Sansibar auf und versenkte in einem Überraschungsschlag die ahnungslose »Pegasus«. Gleich darauf lief die »Königsberg« mit Volldampf wieder zurück zu ihrem Schlupfwinkel in der Tiefe des Rufiyi-Deltas.

Durch die Zerstörung der »Pegasus« waren die Pläne der britischen Flotte im Indischen Ozean, insbesondere was die Versorgungs- und Truppentransporte von und nach Europa anbetraf, erheblich durcheinandergebracht worden, zumal da fast zeitgleich – am 22. September – Madras durch den deutschen Kleinen Kreuzer

»Emden« beschossen worden war. Und so setzte eine Hetzjagd auf die beiden in den Weiten des Indischen Ozeans vermuteten deutschen Kriegsschiffe ein.

Auch an den Landfronten Ostafrikas hatten die ersten größeren Kampfhandlungen stattgefunden. Im Nordwesten hatten die Engländer den Kagera-Grenzfluß überschritten und waren in den deutschen Bezirk Bukoba eingedrungen, während weiter westlich, am Kiwu-See, die Schutztruppe die belgische Station Goma eingenommen hatte.

Im Nordosten waren nach der Eroberung Tavetas die ersten deutschen Kleinkriegsaktionen angelaufen, indem Patrouillen quer durch die nahezu wasserlose nördliche Massaisteppe zur Ugandabahn vorgeschickt wurden, um dort durch Sprengungen für Unterbrechungen des Bahnverkehrs zu sorgen und damit Truppenverschiebungen und -massierungen der Briten erheblich zu erschweren und zu verzögern.

Schon sehr bald hatten sich die Briten von ihrer Überraschung über die waghalsigen deutschen Sprengunternehmungen gegen die Ugandabahn erholt: Sie verstärkten rasch ihre schwachen Kräfte im südlichen Kenia und dislozierten ihre Truppen an den Schlüsselpunkten der Bahn und der Grenze. Um die Bedrohung für ihre Kolonie zu beseitigen, beschlossen sie außerdem, einen Schlag gegen Lettows Truppenkonzentration am Kilimandjaro-Massiv auszuführen: Durch eine sich über eine Entfernung von fast 300 km erstreckende kombinierte Operation mit zwei Zangenarmen, von denen der eine von den nördlichen und nordwestlichen Vorbergen des Kilimandjaro-Massivs aus, der andere von der Küste bei Tanga aus vorstoßen sollte, wollte man die Schutztruppe am oberen Ende dieser Zangenbewegung zusammenkneifen und zerschlagen. Zu diesem Zweck wurden zwei indische Expeditionskorps aufgeboten: Das eine, viertausend Mann stark, sollte als nördlicher Zangenarm gegen die deutsche Stellung im Umkreis von Moschi vorgehen, während das andere, achttausend Mann stark, als südlicher Zangenarm bei Tanga landen und von dort aus in Richtung Moschi vorgehen sollte.

Das für die nördliche Zangenbewegung gedachte Expeditionskorps traf bereits im Laufe des September in Kenia ein, während sich das für die Landung bei Tanga vorgesehene Expeditionskorps im Oktober im Raum Bombay zur Verschiffung nach Ostafrika sammelte.

Das Landungsunternehmen bei Tanga sollte in einer Katastrophe enden, zum einen weil Generalmajor Aitken, der Befehlshaber des Expeditionskorps, nicht auf die Warnungen gehört hatte, daß die Deutschen auf dem Bahnweg rasch Verstärkungen nach Tanga werfen könnten, zum anderen weil seine indischen Soldaten schlecht ausgebildet, durch den langen Anmarschweg über See erschöpft und absolut davon überzeugt waren, »mit einer Handvoll Nigger kurzen Prozeß machen zu können«[5].

Das Landungsunternehmen begann am 3. November. 14 Transportschiffe, unterstützt von dem Kreuzer »Fox«, landeten das Expeditionskorps an drei Punkten auf der Landzunge Ras Kazone, nachdem der zuständige deutsche Bezirksamtmann

[5] R. Meinertzhagen: »Army Diary 1899–1926« (Edingburgh 1926), S. 105; aus: Iliffe: »A Modern History...«, S. 243.

Dr. Auracher nach längeren, die Landung hinauszögernden Verhandlungen die Übergabe Tangas abgelehnt hatte. Schon am Ortsrand wurden die gegen die Stadt vorrückenden indischen Soldaten mit heftigem Abwehrfeuer aus den Gewehren und MGs zweier in und um Tanga postierter schwacher deutscher Kompanien empfangen.

Inzwischen über die Ankunft der britischen Landungsflotte bei Tanga alarmiert, warf Lettow-Vorbeck in mehreren Eisenbahntransporten Verstärkungen nach Tanga. Diese gingen am 4. November zum Gegenangriff über und brachten den Gegner durch einen von Süden her vorgetragenen Flankenstoß zum Weichen und zur kopflosen Flucht auf die Transportschiffe. Am 7. November verließ das Expeditionskorps geschlagen die Bucht von Tanga.

Der Sieg der Schutztruppe war eindeutig: Sie hatte 51 Tote zu beklagen, der Gegner dagegen 800 Gefallene und Verwundete. Ungeheure Mengen an Waffen, Munition, Ausrüstung und Verpflegung wurden von den Siegern am Strand als willkommene Beute eingesammelt.

Am 3. November hatte auch der nördliche britische Zangenarm einen Angriffsversuch am Longido, einer Anhöhe nordwestlich des Kilimandjaro, unternommen, die die Deutschen zu einem Eckpfeiler ihrer Verteidigung ausgebaut hatten, wurden jedoch auch hier unter schweren Verlusten zurückgeschlagen.

Was wäre geschehen, wenn das Schlachtenglück den Deutschen bei Tanga nicht treu geblieben wäre? Mit großer Wahrscheinlichkeit wäre wohl der Krieg in Ostafrika in wenigen Monaten zu Ende gegangen! So aber, mit dem für die Schutztruppe siegreichen Ausgang der Schlacht, wurden die Weichen für den von Lettow angestrebten Guerillakrieg gestellt.

Lettows Nimbus stieg ins Ungeahnte: Fast über Nacht war der von vielen Seiten – ja sogar in den eigenen Reihen – angefeindete neue Kommandeur der Schutztruppe zu einem glänzenden Truppenführer, zum strahlenden Held geworden. Wenn auch vielleicht von Dr. Schnee noch nicht völlig erkannt: Von nun an sollte de facto nur noch einer die militärische Führung im Schutzgebiet innehaben: Oberstleutnant von Lettow-Vorbeck!

Gewaltig war der Eindruck, den der überwältigende deutsche Waffenerfolg bei Tanga nicht nur unter den Deutschen der Kolonie, von denen noch viele wankelmütig gewesen waren, sondern vor allem unter den Askari der Truppe – ihr Selbstvertrauen hatte beträchtlich zugenommen! – wie auch unter der gesamten schwarzen Bevölkerung hervorgerufen hatte. Die Gefahr von Eingeborenenunruhen schien nun geringer denn je! Gewaltig war jetzt auch der Zulauf zur Schutztruppe, die im März 1916, zu Beginn der großen Offensive der Alliierten, 12.100 Askari zählte.

Für die Briten aber hatte die Niederlage bei Tanga gegen die achtfach unterlegenen Deutschen – 8000 englischen Soldaten standen nur 1000 deutsche Soldaten gegenüber – in den kommenden 16 Monaten eine lähmende Wirkung auf ihre Kriegführung in Ostafrika. Ihre Kampfmoral war geschwächt, sie verhielten sich weitgehend defensiv. Wagten sie dennoch einmal einen Angriff, so gingen sie so vorsichtig vor, daß die Schutztruppe drohenden Umfassungen stets rechtzeitig ausweichen konnte. Den Briten war nun klar geworden, daß es erst nach langwierigen

Vorbereitungen und beträchtlicher Verstärkung ihrer Truppen möglich sein würde, die Schutztruppe in einem Entscheidungskampf in die Knie zu zwingen. Charles Miller, ein englischer Militärhistoriker, schreibt über den Kampf bei Tanga: »Tanga war eine schreckliche Lehre dafür, wie ein Kolonialkrieg nicht begonnen werden sollte[6].«

Schon in der Schlacht um Tanga waren Lettow aufgrund des hohen Munitionsverbrauchs, aber auch der eingetretenen, nicht zu ersetzenden Verluste an weißem Führungspersonal Bedenken gekommen, ob er mit seiner Truppe auf die Dauer derartige kräfte- und materialverschleißende Kämpfe werde durchstehen können, wenn er seine strategische Zielsetzung, durch hinhaltenden Widerstand möglichst viele alliierte Truppen auf dem ostafrikanischen Kriegsschauplatz zu binden, aufrechterhalten wollte.

Weiteren Auftrieb erhielten diese Bedenken zwei Monate später, am 18. Januar 1915, als die Schutztruppe den von den Engländern besetzten, nördlich von Tanga gelegenen deutschen Grenzort Jassini zurückeroberten und dabei – ebenso wie die britischen Truppen – einen erheblichen Blutzoll entrichten mußte: Über 15 % ihres gesamten Offiziersbestands verlor die Schutztruppe in diesem schweren Ringen! Auch der Munitionsverbrauch war übermäßig hoch. Ein Pyrrhus-Sieg für Lettow! Entsetzt bemerkte er hierzu: »Mit den mir zur Verfügung stehenden Einsatzmitteln könnte ich mir höchstens drei weitere derartige Aktionen leisten[7]!«

So lieferte Jassini dem Kommandeur ein überzeugendes Argument dafür, daß er die Kriegführung auf den von den Maji-Maji-Kriegern zehn Jahre vorher vorgelebten Kleinkrieg oder Guerillakrieg umstellen müsse, wenn er seine Truppe nicht durch Verwicklung in schwere und verlustreiche Gefechte gegen einen überlegenen Gegner vorzeitig materiell und moralisch zermürben wollte.

Das gesamte Jahr 1915 hindurch standen sich die gegnerischen Streitkräfte mehr oder weniger »Gewehr bei Fuß« gegenüber. Während sich die Engländer auf die gelegentliche Beschießung von Küstenorten, die Erringung der Seeherrschaft auf dem Victoria- und dem Nyassa-See sowie auf Stoßtrupptätigkeit im Bereich des Kilimandjaro beschränkten, intensivierten die Deutschen ihre Störaktionen gegen die nur drei Tagesmärsche von der Nordostgrenze der Kolonie verlaufende Ugandabahn, um so britische Truppen für den Schutz der Bahnlinie zu binden und von offensiven Unternehmungen gegen das Schutzgebiet abzuhalten.

Lettow-Vorbeck nutzte diesen relativ ruhigen Zeitraum, um die Truppe zu reorganisieren. So verstärkte er die Kampfkraft der Feldkompanien durch Erhöhung der Mannschaftsstärke auf 200 Mann. Gleichzeitig beseitigte er die bisher bestehenden Rasseschranken zwischen den weißen und schwarzen Mannschaften, indem er die schon im Frieden aufgestellten, aus weißen Siedlern bestehenden paramilitärischen Schützenkompanien mit Askari auffüllte und in reguläre Feldkompanien umwandelte. Eine revolutionierende Maßnahme, schuf er doch auf diese Weise die erste rassisch integrierte Truppe

6 Miller, S. 72.
7 Miller, S. 94.

der modernen Zeit! Diese Maßnahme konnte der Kommandeur dank des schier unerschöpflichen Reservoirs an schwarzen Freiwilligen treffen.

Überhaupt war Lettow-Vorbeck für das Wohlergehen und die Nöte seiner Askari sehr aufgeschlossen, wir würden heute sagen: »Die ›innere Führung‹ seiner Truppe lag ihm am Herzen.« Für ihn zählten einzig und allein die militärischen Tugenden des einzelnen Soldaten, Rassenunterschiede spielten für ihn überhaupt keine Rolle.

So hatte er beispielsweise nach der Schlacht bei Tanga veranlaßt, daß auf der auf dem Ngomaplatz in Tanga aufgestellten Gedenktafel mit den Namen der deutschen Gefallenen der Schlacht auch die Namen der gefallenen Askari verzeichnet wurden, ergänzt durch den Zusatz: »Auch sie starben für Kaiser und Reich.« Eine Geste, die die Hochachtung seiner schwarzen Soldaten vor der Person ihres Führers, ihres »Bwana Obas«, beträchtlich steigerte!

Der schon genannte englische Militärhistoriker Miller beschrieb die Führungseigenschaften Lettow-Vorbecks mit folgenden Worten: »Klagen über seine gelegentlich harten Disziplinarmaßnahmen wurden niemals von seinen farbigen Soldaten vorgebracht, die ihn alle anbeteten und deren Hochachtung er erwiderte. Vermutlich gab es zu der Zeit keinen weißen Befehlshaber, der den Wert des Afrikaners so zu schätzen verstand, nicht nur als Kämpfer, sondern auch als Mensch[8].«

Durch den mit der Niederlage der Engländer bei Tanga, bei Jassini und am Longidoberg eingetretenen Stillstand an den Fronten gewannen die Deutschen eine Atempause, die sie nutzten, um die Kolonie auf Kriegswirtschaft umzustellen und ein logistisches Versorgungssystem für die Schutztruppe aufzubauen.

Zum Chef des militärischen Nachschubwesens hatte Lettow einen ihm um zwei Dienstgrade älteren Offizier ernannt: Generalmajor a. D. Wahle von der sächsischen Armee, der kurz vor Kriegsbeginn in Daressalam zum Besuch der dortigen landwirtschaftlichen Ausstellung eingetroffen war und sich dem Kommandeur sofort freiwillig unterstellt hatte. Mit seiner Ernennung hatte Lettow-Vorbeck eine glückliche Hand gehabt: Wahle sollte sich als ein hervorragender Nachschubführer erweisen!

In Erwartung einer gegnerischen Großoffensive gegen Deutsch-Ostafrika wurden überall an strategisch wichtigen Rückzugswegen, mit Schwerpunkt im Bereich der erst 1914 fertiggestellten Zentralbahn, der Hauptverkehrsader der Kolonie, Versorgungs- und Munitionsdepots angelegt. Das Straßen- und Wegenetz wurde wesentlich erweitert. Um das wichtigste Transportmittel im Schutzgebiet, die Menschenkraft in Gestalt schwarzer Träger, auf der bedeutenden Querverbindung zwischen Zentralbahn (Mittellandbahn) und Usambarabahn (Nordbahn) zu entlasten und die Transportzeiten zu verkürzen, wurde von der Usambarabahn aus in Richtung Süd unter Verwendung von auf den Pflanzungen requiriertem Feldbahnmaterial damit begonnen, eine 60-cm-Schmalspur-Stichbahn zur Zentralbahn hin zu bauen. Diese provisorische Bahnstrecke war zu Beginn der alliierten Großoffensive im März 1916 bis Handeni vorgetrieben worden.

8 Miller, S. 33.

Das Nachrichtenübermittlungswesen wurde ausgebaut, indem das Schutzgebiet überall mit improvisierten Telegrafenleitungen verbunden wurde, wobei mangels Originalmaterials Draht von Pflanzungszäunen und Stahltrosse von Dampfpflügen sowie als Isolatoren abgeschlagene Flaschenhälse Verwendung fanden. Auf diese Weise wurden 12.000 km Telegrafenleitungen gebaut.

Da die Kolonialverwaltung trotz Einberufung zahlreicher Beamter zur Truppe dank Dr. Schnees Bemühungen weiterhin reibungslos funktionierte, brauchte in der Kolonie niemand zu hungern, obwohl das Land mit Ausbruch des Krieges von jeder Zufuhr aus der Heimat abgeschnitten und der Betrieb auf den europäischen Pflanzungen infolge Einberufung der Pflanzer stark eingeschränkt worden war. Die Kolonialbehörden mußten sich daher in der Lebensmittelversorgung von Truppe und Bevölkerung fast völlig auf die sonst hauptsächlich nur auf die Deckung des Eigenbedarfs ausgerichtete afrikanische Landwirtschaft abstützen. Mit der schon zu Kriegsbeginn einsetzenden Mehlverknappung wurde daher die afrikanische Landbevölkerung aufgefordert, vermehrt Getreide, besonders Weizen, Mais und Hirse sowie Zuckerrohr anzubauen. So deckten schließlich die einheimischen Bauern fast vier Fünftel des Lebensmittelbedarfs der Kolonie[9].

Während sich die englischen Landtruppen 1915 weitgehend passiv verhielten, scheute die englische Flotte keine Anstrengungen, um endlich den deutschen Störenfried zur See, den Kreuzer »Königsberg«, zur Strecke zu bringen, dessen Zufluchtsort im Rufiyi-Delta sie schon bald ausfindig gemacht hatte. Am 20. Januar setzten sich die Briten in den Besitz der der Rufiyi-Mündung vorgelagerten deutschen Insel Mafia. Diese bot ihnen eine hervorragende Basis für die von ihrer Flotte am 1. März zur völligen Abriegelung der deutschen Kolonie verhängten totalen Blockade der Küste.

Doch trotz dieser Blockade gelang es zwei von der Heimat aus entsandten deutschen Sperrbrechern, den Blockaderiegel zu durchbrechen und der Kolonie Versorgungsgüter und Kriegsmaterial zuzuführen: Im April 1915 schlüpfte der »Sperrbrecher A«, das Hilfsschiff »Rubens«, durch den Blockadering und brachte eine Ladung Gewehre und Munition in das Schutzgebiet. Zwar war die »Rubens« im letzten Augenblick von einem britischen Kreuzer entdeckt, beschossen und schließlich in der Manza-Bucht nördlich von Tanga brennend auf Grund gesetzt worden, doch glückte den Deutschen die Bergung des größten Teils der Ladung. Ein zweiter Blockadedurchbruch gelang am 16. März 1916 dem deutschen »Sperrbrecher 15«, dem Hilfsschiff »Marie«. Dieses erreichte, vom Gegner unbemerkt, die Ssudi-Bucht südlich von Lindi und brachte der Schutztruppe 2000 Gewehre, vier MGs, sechs Geschütze, eine große Menge Munition und viele Versorgungsgüter[10].

9 Steltzer, S. 321.

10 Ein weiterer Versuch, die Schutztruppe von der Heimat aus zu versorgen, wurde wesentlich später, im November 1917, als die Truppe schon auf das Makonde-Plateau in der äußersten Südostecke der Kolonie abgedrängt und von der Küste völlig abgeschnitten war, mit einem ungewöhnlichen Transportmittel, einem Zeppelin, unternommen: Der Zeppelin L 59 hatte bereits mehr als die Hälfte seines Weges zurückgelegt, da wurde er am 25. November zurückgerufen, weil die Schutztruppe inzwischen auch ihr letztes Reduit, das Makonde-Plateau, geräumt hatte und nach Mozambique ausgewichen war und das Versorgungsunternehmen daher für aussichtslos gehalten wurde. (Anm. Verf.)

Derweil hatte das Schicksal die »Königsberg« ereilt: Zunächst hatte die englische Blockadeflotte vor dem Delta durch Versenken eines Kohlendampfers in der Hauptfahrrinne erreicht, daß ein Entkommen des deutschen Kreuzers – Looff hatte sein Schiff inzwischen noch tiefer in die gewundenen Seitenarme des Deltas hinein verholt – aus seinem Schlupfwinkel nicht mehr möglich war.

Da die britischen Kreuzer der »Königsberg« hierhin nicht zu folgen vermochten und deren genauer Standort in dem dichten Mangroven- und Urwalddschungel von den Mastspitzen der britischen Schiffe nicht ausfindig zu machen war, setzten die Briten schließlich Flugzeuge zur Luftbeobachtung und zwei sehr flachgehende, aber schwer armierte Monitore ein. Mit Hilfe der Artilleriebeobachtung durch die Flugzeuge gelang es dann den Monitoren, trotz heftiger Gegenwehr seitens der deutschen Küstenschutzabteilung, nahe genug an den Kreuzer heranzukommen und diesen zusammenzuschießen. Das Wrack wurde daraufhin von der eigenen Besatzung gesprengt und auf Grund gesetzt. Die überlebenden Besatzungsmitglieder konnten sich dann mitsamt dem schwerverwundeten Kommandanten an Land retten.

Die britischen Monitore verließen bald darauf das Delta, nachdem ihre Kommandanten die völlige Fahruntüchtigkeit der »Königsberg« festgestellt hatten. Dabei hatten sie nichtsahnend ein großes Versäumnis begangen: Sie hatten nämlich vergessen, auch die Armierung der »Königsberg«, d. h. die bis auf eines noch völlig intakten 10,5-cm-Geschütze, zu zerstören! Diese Geschütze – es waren zehn – wurden bald danach von deutschen Bergungskommandos an Land geschafft, von jeweils vierhundert Schwarzen quer durch den Busch nach Daressalam gezogen und dort in der Eisenbahnwerkstatt durch Anfertigung primitiver Lafetten fahrbar gemacht. Diese Geschütze bildeten nunmehr Lettows einzige »schwere« Artillerie. Die Besatzung der »Königsberg« wurde der Truppe angegliedert.

Im Dezember 1915 wurde auf einer Kabinettssitzung in London »die Eroberung Deutsch-Ostafrikas in kürzestmöglicher Frist«[11] beschlossen. Der Zeitpunkt war günstig: Am 9. Juli 1915 hatte die deutsche Schutztruppe in Deutsch-Südwestafrika bei Khorab, eingekreist von einer zehnfachen Übermacht südafrikanischer Truppen, die Waffen gestreckt, und so standen den Alliierten in Ostafrika nun genügend Kräfte zur Verfügung, um zum entscheidenden Schlag gegen Lettows Schutztruppe auszuholen.

Zum Oberbefehlshaber der britischen Streitkräfte in Ostafrika wurde ein Südafrikaner, General Jan Christiaan Smuts, ernannt. Bis Anfang März 1916 hatte er eine beachtliche Streitmacht an den Grenzen zu Deutsch-Ostafrika versammelt: 27.575 britische und südafrikanische Soldaten, 14.300 indische Soldaten und 6875 Askari der KAR. Außerdem standen noch 580 Europäer und 14.000 farbige Soldaten der belgischen Force Publique und – nominell, da von geringer Kampfkraft – 10.000 weiße und schwarze portugiesische Soldaten in Mozambique für die geplante Offensive bereit. Diesem gewaltigen Aufgebot konnte Lettow-Vorbeck im März 1916 lediglich etwa 15.000 weiße und farbige Soldaten gegenüberstellen.

[11] Hordern: »Military Operations«, S. 212.

Smuts' Konzept sah vor, die Schutztruppe in ihrer Hauptstellung, d. h. am »Einfallstor zu Deutsch-Ostafrika«, am Kilimandjaro-Massiv, von zwei Seiten anzugreifen: Auf dem rechten Flügel sollte Smuts' Gros Lettows Stellungen am Kilimandjaro durch den Taveta-Korridor hindurch in Richtung West frontal angehen, während auf dem linken Flügel eine schwächere, jedoch schnellere – da berittene – Kräftegruppe am Longidoberg vorbei nach Süden in den Rücken der Schutztruppe vorpreschen und sie umfassen sollte. Auf diese Weise sollte den Deutschen der Rückweg über die Usambarabahn nach Südosten abgeschnitten und diese dann gegen das Bergmassiv bei Moschi gedrückt und eingekesselt werden. Smuts war hierbei zuversichtlich, daß Lettow-Vorbeck in dieser Lage dann »vernünftig genug sein und die weiße Flagge hissen würde[12].

Doch Smuts machte die Rechnung ohne den Kommandeur der Schutztruppe. Dieser wollte sich auf keinen Fall »in eine Ecke drängen lassen, in der Kapitulation der einzige logische Ausweg wäre«[13]. Lettow-Vorbeck hielt an seiner Maxime fest, durch anhaltenden Widerstand möglichst viele gegnerische Streitkräfte auf sich zu lenken und diese so vom europäischen Kriegsschauplatz fernzuhalten. Er wollte es daher unter allen Umständen vermeiden, seine Truppe in einen kräftezehrenden Entscheidungskampf zwingen zu lassen, ohne die Möglichkeit eines Rückzuges offen zu haben, wenn die Gefahr der Erdrückung durch die gegnerische Übermacht bestände. Für ihn war es dabei nicht entscheidend, sich unbedingt auf jedem Fußbreit Boden in Deutsch-Ostafrika festzukrallen. Bewegliche Kampfführung war seine Devise!

Am 11. März 1916 begann die Großoffensive der Alliierten am Kilimandjaro-Massiv. Die Deutschen leisteten in ihren klug angelegten und vorzüglich ausgebauten Stellungen im Taveta-Korridor energischen Widerstand, konnten jedoch den Durchbruch der weit überlegenen gegnerischen Kräfte nicht verhindern. Auch der berittenen britischen Kräftegruppe auf dem linken Flügel, am Longidoberg, gelang der Durchbruch.

Moschi war bereits bedroht, da entschloß sich Lettow – um nicht umzingelt zu werden – zum Rückzug zur Usambarabahn. Er wich jedoch nicht in Richtung Tanga aus, da auch dort die Gefahr der Einkreisung für seine Truppe bestand, sondern setzte sich mit dem Gros seiner Kräfte von der Usambarabahn ab und zog sich quer durch den Busch in Richtung Zentralbahn zurück. Hierbei gab er Befehl zur weitestmöglichen Zerstörung von Straßen und Brücken.

Auf dem Rückzugsweg lieferte die Schutztruppe dem nachdrängenden Feind mehrere heftige Gefechte, so bei Buiko, Korogwe und Handeni, ließ den Gegner immer wieder in geschickt angelegte, mit Landminen, verdeckten Ladungen und Fallgruben versehene Hinterhalte hineinlaufen, um ihm dann durch Feuerüberfälle, vor allem unter Einsatz von MGs und Scharfschützen, empfindliche Verluste zuzufügen. Hatte der Gegner sich dann von seiner Überraschung erholt, so waren die Deutschen – gleich den Kriegern im Maji-Maji-Aufstand – schon im unergründlichen Busch untergetaucht. Wasserstellen wurden besonders lange von der abrückenden Schutztruppe gehalten, um den Feind möglichst lange an der Wasserversorgung zu hindern.

[12] Miller, S. 148. [13] Ebenda, S. 148.

Somit war Smuts' optimistisches Konzept, die Schutztruppe auszumanövrieren und durch Einkreisung in eine ausweglose Lage zu bringen und damit zur Waffenstreckung zu zwingen, um so den Krieg in Ostafrika rasch zu beenden, von Lettow verdorben worden. Die Abzugsbewegung der Deutschen aber vollzog sich in so geregelter Ordnung, daß Meinertzhagen, Smuts' Abwehroffizier, von Lettow-Vorbeck als einem »Rückzugskünstler« sprach.

Smuts nahm nun an, daß Lettow seine Streitmacht mit den den Westen und Nordwesten des Schutzgebiets verteidigenden Truppen unter General Wahle – dieser war inzwischen von Lettow mit diesem Kommando betraut worden – im Raum Tabora, dem Rekrutierungszentrum für die Schutztruppe, vereinigen würde, um sich hier zum Entscheidungskampf zu stellen. Er zweigte daher einen Teil seiner Truppen, lauter berittene Einheiten, für ein weit ausholendes Umfassungsmanöver über Kondoa-Irangi in Richtung auf den an der Zentralbahn gelegenen Ort Dodoma ab, um dies zu verhindern. Mit der Masse seiner Kräfte rückte Smuts dagegen, in einem großen Bogen an den Pare- und den Usambara-Bergen entlang marschierend, in Richtung Nguru-Berge – Morogoro vor.

Doch schon bald stellten sich für die Briten auf ihrem Vormarsch arge Schwierigkeiten ein: Dieser ging nämlich wesentlich langsamer vonstatten, als sich Smuts vorgestellt hatte. Das lag nicht nur an dem hinhaltenden Widerstand der sich absetzenden Schutztruppe, sondern auch an den immer länger werdenden Nachschubwegen – der gesamte Nachschub lief über Mombasa! –, und vor allem an dem schwierigen Terrain und den Unbilden des ungewohnten Klimas. Während die Deutschen auf ihren Rückzugswegen den Vorteil der für sie immer kürzer werdenden Nachschubwege und der besseren Terrainkenntnisse ausnutzen konnten, in dem unwegsamen Gelände mit ihren ausschließlich auf Trägertransport abgestützten Nachschubkolonnen mobiler als der Gegner und, da akklimatisiert, gegen Gesundheitsprobleme abgehärteter waren, sahen sich die Briten schon bald mit Problemen verschiedenster Art konfrontiert: Ihr Versorgungssystem, das sich fast ausschließlich auf Kraftfahrzeuge (»der Feind hatte mehr Automobile als wir Gewehre«[14]) und Zug- und Tragtiere abstützte, drohte angesichts der durch die Gelände- und Klimaschwierigkeiten bedingten hohen Verschleiß- und Ausfallrate der Fahrzeuge und Tiere zusammenzubrechen. Tausende von Pferden und Maultieren krepierten als Folge der grassierenden Tsetse-Seuche. Die Truppe, vor allem die weiße, war durch Hunger und Durst, die ungewohnte Ernährung – wegen Ausbleibens des Nachschubs mußte sie sich aus der Not heraus häufig aus dem Lande, d. h. von Eingeborenenkost, ernähren – stark geschwächt sowie durch Krankheiten arg dezimiert, so daß sie bereits einige Wochen nach Beginn der Offensive erheblich an Kampfkraft eingebüßt hatte.

Am 18. April erreichte die gegnerische schnelle Westkolonne nach zermürbenden Ritten Kondoa-Irangi und hatte sich damit ihrem Operationsziel Dodoma bis auf etwa 160 km genähert. Lettow-Vorbeck erkannte die Gefahr, die der Zentralbahn, dem Lebensnerv seiner gesamten im Norden und Westen kämpfenden Truppenteile,

[14] Aussage des Korvettenkapitäns Schoenfeld, aus: Lochner, S. 173.

drohte und wandte sich daher mit der Masse seiner Streitmacht nach Kondoa-Irangi, um den Vormarsch dieser Kolonne zu stoppen.

Trotz der inzwischen eingesetzten Regenzeit bahnt sich die Truppe in mühsamen Fußmärschen ihren Weg dorthin, oft bis zu den Hüften durch überschwemmte Gebiete watend, dahinter der gewaltige Trägertroß mit den Askarifrauen und ihren Kindern.

Südlich von Kondoa wird der Gegner schließlich gestellt. Auch er ist abgekämpft und erschöpft. Es folgt ein wochenlanger Grabenkrieg. Seinen Hauptzweck aber hat Lettow erreicht: Dem weiteren Vordringen des Feindes in Richtung Zentralbahn ist ein Riegel vorgeschoben worden! Doch dieser hielt nur zwei Monate, dann wurde er durch den übermächtigen Druck des Gegners gesprengt. Die Schutztruppe zog sich in Richtung Morogoro zurück. Die Engländer konnten nun ihren Vormarsch in Richtung Dodoma wieder aufnehmen, das sie am 29. Juli erreichten.

Während der Kommandeur mit dem Gros der Schutztruppe im Bereich Kondoa-Irangi gebunden war, hatten die im Nordosten zurückgebliebenen schwachen deutschen Kräfte unter Major Kraut einen schweren Stand: Der Feind, der immer neue Truppen heranführte, überschritt den Pangani-Fluß und leitete ein weit ausholendes Umfassungsmanöver gegen Krauts Verbände ein. Diese zogen sich daraufhin von der Usambarabahn zurück und hinterließen dabei eine »Verbrannte Erde«: Der Bahnkörper wurde gründlich zerstört, alle Magazine und Bahnanlagen gesprengt. Immer weiter bog sich der Ostflügel der Schutztruppe fechtend nach Süden zurück, vom Gegner auf den Fersen gefolgt.

Doch nach Erreichen der Nguru-Berge mußten die Briten eine Zwangspause einlegen, denn ihre Truppen waren total ausgezehrt. Besonders hart in Mitleidenschaft gezogen waren ihre von Krankheiten heimgesuchten weißen Verbände, »von denen nur wenige je wieder für Einsätze an der Westfront (des europäischen Kriegsschauplatzes – Anm. Verf.) oder anderswo verwendet werden könnten«[15]. Diese demoralisierten weißen Truppen, insbesondere Südafrikaner, mußten nun notgedrungen gegen andere Truppen aus dem Empire ersetzt werden. Größtenteils waren dies schwarze Soldaten aus der Karibik und Westafrika[16], die nun zum Einsatz in Ostafrika kamen: Die alliierten Truppen wurden »schwärzer«!

Inzwischen hatte fast an allen Enden der Kolonie das große Kesseltreiben gegen die Schutztruppe eingesetzt: Am Victoria-See im Norden, zwischen dem Kiwu-See und dem Tanganyika-See – auf diesem See hatte die deutsche Marine bis Anfang 1916 die Seeherrschaft aufrechterhalten können – und zwischen dem Tanganyika-See und dem Nyassa-See, überall überschritten nun allierte Truppen die Grenzen des Schutzgebiets und drangen in dieses ein. Sie alle hatten ein gemeinsames Ziel: Tabora, das große Handels- und Verwaltungszentrum im Herzen Deutsch-Ostafrikas!

Auch der nördliche Küstenabschnitt – lange Zeit von den Engländern nach ihrer vernichtenden Niederlage bei Tanga gemieden – ging jetzt – nahezu kampflos – in Feindeshand über: Am 23. Juni wurde Pangani, am 17. Juli Tanga von den Engländern besetzt, am 4. September schließlich auch Daressalam. Von diesen

[15] Miller, S. 234.

[16] Hier waren alliierte Verbände durch den Übertritt der Kameruner Schutztruppe nach dem spanischen Rio Muni im Februar 1916 und deren dortiger Internierung freigesetzt worden. (Anm. Verf.)

Küstenorten aus drang der Gegner nun in Flankenbewegungen nach Westen vor und bedrohte die Schutztruppe im Rücken und damit ihre Rückzugswege nach Süden.

Auch auf den Rückzügen bewahrten die deutschen Askari ihre hohe Kampfmoral. »Sie kämpften«, wie General Smuts anerkennend feststellen mußte, »mit großem Geschick und großer Tapferkeit; sie sind so, wie unsere Zulus oder Basutos sein würden, wenn sie richtig ausgebildet wären«[17]. Als Lettows von Kondoa-Irangi zurückkehrenden Feldkompanien in Morogoro einrückten und sich hier mit den ebenfalls dorthin ausgewichenen Einheiten des Ostflügels unter Major Kraut die Hand reichten, »verloren die Europäer«, wie Lettow-Vorbeck bemerkte, »als sie die ausgezeichnete Haltung der Askaris sahen, die letzten Spuren ihrer Depressionen; jeder Mann und jede Frau hatten begriffen..., daß unsere Truppe wegen ihrer Qualität und Beschaffenheit im Stande war, noch eine lange Zeit durchzuhalten[18].

Auch die zigtausenden von Trägern, auf deren Köpfen sich der Transport der riesigen Mengen von Waffen und Munition, Ausrüstung und Verpflegung über gewaltige Entfernungen quer durch Busch, Urwald und Berge vollzog, verhielten sich selbst auf den Rückmärschen überwiegend loyal gegenüber ihren deutschen Dienstherren.

Smuts rechnete nun damit, daß sich Lettow-Vorbeck zum letzten entscheidenden Kampf bei Morogoro rüsten würde, und rückte daher von drei Seiten gegen den Ort vor, um die Schutztruppe dort zu stellen. Doch Lettow war auf der Hut: Getreu seiner Devise, nirgends kampflos zurückzugehen, jedoch dem überlegenen Feind auszuweichen, zieht er sich aus der gegnerischen Schlinge bei Morogoro heraus, gibt den Ort am 26. August auf, nachdem die dort gestapelten großen Mengen an Kriegsmaterial in Sicherheit gebracht worden sind, und erficht sich den Rückzug in Richtung auf Kissaki, einen am Südhang der Uluguru-Berge gelegenen wichtigen Nachschubstützpunkt der Schutztruppe.

Der Feind drängt rasch nach, indem er mit zwei Zangenarmen, am West- bzw. Osthang der Ulugurus vorstoßend, dem Südende dieses Gebirgszuges zustrebt, um die Schutztruppe hier zu packen und einzukreisen. Doch in dem Gebirgslabyrinth sieht er sich in seinem Marschtempo stark gehemmt und teilt daher notgedrungen seine beiden Kolonnen in vier Kolonnen auf, um rascher vorwärtszukommen.

Lettow-Vorbeck erkannte schon bald die Aufsplitterung der gegnerischen Kräfte und nutzte sofort seine Chance: Er griff eine der vier Kolonnen westlich Kissaki am Mgeta-Fluß mit einem Teil seiner Streitmacht an und warf diese. Mit seinem Gros marschierte der Kommandeur weiter und erreichte noch rechtzeitig vor den drei anderen gegnerischen Kolonnen Kissaki, wo er sogleich den Abtransport des dort gelagerten wertvollen Kriegsmaterials zum Rufiyi hin veranlaßte.

Hier, bei Kissaki, erwartet die Schutztruppe nun die drei verbliebenen britischen Kolonnen. Am 7. September erscheint die erste vor dem Ort. Sie wird sofort umfassend angegriffen und zurückgeschlagen. Ohne das Erscheinen der anderen beiden Kolonnen abzuwarten, setzt sich die Schutztruppe dann weiter nach Süden über den Mgeta-Fluß hinweg ab und bezieht Ende September eine gut ausgebaute Riegel-

17 Miller, S. 150.
18 Miller, S. 183.

stellung auf dem Südufer dieses Flusses. Diese Stellung wurde monatelang gehalten. Währenddessen zog Lettow seine Verbände schrittweise in eine neue Verteidigungslinie im Bereich des unteren Rufiyi zurück.

Am 30. September 1916 erhält der Kommandeur – inzwischen zum Oberst befördert – ein Angebot Smuts' zur ehrenvollen Kapitulation. Er lehnt ab, entschlossener denn ja, den Kampf fortzusetzen. Er sieht das Kapitulationsangebot als ein Zeichen der Schwäche des Gegners und glaubt, daß Smuts mit seinen Machtmitteln am Ende sei, hätte er doch sonst dieses Angebot nicht gemacht. Lettow wußte: Würde er jetzt die Waffen strecken, so hätte Smuts sein Ziel erreicht, endlich seine Truppen freisetzen zu können für den Entscheidungskampf auf dem europäischen Kriegsschauplatz.

Wie Lettow richtig vermutet hatte, war Smuts tatsächlich vorerst mit seinen Mitteln am Ende: Die große Regenzeit hatte eingesetzt und zwang den General zu einer längeren Kampfpause. Riesige Versorgungsprobleme türmten sich nun auf der gegnerischen Seite auf. Zwar konnten nun statt Mombasa die näher an der Front gelegenen deutschostafrikanischen Häfen – im September waren auch die Hafenstädte Kilwa und Lindi von den Engländern erobert worden – als Nachschubbasen genutzt werden, doch war der wichtigste Versorgungsstrang, die von den Deutschen auf ihrem Rückzug gründich zerstörte Zentralbahn, noch nicht wieder instandgesetzt worden. Zugtiere konnten – schon wegen ihrer hohen Krankheits- und Sterblichkeitsquote – in dem zum Rufiyi hin immer schwieriger und unzugänglicher werdenden Terrain kaum noch verwendet werden. Das gleiche galt für Kraftfahrzeuge. Sie blieben mit ihren Versorgungsgütern auf den durch die ständigen sintflutartigen Regenfälle überschwemmten, verschlammten und morastigen Straßen – soweit von Straßen hier überhaupt gesprochen werden konnte – stecken. Auch die Briten mußten daher nun auf Trägertransport umstellen! Unter Smuts' weißen Truppen breiteten sich immer stärker Krankheiten, vornehmlich Malaria, Dysenterie und Schwarzwasserfieber, aus. Mehr als 15.000 kranke weiße Soldaten, vor allem Südafrikaner, mußten heimgeschickt werden! Auch indische Soldaten mußten aus den gleichen Gründen in großer Zahl nach Hause geschickt werden.

Nun stellten sich aber auch bei den Deutschen Versorgungsengpässe ein: Mit dem Absetzen zum Rufiyi hin hatte die Truppe die fruchtbarsten Regionen der Kolonie verlassen und – mit der Aufgabe der Usambarabahn und nun auch noch der Zentralbahn – die wichtigsten Nachschub- und Truppenverschiebungsmittel verloren. Die Beschaffung der Verpflegung aus dem Lande, so wie sie bisher mühelos praktiziert worden war, erwies sich jetzt – mit den Rückzugsbewegungen in den Süden der Kolonie – als wesentlich problematischer, da die Gegenden zwischen dem Mgeta-Fluß und dem Unterlauf des Rufiyi der Truppe so gut wie nichts boten.

Im Westen des Schutzgebiets ging das Kesseltreiben gegen Wahles Truppen weiter. Sie marschierten, getrennt in drei Kolonnen und bedrängt von der mehrfachen feindlichen Übermacht, in Richtung auf Lettows weit im Osten stehende Hauptmacht zurück, um dieser die Hand zu reichen.

Das Gros der Westtruppe unter Führung von General Wahle selbst hatte sich nach der Aufgabe der Zwischenseengebiete zunächst nördlich von Tabora, der größten

Stadt Deutsch-Ostafrikas, konzentriert. Diesen Ort mußte Wahle nach tagelangen schweren Kämpfen bei den Itagabergen am 19. September der dreifach überlegenen belgischen Force Publique überlassen. Wahles Truppe wich in Südostrichtung aus, boxte sich durch die von Nord-Rhodesien aus vorrückenden britischen Kräfte unter General Northey hindurch, marschierte dann um Iringa herum, das inzwischen von Northey besetzt worden war, und vereinigte sich am 22. November mit der von Major Kraut geführten zweiten Kolonne der Westtruppe, die vom Nordosten der Kolonie nach Südwesten marschiert war, um sich den vordringenden Truppen des Generals Northey entgegenzuwerfen. Nach wochenlangen Märschen, durch Pori und Gebirgszüge sich den Weg bahnend, fand Wahles Truppe schließlich Ende 1916 bei Mahenge Anschluß an Lettows Hauptmacht. Hier baute sie eine Riegelstellung gegen die von Nordwesten und Westen vorrückenden feindlichen Kräftegruppen auf.

Eine wahre Odyssee durchlebte die zunächst von Hauptmann Wintgens, nach dessen Verwundung von Oberleutnant Naumann geführte dritte Kolonne der Westtruppe. Eine Zeitlang vereint mit Wahles Hauptkolonne marschierend, hatte sie sich von dieser wegen erheblicher Verpflegungsprobleme wieder getrennt, »um sich auf eigene Faust den Unterhalt zu suchen«[19]. Sie drang, immer wieder in Gefechte mit dem Feind verwickelt, quer durch die Kolonie über die Zentralbahn hinweg nach Norden zum Victoria-See vor, in dessen Nähe, bei Ikoma, sie ein britisches Lager stürmte. Von dort aus marschierte die Kolonne dann weiter kreuz und quer durch den Nordosten der Kolonie. Eine ihrer Patrouillen gelangte sogar bis zur Bahnstation Kahe an der Usambarabahn, wo sie »vor der Nase des Feindes zwei Eisenbahnzüge vernichtete«[20].

Erst nach zehn Monaten glückte es schließlich dem Gegner, dieser flüchtigen deutschen Abteilung habhaft zu werden: Gänzlich erschöpft, fast bar aller Nahrungsmittel und Munition, wurde sie bei Kondoa-Irangi von den Engländern eingekreist und zur Kapitulation gezwungen. Mehr als 3000 Kilometer hatte diese Kolonne der Westtruppe im Rücken des Feindes zurückgelegt!

Im Laufe des Oktober/November 1916 – mitten in der Regenzeit – hatte Lettow-Vorbeck seine Truppen von der Mgeta-Stellung allmählich abgezogen und am Unter- und Mittellauf des Rufiyi eine neue Abwehrfront aufgebaut. In dieser Gegend waren die Versorgungsbedingungen wieder günstiger, da das Land hier Mais in Hülle und Fülle bot. Für das verpflegungsmäßige Überleben der Schutztruppe in den nächsten Monaten bekam diese Region vorrangige Bedeutung. Auf Lettows Befehl wurde eine hier gelegene Sisalplantage buchstäblich in eine Mehlfabrik umgewandelt, und »Tag und nacht ratterten ihre alten Dampfmaschinen, um Getreide für die Truppe zu mahlen[21]. Der Kommandeur tat vorsorglich noch ein Übriges: Um die Versorgungslage für später, auf dem weiteren Rückzugsweg nach Süden, zu sichern, ließ Lettow bei Liwale riesige Maisfelder anlegen.

[19] Schoen: »Auf Vorposten ...«, S. 173.
[20] Schoen: Ebenda, S. 174.
[21] Miller, S. 236.

Derweil hatte Smuts einen neuen Offensivplan in Gang gesetzt, um die Schutztruppe endlich in die Knie zu zwingen. Sein Angriffsziel war diesmal allerdings nicht die Schutztruppe direkt: Er plante einen Vorstoß nach Liwale, um die Deutschen von ihrer künftigen Versorgungsbasis abzuschneiden. Dies sollte mit einem von Kilwa aus vorrückenden Truppenverband erfolgen. Lettow selbst sollte während dieser Zeit mit der Schutztruppe am Rufiyi festgehalten werden, um so am Eingreifen im Süden gehindert zu werden. Zu diesem Zweck sollte der südlich des Unterlaufs des Rufiyi im Matumbiland gelegene Ort Kibata, wo sich – uns von den Ereignissen im Maji-Maji-Aufstand her erinnerlich – eine mächtige deutsche Boma erhob, von einer ebenfalls von Kilwa aus aufbrechenden starken Kolonne eingenommen werden.

Der Vorstoß nach Kibata und die Eroberung der dortigen Boma gelang den Briten zwar im Oktober 1916, wenn auch unter großen Strapazen auf dem Anmarsch dorthin, doch hatte die Schutztruppe durch die sofort danach einsetzende lebhafte britische Patrouillen-Tätigkeit von Kibata aus schon bald von der Anwesenheit der Engländer »Wind bekommen«. Sie konterte mit einem Gegenschlag! Nun setzte ein erbittertes Ringen um die auf einem beherrschenden Hügel gelegene Boma von Kibata ein. Hierbei warfen die Deutschen auch Artillerie, eine Feldhaubitze und ein »Königsberg«-Geschütz, die in wochenlangem, schweißtriefendem Mannschaftszug unter Einsatz von Hunderten von Trägern herangeschafft worden waren, mit ins Treffen. Der Kampf wogte hin und her und ging im Dezember schließlich in einen regelrechten Stellungskrieg über.

Immer mehr Kräfte mußte der Gegner von Kilwa und Lindi aus in die Schlacht um Kibata werfen mit der Folge, daß er von dem geplanten Vorstoß in Richtung Liwale Abstand nehmen mußte. Damit war Smuts' Plan ins Gegenteil gekehrt worden: Statt die deutschen Truppen am Rufiyi festzunageln, um im Süden ungestört gegen die deutsche Verpflegungsbasis Liwale vorzugehen, waren jetzt die britischen Truppen um Kibata im Kampf gegen starke deutsche Kräfte festgenagelt und fehlten so an entscheidender Stelle weiter unten. Hier, bei Kibata, wollte Lettow-Vorbeck jetzt möglichst lange ausharren und auf das Heranreifen der neuen Ernte, vor allem der Maisernte bei Liwale, im Rücken der Front warten!

Während noch die Kämpfe um Kibata wogten, trat den Deutschen auf dem ostafrikanischen Kriegsschauplatz ein neuer Feind entgegen: Portugal, dem inzwischen vom Deutschen Reich der Krieg erklärt worden war. In Absprache mit dem britischen Oberkommando sollten nun portugiesische Truppen vom Grenzfluß Rovuma aus in Deutsch-Ostafrika einfallen und so die Einkreisung der Schutztruppe von Süden her vollenden.

Mehrere Tausend Mann stark, setzten die Portugiesen an der Mündung des Grenzflusses über. Sofort stellte sich ihnen die dort postierte schwache deutsche Grenzsicherungsabteilung – weniger als 100 Mann – entgegen und lieferte ihnen einen monatelangen Abwehrkampf. Doch schließlich gelang es der portugiesischen Übermacht, in drei Kolonnen von je 1500 Mann weiter nach Norden vorzustoßen und sich auf dem Makonde-Plateau in der zu einer kleinen Boma ausgebauten Bezirksnebenstelle Newala festzusetzen. Die Boma bauten die Portugiesen sofort stützpunktartig aus.

Daraufhin erhält Kapitän zur See Looff – inzwischen zu diesem Dienstgrad befördert – den Befehl, mit der ihm unterstellten Truppe von etwa 600 Mann, zwei Geschützen und acht MGs die in das Schutzgebiet eingedrungenen portugiesischen Truppen »vernichtend zu schlagen und aus dem Schutzgebiet hinauszuwerfen«[22]. Newala wird von Looffs Abteilung belagert und durch Einnahme seiner Wasserstelle am 22. November 1917 von der Wasserversorgung abgeschnitten. Dem Verdursten nahe und durch ständiges deutsches Artilleriefeuer mürbe gemacht, geben die Portugiesen die Boma Newala am 28. November schließlich auf, nachdem auch noch der Entsatzvorstoß einer portugiesischen Abteilung von Looffs Leuten vereitelt worden ist. In wilder Flucht entweichen die Portugiesen über den Rovuma hinweg nach Mozambique.

Mittlerweile hatten die Engländer im Bereich Lindi, wo sie zunächst lediglich einen kleinen Brückenkopf eingerichtet hatten, mit der Massierung starker Kräfte begonnen, um von hier aus in das Lukuledi-Tal vorzustoßen. Dieser neuerlichen Bedrohung konnte Lettow vorerst nur eine kleine Abteilung von 50 Mann entgegenwerfen.

Nach Besiegung der Portugiesen wird daher die Abteilung Looff an die Lindi-Front beordert, um hier den Kräfteaufbau der Engländer – unter Einsatz ihrer »Artillerie«, d. h. eines »Königsberg«-Geschützes – zumindest zu verzögern. Diese Abwehrfront wird bald danach noch weiter verstärkt durch Heranführung der Abteilung Wahle, die inzwischen, wie weiter vorn schon berichtet, bei Mahenge Anschluß an die Hauptmacht der Schutztruppe gefunden hat.

Kapitän Looff mußte allerdings ein Detachement seiner Abteilung auf dem Makonde-Hochland zurücklassen. Dieses hatte den Befehl erhalten, eine Strafexpedition gegen die Wamakonde (dieser Stamm hatte sich teilweise am Maji-Maji-Aufstand gegen die Deutschen beteiligt – Anm. Verf.) zu unternehmen, die die eingedrungenen Portugiesen in jeder Weise unterstützt hatten. Auch andere Volksstämme im Hinterland von Lindi, so die Wamwera, hatten – noch Groll im Herzen aus der Zeit des Maji-Maji-Aufstands wegen deutscher Repressalien –, von britischen Abwehroffizieren aufgereizt und mit Waffen versehen[23], Kleinkriegaktionen gegen die Schutztruppe durchgeführt, indem sie deutsche Außenposten, Versorgungskolonnen und Lebensmitteldepots überfielen. So wurden beispielsweise im Bezirk Lindi fast alle auf den Pflanzungen eingerichteten Lebensmittelposten Ende 1916 auf ein vereinbartes Signal hin durch Feuerüberfälle von 50–100 Mann starken Trupps schwarzer Guerillakämpfer, vermutlich zumeist ehemaliger Maji-Maji-Krieger, überrascht und zum Teil niedergemacht.

Anfang Januar 1917 starteten die Engländer eine neue Offensive mit dem Ziel, die Schutztruppe durch Vortreiben von Stoßkeilen – im Norden über den Rufiyi hinweg nach Süden, von Kilwa und Lindi aus nach Westen und vom Nyassa-See aus nach Osten – in die Südostecke der Kolonie zu drängen, um sie hier endgültig einzukreisen und zu vernichten. Die Offensive war gerade angelaufen, da wurde Smuts vom ostafrikanischen Kriegsschauplatz nach London abberufen, um dort als Vertrauensmann der Dominien an der Commonwealth-Konferenz teilzunehmen.

22 Methner, S. 399.

23 Mehr als 2000 Gewehre wurden von britischen Agenten durch die deutschen Linien hindurchgeschmuggelt und an die schwarzen Guerillakrieger verteilt – siehe Miller, S. 280.

Sein Ziel, die Schutztruppe entscheidend zu schlagen, hatte Smuts trotz größter militärischer Anstrengungen verfehlt, dennoch wurde er bei seiner Ankunft in der britischen Hauptstadt als Kriegsheld gefeiert, war ihm doch die Eroberung des größten und wertvollsten Teils Deutsch-Ostafrikas gelungen. Der General gab seinen Zuhörern in England einen übertrieben optimistischen Bericht über die Lage auf dem ostafrikanischen Kriegsschauplatz: Was das endgültige Ende der Schutztruppe noch hinauszögere, sei einzig und allein der Umstand, daß der März und der April die Monate mit den schlimmsten Regenfällen in Ostafrika seien.

Als Generalmajor Hoskins, der Nachfolger Smuts' als britischer Oberbefehlshaber in Ostafrika, von diesen kühnen Äußerungen seines Amtsvorgängers hörte, war er verblüfft: Nur zu gut wußte er, daß die Moral der weißen wie auch der schwarzen Soldaten der Lettow-Truppe ungebrochen war, daß Generalmajor von Lettow-Vorbeck – am 29. Oktober 1916 zu diesem Dienstgrad befördert – seine Handlungsfähigkeit keineswegs eingebüßt hatte und sich jetzt die Kämpfe in das schwierigste Gelände Deutsch-Ostafrikas überhaupt verlagerten, das wegen seiner Unwegsamkeit und seiner Einöden wie geschaffen war für eine mobile defensive Kampfführung und den Buschkrieg.

Hoskins' Offensive machte nur geringe Fortschritte: Zwar wurde erreicht, daß Lettows Hauptmacht in Anbetracht der bedrohlichen Zangenoperation der Briten Kibata und die Rufiyi-Stellungen aufgegeben hatte und sich nach Süden hin absetzte, doch kamen die von Kilwa und Lindi aus angesetzten britischen Stoßkeile sehr bald ins Stocken. Sie waren in ihrem Tempo stark beeinträchtigt durch die erheblichen Terrainschwierigkeiten – die zu durchquerenden Gebiete waren noch völlig unbekannt und kaum kartographiert –, durch die Unzuverlässigkeit und Furchtsamkeit der eingeborenen Wegführer – es meldeten sich zwar genug, befand man sich doch im früheren Maji-Maji-Aufstandsgebiet, doch waren sie nicht bei der Stange zu halten, wenn die Kugeln pfiffen – und durch den enormen Wassermangel – jede Wasserstelle wurde von den Deutschen wütend verteidigt.

Schon im Mai 1917 wurde Hoskins wieder abgelöst. Sein Nachfolger wurde der südafrikanische General van Deventer. Dieser hoffte nun, wo die Regenzeit sich dem Ende zuneigte, auf eine rasche Beendigung der Kampfhandlungen in Ostafrika.

Van Deventer verstärkte die englischen Kräfte im Bereich Kilwa noch weiter und setzte dann Anfang Juli 1917 zum entscheidenden Stoß gegen die noch immer westlich dieser Hafenstadt stehenden deutschen Abteilungen an. Dem übermächtigen gegnerischen Druck nachgebend, wich die Schutztruppe hier langsam aus dem Küstenhinterland heraus zurück, stellte sich dabei jedoch immer wieder den nachdrückenden Engländern zum Kampf. Besonders schwer wogte der Kampf um die Wasserstelle Narungombe. Hier hatte sich eine Kampfgruppe unter Hauptmann Liebermann beiderseits der Straße Kilwa – Liwale eingegraben und sperrte diese in einer Frontbreite von ca. 1 km. Am 18. Juli morgens waren die von Kilwa herannahenden englischen Verbände auf die deutsche Verteidigungslinie gestoßen. Ein erbittertes Ringen setzte sein. Unablässig neue Kräfte aus seinem schier unerschöpflichen Menschenreservoir heranführend, setzte der Gegner eine Welle nach der anderen gegen die dünne deutsche Frontlinie an, doch alle brachen sich an dieser. Schließlich gaben die Engländer auf und zogen sich geschlagen zurück. Erst im September nahmen sie in diesem Abschnitt die Offensive wieder auf.

Weiter südlich, westlich von Lindi, hatten die Briten den dortigen deutschen Abwehrriegel, wo Generalleutnant Wahle – er war am 21. März 1917 zu diesem Dienstgrad befördert worden – mit seiner Abteilung stand (Wahle hatte Kapitän zur See Looff abgelöst, der schwer an Schwarzwasserfieber erkrankt war – Anm. Verf.), in böse Bedrängnis gebracht. Unter schweren Kämpfen wich die Abteilung auf den Plantagenort Mahiwa am Lukuledi-Fluß zurück. Schon drohte hier das Aufreißen der deutschen Front, da eilte Lettow-Vorbeck mit fünf Kompanien Wahle zu Hilfe.

Es kommt am 14. Oktober zur »Völkerschlacht bei Mahiwa«, so genannt wegen der hier eingesetzten Empire-Truppen der verschiedensten Rassezugehörigkeiten. Hier stellte sich die Schutztruppe zum letzten Mal dem Gegner zur Verteidigung deutschen Bodens in Ostafrika. Hier wurde Lettow-Vorbeck auch erstmalig seiner seit Jassini angewandten Taktik, dem Entweichen in den Busch im Angesicht eines weit überlegenen Gegners, mit dem Ziel, die eigenen Kräfte für ein späteres Zuschlagen gegen schwächere feindliche Kräfte, zu schonen, untreu, indem er dem Gegner die Stirn bot, statt den Kampf frühzeitig abzubrechen!

Vier Tage lang tobte die Schlacht um Mahiwa und die in der Nähe gelegene, uns bereits von den Aufstandsereignissen her bekannte Missionsstation Nyangao hin und her. Angriffe und Gegenangriffe wechselten einander in steter Folge ab. Dabei verstanden es die Deutschen, ihre wenigen Geschütze, darunter das letzte »Königsberg«-Geschütz, optimal ins Spiel zu bringen.

Am vierten Tag, gegen Abend, läßt endlich die Wucht der gegnerischen Angriffe nach. Die Schutztruppe geht zu Gegenstößen über und zwingt den Feind endlich zum Weichen. Sie hat einen vollständigen Sieg errungen, und dies, obwohl sie nur 1500 Mann in die Wagschale hat werfen können gegen 8000 auf der gegnerischen Seite! Groß sind die englischen Verluste: Über 50 % der eingesetzten Soldaten sind tot oder verwundet.

Doch auch die deutschen Verluste sind enorm, sie wiegen um so schwerer, als sie – im Gegensatz zu den gegnerischen – unersetzbar sind, denn es gibt keine Reserven mehr für die Schutztruppe. So kommt auch der deutsche Sieg bei Mahiwa – wie damals der bei Jassini – einem Pyrrhus-Sieg gleich!

Lettow-Vorbeck zieht sich nun rasch in Richtung Makonde-Plateau zurück. Seine Truppe ist in der Krise. Ihr Rückzug ist überstürzt, ihr Rückzugsweg übersät mit den Leichen gefallener und ihren Verwundungen erlegener deutscher und afrikaischer Soldaten und fortgeworfenem Kriegs- und Ausrüstungsmaterial. In dem nahegelegenen Chiwata wehen überall Rotkreuzflaggen. Der Ort quillt über mit deutschen und afrikanischen Verwundeten. Lettows Truppe scheint eine geschlagene Armee zu sein!

Die britische Führung triumphiert: Nun ist die Schutztruppe endlich am Ende, nun kann ihr der Fangstoß gegeben werden! Die Tatsachen scheinen den Engländern recht zu geben: Die Kampfmoral der Lettow-Armee wankt: In den Reihen ihres Offizierskorps wächst die Zahl derer, die nun keinen Sinn mehr in der Weiterführung des Kampfes sehen. Es kommt zu Desertationen kriegsmüder

Askari. Die Versorgungsprobleme drohen Überhand zu nehmen. Eine Versorgungsetappe besteht nicht mehr, da die Truppe kein Hinterland mehr hat. Die Lebensmittelvorräte reichen nur noch für höchstens sechs Wochen, die Soldaten, auch die weißen, leben fast nur noch von Negerhirse und Sesamöl. Der Munitionsbestand hat rapide abgenommen: ganze 20 Patronen sind noch pro Gewehr vorhanden!

Indes sollte die Rechnung des Gegners, daß Lettow-Vorbeck, in eine ähnliche Lage wie Oberstleutnant Franke im Juli 1915 mit seiner südwestafrikanischen Schutztruppe gedrängt, nun die Waffen strecken würde, nicht aufgehen: Eingedenk seiner Maxime der Bindung alliierter Truppen zur Entlastung des heimischen Kriegsschauplatzes tat er einen für den Gegner völlig unerwarteten Schritt: Er wich vor dessen Umklammerungskräften, die gegen das Makonde-Plateau, das vermutete Sammelgebiet der Reste der Schutztruppe, vorrückten, nach Süden hin über den Rovuma hinweg nach dem portugiesischen Mozambique aus!

Mit diesem taktischen Schachzug entging Lettow zunächst einmal dem riesigen britischen Kräfteaufgebot im Südosten Deutsch-Ostafrikas. Nun standen ihm in Mozambique vorerst nur portugiesische Kolonialtruppen gegenüber, deren Kampfkraft er von den Kämpfen um Newala her als gering einschätzen zu dürfen glaubte. Sie würden daher, so kalkulierte er folgerichtig, auf britische Unterstützung angewiesen sein, was genau seinem Konzept der Ablenkung alliierter Kriegsressourcen vom europäischen Kriegsschauplatz entgegenkommen würde.

Große Sorge bereitete dagegen dem Kommandeur die nun sich für die Schutztruppe ergebende Versorgungssituation: Mit der Überquerung des Rovuma hatte er sich von seinen letzten eigenen Depots trennen müssen. Er hatte sich selbst den Versorgungshahn zugedreht! Der einzige Ausweg aus diesem Dilemma konnte nun nur noch heißen: Waffen, Munition, Verpflegung, Ausrüstung, Sanitätsmaterial, praktisch alles, was eine Armee zum Kämpfen und Durchhalten benötigt, mußte direkt beim Feind beschafft, sprich: erbeutet werden!

Es war eine erheblich verkleinerte Schutztruppe, die am 25. November 1917 den Rovuma, Lettow-Vorbecks »Rubicon«, wie der englische Militärhistoriker Charles Miller sich ausdrückte, überschritt: Gerade noch 300 Weiße, 1700 Askari und 3000 Träger und Askarifrauen[24]. Der Kommandeur hatte die Truppe von allem nicht absolut nötigen »Ballast« befreit, darunter allen Verwundeten und Kranken und allen körperlich geschwächten Soldaten und Trägern. Sie alle mußten in die Obhut des Feindes gegeben werden. Wenn es Lettow auch außerordentlich schwerfiel, diese Entscheidung zu treffen, es mußte sein, denn nur eine kleine, auserlesene Truppe war mobil und lebensfähig, um das große Abenteuer Mozambique zu bestehen!

Mit der Übergabe der Kranken und Verwundeten an den Gegner beauftragte Lettow Kapitän zur See Looff, den ehemaligen Kommandanten der »Königsberg« und

[24] Die noch völlig intakte Westabteilung unter Hauptmann Tafel – sie hatte ihre Riegelstellung im Hochland von Mahenge inzwischen aufgegeben – hatte wegen Kommunikationsschwierigkeiten keinen Anschluß an Lettows Gros finden können und mußte wegen völligen Mangels an Lebensmitteln am 28. November an der Mündung des Mbangala in den Rovuma kapitulieren. (Anm. Verf.)

Ältesten Seeoffizier der Ostafrikanischen Station, der ebenfalls erkrankt war und mehrere Verwundungen hinter sich hatte. Von ihm dürfte sich der Kommandeur trotz dessen zweifellos hohen Verdienste um die Verteidigung Deutsch-Ostafrikas wohl nicht gerade ungern getrennt haben, war doch das Verhältnis zwischen ihnen beiden – ebenso wie das zwischen dem Gouverneur Dr. Schnee und Lettow-Vorbeck – oftmals gespannt und alles andere als vertrauensvoll gewesen. Die Antipathie zwischen den beiden so konträren Persönlichkeiten war mehr als nur gewöhnliches Rivalitätsdenken, wie man es oft zwischen Marine- und Heeresoffizieren finden kann, sie hatte ihre Ursache auch nicht in Eifersüchteleien. Nein, sie war vielmehr grundsätzlicher Art: Looff, dem Kaiser über den Admiralstab direkt unterstellt – ähnlich wie der Gouverneur, der über das Reichskolonialamt dem Kaiser unmittelbar nachgeordnet war – fühlte sich naturgemäß zu Dr. Schnee, dem Gouverneur und nominellen Oberbefehlshaber der Schutztruppe, »dessen Ohr er hatte«[25], stärker hingezogen als zu Lettow, dem eigentlichen, dem Gouverneur jedoch unterstellten Kommandeur der Schutztruppe. Da war es nicht verwunderlich, daß es Lettow schwerfiel, Looff volles Vertrauen zu schenken. Auch waren die Standpunkte über die Art, wie der Krieg geführt werden sollte, gegensätzlich: Lettow-Vorbeck kam es darauf an, dem Gegner immer wieder elastisch auszuweichen und größere Gefechte möglichst zu meiden oder gegebenenfalls abzubrechen, um so die eigenen Kräfte zu schonen und die gegnerischen zu zermürben und zu ermatten, Looff dagegen verlangte die Bekämpfung des Gegners mit allen zu Gebote stehenden Mitteln mit dem Ziel der Erringung klarer Siege.

Wenig Freude dürfte es Lettow bereitet haben, daß Gouverneur Dr. Schnee, zu den robusteren Naturen zählend, es sich nicht hatte nehmen lassen, auch am Marsch ins ungewisse Mozambique teilzunehmen, war doch das Verhältnis zwischen ihnen beiden immer wieder von schweren Querelen und Meinungsverschiedenheiten belastet. Tatsächlich hielt das angespannte Verhältnis auch den gesamten Feldzug in Mozambique über an und nahm zeitweise groteske Formen an. So reichte der Kommandeur sogar eine offizielle Klage beim Kaiser gegen Schnee wegen dessen angeblichen Mißbrauchs der Amtsbefugnisse ein, während der Gouverneur dem Kommandeur drohte, ihn nach Rückkehr in die Heimat kriegsgerichtlich zu belangen. Die Beziehungen zwischen beiden Persönlichkeiten waren in Mozambique zeitweise so zerrüttet, daß sie sich nur noch mittels Handzettel verständigten. **Schnee hielt bis zur Kapitulation im November 1918 durch und hatte damit nach außen hin dokumentieren wollen, daß Deutsch-Ostafrika dem Gegner so lange noch nicht amtlich übergeben sei, wie er, der oberste Repräsentant des Reiches in der Kolonie, sich noch in Freiheit befände.**

Mit dem Ausweichen der Schutztruppe nach Mozambique ergaben sich für die Engländer gravierende Umgruppierungs- und Nachschubprobleme. Sie mußten nun Lettow-Vorbecks kleine, im unergründlichen Busch praktisch unsichtbare »Geisterarmee« aufspüren, und das in einem Land »fast zweimal so groß wie Japan, dessen einzige Verbindungswege außer tückischen Flüssen und wenigen unbefe-

25 Entnommen einem Brief General Wahles an Lettow-Vorbeck vom 30. Januar 1916, aus: Lochner, S. 402.

stigten Straßen Wildpfade waren«[26]. Eine Verfolgung der Deutschen über den Rovuma hinweg hatte sich schon bald als Fehlschlag erwiesen: Lettow war bereits weit vorausgeeilt!

So sahen sich die Engländer gezwungen, sich Lettows »Nomadenarmee«, wie der schon mehrfach zitierte Militärhistoriker Miller sie bezeichnete, ständig vorzusetzen, oder ihr nachzusetzen, da Lettow-Vorbeck es immer wieder verstand, sich aus einer drohenden Umklammerung oder Einkreisung herauszuwinden. Diese Taktik aber bedingte ein unablässiges Umdirigieren der britischen Verbände und damit auch des Nachschubs – ein äußerst zeit- und kräfteraubendes Unterfangen, denn wegen der Wegearmut des Landes mußten diese Transporte größtenteils auf dem Seeweg über den Indischen Ozean und über den Nyassa-See stattfinden.

Lettow war von Anfang an in seinem neuen Operationsraum Mozambique vom Kriegsglück begünstigt. Der portugiesische Widerstandsriegel im Grenzbereich war rasch durchstoßen. Noch am Tage der Überquerung des Rovuma, am 25. November, erstürmte die Schutztruppe das portugiesische Grenzfort Ngomano. Eine ansehnliche Beute fiel der Truppe in die Hände: eine halbe Million Patronen, sechs MGs, 700 Gewehre und eine Riesenmenge Sanitätsmaterial, Verpflegung und Bekleidung. »Neu eingekleidet und mit allem gut versorgt, marschiert die Truppe weiter nach Süden.«[27] Weitere erfolgreiche »Beschaffungsscharmützel« gegen die Portugiesen folgten.

An vielen Stellen wurde die Schutztruppe von den Einheimischen als Befreier von der harten portugiesischen Kolonialherrschaft empfangen[28]. Nicht wenige Mozambiquaner sympathisierten offen mit den Deutschen, indem sie sie mit Lebensmitteln versorgten und Wegführer und Spione gegen die Portugiesen und die Engländer stellten.

Auch in Mozambique erwies sich Lettow-Vorbeck als ein äußerst schlauer Fuchs. Einer seiner englischen Gegenspieler hier, Generalmajor Northey, beschrieb Lettows Kriegführung im Mozambique mit folgenden Worten:
»Der Feind blieb niemals stehen, um sich geschlossen zum Kampf zu stellen, stets zog er sich im letzten Augenblick zurück und lieferte nur kleine Nachhutgefechte, um unseren Vormarsch zu verzögern; er ist schon wieder weit voraus, und, wie immer, müssen wir ihm folgen, und das durch ein Land, das aller Lebensmittel beraubt ist[29].«

Immer weiter dringt Lettows »Geisterarmee« in zügigem Marsch durch den dichten Busch nach Süden vor, und immer wieder verlieren die Verfolger seine Spur. Für den Gegner wird der Krieg zu einer »Suche nach einer Stecknadel in einem Heuhaufen« und für Freund und Feind zu einem »Blinde-Kuh-Spiel«: Nicht selten

[26] Miller, S. 296.

[27] Schoen: »Auf Vorposten ...«, S. 190.

[28] Laut Miller, S. 308, hat ein britischer Offizier folgendes hierzu geschrieben: »Die Deutschen wurden von den armen Schenzi begrüßt, als ob sie nichts anderes als vom Himmel gesandte Erlöser wären, die sie von ihren grausamen und feigen Unterdrückern befreiten ... Jedes portugiesische Fort, das von Lettow-Vorbecks Truppe in Brand gesetzt wurde, war für die afrikanische Bevölkerung eine portugiesische ›Bastille‹.«

[29] »War Diary of Maj.-Gen. E. Northey«, Februar 1918, CO 691/14/297.

marschierten die gegnerischen Abteilungen und Patrouillen im Pori-Labyrith nebeneinander her, ohne voneinander zu wissen!

Lettow-Vorbecks Erfolgsserie riß auch auf dem weiteren Vormarsch nicht ab. »Wie Kegeln fiel eine portugiesische Boma nach der anderen«[30], sobald die deutschen Vorhuten auftauchten. Und auch als schließlich die Engländer auf dem Kriegsschauplatz Mozambique in Erscheinung traten und Lettow nachdrängten, blieb Kriegsgott Mars der Schutztruppe treu. Anfang Juli bescherte er ihr den Höhepunkt der Erfolgskette in der portugiesischen Kolonie: Die Einnahme des von der portugiesischen Kolonialtruppe und britischen KAR-Verbänden verteidigten Stützpunktes Namacurra nahe Quelimane. Der von den Portugiesen besetzte Teil des Stützpunktes fiel schon beim Erstansturm der Vorhuten der Lettow-Truppe, während das von den Engländern verteidigte Hauptlager zwei Tage später, am 3. Juli, dem Angriff der Lettowschen Hauptmacht erlag. Namacurra erwies sich als eine »Bonanza«, die alle deutschen Erwartungen übertraf: In riesigen Mengen wurden Waffen, Munition, Lebensmittel und Uniformen erbeutet.

Neu ausgerüstet, wendet sich die Truppe jetzt nach Nordosten. Schon fürchten die Engländer, Lettow wolle nun die strategisch bedeutende Hafenstadt Mozambique mit geballter Macht angreifen, und setzen ihre Kräfte entsprechend neu an, da schlägt er ihnen wieder ein Schnippchen: Er dreht unvermittelt nach Westen in Richtung Britisch-Nyassa-Land ab. »Lettow war der Pfeifer, van Deventer tanzte nach seiner Pfeife«[31]: Überstürzt muß die britische Führung erneut umdisponieren, vom Nyassa-Land aus wird eine KAR-Abteilung der Lettow-Truppe entgegengeworfen.

Bei Namarroe, einem kleinen portugiesischen Fort, kommt es Mitte August zwischen dieser Abteilung und Lettows Gros zu einem Gefecht, und wieder pflückt die Schutztruppe Siegeslorbeeren: Die KARs werden geschlagen und hinterlassen den Deutschen reiche Beute, insbesondere an Munition und Sanitätsmaterial. Nun ist der Weg ins Nyassa-Land frei für Lettow-Vorbeck!

Doch der unberechenbare Kommandeur der Schutztruppe setzt das Katz- und-Maus-Spiel fort: Statt weiter nach Westen zu marschieren, wendet er sich abrupt nach Norden, zurück nach Deutsch-Ostafrika! Wieder muß van Deventer seine Truppen umdirigieren. Er vermutet jetzt, daß Lettow dem in der Mitte des Schutzgebietes liegenden Handelszentrum Tabora zustreben werde. In aller Eile werden die in Mozambique stehenden englischen Verbände wieder eingeschifft Richtung Daressalam, um von dort auf dem Bahnweg nach Tabora gebracht zu werden.

Indes, Lettow-Vorbeck entschied sich erneut anders: Er überschritt am 28. September wieder den Grenzfluß Rovuma, marschierte jedoch nur durch die Südwestecke Deutsch-Ostafrikas, den Bezirk Langenburg, Richtung Nord, schwenkt dann aber in Höhe des Nordendes des Nyassa-Sees, bei Njombe, nach Westen ab, entläßt hier den kranken General Wahle und alle anderen nicht mehr Diensttauglichen in die Obhut der Briten und bricht schließlich Ende Oktober mit seiner ruhelosen Truppe bei Fife in Nord-Rhodesien ein.

30 Miller, S. 310.
31 Miller, S. 316.

Fife wird umgangen, am 11. wird der Ort Kasama (Kasanga), ein wichtiger Schlüsselpunkt auf der britischen Nachschubstraße nach Norden, eingenommen. Hier fand am 12. November, einen Tag nach Inkrafttreten des Waffenstillstands in Europa, das letzte Gefecht gegen eine KAR-Einheit statt.

Am folgenden Tag wird ein britischer Krad-Melder, der ein Papier mit einer Mitteilung an den Kommandeur der KAR-Einheit bei sich führte, abgefangen. Aus dem Papier geht hervor, daß in Europa Waffenstillstand herrscht und daß in den Waffenstillstandsbedingungen eine mit der deutschen Reichsregierung abgesprochene Bestimmung enthalten ist, derzufolge die bedingungslose Kapitulation der Schutztruppe innerhalb eines Monats nach Inkrafttreten des Waffenstillstands stattzufinden habe.

Lettow-Vorbeck und seine Männer waren über die Nachricht der deutschen Niederlage wie betäubt: »Alle unsere Soldaten, Eingeborene und Europäer, waren stets der Ansicht gewesen, daß Deutschland in diesem Krieg nicht geschlagen werden könnte[32].« Empört waren sie insbesondere darüber, daß ihnen von der Reichsregierung die bedingungslose Kapitulation befohlen wurde, wo sie sich doch als im Felde unbesiegt betrachteten. Lettow hatte daher alle Mühe, seine Leute davon zu überzeugen, daß sie aufgrund der eindeutigen Zugeständnisse der Reichsregierung in den Waffenstillstandsbedingungen den Kampf sofort einstellen und die Waffen niederlegen müßten.

»Es war«, wie der Historiker Miller sich ausdrückte, »die Kapitulation einer Armee, die nicht verloren hatte, gegenüber einer Armee, die nicht gewonnen hatte[33].« Von Kasama aus marschierte die Schutztruppe nach dem nahe dem Südende des Tanganyika-Sees gelegenen Ort Abercorn, wo sie am 25. November eintraf. Hier ging sie in Gefangenschaft. Ihre Stärke betrug noch 155 Europäer, 1168 Askari, 1522 Träger und 1726 anderes Gefolge, darunter 427 Frauen. Ein englischer Kriegsberichter beschreibt seine Eindrücke von der Ankunft der Lettowschen Truppe in Abercorn wie folgt:

»Es war eine lange, bunte Kolonne, Europäer und Askari, alles Veteranen aus wohl hundert Gefechten, die Askari mit jeder Art von Kopfbedeckung, Frauen, die über alle die Jahre der Not treu bei ihren Ehemännern ausgehalten hatten, große Lasten tragend, einige mit Kindern, die während des Feldzugs geboren waren, Träger, die singend herankamen und so unverhohlen ihre Freude darüber zum Ausdruck brachten, daß nun endlich alle ihre Mühsale vorüber waren[34].«

Bei der Übergabe der Waffen stellte sich heraus, daß so gut wie keine deutscher Herkunft waren. »Es war«, wie Miller schreibt, »weniger eine Übergabe der Waffen, als eine Rückgabe entliehener Gegenstände[35].«

Am 17. Januar 1919 trafen die Europäer der Lettow-Truppe mit dem Dampfer »Feldmarschall« die Heimfahrt nach Deutschland an. Am 2. März zog

[32] Miller, S. 323.
[33] Ebenda, S. 325.
[34] »Bulawayo Chronicle«, zitiert aus: Mosley, Leonard: »Duel for the Kilimanjaro«, S. 223.
[35] Miller, S. 326.

Generalmajor von Lettow-Vorbeck mit seinen Getreuen durch das Brandenburger Tor in Berlin, umjubelt von Hunderttausenden von Berlinern. Ihre Uniformen waren verblichen und fadenscheinig, so wie sie sie auf den Patrouillen im Pori getragen hatten. Sie marschierten, Lettow und Schnee zu Pferde voran, nicht im Paradeschritt durch die Stadt, und doch wurde jedem Zuschauer dieses triumphalen Einzugs sofort klar: **Die Truppe, die hier ins bürgerkriegsgeschüttelte Reich zurückkehrt, ist Deutschlands einzige im Felde unbesiegt gebliebene Armee!**

Lettow-Vorbeck hatte das von ihm angestrebte Kriegsziel, starke gegnerische Kräfte auf dem ostafrikanischen Boden zu fesseln und damit der Heimat in ihrem Überlebenskampf Luft zu schaffen, erreicht: 120 alliierte Generale, 50.000 indische, 40.000 südafrikanische, mehr als 100.000 afrikanische und 50.000 britische Soldaten waren am Krieg in Ostafrika beteiligt gewesen. 20.000 Europäer und etwa 60.000 farbige Soldaten fielen auf alliierter Seite oder erlagen ihren Krankheiten[36].

Hoch wurden die Waffenerfolge der Schutztruppe angesichts dieses gewaltigen alliierten Machtaufgebots, aber auch die Leistungen der Kriegswirtschaft der Kolonie bei Freund und Feind anerkannt. Doch alle diese Erfolge wären nicht erreicht worden ohne die Loyalität der Askari und der Träger und auch der einheimischen Bevölkerung (mit Ausnahme eines Teils der Bewohner der dünnbesiedelten Regionen des früheren Maji-Maji-Aufstandsgebiets im Jahre 1917).

Die Frage steht im Raum: Was wäre geschehen, wenn die seitens des Gouverneurs und eines großen Teils der weißen Bevölkerung immer wieder geäußerte Befürchtung sich bewahrheitet hätte, daß mit Eingeborenenaufständen zu rechnen sei, wenn der europäische Krieg auch auf den ostafrikanischen Raum übergreifen sollte? Hätte dann nicht die Schutztruppe, allseitig sowohl von inneren wie auch von äußeren Feinden umgeben, schon nach wenigen Monaten den Kampf aufgeben müssen?

Lettow-Vorbeck ging mit seinem beispiellosen Kampf in die Kriegsgeschichte ein als Meister – wenn nicht sogar als Lehrmeister – der Kleinkriegführung und der militärischen Improvisationskunst, ja als strategisches Naturtalent. Sein Name, bei Freund und Feind gleichermaßen hochgeachtet, wurde in aller Welt bekannt.

Es ist die Tragik der Kolonialgeschichte Deutsch-Ostafrikas, daß nach den 1907 einsetzenden hoffnungsvollen Reformmaßnahmen ein gigantisches Maß an Initiative, Einsatzfreude, Durchhalte- und Entbehrungsvermögen, Schaffenskraft, Opfermut, Intuitionsgabe und Erfindungsgeist einem militärischen Zweck geopfert werden mußte: der mehr als vierjährigen Verteidigung des Schutzgebiets. Die Frage drängt sich auf: Was wäre aus Deutsch-Ostafrika geworden, wenn stattdessen alle diese übermenschlichen Energien hätten freigesetzt werden können für die Fortsetzung des friedlichen Aufbaus der Kolonie – zum Wohle ihrer weißen wie auch ihrer farbigen Bewohner? Hätte auch dann noch die These, Deutschland hätte als Kolonialmacht moralisch und administrativ versagt, wie sie die Alliierten als Rechtfertigung für die im Versailler Vertrag verfügte Annexion der deutschen Kolonien vertreten hatten, ihre Berechtigung gehabt?

36 Zu den Zahlenangaben siehe Boell, S. 326, und R. F. Eberlie: »The German Achievement in East Africa (Tanganyika Notes and Records No. 55)«, Daressalam 1960.

22. Hernach

Das Ende der deutschen Kolonialherrschaft, der Beginn der britischen Mandatsherrschaft – Der Kampf der Ostafrikaner um Erlangung ihrer nationalen Selbstbestimmung – Nyerere bereitet den Weg zur Gründung Tansanias – Die Bedeutung des Maji-Maji-Aufstands für den Kampf um die nationale Unabhängigkeit des früheren Deutsch-Ostafrika

1918 brachte das Ende der deutschen Herrschaft in Ostafrika. Doch eine andere weiße Herrschaft folgte: die der Engländer[1].

Sie sollte sich für die Afrikaner als enttäuschend erweisen. Ohnehin schon mit einem riesigen Kolonialreich belastet, fühlten sich die Engländer angesichts der steigenden wirtschaftlichen Schwierigkeiten zu Hause außerstande, neben ihren eigenen Kolonien auch noch die des besiegten Gegners weiterzuentwickeln. Obendrein bot Tanganyika, wie der britische Teil des ehemaligen Deutsch-Ostafrika jetzt hieß, im Vergleich zu Südafrika mit seinem Gold und seinen Diamanten, den vorderasiatischen Kolonien und Mandaten mit ihrem Erdöl oder Malaya und Borneo mit ihrem Zinn, Gummi und Erdöl ökonomisch nur wenig attraktive Seiten. So kehrte wieder wirtschaftliche Stagnation in Ostafrika ein; die mit so viel Elan eingeleiteten Reformen Dernburgs und Rechenbergs waren über hoffnungsvolle Ansätze nicht hinausgelangt!

Erneut erfaßte die Afrikaner Unruhe und Mißmut über die Zustände im Lande. Die Unzufriedenheit wurde noch vermehrt durch eine gleich nach dem Weltkrieg einsetzende zunehmende Überfremdung durch Zuwanderung von Asiaten, zumeist indischer Herkunft, die, ungehemmt durch die britischen Mandatsbehörden, ins Land strömten, in Schlüsselstellungen in der Wirtschaft und Verwaltung drängten und immer mehr zu einem politischen Machtfaktor wurden. Die Afrikaner wehrten sich. Intellektuelle, »Lesekundige«, zumeist Zöglinge der christlichen Missionen, und demokratisch erzogene, gebildete Schwarze aus den britischen Nachbarkolonien, die von der britischen Kolonialmacht in wichtige Funktionen der Mandatsverwaltung eingesetzt worden waren, kristallisierten sich als Sprecher und Führer der afrikanischen Mehrheit in Tanganyika heraus. Ihr Kampf galt primär der Gleichberechtigung und Selbstbestimmung der afrikanischen Rasse und der Aufhebung ihrer Benachteiligung gegenüber den anderen Rassen im Lande. Als Endziel aber stand die Beseitigung der kolonialen Fremdherrschaft überhaupt. Diese sollte abgelöst werden durch die Bildung eines unabhängigen schwarzafrikanischen Nationalstaates auf dem Boden der ehemaligen deutschen Kolonie – so wie ihn im Jahre 1905 der legendäre Kinjikitile aus dem Rufiyital mit seinem »Gottesreich der Schwarzen auf Erden« prophezeit hatte. Er wurde für die junge afrikanische Führerschicht zum Ahnherr und Vorbild ihrer Bewegung, hatte er doch

[1] Aufgrund des Versailler Vertrages wurde der größte Teil des ehemaligen Deutsch-Ostafrika Großbritannien als Mandatsgebiet vom Völkerbund zugesprochen (amtliche Bezeichnung des Mandatsgebietes »Tanganyika Territory«), während der kleinere Teil im äußersten Nordwesten der Kolonie, Ruanda-Burundi, Belgien – ebenfalls als Mandatsgebiet – zugewiesen wurde.

mit seiner Heilslehre als erster den Glauben an »Uhuru na Umoja« (»Freiheit und Einheit«), ihr neues Leitmotiv, verkündet. Seine Ideen sollten nun endlich Wirklichkeit werden.

Einer dieser politischen Führer war Julius Nyerere, ein Missionszögling und späterer Master of Arts an der britischen Universität Edinburgh. Ihm gelang es schließlich, den Traum von einem freien Ostafrika zu verwirklichen und die Völker des früheren Deutsch-Ostafrika, vereint in einem gemeinsamen Nationalstaat, in die Unabhängigkeit zu führen: Fast 50 Jahre nach Kinjikitiles seherischen Worten, im Juli 1954, gründete Nyerere eine neue politische Bewegung, die sich die gleichen Ziele setzte, wie es die Maji-Maji-Heilsbewegung getan hatte, nämlich die Schaffung eines freien Staates der Afrikaner: Die TANU (Tanganyika African National Union). Sie knüpfte an die Tradition der Maji-Maji-Lehre an, wollte jedoch im Gegensatz zu dieser das Ziel mit friedlichen Mitteln, d. h. passivem Widerstand, politischer Agitation und Überzeugungskraft, erreichen. Dies kommt in Nyereres Worten, die er unter Bezugnahme auf den Maji-Maji-Aufstand vor den Vereinten Nationen in New York am 16. Dezember 1956 sprach, zum Ausdruck[2]: »Es gab keine nationale Bewegung, keine nationalen Agitatoren, keine westlich erzogenen Demagogen oder umstürzlerischen Kommunisten, die im Lande ausschwärmten, um Unfrieden gegen die Deutschen zu säen. Das Volk kämpfte, weil es dem weißen Manne das Recht absprach, die schwarzen zu regieren und zu zivilisieren. Es erhob sich zu einem großen Aufstand, nicht, um als terroristische Bewegung Furcht zu verbreiten, auch nicht aufgrund eines abergläubischen Eides, sondern als Antwort auf einen naturgegebenen Ruf, einen Ruf des Geistes, der zu allen Zeiten in den Herzen aller Menschen widerhallt, gleich ob gebildet oder ungebildet, den Ruf zur Auflehnung gegen Fremdherrschaft. Hieran müssen wir denken ..., wenn wir die Eigenart einer nationalen Bewegung wie der meinen verstehen wollen: Ihre Funktion besteht darin, nicht den Geist des Aufruhrs zu schaffen, sondern ihn durch Worte zum Ausdruck zu bringen und ihm eine neue Form zu geben... Der Kampf gegen die Deutschen bewies unserem Volk, wie vergebens es war, seine Herren mit Gewalt vertreiben zu wollen. Es blieb ihm keine Hoffnung.«

Der Weg in die Unabhängigkeit war lang und dornenreich, und das nicht nur, weil die britischen Mandatsherren Schwierigkeiten bereiteten: Viele Ostafrikaner, vor allem der älteren Generation, eingedenk der Erinnerung an die furchtbare Zeit des Aufstands gegen die Deutschen und der Hungerjahre danach, gaben sich äußerst mißtrauisch gegenüber der neuen Freiheitsbewegung. Manche witterten in TANU sogar eine andere Form von Maji-Maji-Zauber und reagierten gegenüber den Agitatoren der Bewegung mit Angst und Besorgnis. Fast beschwörend warnten sie ihre Stammesbrüder: »Genau so begann die Maji-Maji-Bewegung! Wir schafften es nicht, durch einen Krieg die Europäer zu vertreiben... Glaubt diesen Leuten nicht, es sind Betrüger! Dies sind andere Kinjikitiles!«

Nyerere und seine Helfer hatten die größte Mühe, den Leuten die Ängste zu nehmen und sie von der Wahrhaftigkeit seiner Idee zu überzeugen. Nahezu sieben Jahre dauerte der politische Kampf der TANU-Bewegung, bis endlich, am 9. Dezember 1961, Tanganyika von England in die Unabhängigkeit entlassen und ein selbständi-

2 Gwassa & Iliffe: »Records of the Maji-Maji Rising«, S. 29.

ger schwarzafrikanischer Staat gegründet wurde, dem nach Vereinigung mit der Insel Sansibar die amtliche Bezeichnung »Tansania« gegeben wurde. – Damit war nach fast sechs Jahrzehnten das Ziel, die nationale Unabhängigkeit Ostafrikas, erreicht worden, dessentwegen die Vorväter der TANU, die Maji-Maji-Krieger, die Waffen gegen die Deutschen erhoben hatten.

Seit dem 9. Dezember 1961, als die Uhuru-Fackel, die Fackel der Freiheit, auf dem zu Tansania gehörenden höchsten Berg Afrikas, dem Kilimandjaro, entzündet wurde, sind wieder mehr als drei Jahrzehnte vergangen, und immer noch nicht ist Ruhe in den ostafrikanischen Raum eingekehrt, ebenso wenig wie in andere Teile Schwarzafrikas: Die politische Unabhängigkeit ist zwar erkämpft, die Kolonialherren haben das Land verlassen, geblieben aber ist die finanzielle und wirtschaftliche Abhängigkeit des Landes von den früheren Kolonialherren, bedingt durch eine schon über ein Jahrzehnt dahinsiechende Volkswirtschaft, die durch eine hohe Auslandsverschuldung, Elend der Volksmassen und allgemeine Lethargie gekennzeichnet ist. Wieder befindet sich Ostafrika an der Kandare des weißen Mannes, der das Steuer der Weltwirtschaft in der Hand hat, Handelsschranken gegenüber der Dritten Welt errichtet und bestimmt, zu welchen Preisen Schwarzafrika seine Exportprodukte Kaffee, Baumwolle, Sisal, Ölfrüchte usw. auf dem Weltmarkt verkaufen kann. Es hat den Anschein, als ob die koloniale Abhängigkeit nur das Vorspiel zur heutigen Abhängigkeit Afrikas von den europäischen Mächten war.

Ein Ende dieser wirtschaftlichen – und damit auch politischen – Abhängigkeit scheint nicht in Sicht. Wie ehedem bedrücken Not, Hunger und Existenzangst den Afrikaner. Noch immer wartet er auf die »ewige Glückseligkeit und den ewigen Frieden«, die Kinjikitile den Schwarzen in seinem »Gottesreich auf Erden« prophezeit hatte. Werden dies ewige Wunschträume der schwarzen Rasse bleiben? Sollte am Ende Kinjikitiles Reich doch nur eine Utopie, ein »Reich nicht von dieser Erde« sein und eine Illusion bleiben?

Anhang

Ein Wort des Dankes

Dieses Buch stellt die wesentlich erweiterte und ergänzte Neuauflage meiner 1991 im Selbstverlag in ganz geringer Stückzahl herausgegebenen kurzgefaßten Arbeit über den Maji-Maji-Aufstand dar. Daß dieses Buch nun in erheblich umfangreicherer Fassung und viel größerer Auflage auf den Markt kommt, verdanke ich der Initiative des Verlags Bernard & Graefe, der an mich mit dem Angebot herangetreten war, das Buch nach entsprechender Umgestaltung und Erweiterung unter seiner Regie neu erscheinen zu lassen und so einem viel größeren Interessentenkreis bekannt und zugänglich zu machen.

Neben dem Verlag gebührt mein besonderer Dank für das Werden dieser Neufassung dem langjährigen Lektor des Verlags, Herrn Rupprecht Sommer, Filderstadt, der mir, wie schon beim Entstehen meines ersten Buches, mit Rat und Tat zur Seite gestanden und entscheidend dazu beigetragen hat, daß auch dem für die deutsche Kolonialzeit Tansanias so wichtigen Zeitabschnitt des Ersten Weltkriegs ein Kapitel im Buch gewidmet wurde.

Nicht versäumen möchte ich auch, den Herren Joseph Karugila und Peter J. Mlyansi, Tanzania National Archives, Daressalam, für wertvolle Hinweise und unermüdliche Hilfe bei der Herstellung von Kontakten zu Institutionen und Persönlichkeiten in Daressalam, die für meine historischen Recherchen vor Ort wichtig waren, meinen Dank auszusprechen. Dank sei auch dem Bundesarchiv – Militärarchiv, Freiburg/Breisgau, dem Public Record Office, Kew Gardens, London, dem Bayerischen Hauptarchiv, München, und dem Archivar der Benediktiner-Erzabtei St. Ottilien, Oberbayern, Herrn Pater Frumentius Renner, für die bereitwillige Überlassung von Aktenmaterial und Nachlaßunterlagen gesagt.

Zum Schluß möchte ich auch noch Herrn Dr. K.-H. Janßen von der Wochenzeitung »Die Zeit« meinen Dank für die Veröffentlichung eines von mir verfaßten Artikels über den Maji-Maji-Aufstand, quasi eines Vorläufers meines späteren Buches, aussprechen, hat er doch dadurch den großen Leserkreis der »Zeit« auf diese in Deutschland so gut wie unbekannte Tragödie in der deutschen Kolonialgeschichte aufmerksam gemacht und auf diese Weise mitgeholfen, meinem Buch gewissermaßen den Weg zu bereiten.

Im Frühjahr 1997 Walter Nuhn

Dokumente

Dokument Nr. 1: Reichskolonialamt Nr. 279: Bericht des Leutnants v. Tettenborn an Gouverneur v. Soden über den Überfall der Wahehe auf die Kolonne des Hauptmanns v. Zelewski am 17. August 1891

Lager am Myombo, den 30. August 1891

Euer Excellenz beehrte ich mich ganz gehorsamst Folgendes zu berichten:

Am 30. Juli brach die Expedition über Marore zu den Wahehehäuptlingen Mamkussa und Manamtua am Kititibach im Rubehogebirge auf. Die Häuptlinge flüchteten und hatten bis auf wenige Stück, welche uns in die Hände fielen, ihre Rinder und Kleinvieh abgetrieben. Vom 5.–6. August wurden etwa 25 Temben den Flammen preisgegeben und 3 Feinde getötet.

Darauf marschierte die Karawane über Marore, den Ruaha bei Masombi überschreitend, auf Mgowero nach Mage. Am 14. August traf die Expedition dort ein und bezog Lager. Zum ersten Mal hatten sich dort Wahehekrieger in größerer Menge gezeigt, bewaffnet waren dieselben mit Schild und Speer, selten mit Flinten. Einzelne Schüsse, von uns abgegeben, verscheuchten die Feinde in westlicher Richtung.

Nachdem am 14. in der Nähe unseres Lagers mehrere Temben verbrannt worden waren, durchzog die Truppe am 15. und 16. August die Hochebene von Mage und überlieferte in der sehr zahlreich bevölkerten Gegend etwa 50 Temben den Flammen. Am 16. August erreichten wir etwa den Ort, wo auf der Karte Lula steht.

Am 17. August 6.20 Uhr vormittags brach die Karawane in der Richtung auf Mdawaro (Mdairo?) auf. Die Marschordnung war folgende:

Mehrere schwarze Führer unter Bedeckung von 10 Zulu, Kommandeur v. Zelewski, Arzt Dr. Buschow, Lieutenant von Pirch, 7. Kompagnie, Unteroffz. Schmidt, Büchsenmacher Hengelhaupt. Darauf folgte die Artillerie: Unteroffizier Thiedemann, Unteroffz. Herrich und Wutzer, dann Lieutenant v. Heydebreck. Hieran schloß sich Lieutenant von Zitzewitz, 5. Kompagnie Unteroffz. von Tiedewitz, Lazarettgehülfe Zemprich. Zwischen die Träger verteilt, waren 40 Sudanesen der 6. Kompagnie.

Feldwebel Kay, Lieutenant von Tettenborn mit 20 Sudanesen der 6. Kompagnie, hinter welchen 20 Stück Rindvieh, 60 Schafe und Ziegen unter Bedeckung von 12 Sudanesen 6. Kompagnie. Gegen 7 vormittags ließ der Herr Kommandeur auf einem kleinen kahlen Hügel halten, um den Zusammenhang der Marschkolonne wieder herzustellen. Jenseits dieser Erhebung begann ein dichter Busch, in welchem vielfach große Felsstücke zerstreut lagen.

Kaum hatte die Kolonne bis einschließlich Artillerie dieses Gestrüpp erreicht, als ein Signalschuß ertönte und gleich darauf die Wahehe in großer Überzahl höchstens 30 Schritt von der Kolonne seitlich auftauchten und mit wildem Geschrei und Ungestüm auf diese eindrangen. Die Soldaten konnten nur 1–2 Mal feuern, so schnell war der Feind in ihren Reihen. Die Verwirrung wurde vermehrt durch die wilde Flucht der Artillerie-Esel, welche in die 5. Kompagnie eindrangen. Die Askaris wandten sich nun unaufhaltsam zur Flucht, von den Feinden energisch verfolgt. Lieutenant v. Heydebreck, Murgan Effendi und etwa 20 Askaris gelang es eine nahe gelegene Tembe zu erreichen und hier mehrere Stürme der Wahehe mit Erfolg abzuschlagen.

Auf das heftige Feuern begab ich mich mit meinen 20 Soldaten in Marsch, Marsch an der Träger Colonne vorbei auf die obengenannte Höhe, welche ich noch nicht erreicht hatte. Hier waren im wüsten Durcheinander Träger, welche ihre Lasten weggeworfen hatten, Wahehe, welche dieselben durchsuchten, sterbende Krieger und zurückkehrende, vielfach verwundete Soldaten.

Nachdem ich die Wahehe durch Schüsse verjagt hatte, besetzte ich die Höhe in einer kreisrunden Stellung, in deren Mitte Träger, Verwundete und unsere Viehherde.

Ich nahm an, daß rechtseitlich von mir das Gefecht zum Stehen gekommen sei und wollte mit meiner Stellung dem Gros als Stützpunkt dienen. Die deutsche Flagge wurde an einem hohen Baum gehißt, und meine Hornisten gaben in kurzen Unterbrechungen unsere üblichen Signale ab.

Das Feuergefecht verstummte etwa nach 10 Minuten bis auf einzelne Salven, welche, wie ich nachher erfuhr, aus der Tembe des Lieutenant v. Heydebreck kamen. Auf die Meldung, daß in meiner Nähe ein Europäer mit 1 Geschütz sei, sandte ich diesem durch eine Patrouille den Befehl sich an mich heranzuziehen.

Dieser Befehl erreicht Lieut. v. Heydebreck, welcher um 8.30 vormittags selbst durch 2 Speerstiche hinter dem rechten Ohr verwundet, blutüberströmt bei mir eintraf. In seiner Begleitung waren Unteroffz. Wutzer, Murgan Effendi und 12 Mann. Von diesen hörte ich, daß unsere 3 Geschütze vom Feinde genommen seien und daß unsere Verluste, namentlich bei der Artillerie und der 5. Kompagnie sehr beträchtlich seien.

Ich beschloß hierauf, meine Stellung auf der Höhe zu halten, in der Hoffnung, daß sich Versprengte unserer Expedition, die, wie ich jetzt annehmen mußte, vollständig aufgerieben war, bei uns einfinden würden.

Auf allen Seiten in dem mich umgebenden Gestrüpp waren Wahehegruppen sichtbar, welche durch unsere Kugeln verscheucht wurden. Die Wahehe hatten ringsumher das dichte, aber nicht hohe Gras in Brand gesetzt. Die Flammen wurden uns durch heftigen Wind nähergebracht und gestalteten unsere Lage zu einer recht bedenklichen. Unsere Verwundeten waren dem Flammentode preisgegeben. Um 9 Uhr V. wurde Sergt. Tiedemann mit einem schweren Speerstich im Unterleibe und durch Brandwunden verletzt, herbeigeschafft. Wir legten ihm einen Nothverband an und betteten ihn in einem Zelt, auch wurden nach Möglichkeit unsere schwarzen Verwundeten verbunden.

Auf mein fortgesetztes Signalblasen hatten sich bis 4 Uhr Nachm. etwa 60 Soldaten und 70 Träger eingefunden. Da mein Rückzug immer gefährdeter werden mußte, je mehr die von der Verfolgung zurückkehrenden Feinde sich zu sammeln begannen, marschierte ich in eine über unser gestriges Lager hinausliegende Tembe, nahe am Wasser und befestigte mich hier.

Noch immer war ich der Ansicht hier in der Nähe (:1 Stunde:) des Gefechtsfeldes auf der einzigen Rückzugslinie mit meinem endgültigen Abmarsch warten zu sollen, obgleich mir meine beiden schwarzen Offiziere Murgan und Gaber Effendi rieten, soweit als möglich abzumarschieren. Es gab doch noch eine Möglichkeit, daß sich kleine Abtheilungen und vereinzelte Europäer im Busch versteckt hielten, denen nun mit meiner Hülfe ein Entkommen möglich gewesen wäre.

Ich beschloß demgemäß, den nächsten Tag, 18. August noch hier auszuhalten.

Die Wahehe griffen mich weder in der Nacht noch am folgenden Tage an, sondern zogen sich in größeren Massen seitlich in der Richtung auf Mage vorbei.

Es schien mir nunmehr bedenklich, auf dem alten Wege über Mage abzumarschieren, und ich beschloß, über das steile Gebirge im Südosten von Lula auf den Ukose (gemeint ist der Lukosi-Fluß – Anm. Verf.) und längs dieses den Ruaha erreichend abzuziehen. Auf diesem Wege durfte ich nach Aussage eines angeblich ortskundigen Führers hoffen, auf keine feindliche Bevölkerung zu stoßen.

Nach diesem Plane brach ich am 18. August 9 A. auf, marschierte vielfach des Nachts und ohne Weg durch die Wildniß, überschritt am 27. August 4^{30} V. den Ruaha ungefähr hart nördlich der Mwegamündung, nachdem ich muthmaßlich Ikula und Mdene passiert hatte.

Da der Marsch meiner Karawane ziemlich wenig bekannt wurde, und ich fast stets wegen meiner Nachtmärsche und Geschwindigkeit überraschend auftrat, wurde ich von der uns wenig freundlich gesinnten Bevölkerung wenig gestört und erreichte am 29. August Nachmittags 3 Uhr den Mjombofluß, wo ich von der Bevölkerung freundlich empfangen wurde. Nach Aussage von Einwohnern sind gestern hier 13 Soldaten von uns durchgekommen und nach Kondoa weitergegangen.

Ich marschiere morgen nach Kondoa, verbleibe dort solange bis ich die in Mpapwa für die Karawane bestimmten liegenden Lasten herangeholt habe und breche dann nach Dar-es-Salaam auf. Über den Verbleib der Europäer vermag ich Folgendes zu berichten: Unteroffizier Tiedemann erlag seinen schweren Verletzungen in der Nacht vom 17. zum 18. und wurde in der Tembe, der Sicht der uns stets umspähenden Wahehe entzogen, begraben.

Nach Aussage einiger Schwarzer, welche sich bei Beginn des Überfalls in der Nähe des Herrn Kommandeurs befanden, soll derselbe sowie Dr. Buschow und Lt. v. Pirch noch auf Eseln sitzend, durch viele Speerstiche niedergemacht worden sein.

Von den übrigen Europäern ist mit absoluter Bestimmtheit nichts zu sagen, doch kommen die Aussagen der wenigen aus dem vorderen Gefecht Entkommenen dahin überein, daß sie sämmtlich den Tod gefunden haben.

Bei mir befinden sich:
Lt. v. Heydebreck, dessen Wunden fast geheilt, Feldwebel Kay und Unteroffizier Wutzer, Murgan Effendi, Gaber Effendi und 62 Soldaten, von denen 11 verwundet, 74 Träger, von denen 7 verwundet. Außerdem 4 Esel, einige Lasten.
Unser Verlust beläuft sich auf 10 Europäer (4 Offiziere 6 Unteroffiziere), etwa 250 Soldaten, ebensoviel Gewehre und 3 Geschütze, 23 Esel und 96 Träger und den Hauptteil unseres Gepäckes.

Die Anzahl unserer Angreifer dürfte mit 3000 nicht zu hoch geschätzt sein, wovon vielleicht 700 getötet worden sind.

Ihr Häuptling Kuawa und Führer Marawatu sind gefallen[1].

[1] Mit Häuptling Kuawa ist der Wahehe-Oberhäuptling Mkwawa gemeint; tatsächlich ist dieser beim Überfall auf die Zelewski-Expedition nicht gefallen. (Anm. Verf.)

Nur dem Umstande der Führerlosigkeit unserer Feinde schreibe ich unser glückliches Entkommen zu. Euer Excellenz bitte ich ganz gehorsamst, im Falle bereits die irrtümliche Nachricht vom Tode der geretteten Europäer die Küste verlassen haben sollte, hochgeneigtest veranlassen zu wollen, daß dieselbe in einer deutschen Zeitung richtig gestellt wird.

Dokument Nr. 2: Reichskolonialamt Nr. 723: Bericht des Superiors P. Leo Lang über die Zerstörung des Nyangao-Mission

Daressalam, den 9. Sept. 1905

Bericht von der Zerstörung der Nyangao-Mission an das Kaiserliche Gouvernement Daressalam.

Am 25. Aug. wurde vom Kais. Bezirksamt Lindi die Mitteilung zugeschickt, dass auf dem Notoplateau beim Jumben Selemani Unruhen ausgebrochen seien. Wenn dieselben auch noch keinen grösseren Umfang angenommen hätten, hiess es, so stelle man der Mission anheim nach Lindi zu kommen oder uns mit Waffen zu versehen. Die Mission möchte Boten senden mit der Angabe wieviel Gewehre u. Munition sie wünsche. Gut! Ich dankte für die Information und bat um Munition für unsere Gewehre (Mod. 88 und 71/84) sowie um Gewehre u. Munition zur Bewaffnung von Missionsangehörigen, event., bat ich, einen Askariposten auf die Station zu legen. Obengenannten Bezirksamtl. Schreiben folgte tags darauf ein Postscriptum, in dem bemerkt war, wir möchten uns falls uns Gefahr drohe u. wir Lindi nicht mehr erreichen könnten uns nach Masasi zu wenden (cr. 80 Kilom.) um dort den Herrn Bezirksamtmann Ewerbeck, der in Begleitung von 30–36 Askari sei, aufzusuchen u. sich ihm anzuschliessen. Weder nach Lindi noch nach Masasi flüchtig zu gehen war Aussicht vorhanden; denn jede Richtung war schon Gefahr drohend, wie die verschiedenen Gerüchte, die sich auch bestätigten, aussagten.

Nach Möglichkeit richtete ich mich zur Verteidigung auf der Station ein und wartete auf den erbetenen Schutz von Lindi. Doch vergebens! Die schauerliche Thatsache der Vernichtung meiner Mission, der ich 4 Jahre vorstand, sollte ungehindert vor sich gehen. Die Gerüchte von Bränden u. Zerstörungen rückten immer näher. Es war Sonntag den 27. August nachmittags um 2 Uhr. Ich hörte die Weiber u. Kinder im Umkreise der Station seien schon in die Wildnis geflohen. Um dieselbe Zeit kam der schwarze Lehrer Thomas auf der Aussenschule zu Kambona (1 St.) eilend zur Mission gelaufen u. teilte mit, die watu va vita rücken gegen die Mission an; sie hätten schon den 1/2 Stunde entfernten Akidasitz zerstört, Häuser und Baumwolle verbrannt, den Akida und dessen Karani angegriffen, welche letztere sich zur Flucht wandten u. entkamen.

Unser Los schien nun das geratenste, schon wegen der 4 Missionsschwestern unsere Rettung in der Flucht zu suchen. Alles zurücklassend mit dem notdürftigsten bekleidet, flüchteten wir unterstützt von guten Leuten der Mission in die Wildnis u. harrten der Dinge, die da kommen sollten. Einige treue Missionsangehörige blieben auf der Station, um uns Mitteilung von der Sachlage übermitteln zu können. Abends kam uns die Nachricht zu, dass die Räuberbande gesagt habe, sie wolle am nächsten Tage früh 8 Uhr kommen.

Schlaflos brachten wir die erste Nacht im Busche zu; bei Morgendämmerung brachten uns Missionsangehörige in ein neues Versteck, tief im dichten Busch um uns sicher zu haben. Früh 8 Uhr den 28. Aug. zeigte ein Schuss den Überfall auf die Station an. Nun ging es nach Aussagen von Beobachtern ans Rauben u. Zerstören in ganz barbarischer Weise, sämmtliche Türen wurden zertrümmert, sämmtliche Eisenteile an den Thüren abgeschlagen mit Beilen; was sie nicht mitnehmen konnten, einfach zertrümmert und zum Schluss sämmtliche Gebäude in Brand gesteckt. Ahnungslos dass es jetzt an unser Leben gehen sollte, sassen (ergänze: wir – Anm. Verf.) schweigend im Versteck. Es war ungefähr 11 Uhr, ein mir ganz unbekannter Mann kam zu unserm Versteck, sagte, wir brauchten nichts mehr zu fürchten, die Leute wollten uns nicht thun, sie wollen nur die mali haben. Dieser Mann war aber kein anderer als ein Spion dieser Bande. Montag mittag 12 Uhr sollte mit Worten nie zu beschreibende Augenblicke bringen. Ein Ueberfall sollte unserem Leben auch noch Ende machen. Bis auf 15–20 m drang eine Rotte dieser Aufständigen an unser Versteck heran. Mit wilden Geheul begannen sie den Angriff auf uns Ahnungslose. Wir waren im Halbkreis umzingelt. Flintenschüsse fielen, Pfeile flogen. Jetzt galt es für mich und Br. Cyprian Schnellfeuer mit unsern Gewehren auf die Bande abzugeben, um auf Leben oder Tod zu kämpfen. Geistesgegenwart hielt uns aufrecht. Schon fielen einige der Feinde. Die Schwestern knieten auf dem Boden, gedeckt von uns beiden. Ich erhielt einen Schuß, der Arm war abgeschossen; mir war die Möglichkeit genommen, weiter den Kampf zu führen; ich segnete meine Teuern mit dem Kreuzzeichen, noch ein Paar Schüsse von Seite des Bruders u. auch er ward verwundet und die ganze Bande nahm in der Flucht Reissaus. Wir flohen in entgegengesetzter Richtung. Auf der Flucht entdeckte ich, dass eine meiner Teuren fehle. Schw. Walburga war nicht bei uns. Ich konnte annehmen, dass sie uns im Busch verlor und durch die schrecklichen Augenblicke nicht mehr wusste, woaus zu kommen; zu dem hatte die Mitteilung vom Tode ihres Vaters; die tags vorher noch auf der Mission eintraf, sehr erschüttert, alle diese Thatsachen scheint vollends konsterniert zu haben, dass sie uns nicht mehr zu folgen vermochte. 2 Stunden flohen wir durchs Lukuledithal barfuss, um nicht durch Schuhspuren verraten zu werden.

Ein Teil der Bande hatte sich zugleich auf den Weg gemacht, um uns auf der Flucht aufzugreifen. Doch sie verloren unsere Spur. Wir schlugen uns, nachdem wir von niemanden mehr bemerkt glaubten, in den Busch. 5 volle Stunden bis zur Dämmerung lagen wir langgestreckt, von brennendem Durst gequält in unserm Versteck. Als volle Dämmerung eingetreten war, brachen wir auf, Wasser zu suchen und ein sicheres Versteck. Wir kamen an den Lukuledifluss, stillten unsern Durst, zu essen hatten wir ja nichts. Da wir bei Nacht die Richtung verloren, durchliefen wir bis ungefähr Mitternacht das Thal. Ganz erschöpft legten wir uns in den Busch. Bei Morgendämmerung wollten wir unsere örtliche Lage ausspähen. Nachdem wir orientiert waren, begaben wir uns wieder in das alte Versteck und warteten hungernd den ganzen Tag ab; Wasser aus einem Stiefel ward unsere ganze Erquickung. Es ward wieder Abend und wir machten uns auf den Weg, den wir bei der Morgendämmerung uns zurecht gelegt hatten. Wir gingen einige Zeit, da hörten wir Kinderstimmen, näher gekommen sahen wir Hüttenfeuer. Wir spähten aus, was das wohl für Leute wären. Zu gut Glück waren es treue Missionsangehörige, die mit

Freuden uns in ihre Hütten aufnahmen, sofort uns Hungernde mit Huhn und Eiern verköstigten. Wie erfreut waren wir als der Mann dieser Hütte uns schon einen Tag lang suchte zusammen mit einem Askari, der von Urlaub zur 5. Kompagnie nach Lindi zurückkehrte. Der Askari war noch auf der Suche bei Nacht. Er wurde von einem Christen Namens Eneko herbeigeholt. Nun ging es mitternachts in Begleitung des Askari Namens Yusuf u. genannten Eneko und noch anderen Missionsangehörigen durch das Lukuledithal mit Umgehung der Hütten bis zum ehemaligen Akidasitz Mtama, wo wir unter grosser Fürsorge der Leute versteckt wurden bis zum 30. Aug. abends. Bei abendlicher Dämmerung brachen wir auf in Begleitung mehrerer beherzter Männer meiner Mission, von denen die einen Vorhut u. Nachhut bildeten, so dass wir ohne Zwischenfälle am 31. Aug. nachmittags erschöpft von den Strapazen in Lindi eintrafen.

Der Schaden, den wir durch die Zerstörung der Nyangaomission nun erlitten, ist freilich kein geringer. Der materielle Verlust an Mobilien und Immobilien schätzt sich auf **circ. 30–35000 Rps.** Weit mehr, nicht berechenbar ist der geistige Schaden, der der Mission mit seinen Schulen zugefügt ist.

Ganz ergebenster

P. Leo Lang, O. S. B.

Superior von Nyangao

Dokument Nr. 3: Maji Maji Research Project No. 2/68/1/4/4, Government University College, Dar-es-Salaam: Aussage des Augenzeugen Godi über die Ereignisse in Kilosa während des Maji-Maji-Aufstands

GODI is very old. He is a resident of Kilosa at Mbuyuni village, and a Msagara. Here he outlines what he remembers about the Maji Maji rising at Kilosa.

First, you must understand that I was born here at Kilosa and so the rebellion is not strange to me. I saw it with my own eyes. Second, you must understand that I did not take part on either side. The reasons why I refused to drink maji are that I did not believe in the medicine and that I knew the Germans were strong. For a long time we knew that only God's power could turn a bullet into water but not at that moment. Again because my uncle had been killed by the same people, I became furious. What they said was nonsense. I completely refused.

Farahani, my uncle, was a cook of Rambuleshi (gemeint ist der Bezirksamtmann von Kilosa, Lambrecht – Anm. Verf.). All the time that rebellion spread here from its beginning in Songea he was living with the Europeans. He did not feel the pains inflicted upon the people by the Germans. I know a great deal about the Germans but regret very much about my uncle's death. It was tragic. It was not a natural death!

The real battle took place at Mkwatani and at Morogoro, a village just to the east of Mkwatani. Many people camped there for two days. They had short spears which looked like the Hehe spears. They had also clubs, sticks and sickles. All residents of Masanze, Mkwatani, Kichingani and Mbuyuni drank maji. Only a small section of them refused, I being among them. Those who refused had good reasons to give. Perhaps, they were even better equipped in local medicine than Hongo. **Godi is well known in local African medicine. He is a »doctor« who claims to cure demons from people. Even today people turn to him to receive his medicine.**

Here at Kilosa witchdoctors were common. Some believed that they had the power to stop rainfall. For this reason a local cult was worshipped until recently. The cult was called »Kijumba Mlungu«. People gathered on the mountain to pray in times of drought. After the prayers a witchdoctor would use his medicine to trace the man who caught the rain. I tell you he would be caught and flogged until he released the rain. I say all these things because I want you to understand that beliefs such as Hongo brought were not new here at Kilosa.

So with their clubs and spears they tried to move towards the old boma, with the intention of killing the District Officer, Rambuleshi. When my uncle heard of this plot, he refused to drink maji or take any active part in it. He asked: »How can we fight the Germans? It is a fact that we shall never defeat them and for me, I can't because I am the D.C.'s cook. Would'nt I commit murder if I followed these people? No thank you, I ca'nt. I have spent many years with the Europeans... No please!«

On hearing such words, the homa homa people – some of whose relatives I still see today – caught my uncle and speared him in the stomach. He was dead. When his master heard he quickly telephoned Fonga Ansen at Mpapwa for help. The D.O. (offenbar meint Godi hier Oberleutnant Schulz, der, auf der Durchreise zur Küste, das Kommando auf der Boma übernommen hatte – Anm. Verf.) was trembling terribly and sweating all over. He thought that he was going to die like his servant. He locked himself inside his house and said: »Quicksharp Fonga – the homa have surrounded me and if you delay it means death to me.«

Fonga Ansen rushed like the wind so that he arrived at Kilosa sometime in the afternoon about three o'clock. He had many African askari, among whom were the fierce Wanubi who formed the majority. Fonga did not delay but straightaway moved towards Mkwatani. He met the people who were very serious indeed. They were roaring like hungry lions. This was caused by Hongo's drug. They wore millet stems and waved their spears crying:

»Homa Mdachi Homa,
Maji Aaaah!
Homa Mdachi Homa.«

Fonga felt pity for them for a while because he knew that all would die. But he was not a man of sympathy. In order to threaten them he opened fire at a telephone post – »Puuu..« The people did not heed but continued to shout »Maji! Maji! Maji!« Some even attempted to approach him raising their spears but they did not throw them. Perhaps they were also trying to threaten Fonga and assure him that they were ready to die provided their grievances could be heard.

Fonga gave his askari permission to shoot. It was tragic, I tell you, because people fell down like flies. They were unable to advance further because they faced the fury of the German bullet. When others found that their friends were dying they forgot their oath; they started to run away towards Miombo. The German troops followed and shot at them enroute. Women and children were also involved. The Germans paid little attention and did not mind about the peoples' deaths. People were massacred like ants. They dispersed without knowing whither they went. Some ran to Ilona, others to Kimamba, other Mhadagi, and many to Miombo. The Germans became toughter that day.

Among Hongo's people were some who blamed the medicine for deceiving them. People were lamenting. There was no maji; instead the same bullets.

The body of my uncle was taken by his masters. They tended it and buried it themselves. If you want to see it go near the water pumping machine under the baobab tree.

Then followed a massive hunt for people who hat excaped into the forests, because they were causing problems. Those who were caught were hanged by a string publicly. Women too were tortured. Oh it was a drastic activity but the Wanubi enjoyed the scene.

When all threats had disappeared the war ended, but homa failed to kill Rambuleshi. Homa only succedded in spearing my uncle.

(Interviewed a second and last time, 18 May, 1968)

Dokument Nr. 4: Maji Maji Research Project No. 6/68/3/3/2, Government University College, Dar-es-Salaam: Aussage des Augenzeugen Andreas Haule über die Ereignisse in Ungoni während des Maji-Maji-Aufstands

Andreas Haule
Village – Rundusi
Ngoni
9 April, 1968
Age – 100 years
Old Man.

Background: Born at Morogoro, two miles from Peramiho (Rundusi)

Maji Maji: Arrival in 1905. Water (Maji Maji) was brought by the Wangindo, but arrived in Ngoni from Chabruma who associated with Mputa.

Maji Maji: The water was brought in a bottle. There was one European known as Pilla (Pfueller) who was residing in Liwale in 1905. He was informed by the Assistants of the late Bishop Cassian Spiss – who was murdered with other Europeans named Br. Andrea, Br. Gabriel, and sisters Felistas and Koldura. These Ngoni assistants informed Pilla about Maji Maji, and this man fled to Songea.

The D.C. was then informed about the War. His name was Richter.

Richter, »Optman« and Rashid went to Chabruma and fought Chabrumas forces. Then Richter came back and met Mputa at the Luhila – Mkingasi junction. Mputa went to Chabruma to take the water.

The D.C. and his group went to Chabruma and found out that the people of Chabruma had already taken the water.

The D.C. and his group came to Songea and asked Usangila Gama (then Chief) to give him people to build a Boma at Songea.

Putire Usangila and Chabruma Hawai (of Mpitimbi, not to be confused with Chabruma of Undendeule) offered the D.C. the necessary help and built the Boma. That is why these people were not hanged after Maji Maji.

Mputa came back from Chabruma, assembled his soldiers and took water at Chiwalungi. The water was taken in a bottle.

A piece of grass (lilala) was inserted into the bottle of Maji and was then applied to each soldier on the face, chest, and at the back of the neck.

After that the soldiers were very happy and jumped, hoping that they would effectively kill the Europeans.

Then the Ngoni soldiers went to the Boma at Songea and attempted to fight the Boma, but were repelled by the European forces at Kikole. Rashid was an Arab. He hat been friend of Mputa, but when the Maji Maji came, he refused to take sides with Mputa, and joined with German officers. Rashidi had also built his own boma.

After failing to attack Rashid at Kikole the Ngoni went to Songea. But meanwhile, the D.C. of Iringa (gemeint ist Hauptmann Nigmann – Anm. Verf.) had come to Songea with reinforcements.

All the Wangoni warriors, with Chabruma and Wangindo forces, assembled at Namabengo. The European forces went to Namabengo and fired and all the forces dispersed. Chabruma, Mnyandika and Mpitimbi (father of Mlamira), Parangu son of Songea, and Parangu of Mshope all fled to Mozambique.

Mputa was caught at the Lumecha River while in hiding. He was caught by the soldiers of Rashid of Kikole.

Then the European forces, led by a European from Tukuyu, and others set fire to many houses in Njelu. Other Ngoni leaders were captured and brought to Songea including Mputa, Gwasayo, Fusi and Mpambalyoto.

The head of the European officials from Dar es Salaam came to Songea, and met the Captives. This European was known in the Ngoni language as Mayowa. He then went to Nyasa to see the lake and other European officials.

Then the D.C. of Songea, Richter, decided to hang the captives, while the higher officer was on transit to the lake. The captives were asked to prepare their own hanging ropes, without knowing that the rope would be used for their own hanging.

Then the victims were asked to dig graves. Usually there was one long grave, which was divided into compartments. The hangings took place three times. All those who dug the grave in the first round were murdered and buried in that grave.

Only Songea was not hanged with the first three groups. This was because it was decided not to hang Songea unless his son Masese (Parangu) returned from refuge. As Masese never returned from Mozambique where he fled with Chabruma Tawete, Songea was murdered later. He was buried in his own grave.

Other captives were taken to Kilwa for fear that the Songea D.C. would kill them as well. Others died on the way. Others returned later to Ngoni after Maji Maji.

The Warugaruga then destroyed the crops and foodstuffs. There was then a period of hunger. Many Ngoni because of hunger took refuge in Matengo and Nyasa. Others were aided by Missionaries.

Murder of Fr. Fransiskus:
He went to Maposeni and found the Mahoka hut, and authorized the school-children to break it down.

Mputa was infuriated and later allowed his people to kill the father.

He was killed by Mgavila the servant of Fr. Fransiskus, on 9th September 1905.

The father asked for excuse and promised to help the Ngoni under the German officials, but was killed.

The Ngoni adored the Mahoka. They refused to take Religion from Missionaries.

Procedure of Mahoka:
There was usually ohne Black cow or white cow and no other animal. This cow stood outside the Mahoka Hut. Then there were special people who prayed to the Mahoka (ancestors). When the cow passed urine, the cow was killed (Kuteta Mahoka). The meat was cooked, and then all the people around the place assembled and ate the meat. Some of it was taken home.

The soldiers usually jumped after eating the meat, asking the Mahoka ancestors to guide them well. In Kingoni language this request is known as »Majozi Munilungise Bwina, nihambe, Kuyimbiyanie, nihambi kumnandi (Bwina)«.

This was usually done before any war took place. It was done in a fence and after that they went to war, after having asked Mahoka's help to give them victory.

The Mahoka ceremony was also used for asking Mahoka to give rain. The Ngoni took ulezi and went to a leader (e. g. Mharule, Mpambalyoto, Hawai) to ask for rain. The Ulezi was placed in pots. Then they prayed to the Mahoka, and they believed that the Majozi had brought rain. The Ulezi was then taken and used for brewing beer which was drunk by all the people around the area.

Mahoka priest prayed: »Majozi, tetifuna Mvula kawaka«. Mahoka was a term used by ordinary people. For the pure Ngoni, the name used for the spirit was Majozi.

Mahoka - Majozi was used also after the death of a King or Chief. People assembled and built huts, and then spoke to the Mahoka for a month. Then the cows were killed and eaten.

Individuals spoke to the Mahoka in their homes, usually with a pot of pombe. The Mahoka were asked for e.g. a good journey, a good harvest, etc.

Dokument Nr. 5: Maji Maji Research Project No. 6/68/4/3/15, Government University College, Dar-es-Salaam: Aussage des Augenzeugen Mzee Mayika von Mshangano über die Ereignisse in Ungoni während des Maji-Maji-Aufstands, insbesondere über die Hinrichtungen der Wangoni-Aufstandsführer in Songea

(1) Nachinjala and Kabenga were the Magic doctors who brought the »maji- maji«.
(2) The medicine was in form of human urine.
(3) The urine was to be splashed on the forehead, chest, back, and feet.
(4) People who had taken the medicine had to wear castor-oil seeds and stems of maize on their heads as their common symbol.

(5) Areas where the people took the medicine included Natumbo, Lumecha, and Mbarang'andu.
(6) In the war the Ngoni people were fatally defeated because the magic water had failed to function as believed.
(7) Many people, particularly leaders, were arrested and brought to the Boma where they were detained for about two months.
(8) After the two months they were brought out for the hangings. At the hanging square they fixed up at a considerable height 8 horizontal poles each fixed on two vertical poles. Each of the horizontal poles carried 10 looped ropes. Below each of the hanging ropes some wooden boxes were loosely piled one on top of another. Nearby a large ditch for burying the corpses had been dug.
(9) The prisoners were escorted out of the prison by police guards. Each prisoner had his face covered with a red cloth. When they appeared, the German askaris were ordered to play a parade for a few minutes. Then the prisoners were led to climb on the piled wooden boxes. Then the order was given and the boxes were displaced so that the ropes which had been placed around the neck of the victims throttled them to death. Those who managed to cut the ropes were usually shot there and then. Then the bodies were collected and heaped into the ditch for burial.

<u>Particulars of Informant:</u>
(1) By 1906 when the Maji Maji executions were taking place Mzee Mayika had reached the age of about 20.
(2) He was among the people employed to dig the ditch and throw in it the corpses of the executed people and bury them.
(3) After independence he was among the old people who helped to identify the position of the grave where the Ngoni leaders had been executed and buried.
(4) Mzee Mayika had witnessed the whole process of the execution of the condemned leaders of the Maji Maji war in Ungoni.

19 May 1968

Dokument Nr. 6: Maji Maji Research Project No. 8/68/1/4/10, Government University College, Dar-es-Salaam: Aussage des Augenzeugen Joseph Mlolere, Ex-Jumbe, über die Ereignisse in Mahenge während des Maji-Maji-Aufstands

When the Maji Maji rebellion occurred we were still young men. Mang'ula, the commander of the German forces in Mahenge, (gemeint ist der Stationschef von Mahenge, Hauptmann Theodor v. Hassel – Anm. Verf.) wanted some children to scare birds out of his wheat farm. Chief Mlolere chose four children and Gambira also four.

Shortly after assuming our work of scaring birds the Gambira children informed us that they had already taken the Maji and warned us that we could not eat with them unless we also took the maji. When I heard this I went to inform Bwana Mang'ula that Gambira children had taken the maji and threatened us that we would die if we did not do the same. Mang'ula separated us.

When the rising began to spread widely Mang'ula instructed me to go and call my father, who was loyal, in order to save his life. He was posted at the entrance with Chepi in control of the gun. Chepi was assisted by Missine. I was on top of the tower.

The rebellion began to be stamped out at about eight o'clock in the morning of July. The Wahongo from Isongo were beaten off at Msanganeno. The Hongo himself was shot at the entrance to the boma. He carried a bottle full of water and the bottle was black. He wore pieces of millet stalk.

The rulers of Ifakara also came to attack Mahenge Boma and kill Europeans. They camped at Shikapula, about seven miles from Mahenge Boma. The military commander of Iringa came to the rescue of Mahenge when he heard of the attack on Mahenge. They asked chief Mlolere where they could best fight the Wambunga. They were escorted at night up to Shikapula where they dug their mines and began to shoot the Wahongo. Most of them died but few escaped and retreated back. Mtemi Kiwanga, who did not take the maji and who fought the rebels, pursued them. He was warned by Mangula not to follow the rebels alone; in disregard of this warning he went on his way and met his death by being speared in a fight with the rebels at Julu in Ilumbiri area. His corpse was taken by his people to be buried in his native land. Mang'ula got the sad news but he could do nothing.

The third group of the Wahongo came from Chera in the direction of Gambira. They were beaten before they crossed the Talu river. Many people died and only a few survived.

After the rebellion Mangula ordered all chiefs who participated in the rising to be hanged. All these chiefs were known. The Wambunga chiefs, including a woman Mkihu, were among the first to be hanged. Chiefs from Chera were brought to Mahenge and hanged together with chiefs from Lukombero. Having arrested and hanged all chiefs who took part in the rebellion, Mang'ula began to arrest all those who took the maji and became suspected. Many people were hanged. When peace began to be restored, Mlolere and Kiwanga, who did not drink the maji, became the paramount chiefs. Gambira who took the maji was saved because he was Mlolere's son-in-law and Mlolere pleaded for him that although his people had taken the maji he himself had not.

Those who took the maji and were hanged were many. They were all buried in one big grave. The Wahongo did not know the Europeans had guns and that is why the Hongo himself carried a millet stalk to beat Mangula with.

Erläuterung afrikanischer Ausdrücke

1. Erklärung der Präfixe bei ethnologisch-geographischen Bezeichnungen:

N-	(z. B. Ngoni)	Einzelner Angehöriger einer Volks- oder Personengruppe
Wa-	(z. B. Wangoni)	Mehrere oder sämtliche Angehörige einer Volks- oder Personengruppe
U-	(z. B. Ungoni)	Bezeichnung des Siedlungsraumes einer Volksgruppe; Landschaftsbezeichnung
Ki-	(z. B. Kingoni)	Bezeichnung der Sprache einer Volksgruppe

2. Alphabetische Auflistung der afrikanischen Ausdrücke:

Akide	Arabisch-sansibaritischer Vorsteher eines Amtsbezirks, später: arabischer Hilfsbeamter der Kolonialmacht, etwa: Bezirksstatthalter
Askari (türkisch)	farbiger Soldat (Schutztruppe und Polizeitruppe)
Askari ya mungu	Gotteskrieger, Bezeichnung der Maji-Maji-Krieger
Barabara	Straße, Hauptkarawanenweg
Barasa	Vordach und der Raum darunter, Veranda
Betschausch (türkisch)	farbiger Sergeant (Unterfeldwebel)
Bibi	Frau, Weib
Boma	Fort, befestigte Station
Bwana	Herr
Bwana mkuba	großer Herr, Anrede für Europäer von Rang
dawa	Zauber, Medizin
Dhau	arabischer Kleinsegler
Durra	Sorghum (Mohrenhirse)
Effendi (türkisch)	höchste farbige Charge der Schutztruppe, etwa: Leutnant
Hongo	Abgabe, Wegzoll
Hongo (Pl.: Wahonga)	Sendbote, Emissär; Bez. der Apostel Kinjikitiles
Induna (Pl.: Manduna)	Häuptling im Wangonistamm
Indzala	Hunger
Jumbe	Dorfältester, Dorfschulze
Kadi	Richter
Kaniki	blaugefärbtes Baumwollzeug
Kansu	weißes Männergewand
Kerani (auch Karani)	Steuererheber, Steuereintreiber
Kiboko	Peitsche aus Flußpferdhaut
Kimulungu (Kingoni-Wort)	Geist
Likinda	Kriegstanz
Linga	Gehöft
Litengule (Kisangu-Wort)	Residenz des Herrschers
Liwale	arabisch-sansibaritischer Beamter, etwa Ortsvorsteher
Maji	Wasser
Mchawi (Pl.: Wachawi)	böser Geist
Mganga (Pl.: Waganga)	Medizinmann, Arzt
Migoboli	Vorderladergewehr
Mohogo	Maniok (afrik. Kartoffelart)
Mrima	Küste

Mschensi (Pl.: Waschensi)	Wilder, Buschneger, Hinterlandbewohner
Msinga	Wedel
Mta (Kihehe-Wort)	Häuptling
Mtama	Hirse
Mulungu	deistische Gottheit der Bantu
Mungu	= Mulungu
Mwafi (Kingoni-Wort)	Medizin gegen Hexen und böse Zauberer
Mzee	(Anrede) Herr
Ngoma	Tanz
Njwiywila	Flüstern, Flüsterei
Nkosi	König im Wangonistamm
Ombascha (türkisch)	farbiger Gefreiter
Pombe	Eingeborenenbier, hergestellt aus Sorghum
Pori	Buschwald, Steppe
Rugaruga (Pl.: Warugaruga)	Hilfskrieger
Rupie	Silbermünze (ca. 1,20–1,30 Reichsmark)
Schambe	Ackerfeld, Farm
Schauri	Gespräch, Verhandlung, Gerichtssitzung
Sol	farbiger Feldwebel
Suaheli (Pl.: Wasuaheli)	Küstenbewohner (arabisch-negroide Mischrasse)
Tembe	Gehöft
Tschausch (türkisch)	farbiger Unteroffizier
Uchawi	schwarze Magie
Ugali	Brei
Utengule	Residenz des Herrschers (in Ubena)
vita	Krieg
Wali	arabisch-sansibaritischer Oberbeamter, etwa: Provinzgouverneur
watu va vita	Krieger

Liste der verwendeten Abkürzungen

D.C.	District Commissioner = Bezirksamtmann
DOAG	Deutsch-Ostafrikanische Gesellschaft
KAR	King's African Rifles (brit. Eingeborenentruppe)
Krad	Kraftrad
MG	Maschinengewehr
S.M.S.	Seiner Majestät Schiff

Quellen- und Literaturverzeichnis

Archivquellen

1. Bundesarchiv Militärarchiv Freiburg (MA):
RM 121/v. 449-460:

1. Ältester Offizier der Ostafrikanischen Station an die Marinedetachementsführer. Geheim. Daressalam, 15.11.1905

2. Die geheimen Umfragen:
   Umfrage 1: Detachement aus dem Gebiet Rovuma/Lukuledi
   Umfrage 2: Marine-Detachement Mikindani, 6.12.1905
   Umfrage 3: Matrosendetachement Lindi, 6.12.1905
   Umfrage 4: Seesoldaten-Detachement Massassi, 12.12.1905
   Umfrage 5: Detachement Kiswere, 1.12.1905
   Umfrage 6: Detachement Kilwa, 7.12.1905
   Umfrage 7: Detachement Mnasi, 12.12.1905
   Umfrage 8: Marine-Detachement Mohoro, 1.12.1905
   Umfrage 9: Detachement Mtenza, 12.12.1905
   Umfrage 10: Detachement Morogoro, 29.11.1905
   Umfrage 11: Marine-Detachement Muansa, 27.12.1905

3. Kriegstagebuch (KTB) der Abteilung Paasche
   F 4337/XVII, 15-33/2: Militärpolitischer Bericht über die Tätigkeit der in Ostafrika befindlichen Kreuzer und Marinetruppen, 7.12.1905
   F 5194/VII.1: Denkschrift Gouverneur Götzen über die Ursachen des Aufstandes in Deutsch-Ostafrika 1905 v.
   26. 12. 1905
   RM 2/1868: Telegramm Marinekabinett Berlin über die Entsendung von zwei Kreuzern nach Ostafrika, vom 19.8.1905

2. Bayrisches Hauptarchiv (BHA), Abtlg. IV

HS 908: Tagebuch Leutnant Correck

3. Bundesarchiv Abteilungen Postdam (BAP)

(vormals Deutsches Zentralarchiv Potsdam (DZA))

RKA 279, Bl. 91ff: Tettenborn an Gouverneur v. Soden, 30. August 1891

RKA 723, Bl. 43ff: Bericht des Superiors der Missionsstation Nyangao an das Kais. Gouvernement, Daressalam, 9. September 1905

RKA 725/26: Rechenberg an RKA, 30. Januar 1907
RKA 725/63: Gleim »Vermerk«, 4. Juli 1912
RKA 7283: Sitzungsprotokolle RT, Bl. 19a

4. Public Record Office (PRO), London, Kew Gardens:
Akten des Colonial Office (C.O.):
C.O. 691/62/166: DPO Kilwa to Game Warden, 14. November 1921
C.O. 691/14/297: »War Diary of Maj.-Gen. E. Northey«

5. Tanzania National Archives (TNA), Daressalam:
III, N/1: Schreiben Lambrecht an Regierung, 14. November 1907
TNA G 3/14: Dernburg an Rechenberg, 26. Februar 1907

6. Missionsarchiv Peramiho, Tanzania:
»Kigonsera Chronik«

7. Institut für Missionswissenschaften, Münster:
Masch.-Manuskript von Elzear EBNER: »Geschichte der Wangoni«

8. Archiv der Benediktiner-Erzabtei St. Ottilien, Oberbayern:
Masch.-Manuskript von Theodor v. Hassel: »Der Militärbezirk Mahenge im Aufstand 1905«. St. Ottilien 1929 (zitiert: Tgb. v. Hassel)

Regierungsveröffentlichungen:
Reichstag (RT): Stenographische Berichte über die Verhandlungen des deutschen Reichstags: Anlagenbände, Sitzungen 1907-09, Nr. 622
Reichskolonialamt (RKA): »Die deutschen Schutzgebiete in Afrika und der Südsee«, Jg. 1909-13, Berlin 1911-14;
»Amtliche Jahresberichte für Deutsch-Ostafrika«, Berlin 1906/07
Government University College, Dar-es-Salaam, Tanzania, Department of History: Maji Maji Research Project (MMRP) 1968. Collected Papers, Daressalam 1968

Zeitschriften, Periodika

Missionsblätter der Deutschen Benediktus-Genossenschaft, St. Ottilien, Obb., Jg. 1906-1914 (zitiert: St. Ottilien)
Militärwochenblatt, Berlin, Jg. 1906
Deutsches Kolonialblatt, Jg. 1906-1907, Berlin
Deutsches Kolonialgesetzblatt, VI, Berlin
Deutsch-Ostafrikanische Zeitung, Daressalam, verschiedene Exemplare vom Jg. 1905

Jahresberichte zur Beförderung der evangelischen Missionen unter den Heiden, Berlin, Jg. 1906
Missionsberichte der Berliner Missionsgesellschaft, Berlin, Jg. 1908
Marine-Rundschau, Jg. 1907 (Berlin), Beiheft: »Die Tätigkeit der Marine während der Niederwerfung des Eingeborenen-Aufstandes in Ostafrika 1905/06«

Sonstige Veröffentlichungen

Bald, Detlef: Deutsch-Ostafrika 1900-1914. Eine Studie über Verwaltung, Interessengruppen und wirtschaftliche Erschließung. München 1970
– : Afrikanischer Kampf gegen koloniale Herrschaft. Der Maji-Maji-Aufstand in Ostafrika. Aus: »Militärgeschichtliche Mitteilungen«, 1/76, S. 23-51. Herausgeber: Militärgeschichtliches Forschungsamt der Bundeswehr, Freiburg/Brsg.
–: Die Reformpolitik von Gouverneur Rechenberg. Koloniale Handelsexpansion und indische Minderheiten in Deutsch-Ostafrika 1900-1914. Aus: »Africana Collecta«. Beiträge zur Geschichte, Gesellschaft und Wirtschaft afrikanischer Länder, Bd. 2, Hrsg.: Dieter Oberndörfer, Düsseldorf 1971
Becker, A.: Aus Deutsch-Ostafrikas Sturm- und Drangperiode. Halle o. J.
Boell, Ludwig: Die Operationen in Ostafrika; Weltkrieg 1914-1918. Hamburg 1951
Brockhaus Enzyklopädie. Mannheim 1993
Bülow, Fürst Bernhard von: Memoirs (dtsch.: Denkwürdigkeiten) (engl. Übersetzung), 4 Bände, übersetzt von F. A. Voigt. London 1931-2
Culwick: A Study of Population in Ulanga, Tanganyika Territory, aus: Sociological Review, XXX (1938), S. 365-376 und XXXI (1939), S. 23-43 (zitiert: Culwick: »Population«)
Das Überseeische Deutschland, Stuttgart 1931
Davidson, B.: African Resistance and Rebellion against the Imposition of Colonial Rule, aus: Emerging Themes of African History. Nairobi 1968, S. 180 ff., Hrsgb.: T. O. Ranger, Nairobi
Dernburg, Bernhard: Südwestafrikanische Eindrücke: industrielle Fortschritte in den Kolonien. Berlin 1909 (zitiert: »Dernburg«)
Duignan, Peter (und Gann, L. H.): The Rulers of German Africa. Stanford, California, 1977
Eberlie, R. F.: The German Achievement in East Africa (Tanganyika Notes and Records). Daressalam 1960
Fonck, Heinrich: Deutsch-Ostafrika: eine Schilderung deutscher Tropen nach zehn Wanderjahren.
Heft 1: »Die Schutztruppe«, Heft 2: »Reise und Expedition«. Berlin 1907
Fuchs, Paul: Die Wirtschaftliche Erkundung einer ostafrikanischen Südbahn. Aus: Beihefte zum »Tropenpflanzer«. September 1907, S. 219-410
Gann, L. H. (und Duignan, Peter): The Rulers of German Africa. Stanford, California, 1977
Gifford, Prosser (u. Louis, W. R.): Britain and Germany in Africa. Imperial Rivalry and

Colonial Rule, New Haven und London 1930
Götzen, Graf Gustav Adolf von: Deutsch-Ostafrika im Aufstand 1905/06. Berlin 1909
Graudenz, Karlheinz (und H. M. Schindler): Die deutschen Kolonien. München 1982
Gröschel, P.: Zehn Jahre christlicher Kulturarbeit in Deutsch-Ostafrika. Dargestellt in Briefen aus den Jahren 1898-1908. Berlin 1911
Gründer, Horst: Christliche Mission und deutscher Imperialismus. Paderborn 1982
Gundolf, Hubert: Maji-Maji – Blut für Afrika. Auf den Spuren des 1905 in Ostafrika ermordeten Missionsbischofs Cassian Spiss OBB. St. Ottilien, Obb., 1984
Gwassa, G.C.K.: The Outbreak and Development of the Maji Maji War 1905-7. Ph. D. thesis, University of Daressalam 1973 (zitiert: Gwassa: »Outbreak«)
– (and Iliffe, John): Records of the Maji Maji Rising. Daressalam 1968
Hagen, M. v.: Bismarcks Kolonialpolitik. Berlin 1923
Henninger, Joseph: P. Aquilin Engelbergers Wapogoro-Tagebuch. Aus: »Micro-Bibliotheca Anthropos«, Nr. 13, Freiburg, Schweiz, 1954
Hordern, Charles: Military Operations in East Africa. I. Bd. London 1941
Iliffe, John: The Organization of the Maji Maji Rebellion. Aus: »Journal of African History«, Nr. 8, 1967
–: The German Administration in Tanganyika 1906-1911; the Governorship of Freiherr v. Rechenberg, Ph. D. thesis, Cambridge 1965
–: The Effects of the Maji Maji Rebellion of 1905-1906 on German Occupation Policy in East Africa. Aus: »Britain and Germany in Africa. Imperial Rivalry and Colonial Rule«, hrsg. von Gifford, Prosser und W. R. Louis. New Haven, London 1967, S. 557-575
–: »Tanganyika under German Rule 1905-1912«. Cambridge 1969
–: Records of the Maji Maji Rising. Daressalam 1968
–: A Modern History of Tanganyika. Cambridge 1977
Kimambou, J. M. (and Temu, A. J.): A History of Tanzania. Nairobi 1967
Königk, Georg: Die Berliner Konferenz, 1884-1885. Essen 1938
Lettow-Vorbeck, Paul v.: Meine Erinnerungen aus Ostafrika. Leipzig 1921
Lichtenheld, G.: Über Rinderrassen, Rinderzucht und ihre wirtschaftliche Bedeutung in Deutsch-Ostafrika. Aus: »Der Pflanzer«, IX (1913) (zitiert: Lichtenheld: »Rinderrassen«)
Liebert, E. von: Aus einem bewegten Leben. München 1925
Lochner, R. K.: Kampf im Rufiji-Delta. München 1987
Lonsdale, J. M.: Some Origins of Nationalism in East Africa. Aus: »Journal of African History«, Nr. 9, Jg. 1968
Louis, W. R. (und Gifford, P.): Britain and Germany in Africa.
Imperial Rivalry and Colonial Rule. New Haven und London
Mapunda, O. B. (und Mpangara, G.P.): The Maji Maji War in Ungoni. Nairobi 1969
Mayer, Ambros: Wie 1905 in Matumbi der Aufstand begann. Aus: »Missionsblätter der Deutschen Benediktus-Genossenschaft, St. Ottilien, Obb., 18. Jg., Mai 1914
Meinertzhagen, R.: Army Diary 1899-1926. Edinburgh 1926

Merker, Moritz: Über die Aufstandsbewegung in Deutsch-Ostafrika während der Monate August bis November 1905. Aus: »Militärwochenblatt« 91 (1906), Bd. 1, S. 1021-1030, 1085-1092, 1119-1126, 1530-1538
Methner, Wilhelm: Unter drei Gouverneuren. 16 Jahre Dienst in dt. Tropen. Breslau 1938
Miller, Charles: Battle for the Bundu. The First World War in East Africa. London 1974
Moser, Rupert: Aspekte der Kulturgeschichte der Ngoni in der Mkoa wa Ruvuma, Tanzania. Aus: »Beiträge zur Afrikanistik«, Bd. 17, Afro-Pub, Bern
Mosley, Leonard: Duel for the Kilimanjaro. London 1963
Mpangara, G. P. (und Mapunda, O. B.): The Maji Maji War in Ungoni. Nairobi 1969
–: Songea Mbano. Seminararbeit. Universität Daressalam 1966
Müller, Fritz Ferdinand: Deutschland – Zanzibar – Ostafrika. Berlin 1959
Montgomery, B. L., Viscount M. of Alamein: Kriegsgeschichte – Weltgeschichte der Schlachten und Kriegszüge. Deutsche Ausgabe. Frankfurt am Main 1972
Nigmann, Ernst: Geschichte der Kaiserlichen Schutztruppe für Deutsch-Ostafrika. Berlin 1911
Noske, Gustav: Kolonialpolitik und Sozialdemokratie. Stuttgart 1914
Nottingham, John (und Rosberg, Carl G.): The Myth of Mau-Mau, Nationalism in Kenia. New York 1966
Nuhn, Walter: Sturm über Südwest. Koblenz 1989
–: Plündern, brennen, Felder verwüsten – Verbrannte Erde in Deutsch-Ostafrika. In: Wochenzeitung »Die Zeit«, Hamburg, Ausgabe v. 30. März 1990, S. 41 f.
Nyerere, M. J.: Freedom and Unity – Uhuru na Umoja. Daressalam 1966
Paasche, Hans: Im Morgenlicht. Berlin 1907
Peters, Carl: Wie Deutsch-Ostafrika entstand. Leipzig 1912
–: Die Gründung von Deutsch-Ostafrika. Berlin 1906
Pinner, F.: Deutsche Wirtschaftsführer. 15. Aufl. Charlottenburg 1925
Prince, Tom v.: Gegen Araber und Wahehe. 2. Aufl. Berlin 1914
Prittwitz und Gaffron, von: Geschichte des I. See-Bataillons. Oldenburg 1912
Prüße, Albert: Zwanzig Jahre Ansiedler in Deutsch-Ostafrika. Stuttgart 1929
Ranger, T. O.: Witchcraft Eradication Movements in Central and Southern Tanzania and Their Connection with the Maji Maji Rising. Seminar paper. University College, Daressalam 1966
Rathenau, Walter: Erwägungen über die Erschließung des Deutsch-Ostafrikanischen Schutzgebietes (1907). Aus: »Nachgelassene Schriften«, Bd. II, Berlin 1928
Rosberg, Carl G.(und John Nottingham): The Myth of Mau-Mau, Nationalism in Kenia. New York 1966
Rotberg, Robert I.: The Rise of Nationalism in Central Africa. Cambridge, Mass., 1966
–: Resistance and Rebellion in British Nyasaland and German East Africa, 1888-1915: A Tentative Comparison. Aus: »Britain and Germany in Africa – Imperial Rivalry and Colonial Rule«, edited by Gifford, P., and Louis, W. R. New Haven und London 1967
(zitiert. »Rotberg: Resistance«)

Safari, Joseph F.: Grundlagen und Auswirkungen des Maji-Maji-Aufstandes von 1905. Kulturgeschichtliche Betrachtungen zu einer Heilserwartungsbewegung in Tansania. Dissertation, Universität Köln, Phil. Fakultät. Köln 1972
Schindler, H. M. (und K. H. Graudenz): Die deutschen Kolonien. München 1982
Schmidt, Rochus: Geschichte des Araberaufstandes in Ostafrika. Frankfurt a. d. Oder 1892
–: Aus kolonialer Frühzeit. Berlin 1924
Schnee, Heinrich: Deutsches Kolonial-Lexikon. Leipzig 1920
–: Deutsch-Ostafrika im Weltkrieg. Leipzig 1919
Schoen, Walter von: Deutschlands Kolonialweg. Berlin 1939
–: Auf Vorposten für Deutschland. Berlin 1935
Schultz-Ewerth, E.: Deutschlands Weg zur Kolonialmacht. Berlin 1934
Schwabe, Kurd: Dienst und Kriegführung in den Kolonien und auf überseeischen Expeditionen. Berlin 1903
–: Die deutschen Kolonien. Berlin 1910
Stentzler, J.: Deutsch-Ostafrika Kriegs- und Friedensbilder. Leipzig 1906
Temu, A. J. (und Kimambou, J. M.): A History of Tanzania. Nairobi 1967
Seeberg, Karl-Martin: Der Maji-Maji-Krieg gegen die deutsche Kolonialherrschaft. Berlin (West) 1989
Steltzer, Hans Georg: Die Deutschen und ihr Kolonialreich. Frankfurt am Main 1984
Tetzlaff, Rainer: Koloniale Entwicklung und Ausbeutung – Wirtschafts- und Sozialgeschichte Deutsch-Ostafrikas 1885-1914. Berlin 1970
Wehrmeister, Cyrillus: Vor dem Sturm. Eine Reise durch Deutsch-Ostafrika vor und bei dem Aufstande 1905. St. Ottilien, Obb. 1906
Zimmermann, Adolf: Mit Dernburg nach Ostafrika. Berlin 1908
Zimmermann, Alfred: Geschichte der deutschen Kolonialpolitik. Berlin 1914

oben links: Dr. Carl Peters
oben rechts: Hermann von Wissmann

Buschiri bin Salim, einer der Hauptanführer im großen Küstenaufstand (Araberaufstand) 1889 – 1890

Aufbruch einer Strafexpedition von Kilwa, Oktober 1895

Die Wissmanntruppe marschbereit

Sklavenhändler in Ketten

Das Kilimandjaro-Massiv (rechts: der Kibo, links: der Mawensi)

Massaipaar

Denkmal für die am 17. August 1891 beim Wahehe-Überfall nahe Lugalo gefallenen deutschen Soldaten und Askari (aufgenommen bei der Einweihung)

Lager der Schutztruppe (aufgenommen während der Kriege gegen die Wahehe)

Von Expedition heimkehrende Truppe (mit Gefangenen)

Gouverneur Graf Götzen

Blatt № 015

Leitung Nr. 119
Telegramm Nr.

Aufgenommen von
den um Uhr Min.
durch

pc .= marinekabinett berlin .=

Sofort II

Telegraphie des Deutschen Reichs.

Berlin, Haupt-Telegraphenamt.

3972

Telegramm . + ss v wilhelmshoehe schlosz 44 3,28= 3. 1905 den ten um Uhr Min.

seine majestaet haben nach vortrag des reichskanzlers befohlen , dass als verstaerkung nach ostafrika zwei kreuzer " seeadler " und einer aus ostasien sowie 150 mann marine - infanterie , 4 offiziere , 1 arzt und chargen , 4 maschinengewehre baldmoeglichst abgesendet werden .

graf huelsen general - adjutant .+

Zu 3972. Berlin, d. 19. 8. 05.

1) an R.M.A.

2) an Admiralstab

3) an Stationskommando Kiel

C. 187. Rohrpost.

S.M.S. „Bussard“

◀ Telegramm des Kaisers betreffs Entsendung von Marineeinheiten nach Ostafrika zwecks Verstärkung der Schutztruppe, aufgegeben am 19. August 1905

Ngomatanz

Dampfer „Kingani“ auf dem Rufiyi

Der Schauplatz der Ermordung des Bischofs Spiss und seiner Gefährten nahe der Wasserstelle Mitondo

Deutsche Schutztruppe im Gefecht

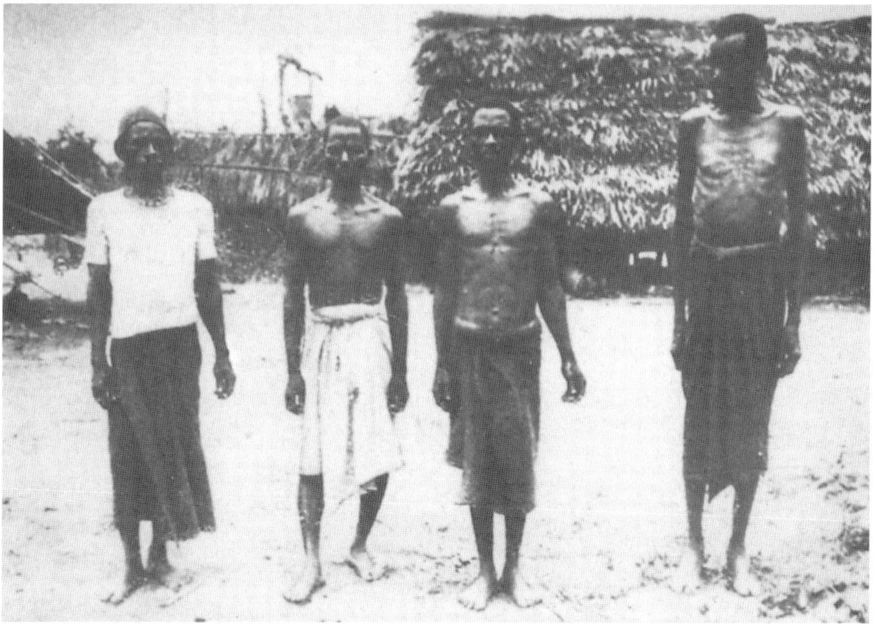

Gefangengenommene Aufständische aus den Kitschibergen

Elfenbeinkarawane der DOAG

Militärstation Mahenge

Auf dem Vormarsch im Busch

Überfall auf dem Marsch ▲

Hof der Station Mahenge während der Belagerung ▼

Karawane in Daressalam, fertig zum Aufbruch in das Landesinnere

Verteidigung einer deutschen Boma ▲

Zur Verteidigung besetzte Station (Iringa) ▼

Marschpause der 2. Feldkompanie (Iringa) ▶

Wahehekrieger mit Häuptling Farhenga ▼

Die Führerschaft der Wangoni

Gefangene Aufständische bei der Arbeit auf einer Baumwollplantage

Verteidigung eines befestigten Lagers ▲

Der überschwemmte Rufiyi ▼

Abdallah Chimai kurz vor seiner Hinrichtung

Muansa (am Victoria-See)

Daressalam 1910 – Fanfarenbläser + Musikkorps der Schutztruppe

Kompanie in Paradestellung ▲

Einzug der Ostafrikakämpfer in Berlin, 1919 ▼

Verzeichnis der Karten

Bildnachweis

a) Ursprung der Karten

Karte 1: v. Schoen: »Deutschlands Kolonialweg«
Karte 2: Schwabe: »Die deutschen Kolonien«
Karte 3: Iliffe: »Tanganyika under German Rule«
Karte 4: Dr. Carl Peters: »Wie Deutsch-Ostafrika entstand«
Karte 5: Müller: »Deutschland – Zansibar – Ostafrika«
Karte 6: Nigmann: »Geschichte der Kaiserlichen Schutztruppe für Deutsch-Ostafrika«
Karte 7, 8, 9, 10: Götzen: »Deutsch-Ostafrika im Aufstand 1905/06«
Karte 11: v. Schoen: »Auf Vorposten für Deutschland«

b) Herkunft der Fotos

Abb. 1, 2, 3, 4: v. Schoen: »Deutschlands Kolonialweg«
Abb. 5, 6, 11: Schulz-Ewerth: »Deutschlands Weg zur Kolonialmacht«
Abb. 7, 8: Autor
Abb. 9, 24, 27, 28, 32, 36, 37: Nigmann: »Geschichte der Kaiserlichen Schutztruppe für Deutsch-Ostafrika«
Abb. 10: Privatarchiv des Autors
Abb. 12, 15, 16, 20, 25: »Das Überseeische Deutschland«
Abb. 13: Bundesarchiv-Militärarchiv Freiburg
Abb. 14, 19, 31, 33: Paasche: »Im Morgenlicht«
Abb. 17, 21, 30, 34: Missionsblätter, St. Ottilien
Abb. 18, 22, 26: Becker: »Aus Deutsch-Ostafrikas Sturm- und Drangperiode«
Abb. 29: v. Prince: »Gegen Araber und Wahehe«
Abb. 35: Schwabe: »Die deutschen Kolonien«
Abb. 38: Nachlaß Lettow
Abb. 23: Götzen: »Deutsch-Ostafrika im Aufstand 1905/06«

Stichwort-, Orts- und Namensregister

Der Autor

Walter Nuhn, geb. 1928 in Norderney, wohnhaft in Wilhelmshaven. Oberschulbesuch in Wilhelmshaven und Cuxhaven, unterbrochen durch kurzen Wehrdienst und zweijährige russische Kriegsgefangenschaft; 1950 Abitur. 1951–1955 Hochschulstudium (Theologie, Anglistik) in Hamburg, Kiel und Göttingen.
Von 1957 an berufliche Tätigkeit im sprachlichen Bereich (englisch, französisch, russisch), zunächst als Dolmetscher und Übersetzer bei den amerikanischen Stationierungsstreitkräften, danach in der Luftfahrtindustrie, ab 1963 als Fachübersetzer im Sprachendienst der Bundeswehr, 1967–1991 Verwendung in verschiedenen Kommandobehörden der Bundesmarine in Wilhelmshaven. Seit November 1991 im Ruhestand.
Durch frühe Kontakte zur Marine (Vater Marineoffizier) schon in der Jugend Interesse an deutscher Marine- und Kolonialgeschichte. Vertiefung der kolonialgeschichtlichen Kenntnisse durch Archivbesuche im In- und Ausland und Bereisung der früheren deutschen Schutzgebiete Kamerun, Deutsch-Südwestafrika (Namibia) und Deutsch-Ostafrika (Tansania).
Bisherige Veröffentlichungen:
»Sturm über Südwest – Der Hereroaufstand von 1904 – Ein düsteres Kapitel der deutschen kolonialen Vergangenheit Namibias« (396 Seiten, 4. Auflage 1997), Bernard & Graefe Verlag, Bonn.
Verschiedene kolonialhistorische Aufsätze in deutschen Periodika, u. a. über den Maji-Maji-Aufstand in der Wochenzeitung »Die Zeit«, Ausgabe vom 30. März 1990.

N
S
IDODI
III
Großer Ruaha
UHEHE
USAGARA
Kipolo-Berge
Lyasa
Mahenge-Nord
Rubero
Iringa
Udzungwa-Gebirge
Lukosi
Muhanga
Mgeta
Rukwa-See
USANGU
UDZUNGWA
Uleia
UBENA
Ilembula
Kipengere-Berge
UKINGA
Tukuyu (Neu-Langenburg)
Ikombe (Alt-Langenburg)
Kidugala
Yakobi (Pangire)
Lupembe
Utengule Ubena
Igominyi (Gomine)
Ruhudji
Matumbi
Pitu
UPANGWA
Livingstone-Gebirge
Lupali
Ruhuhu
KITANDA
Luwegu
Karonga
Milow
UNGONI
Kitanda-Posten
Usangire (Alt-Gumbiro)
Gumbiro
Lumecha
Wiedhafen (Nanda)
Ruanda
MSCHOPE
Njamabengo
Songea
Kigonsera
Liganga-Posten
Peramiho
Maposeni
Kikole
NJELU
Rovuma
Nyassa-See
Sphinxhafen (Nangombo)
Landes/Staatsgrenzen
Grenzen heutiger Nationalparks
I = Mikumi
II = Selous
III = Ruaha
Karawanenstraßen oder Wege z.T. pistenartig (Barabaras)